AUSTRALIAN	ST. SIMON	ISINGLASS	LE SANCY	BAY RONALD	BEND OR
WEST AUSTRALIAN	GALOPIN	ISONOMY	ATLANTIC	HAMPTON	DONCASTER
MELBOURNE	VEDETTE	STERLING	THORMANBY	LORD CLIFDEN	STOCKWELL
HUMPHREY CLINKER	VOLTIGEUR	OXFORD	WINDHOUND	NEWMINSTER	THE BARON
COMUS	VOLTAIRE	BIRDCATCHER	PANTALOON	TOUCHSTONE	BIRDCATCHER
SORCERER	BLACKLOCK		CASTREL	CAMEL	ST. HERCULES
TRUMPATOR	WHITELOCK		BUZZARD	WHALEBONE	WHALEBONE
CONDUCTOR	HAMBLETONIAN		WOODPECKER		WAXY
MATCHEM	KING FERGUS		HEROD		POT - 8 - O'S
CADE	ECLIPSE		TARTAR		ECLIPSE
GODOLPHIN ARABIAN			PARTNER		MARSKE
			JIGG		SQUIRT
			BYERLEY TURK		BARLETT'S CHILDERS
					DARLEY ARABIAN

BUC… …ENGSTE

Kleine… …uten

NIJINSKY

Rolf Palm

DAS PFERD DES JAHRHUNDERTS

C. Bertelsmann Verlag

Für die freundliche Unterstützung bei den Recherchen zu diesem Buch bin ich besonders dankbar:

Mrs. Mary Archbold, Chamber of Commerce, Paris, Kentucky
Capt. D. A. R. Baggallay, Registry Office of the Turf Club, Dublin
Mr. John Brabston, Ballydoyle Farm, Cashel, Irland
Mr. Arthur Clay, Paris, Kentucky
Miss Pat Dunphy, Newark, New Jersey
Mr. Jack Fogarty, Cashel, Irland
Mlle. Liliane Gallifet, Paris
Mr. Harry Greene, Windfields Farm, Oshawa, Kanada
Mr. A. B. Hancock jr., Paris, Kentucky
Miss Anne Hawkins, Asst. Press Secretary to the Queen, Buckingham Palace
Mr. Richard Kaye, Shrewsbury, England
Mrs. Yvonne Luter, New York
Mr. David McCall, London
Mr. Axel Muller-May, Toronto
Mr. Vincent O'Brien, Ballydoyle Farm, Cashel, Irland
Mme. Marie Plesch, Paris
Mr. Peter Toole, Windfields Farm, Toronto
Mr. George W. Scott, Toronto
Mr. Peter Sullivan, Ballydoyle Farm, Cashel, Irland
Mr. E. P. Taylor, Toronto
Mr. Joe Thomas, Windfields Farm, Toronto

C. Bertelsmann Verlag, München, Gütersloh, Wien und
RTS Verlag Jürgen Zimmermann, Berlin
Gesamtherstellung Mohndruck Reinhard Mohn OHG, Gütersloh
Printed in Germany · ISBN 3-570-04586-2

Inhalt

Für Angelika

»Ich werde wiederkommen als ein wildes, schönes Pferd!«

Als der Tänzer zum Sterben weit die Augen öffnete, sah er ein wildes schönes Pferd. Im Wahn der letzten, flachen Atemzüge hoben sich die feinen, schlanken Hände, faunhaft verspielt, zu einer choreographischen Arabeske hoch über den knochigen Kopf, strafften sich die Beine, die – nach der späteren Auskunft der Ärzte – die Wadenmuskeln eines Hengstes und die Krallenzehen eines Vogels hatten, zu einem letzten Sprung ins Leere.

So starb Waslaw Nijinsky, der größte Tänzer dieses Jahrhunderts. Ein Zauberer war er gewesen, vor dem die Schwerkraft keine Macht besaß, denn er konnte mit zwei Sprüngen eine Bühne überqueren und im Zenith seines Sprunges fast schwebend in der Luft verharren wie ein Traum, und niemand, der ihn tanzen sah, kein Zar, kein König, kein Kritiker, kein Regisseur, noch sein vieltausendfaches Publikum, hätte je das Geheimnis seiner Kunst erklären können.

Er starb am Gründonnerstag des Jahres 1950, am frühen Morgen, nach langen Jahren geistiger Umnachtung in einem Londoner Krankenhaus. Seine Frau Romola drückte ihm die Augen zu, nachdem er mit dem letzten Atemzug geflüstert hatte: »Ich werde wiederkommen – als ein wildes, schönes Pferd.«

Um Ostern 1952 wurde in Newmarket dem Hengst Hyperion, Derbysieger von 1933, die Stute Sister Sarah zugeführt. Daraus entsprang Lady Angela, die sich mit Nearco paarte, um Nearctic zur Welt zu bringen. Nearctics Sohn Northern Dancer zeugte den siegreichsten, teuersten, erstaunlichsten Hengst, der je die Rennbahnen eroberte. Er wurde ein Pferd, das die niegesehene Gabe besaß, mitten im Spurt und aus dem Sprung heraus, wie eine Rakete, die ihre zweite Brennkammer zündet, seine Geschwindigkeit noch einmal zu steigern. Und alle, die ihn rennen sahen, die Königin und die Jockeys, Trainer und Reporter, sein millionenfaches Publikum auf den Rennplätzen und vor den Fernsehschirmen, haben sich nie das Geheimnis seiner Rekorde erklären können.

Dieser Hengst wurde das Pferd des Jahrhunderts. Ein wildes, schönes Pferd, das Nijinsky heißt.

Eine ganze Farm bangt um das Leben einer Mutterstute

Still liegt das weite kanadische Land unter der weißen, weichen Schneedecke. Früh am Morgen, bis kurz vor sieben, sind noch einmal fünf Zentimeter Schnee gefallen. Kurz vor sechs an diesem Abend soll – aber das läßt sich nur vermuten – die Sonne untergegangen sein: denn den ganzen Tag war keine Sonne zu sehen; dicke, schneeträchtige Wolken verhüllten unnachgiebig den Himmel. Und seit einer Stunde ist die Kälte starrer geworden.

Wie Pferde, die sich im Schnee verlaufen haben, kauert in der weißen Ebene nördlich vom Ontario-See, auf dem fünfzehnhundert Morgen großen Gelände der Windfields-Farm, weitverstreut ein Dutzend niedriger Gebäude: die langgezogenen Stallungen der Hengste, Stuten und Fohlen, die kleinen Bungalows der Gestütsarbeiter, das eingeschossige Büro. Und fast in allen Häusern blinzelt ein erleuchtetes Fenster in den schwarzen Frost.

Die hundertzwanzig Männer und Frauen, die auf der Windfields-Farm arbeiten und leben, gehen meistens früh schlafen. Sie müssen immer schon vor Tagesanbruch auf den Beinen sein, denn hier bestimmen die fast dreihundert Pferde den Rhythmus des Lebens. Doch an diesem Abend denkt kaum jemand in den Bungalows ans Schlafengehen. Nur mit halben Blicken verfolgen die Männer das Fernsehprogramm, das ihre Frauen eingeschaltet haben. Jeden Augenblick erwarten sie das Schrillen des Telefons.

Im Büro sitzt Peter Poole, der Manager der Farm, über seinen Statistiken; heute abend meint er Zeit dafür zu haben, weil er warten muß.

In der Veterinärstation studieren Dr. Howard Aldous und seine Laborleiterin, Love Churchill, ihre Fachzeitschriften, auch sie immer auf dem Sprung, wie nun schon fast jeden Abend in dieser Woche, bis spät in die Nacht.

Auf den zugeschneiten Wegen zwischen den Stallungen stapfen die Wachmänner mit ihren Funksprechgeräten unterm Arm die Runden.

Sie alle sind in ihren Gedanken bei der trächtigen Stute Flaming Page. Jeden Augenblick kann es passieren.

Es hätte schon längst passieren müssen . . .

Flaming Page, die schöne Braune mit dem schmalen nervösen Kopf und dem nun breiten, massigen Leib, steht in ihrer Box im Stutenstall und senkt lustlos und ängstlich ihr Maul über die Traufe. Genußlos und langsam mahlen ihre Zähne den satten, prallen kanadischen Hafer. Schon zweimal hat sie die krampfenden Schmerzen in ihren Eingeweiden gespürt. Schon zweimal ist ihr das Fell am Hals und an der Brust feucht und heiß und kalt geworden vom plötzlich ausbrechenden Schweiß. Die Last, die sie nun schon seit 349 Tagen im Leib trägt, wird immer schwerer und drängender.

Manchmal wendet sie die großen braunen Augen nach links, zu dem kleinen Glasfenster halb hinter ihr in der Wand: im Nebenraum sitzt Bill Boyd, der »Nachtmann«; wie jeden Abend, wie jede Nacht.

Und sie weiß, sie ist nicht allein, wenn es soweit ist.

Als Bill Boyd um sieben Uhr seinen Dienst antrat, zeigte das Thermometer vor der Stalltür acht Grad unter Null. Bill Boyd schloß schnell die Tür hinter sich zu und atmete tief die Wärme und den Geruch der Pferde ein. Er hat sein Leben mit Pferden verbracht, er kennt die kalten Januar- und Februarnächte, in denen die meisten Stuten auf der Farm ihre Fohlen zur Welt bringen.

Das ist immer so, und das ist gut so; denn alle Pferde haben am 1. Januar Geburtstag, und wenn ein Fohlen auch zu Weihnachten geboren wird – auf Neujahr ist es schon ein Jahr alt. Aber wenn Fohlen früh im Jahr geworfen werden, sind sie als Einjährige schon richtig groß und schön und stark und munter. Andernfalls geht es ihnen wie dem Hengst Northern Dancer, von dem die Stute Flaming Page jetzt dieses Fohlen erwartet: Northern Dancer kam im Juni zur Welt, und als er dann im Jahr darauf versteigert werden sollte, fand sich kein Käufer für ihn. Er war zu klein und mickerig – was ihn freilich später nicht hinderte, bei seinen Rennen in Amerika allen anderen Pferden eine Nasenlänge weit voraus zu sein und viele Siegerprämien mit nach Hause zu bringen.

Bill Boyd geht den breiten Gang zwischen den fünfzehn Boxen links und den fünfzehn Boxen rechts entlang und schenkt jeder Stute – sie sind alle trächtig – einen liebevoll aufmerksamen Blick.

Der Stall der trächtigen Stuten auf der Windfields-Farm ist ein Juwel. Das braungebeizte Holz vor den Boxen glänzt vornehm im Schein der Deckenleuchten, die senkrechten Gitterstäbe schimmern auf Hochglanz, in den schmalen braungelackten Deckenplatten spiegelt sich der lange rote Teppich, der über dem dunkelroten Fliesenboden liegt: Dieser Gang ähnelt eher dem Foyer eines ländlichen Luxushotels als einem Stall. Aber die feinen vierbeinigen Damen, die hier residieren und ihrer Niederkunft entgegensehen, sind auch samt und sonders jede mindestens ihre Million Mark wert. Und wie viele Rennbahnkönige, Derby-Sieger und »Pferde des Jahres« hier das Licht der Welt erblickt haben, vermag nicht einmal mehr Billy Boyd sich auszurechnen.

Flaming Page ist die vornehmste Pferdedame im Stall, da gibt es keinen Zweifel, und auch die gefährdetste. Deshalb steht sie schon seit einer Woche in der Box gleich neben dem Wachraum. Sie soll keine Minute unbeobachtet bleiben.

Bill Boyd setzt sich auf den Stuhl neben dem Guckfenster. Flaming Page steht jetzt an den Gitterstäben und blickt in den halbdunklen Gang hinaus. Als Bill eben an ihr vorbeikam, hat sie ihn angeschaut, als wollte sie ihm etwas sagen.

Er hatte ihren Hals getätschelt, aber ihr Fell war noch trocken.

Auf der elektrischen Uhr über dem Heizkörper stehen die Zeiger auf acht Uhr zehn. Bill Boyd nimmt seine Abendzeitung aus der Manteltasche, schlägt die Sportseite auf und sucht auf den Siegerlisten der Rennreportagen nach Namen, die er kennt – »seine« Babys siegen meistens. Als er umblättert, fällt ihm die Nachricht auf, daß Königin Elizabeth sich im Buckingham Palast mit einer Gastritis ins Bett gelegt hat. Bei den Worten »ins Bett gelegt« schickt er unwillkürlich einen Blick durch das Glasfenster in die Box nebenan. In der gleichen Sekunde wirft er die Zeitung zu Boden. Flaming Page hat sich ins Stroh gelegt, die großen braunen Augen starren naß, wie von Tränen erfüllt, ins Weite. Am Hals und auf der Brust schimmern feuchte dunkle Flecken.

Schweiß! Bill Boyd greift zum Telefon.

Ein Fohlen wird geboren

Über der Windfields-Farm flammen die Scheinwerfer auf. Das schneebedeckte Gelände um den Stutenstall – vorher nur hin und wieder von dem gelegentlich durch einen Riß in der Wolkendecke lugenden Viertel des zunehmenden Mondes in mattsilbernen Winterdämmer getaucht – erstrahlt jetzt in gleißendem Licht. Überall auf der Farm, auch in den entferntesten Winkeln, zerreißen die Lichtbalken der Autoscheinwerfer die frostschwarze Nacht. Aus allen Richtungen brausen die Fahrzeuge heran. Jeeps, Caravans und Personenwagen bremsen schlitternd und schleudernd vor der Stallanlage.

Im Wachraum des Stutenstalls wird der Geräteschrank aufgeschlossen und das Gummizeug ausgegeben: Gummianzüge, Gummischuhe, Gummihandschuhe für die fünf Geburtshelfer, die nun die Box von Flaming Page betreten. Andere Gestütsarbeiter begeben sich in die übrigen Boxen, um dort die aufgeregten Tiere zu beruhigen.

Flaming Page schwitzt jetzt am ganzen Körper, das braune Fell trieft vor Schweiß, sie zittert an allen Gliedern, die Wehen drängen ihrem Höhepunkt zu, ihr Leib streckt sich lang und straff. Flinke Hände bandagieren den sonst so eleganten, jetzt vor Angst und Schmerzen bebenden Schwanz hoch.

Eine gummibehandschuhte Hand drängt sich dem Fohlen entgegen. Hat es die richtige Lage? Liegt der Kopf dem Ausgang zugewendet? Befinden sich die Vorderfüße gleich daneben? Oder muß, was schon oft geschehen ist, das Kind im Mutterleib gedreht werden?

Bange Fragen stehen den Leuten, die Flaming Page umsorgen, die erregt sind und dennoch mit gefaßter Konzentration ihre geübten Handgriffe tun, im Gesicht geschrieben. Dies ist Flaming Pages dritte Schwangerschaft. Beim ersten Mal, vor zwei Jahren, trug Flaming Page ein Zwillingspärchen, und die beiden Tiere kamen tot zur Welt. Im vorigen Jahr ging alles gut.

Dennoch, Flaming Page ist eine Pferdemutter, um die man Angst haben muß. Zwei Jahre später wird sie ein Fohlen in Steißlage haben, die breiten Hüften des Jungtiers schaffen den Weg in die Freiheit nicht, es ertrinkt in der

Fruchtblase; die Flüssigkeit, die es in den langen Monaten seines ungeborenen Lebens geschützt hat, bringt es im letzten Augenblick in eine unabwendbare Gefahr, es muß herausoperiert werden, um die Mutter zu retten. Danach bleibt Flaming Page unfruchtbar.

Doch diesmal können die Männer noch aufatmen. Die beiden zarten Vorderhufe des Fohlens zeigen sich, einer nach dem anderen, dann die Nase, endlich der schmale Kopf mit dem faltigen Fell, noch von der durchsichtigen Haut der Fruchtblase umhüllt. Sanfte Menschenhände halten nun das kleine Tier, die Mutter hilft mit ihren Muskeln nach, immer krampfhafter werden die Preßwehen, immer länger die Erschöpfungspausen. Eine angsterfüllte Ewigkeit liegt zwischen jeder Muskelspannung. Hilflos liegt das Füllen da, halb in der Welt, im Stroh; halb noch im Mutterleib. Dann, endlich, gleiten die Hinterbeine nach. Die schützende Haut der Fruchtblase wird aufgerissen, mit großen Augen starrt das Fohlen erschreckt die Männer an. Es tut seinen ersten Atemzug, aber noch ist es durch die Nabelschnur mit der Mutter verbunden. Doch dann unterbrechen zwei Klammern die letzte Verbindung, die das kleine Wesen noch vom eigenen unabhängigen Leben trennt. Über den verbleibenden kleinen Stummel am Bauch schiebt sich ein Glasbehälter mit einer chemischen Flüssigkeit.

Während das nasse Fell des Fohlens trocken gerieben wird, zuerst mit Stroh, dann mit Handtüchern, wird die Nachgeburt, die nun mit den langsam abflauenden Wehen nach außen drängt, am Schwanz des Muttertieres festgebunden. Das ständig wachsende Gewicht am Schwanzmuskel wird die Mutter drängen, allmählich die ganze Nachgeburt hinauszupressen – wenn aber die Last frei herabhängt, dann besteht die Gefahr, daß die Stute danach ausschlägt und dabei das Fohlen trifft.

Nun setzt Dr. Aldous die Spritzen: zehn Kubikzentimeter Fortimycin für das Fohlen, 1500 Einheiten Tetanusserum für die Mutter, einige weitere, um Infektionen zu verhüten, Giftstoffe abzuwehren und Kraftreserven aufzufrischen. Dann werden die Zitzen der Mutter gesäubert, damit alles bereit ist, wenn das kleine Fohlen auf seinen ersten Schritten ins Leben nach Nahrung sucht.

Aber zuerst muß noch die Verdauung des Fohlens in Ordnung gebracht werden. Während es im Mutterleib war, hat sich im Darmkanal ein harter Pfropfen gebildet, Darmpech, das jetzt eine Blockierung darstellt. Wieder müssen Menschenhände helfen, ein eingecremter Gummifinger entfernt das Hindernis, der aufgestaute Darminhalt bricht sich Bahn, ein Glycerin-Einlauf hilft nach und säubert die Ausscheidungswege ganz – von nun an muß auch der Stoffwechsel aus eigener Kraft funktionieren.

Andere Helfer erscheinen und reichen weiteres Arbeitsmaterial in die Box, einen Rechen, einen Besen, einen Wasserschlauch. Das Stroh wird ausgekehrt, der Boden gefegt und mit Wasser ausgesprüht, auch die Wände, die mit einer bakterienabweisenden Spezialfarbe gestrichen sind, werden abgespritzt. Frisches Stroh wird herangekarrt und in die Box gelegt. Mutter und Sohn erhalten ein frisches Lager.

Das kleine Fohlen mit dem herzförmigen weißen Stern auf der Stirn und den drei weißen Fesseln hat jedoch gar keine Lust, sich niederzulegen. Zu lange hat es bewegungslos im einengenden Mutterleib verharren müssen. Nun will es sich seine Freiheit ganz erkämpfen, nun will es seine jungen Muskeln ausprobieren. Noch bemüht es sich vergeblich, das Ziel zu erreichen, das der Instinkt ihm gebietet: sich auf die eigenen vier Beinchen zu stellen. Immer wieder schlaffen die unerprobten Knie unter ihm weg, kopfüber purzelt es ins frische Stroh. Aber von nun an dürfen die Menschen ihm nicht mehr helfen. Von nun an muß die Natur es alleine schaffen, müssen die Muskeln selbst die Kraft entwickeln, die den Hengst eines Tages wie einen Sturmwind über die großen Rennbahnen der Welt tragen sollen. Eine halbe Stunde, vierzig Minuten dauert der Kampf – dann, endlich, ist es geschafft! Und es ist ein Hengst – ein Colt, ein schöner starker Colt!

Die Männer in der Box schlagen sich mit den Gummihandschuhen auf die gummiumkleideten Schultern, sie lachen sich an: Der kleine Hengst kann stehen! Er kann gehen! Schwankend noch, aber aufrecht. Er hat seine Kraft gefunden und sein Gleichgewicht, eines Tages wird er auch das Geheimnis der Geschwindigkeit entdecken . . .

Halt und Hilfe suchend lehnt er sich gegen die Mutter – so beginnt er seine erste Entdeckungsreise. Einen Augenblick lang verhält er still neben Flaming Page. Fell an Fell genießt er die Wärme des Mutterleibes, anders jetzt als bisher, doch es ist die gleiche Wärme, die gleiche Geborgenheit, das spürt er deutlich mit seinem untrüglichen Instinkt. Flaming Page läßt sich die zärtlichen Berührungen des an ihr entlang streifenden Wesens gefallen. Bis zu den Vorderfüßen macht der kleine Colt die Reise, und Flaming Page reckt den Kopf und schnuppert mit ihren Nüstern über das weiche kurze Fell ihres Sohnes, der sie einmal als Mutterstute noch berühmter machen wird, als sie es als Rennpferd schon war.

Das Fohlen leckt der Mutter die warme Schnauze. Das Fohlen sucht, das ist klar. Das Fohlen hat Hunger. Noch weiß es nicht, wo es nach Nahrung suchen soll. Vorher, in der dunklen Geborgenheit, war alles so einfach. Aber auch das gehört zur soeben gewonnenen Freiheit: Nahrung muß man sich selber suchen. Doch sie ist da, wenn man sie zu finden weiß.

Das Fohlen kehrt um, geht nochmals auf suchende, schnuppernde Entdekkungsreise am Körper der Mutter, diesmal unter dem Bauch, den Bauch entlang – und findet endlich, was es braucht.

Einen Augenblick lang zuckt Flaming Page unwirsch zusammen, hebt in unwillkürlicher Abwehr sogar fast den linken Hinterhuf. Aber wenn sich erst einmal das Fohlenmäulchen um die Zitzen gelegt hat, wenn die Milch erst einmal zu fließen begonnen hat, dann hat sie keinen Zweifel mehr an ihren Mutterpflichten.

»Das wär's dann wohl mal wieder gewesen«, sagt Bill Boyd und bewegt sich langsam, noch einmal zurückblickend, auf die Tür der Box zu, seine Helfer hinter ihm her. Der Tierarzt Dr. Aldous mißt noch die Temperatur von Mutter und Sohn, dann finden sich allmählich alle wieder im Wachraum ein, ziehen ihre Gummihandschuhe, ihre Gummischuhe, ihre Kombinationen aus, und werfen die Sachen in die Tonne für das zur Desinfektion vorgesehene Material. Die elektrische Uhr über der Heizung zeigt ein paar Minuten nach zehn.

Die Männer, die bei den anderen Stuten im Stall waren, wünschen eine ruhige Nacht und gehen wieder hinaus in die Kälte.

Die Motoren brummen auf und verhallen in der Ferne.

Die Scheinwerfer vor der Stallanlage verlöschen.

Wenig später gehen auch in den Bungalows die letzten Lichter aus.

Die Nacht ist wieder ruhig über der weiten weißen Ebene der Windfields-Farm.

In seinem Wachraum ist Bill Boyd nun wieder allein. Wenn er durch das Fenster in die Box nebenan blickt, sieht er Flaming Page dort leise kauen. Hin und wieder schüttelt sie unwirsch ihre Hinterflanken, wo unter dem aufgebundenen Schwanz lästig die Nachgeburt hängt. Neben ihr steht nun der kleine Hengst, der sich manchmal, unsicher aber tapfer, auf seinen dünnen Beinchen aufrichtet.

Bill Boyd nimmt ein leeres Formular aus dem Schrank und beginnt mit seinen Eintragungen:

Name der Stute: Flaming Page

Wann zum letzten Mal gedeckt: 9. März 1966

Voraussichtlicher Tag der Niederkunft: 12. Februar 1967

Dauer der Geburt: 5 Minuten

Tag und Uhrzeit: 21. Februar 1967, 20.30 Uhr

Dauer der Schwangerschaft: 349 Tage

Bemerkungen: Keine besonderen Anzeichen vor der Geburt, leichter Temperaturanstieg während der Geburt, Geburt schnell und normal.

Besondere Kennzeichen des Fohlens: männlich, großer Stern auf der Stirn, an beiden Hinterhufen (innen höher) und am linken Vorderhuf wenige weiße Haare.

Um die letzte Eintragung vornehmen zu können, muß er noch eineinhalb Stunden warten – bis die Nachgeburt ganz vollendet ist. Nachdem er sie losgelöst und die Schwanzbandage abgenommen hat, notiert er: Abnahme der Nachgeburt um 23.45 Uhr, Gewicht 5,635 Kilogramm.

Dann setzt er seine Unterschrift unter das Formular, wie schon ein paar hundert Mal seit fast zwanzig Jahren.

Ein Fohlen ist geboren worden, ein Hengst. Ein Fohlen wie jedes andere?

Nein, das Rennpferd des Jahrhunderts.

Einen Namen hat das Fohlen noch nicht. Gut anderthalb Jahre lang wird es noch mit dem Namen der Mutter gerufen werden, bis dann endlich ein seltsamer Zufall ihm den Namen »Nijinsky« verleiht.

Muß man einem Pferd die Nase putzen?

Sieht man einem jungen Fohlen an, daß es eines Tages – vielleicht nur zwei Jahre später schon – als atemberaubender Renner über die Bahn jagen wird, mit kraftvoll gestreckten Flanken, mit donnernden Hufen, allen anderen Pferden voraus?

Sieht man es ihm an, mit seinem ungebärdigen Kopf, seinen staksigen Beinen, seinem schmalen Leib, daß es aus dem Stoff geschaffen ist, aus dem Legenden entstehen – Rekorde, Schlagzeilen, Sensationen, schließlich gar ein Millionenvermögen?

Wenn man die Leute fragt, die mit ihrer Liebe und ihrer Erfahrung, mit ihren starken empfindsamen Händen und ihrer allzeit wachen Witterung schon ein paar hundert der schönsten, schnellsten, teuersten Pferde der Welt auf ihren ersten Sprüngen ins Leben begleitet haben – die Männer von der Windfields-Farm – dann heißt die Antwort:

»Nein, das sieht man keinem Fohlen an. Sie sind alle gleich. Für uns war auch das Fohlen von Flaming Page in seinem ersten Jahr nur ein junges schönes wildes Pferd wie jedes andere . . .«

Und wie jedes andere frischgeborene Fohlen auf der Windfields-Farm genoß auch Flaming Pages junger Sohn alle Fürsorge und Pflege, die auf Kanadas größtem und reichstem Gestüt einem Baby aus bester aristokratischer Familie zuteil wird.

Gleich am ersten Morgen ging es los. Körpertemperatur, Speichel, Blut, Urin, Stoffwechsel – alles wurde in Miss Love Churchills modernst ausgestattetem Labor untersucht und registriert, und von da an in regelmäßigen Abständen. Die Temperatur wurde in den ersten achtundvierzig Stunden gleich viermal gemessen – freilich zeigte das Thermometer stets nur die normalen Werte zwischen 38,1 und 38,7 Grad Celsius an. Die Blutproben wurden zunächst jeden Tag untersucht, dann jede Woche, schließlich nur noch jeden dritten Monat. Alle drei Monate wurde ein Parasitentest vorgenommen, Gewichtskontrolle allerdings nur alle vier Wochen.

Gehorsam, doch bald, nachdem es seiner schmalen langen Beine sicher war, von nervösem Entdeckungsdrang erfüllt, wanderte das Pferdebaby neben seiner Mutter im Boxenstroh hin und her. Bald lernte es neben der Muttermilch noch andere Genüsse schätzen; den fetten kanadischen Hafer und vor allem das Gemenge mit den Futterpastillen voller Nährstoffe, die die Windfields-Farm nach eigenem geheimgehaltenem Rezept nur für ihre eigenen Pferde herstellen läßt.

Die Box, die er mit seiner Mutter teilte, war für Flaming Pages Sohn zunächst die ganze Welt. Noch durfte er nicht draußen mit den anderen Pferden auf den Koppeln spielen und tollen, noch bedeckte dicker Schnee das weite Land, noch ließ die frostige Luft vor den Nüstern der erwachseneren Pferde dichte Atemwolken wehen; in diesem Jahr hielt sich der Winter in Kanada lange. Und Flaming Pages Sohn sollte ja nicht ein zotteliges abgehärtetes Panjepferdchen werden, das Wind und Wetter trotzen kann.

So wurde der Colt umhegt und umhätschelt wie ein kleiner Prinz – und das war er ja auch in der Tat. Wenn auch zunächst noch nicht ganz harmonisch gebaut: er hatte einen kleinen runden Rücken, der sich mit einer einzigen Handbewegung der Länge nach streicheln ließ wie bei einem Windhund, darunter überraschend lange Beine, die im Anfang dicht und gerade beieinander standen. Und der Kopf, der auf dem senkrecht aufwärtsstrebenden Hals saß, erinnerte eher an ein Seepferdchen als an einen Hengst. Aber die Männer von der Windfields-Farm machten sich keine Sorgen, daß Flaming Pages Sohn nicht eines Tages als schöner stolzer Hengst – und auch mit allen richtigen Proportionen – auf den Rennplätzen einherjagen würde. Ihre Sorgen sahen in den ersten Wochen anders aus.

Sie mußten unablässig ein wachsames Auge auf den kleinen Pferdeprinzen richten – und wenn ihm, zum Beispiel, die Nase lief, schnell mit Wattebäuschen bei der Hand sein, und ihm die Nüstern putzen, damit er sich sein zartes Nasenfleisch nicht an den Wänden seiner Box wundrieb.

Und wenn, was auch vorkam, die ungeübte Verdauung noch nicht so richtig funktionierte und der kleine Prinz an Durchfall litt, dann mußten die aufmerksamen Pferdekinderwärter ebenfalls flink zur Stelle sein und ihm den Hintern abputzen und ihn trockenlegen und pudern, damit keine Blasen und keine Wundflächen entstanden, damit sein zartes, seidiges Fell keinen Schaden litt.

Kein Wunder also, daß die Männer der Windfields-Farm von ihren kleinen Schutzbefohlenen immer als von ihren »Babys« sprechen.

Der Winter herrscht lange in Ontario; bis in den März, oft sogar bis in den April hinein bleibt der Schnee. Aber die Fohlen schnuppern den Frühling schon lange vorher in der Luft. Sie werden unruhig im Stall, sie stellen sich auf die Hinterbeine, sie schlagen vielleicht sogar nach der Mutter aus. Sie wollen hinaus auf die Koppeln, sie wollen ihre wachsenden Kräfte erproben, sie wollen endlich ihre jungen Lungen aufpumpen, ihre Beinmuskeln anstrengen und ihre Herzen bis zum Hals hinauf schlagen lassen.

Ein paar Wochen noch konnte Flaming Page ihrem kleinen Sohn die grünende Welt des kanadischen Frühlings zeigen, die Büsche auf der Weide und wo das Gras am besten schmeckt; konnte ihm vorspielen, wie man läuft und springt, wie man sich fallen läßt und wie man in der Herde über die Koppeln jagt.

Dann, siebzehn Wochen nach seiner Geburt, kam der Tag, an dem Flaming Pages Colt lernen mußte, allein seinen Weg zu finden: allein auf der Koppel, allein im Stall – er war nun groß genug, er wurde entwöhnt.

Sein neues Leben führte ihn auch in eine neue Welt. Die Fohlen, die in diesem Winter zur Welt gekommen waren, wurden von der Windfields-Farm bei Oshawa zur Windfields-Farm in Willowdale bei Toronto gebracht.

Freilich, auch im Sommer wollten seine Betreuer noch nicht wahrhaben, daß Flaming Pages Sohn ein ganz besonderes Pferd war.

Dabei litt er sicher nur in den ersten Tagen unter der Trennung von seiner Mutter. Manchmal stand er mit gesenktem Kopf da und blickte wehmütig in die Weite.

Pferde, so sagen die Fachleute, können nicht denken, wenn man unter Denken das versteht, was Menschen sich darunter vorstellen, nämlich die logische Verknüpfung von mehreren Erkenntnissen, und die Fähigkeit, Schlußfolgerungen daraus zu ziehen – obwohl es da auch zahlreiche Gegenstimmen gibt. Aber Pferde, und darin sind sich alle Fachleute einig, haben ein phantastisches Gedächtnis, sie können sich gut erinnern; was sie einmal gelernt haben, vergessen sie fast nie.

Nijinsky behielt lange das Bild und den Geruch seiner Mutter in seiner Erinnerung, immer wieder erinnerte er sich an das schöne Gefühl der Geborgenheit in ihrer Nähe, an die Wärme ihres Fells. So stand er noch oft auf der Koppel, wenn er plötzlich im Lauf innehielt und in den Wind hineinschnupperte, doch was ihm die Witterung zutrug, sagte ihm nichts.

Diese Augenblicke der Wehmut wurden immer seltener, die vertrauten Gerüche waren niemals mehr wieder im Wind, und bald verdrängte die Faszination neuer Entdeckungen die alten Erinnerungen.

Flaming Pages Sohn lernte das Gefühl des Glücks kennen, wenn er selbst Nahrung gefunden hatte, wenn er im wilden Spiel mit seinen Stallkameraden sich seiner Kraft bewußt wurde, wenn er im Zusammenwirken seiner Lungen und seiner Muskeln erkannte, wie herrlich schnell seine Beine ihn tragen konnten, so unbeschreiblich leicht und fliegend. Und auch sein Fell wurde mit jedem Tag dichter.

Der Sommer, so heiß wie der Winter kalt gewesen war, verging, und Flaming Pages Sohn war eins der stärksten Pferde in seinem Jahrgang.

Nicht, daß er ein Leitpferd geworden wäre, ein Herrscher, dem die anderen folgten. Dafür war er noch zu jung. Aber er liebte die verspielten Rangeleien, das Sichaufbäumen, das Schlagen mit den Hufen, und die meisten anderen Fohlen wußten: Wenn er sein wildes Spiel begann, blieb er meistens Sieger. Und was für sie Anstrengung war, das war für ihn immer nur Spaß. Wenn er federleicht über das Gras jagte, war er ihnen fast immer eine Länge voraus, ein paar Hufschläge und ein paar Atemstöße schneller.

Ein Mann stand dann häufig am Gatter und sah ihm mit nie ermüdendem

Vergnügen zu: Harry Greene, der sozusagen sein Pflegevater war, und sehr stolz auf die Kraft und den Mut seines Schützlings.

Harry Greene, ein untersetzter bulliger Mann mit sonnengebräunter Haut im Gesicht und auf der Brust unter dem ewig offenen Hemd – mit der Sonnenbräune, die man nur dann hat, wenn man Jahr um Jahr, Sommer wie Winter, unter freiem Himmel lebt –, war der Betreuer des jungen, wilden Hengstes auf der Windfields-Farm in Toronto. Und mehr als das.

Wenn Harry Greene nicht gewesen wäre, hätte es vielleicht nie einen Nijinsky gegeben . . .

Die schreckliche Seereise der trächtigen Stute »Lady Angela«

Harry Greene, Anfang sechzig, aber stark wie vierzig, lebt mit Pferden, seit er vierzehn ist. Er hätte leicht studieren können, denn er war ein aufgeweckter Bursche. Aber da hätte er in einem Zimmer sitzen müssen, ganz still auf einem Fleck, stundenlang, mit anderen Stubenhockern. Da waren ihm Tiere lieber und das Leben an der frischen Luft, in Sonne und Wind. Der kleine Harry liebte alles, was vier Beine hatte oder fliegen konnte.

Am meisten aber Pferde.

So wurde er Gehilfe bei einem Tierarzt in Toronto. Da mußte er zwar morgens um halb sechs schon aus den Federn, aber dafür durfte er dann auch den ganzen Tag mit Pferden zusammen sein.

Schon in den zwanziger Jahren kannte Harry Greene das Gelände der heutigen Windfields-Farm vor den Toren von Toronto wie seine Hosentasche. Damals hieß es noch nicht Windfields-Farm, damals war es noch die Farm von Sam McLaughlin, einem Mordskerl und einem Sonderling, der übrigens, kurz nachdem unser junger Hengst zur Welt gekommen war, seinen hundertsten Geburtstag feierte.

Dieser Sam McLaughlin, Sohn eines Kutschenmachers, baute das erste Auto Kanadas, eben den »McLaughlin«, das Modell F, das im kanadischen Norden so legendär wurde wie Henry Fords »Modell T« im Süden, in den Vereinigten Staaten. Und so wie Henry Ford sein »Modell T« mit dem Slogan anpries: »In jeder Farbe vorrätig, sofern Sie sich für Schwarz entscheiden«, verkündete McLaughlin, sein »Modell F« wäre »in jedem Material zu haben, sofern es Holz sein darf«.

Harry Greene, der kleine Tierarzthelfer, hat die Holzkutschen mit dem General-Motors-Motor noch auf den Landstraßen von Kanada ihre Auspuffahnen ziehen sehen, als er schon McLaughlins Pferde versorgte.

Später kaufte ein Mister Darlington das Weidegelände, und bei dem wurde Harry der oberste Stallchef. Und als Darlington das Land an den jetzigen Besitzer verkaufte, an den Großindustriellen E. P. Taylor, blieb Harry weiter dort

– und ob er nun McLaughlins, Darlingtons oder Taylors Pferde aufzieht, für Harry waren und sind es immer »meine Babys«.

Und dann kam jener Junitag 1953, es muß so um Harrys sechsundvierzigsten Geburtstag herum gewesen sein, da legte ein Schiff im Hafen von Montreal an. Damals reisten Pferde noch in Schiffen über den Atlantik, im Laderaum, nicht wie heute, im Flugzeug, in düsengetriebenen Cargo-Clippern mit Spezialausstattung. Und Harry riskierte seine Knochen, damit Nijinskys Großmutter, eine hinreißend schöne Pferdedame namens Lady Angela, mit heiler Haut von Bord kam. Und wenn Harry damals nicht so entschlossen zugepackt hätte, dann – ja, dann wäre ein großes Stück stolzer Familiengeschichte in den Annalen der größten Rennpferde der Welt ungeschrieben geblieben, nichts als leere, weiße Blätter . . .

Rund elftausend Pfund hatte E. P. Taylor, der Herr von Windfields-Farm, auf der Pferdeauktion von Newmarket in England für Lady Angela bezahlt, gut 220 000 Mark, das war damals schon ein stolzer Preis für eine loorbeerbekränzte Rennstute, aber immerhin war sie die Tochter des grandiosen Derby-Siegers von 1933, des Wunderhengstes Hyperion. Und nun war sie auch noch schwanger – und der Kindsvater war kein geringerer als der große Nearco aus Italien, der nie ein Duell verloren und nur Eroberer gezeugt hatte, ein Cesare Borgia der Rennbahnen, und zu seinen Siegen zählt das italienische Derby und Frankreichs härteste Prüfung, der »Prix de l'Arc de Triomphe«.

So gesehen war die Verschiffung von Lady Angela kaum ein geringeres Unternehmen als etwa der Transport eines Gemäldes aus dem Pariser Louvre ins Königliche Museum von Toronto.

Und da stand Lady Angela, dieses herrliche Kunstwerk aus über zwanzig Generationen ebenso mühe- wie liebevoller englischer Pferdezüchterarbeit, nun hilflos zitternd in ihrem Verschlag auf dem Frachtdampfer »Portsmouth«, der eben im Hafen von Montreal festgemacht hatte.

Als Harry Greene am Kai aus seinem Pferdetransportwagen ausstieg, rief ihm der Obermaat entgegen: »Wir kriegen den Gaul nicht aus seiner Box! Sie müssen schon aufs Schiff kommen und ihn selber 'rausholen!«

Mit schlimmen Vorahnungen im Herzen lief Harry über die Gangway. Tränen stiegen ihm in die Augen, als er vor den Verschlag trat, in dem die Stute auf der ganzen Reise eingesperrt gewesen war.

Lady Angela war in schlimmer Verfassung. Die lange Seereise war ihr nicht bekommen. Für die Matrosen war Lady Angela nur irgendein Pferd gewesen, das zufrieden sein mußte, wenn ihm jeden Morgen ein Haufen Hafer hingeworfen wurde. Der Verschlag war seit Tagen nicht gesäubert worden. Angelas Fell war glanzlos und verfilzt. Traurig ließ sie den Kopf hängen.

Harry versuchte, seine Ruhe zu bewahren.

»Allein ist das schwer«, sagte er. »Kann ich drei Mann haben, die mir helfen?«

Der Obermaat winkte ab. »Wir können da keine Verantwortung übernehmen. Wenn was passiert, heißt es nachher, die Leute vom Schiff sind schuld.«

Harry sah den Obermaat lange an, sagte aber nichts. Es hätte wohl auch wenig Sinn gehabt. Von Matrosen wollte Lady Angela nichts mehr wissen. Solange Matrosen in der Nähe standen, war Lady Angela nicht zu bewegen, auch nur einen Schritt aus dem Verschlag heraus zu machen.

Was mußte das Tier auf dem Schiff durchgemacht haben!

Als Harry Greene neben Lady Angela trat, hob sie den Kopf und sah ihn hoffnungsvoll aus großen braunen Augen an. Ihre Nüstern bebten leise – sie roch den Duft von sauberen Ställen, der in seinen Kleidern hing. Sie schmiegte sich an seine Hand, die genau wußte, wie man ein Pferd streicheln muß, damit es Vertrauen gewinnt.

Behutsam versuchte Harry, die Stute aus dem Verschlag, der ihr zum Gefängnis geworden war, herauszuführen. Aber offenbar hatte Lady Angela keinen sicheren Griff mehr mit ihren Hufen. Sie war wohl während der ganzen Reise nicht bewegt worden, und auf dem leicht gewölbten Stahldeck fand sie auch keinen Halt.

Schlitternd und schwankend und stolpernd tastete sie sich Schritt für Schritt über den glatten Boden. Harry stützte sie mit aller Kraft.

Es durfte einfach nichts passieren. Es ging nicht nur um Lady Angela, es ging auch um das ungeborene Pferdchen in ihrem Leib.

Der schwierigste Teil des Ausladens kam jedoch erst noch. Denn nun mußte Lady Angela einen neuen Verschlag betreten, der dann mit einem Kran an Land gehievt werden sollte.

Vor dem Verladeverschlag bockte die Stute. Nie wieder wollte sie solch einen Käfig betreten. Nicht einmal von Harry wollte sie sich in das Geviert führen lassen.

Und was, wenn sie beim Hieven durchdrehte und wild um sich schlug und sich dabei verletzte? Es gab nur eine Möglichkeit.

»Kann ich da mitfahren?« fragte Harry den Obermaat, der sich einige Schritte entfernt hielt, um Lady Angela nicht zu irritieren.

Der Obermaat zuckte die Achseln.

»Weiß ich nicht«, sagte er. »Das hat noch nie einer probiert.«

»Ich meine«, sagte Harry und versuchte mühsam, seine Fassung zu bewahren, »hat jemand was dagegen, wenn ich mitfahre?«

Der Obermaat wandte sich ab.

»Das können Sie halten, wie Sie wollen. Wenn da was passiert – das Schiff übernimmt keine Verantwortung.«

Harry streichelte der Stute beruhigend über die Nüstern und ging dann in den Verschlag voraus und stellte sich an der Innenwand auf. Lady Angela sah ihn verwundert an, dann folgte sie ihm auf unsicheren Hufen nach.

Der Verschlag wurde geschlossen, Kommandorufe ertönten, und wenige Augenblicke später schwebte die Riesenkiste mit Harry, Lady Angela und dem Ungeborenen über dem Hafen von Montreal.

Harry hielt den zitternden Kopf der Stute mit beiden Händen, streichelte den Hals, der vom Angstschweiß feucht war und sprach beruhigend auf Angela ein.

»Es wird ja alles gut, Lady Angela, alles wird gut, du kommst in einen schönen Stall, da wirst du neue Freundinnen kennenlernen, und schönes sauberes Stroh ist da und satte grüne Wiesen, und da kannst du laufen, endlich wieder laufen, laufen, laufen, laufen, und wir laufen zusammen, und ich bringe dich jeden Morgen auf die Koppel, jeden Morgen . . .« sagte er, als die Kiste, vom Kran geschwenkt, im großen Bogen über dem Schiff und dem Kai dahinschwebte.

Lady Angela flatterte an allen Gliedern, aber sie schnupperte auch hoffnungsvoll an Harrys Jacke, in Harrys Haaren, sie schnupperte den Geruch von Pferden und Stroh und Stall, ein Vorschuß auf das Paradies, das sie nun erwartete.

Mit weichen Knien staksten die Stute und dann auch Harry aus der Kiste über den Kai in den Transporter hinein, wo Lady Angela sich gleich in das frische Stroh legte . . .

Harry Greene hat seitdem nie wieder einen Fuß auf die Planken eines Schiffes gesetzt.

»Ich habe Nijinsky immer wie ein Stück von mir angesehen«, sagt Harry Greene heute. »Denn wenn ich es damals nicht geschafft hätte, Lady Angela mit heilen Knochen an Land zu bringen, mit dem Ungeborenen in ihrem Bauch, aus dem dann der erfolgreiche Nearctic wurde, dann hätte es auch nie einen Northern Dancer gegeben, auch nicht dessen Sohn, den großen Nijinsky. Wer die Geschichte von Nijinsky erzählen will, der muß mit jenem Junitag im Hafen von Montreal anfangen, denn da wäre sie fast beendet gewesen, ehe sie begonnen hatte . . .«

Ein Fotograf entdeckt den Wunderhengst

Der Winter kam wieder – und der Neujahrstag, an dem alle Pferde Geburtstag haben – und Flaming Pages Sohn erlebte seinen ersten Schnee. In den kalten Monaten, wenn die Temperatur auf fünf oder gar zehn Grad unter Null sank, blieben die Pferde bis acht oder neun Uhr im Stall, solange, bis der Frost seine schartige Schärfe verloren hatte.

Flaming Pages Sohn, nun schon viel hübscher und viel temperamentvoller als die anderen Colts aus seinem Jahrgang, gebärdete sich dann am ungeduldigsten in seiner Box. Wenn es endlich in den Schnee hinausging, ließ er immer deutlicher seine schnelle Kraft und seine geschmeidigen Muskelreflexe erkennen.

Flaming Pages Sohn war nun ein Jährling, und junge Hengste treiben halsbrecherische Spiele.

Die Colts stürmen verwegen aufeinander zu, halten auf Haaresbreite voreinander im Galopp inne, bäumen sich gegeneinander auf und schlagen einander mit den Hufen nach den Hälsen, daß der Schnee aufspritzt und die Schweife und Mähnen aufgeregt wie zerzauste Sturmfahnen wehen. Da üben sich Ausdauer und Mut, da blitzt aber auch die blanke Angriffslust in den frischen dunklen Augen. Und bald erweist sich einer in der Herde als der Stärkste, der die anderen jagt, der sich an ihre Spitze setzt, dem die anderen dann – wenn es wieder Frühling wird – die grünsten Streifen mit dem sattesten Gras überlassen und der schließlich seinen Übermut nicht mehr zu zügeln weiß, selbst auf die Gefahr hin, daß die Haarbüschel fliegen und es Wunden setzt.

Dann ist es Zeit, das Rauhbein von der Herde zu trennen und ihm eine eigene Koppel zuzuweisen, wo er freie Bahn hat, sich auszutoben.

Harry Greene erinnert sich: »In seiner Herde war er der Wildeste.«

Und Joe Thomas, der Manager der Windfields-Farm in Toronto, beschreibt es so:

»Wir hatten damals vierzig oder fünfzig Jährlinge, und die waren ja alle nicht von schlechten Eltern, alles beste Rasse, viele Derby-Sieger und teure Klassepferde unter den Vorfahren – aber man sah eigentlich immer nur ihn. Nicht nur, weil er etwas größer war – nein, es war eine gewisse Art von Wachheit, von Begeisterung, von Haltung, von Gegenwärtig-Sein, von innerer Energie. Es war schon ein Vergnügen ihm zuzuschauen. Allerdings, daß er einmal als Wunderpferd des Jahrhunderts in die Geschichte eingehen würde – auf die Idee kamen wir nie ...«

Die Idee kam ihnen auch dann noch nicht, als der Termin für die große Herbst-Versteigerung näherrückte. Die alljährliche Auktion der Jungpferde ist das wichtigste Datum im Kalender der Vollblutzüchter. Um diese drei oder vier Tage im September dreht sich alles: Da muß sich erweisen, ob die Aufzuchtarbeit eines ganzen Jahres sich gelohnt hat, die gewaltigen Investitionen in die Zuchthengste und Stuten, die Planung der Paarung, die alltäglichen Mühen um die jungen Fohlen. Von der Auktion und ihren Erlösen hängt jedesmal wieder die Existenz eines Gestütes ab, der weitere wirtschaftliche Aufstieg und der Fortbestand des guten Rufes. Die Gestüte schicken nur die besten, erfolgversprechendsten Jungpferde des neuen Jahrgangs in die Auktionen.

Diese drei, vier Tage im September sind aber auch ein glanzvolles Rendezvous der Pferdefreunde. Aus allen Ländern der Erde versammeln sich die millionenschweren Rennstall-Besitzer, zumeist mit ihren Frauen, um junges, frisches, hoffnungsvolles Vollblut zu erwerben – Pferde, die ein oder zwei Jahre später schon bei den Rennen zwischen Kapstadt und Melbourne, Longchamps und Baden-Baden, bei den Derbys von Kentucky, Rom, Hamburg und Epsom die vergoldeten Trophäen und die hochdotierten Siegerprämien erringen sollen.

Die Gestüte bereiten sich monatelang und sorgfältig auf die Versteigerung vor. Schon im Frühling werden erfahrene Fotografen beauftragt, die ausgewählten Jährlinge für den Versteigerungs-Katalog zu fotografieren. Die Windfields-Farm zum Beispiel läßt jedes Jahr im April den Pferde-Fotografen Peter Wynant eigens aus Baltimore anreisen, um die kostbar aufgemachte Visitenkarte des Gestüts zu gestalten. Peter Wynant, der seit vielen Jahren zu den hervorragendsten Vollblut-Porträtisten Amerikas zählt, hat ein ungewöhnlich kritisches Auge. Und er war es dann auch, der als erster erkannte, daß da auf der Windfields-Farm ein junger Hengst mit ganz seltenen Qualitäten heranwuchs.

Wie in jedem Jahr holte Peter Wynant, seinem Auftrag gemäß, ein Jungpferd nach dem anderen vor seine Kamera. Dann aber, nachdem er seinen Auftrag durchgeführt hatte, sagte er zu Joe Thomas, dem Manager:

»Ich habe da in den letzten Tagen einen Colt gesehen, der irgendwie anders als die anderen ist. Wenn's Ihnen recht ist, bleibe ich einen Tag länger und mache noch ein paar Extrafotos. Von diesem Pferd wird man bestimmt noch viel hören ...«

Einen ganzen Tag lang ließ sich Peter Wynant den jungen Hengst vor der Kamera über die Koppel treiben. Und merkwürdig, Flaming Pages Sohn, sonst so ungestüm und nur schwer zu bändigen – für die Kamera ließ er sich brav zu allen Gangarten anstacheln, Trab und Galopp, wilde Sprünge und Aufbäumen, alles führte er seinem Bewunderer vor, schon damals mit dem stolzen, selbstbewußten Blick, den er auch später auf fast allen Fotos zeigt.

Als Nijinsky dann berühmt war, als große Fotografen in Europa, wie zum Beispiel der Earl of Snowden, Prinzessin Margarets Mann, ihn fotografierten, hörte man immer wieder verwundert sagen: »Dieses Pferd weiß genau, wann es fotografiert wird – und wie es sich fotografieren lassen muß. Es hat mehr Ausstrahlung als manches Foto-Modell, und auch mehr Verstand . . .«

An diesem Tag auf der Windfields-Farm von Willowdale gelang Peter Wynant auch das Bild, das heute in Kanada als das Symbol für die brutale Verstädterung der Landschaft gilt: der kraftvolle Jährling, dieses ungezügelte Temperament, vor dem starren Hintergrund von Appartement-Hochhäusern, die immer weiter aus der Stadt Toronto herauswachsen und inzwischen auch schon die Wiesen mit Beton überzogen haben, auf denen sich der Hengst damals noch tummeln konnte. Zwanzigstöckige Hochhäuser ragen heute dort in den Himmel. Und der Boden, der damals, als die Windfields-Farm gegründet wurde, noch drei- bis vierhundert Dollar pro Morgen kostete, ist heute fünfzehn- bis zwanzigtausend Dollar wert. Es ist auch ein historisches Bild, denn inzwischen wurde die ganze Windfields-Farm an die Hochhausbauer verkauft – das Gestüt, zuletzt nur noch eine einsame grüne Insel im grauen Betonmeer, zog mit allen Männern und allen Pferden nach Maryland in den Vereinigten Staaten.

Als die Versteigerung näherrückte, begannen andere Sterne auf der Windfields-Farm den Sohn von Flaming Page zu überstrahlen.

Unter den siebenundsiebzig Jährlingen, die von der Windfields-Farm für die große kanadische Auktion am 3. September 1968 angemeldet wurden, war zum Beispiel auch ein Colt des großen Hengstes Ribot, einem Stallgefährten von Nijinskys Vorfahren Nearco. Und ähnlich wie Nearco war auch Ribot in seinen sechzehn Rennen in Italien, Frankreich und England ungeschlagen geblieben, und dabei hatte auch er das schwierigste Rennen Europas, den »Prix de l'Arc de Triomphe« in Paris gewonnen, sogar zweimal.

Der von Ribot auf der Windfields-Farm gezeugte Colt sollte nicht unter einem Mindestgebot von hunderttausend Dollar versteigert werden. Und noch ein weiterer Jährling, ein Halbbruder Nijinskys, der genau wie er den Rennbahnkönig Northern Dancer zum Vater hatte, wurde mit einer »Reserve« von hunderttausend Dollar angemeldet.

Für Flaming Pages Sohn wurde das Auktions-Minimum auf lediglich sechzigtausend Dollar festgelegt.

Hatten die Manager der Windfields-Farm vielleicht doch gute Gründe für ihre Meinung: »Der Sohn von Flaming Page ist sicher ein außergewöhnliches Pferd – aber er ist nicht das beste Pferd in unserem Stall?«

In den letzten Wochen vor der Versteigerung trafen in Willowdale ein paar Rennstallbesitzer ein, um eine Vorauswahl unter den Jährlingen zu treffen. Wer nicht kommen konnte, schickte einen Experten. Der Biskuit-Millionär Garfield Weston zum Beispiel, der in einem Schloß in Irland lebt, schickte einen rennsporterfahrenen Tierarzt auf die Windfields-Farm. Auch er sah sich den Sohn von Flaming Page genau an. Auch er fand nichts Besonderes an dem Hengst. Und empfahl seinem Auftraggeber andere Jährlinge.

Wie gesagt: sie alle hatten sicher gute Gründe für ihr vorsichtiges Urteil – recht sollten sie nicht behalten. Aber gerade diese Ungewißheit verleiht ja diesem Millionenspiel um Superpferde die faszinierende Spannung.

Die Versteigerung der kanadischen Vollblutzüchter wirft ihre Schatten auch in Gestalt aufwendiger Kataloge voraus. Überall auf der Welt, wo Pferdefreunde leben, flattern die bunten Broschüren mit den anmutig fotografierten Jungpferden ins Haus. Die Adressenliste, nach der Manager Joe Thomas von der Windfields-Farm seine Kataloge versendet, gleicht einem »Who is Who« der amerikanischen und europäischen Blut- und Geldaristokratie. Gekrönte Häupter, Prinzen, Präsidenten, Ölscheichs und Industriekapitäne sind hier nach einem Alphabet aufgeführt, das nur ein Auswahlprinzip kennt: die Liebe zu den edelsten Pferden der Welt – und Geld genug, um sie sich und anderen beweisen zu können.

Eine der interessantesten Adressen auf der Versandliste der Vollblutzüchter lautet: Astor Street 113 in Newark im amerikanischen Staate New Jersey.

Ausgerechnet in Newark . . .

Ein Auswanderer aus Hanau wird Millionär in USA

Wenn der Kennedy-Flughafen in New York überfüllt ist, landen gelegentlich auch Transatlantik-Jets in Newark. Da werden die unwirschen Fluggäste mit vielen Entschuldigungen in Busse geladen und über eine Schnellstraße, die auf Stelzen durch bedrückendes Industriegelände führt, rasch nach New York transportiert. Die Passagiere haben dann das Gefühl, New York durch den mit Gerümpel verstellten Hinterhof zu betreten.

Newark ist keinem Touristen eine Reise wert. Da könnte er auch gleich in Gelsenkirchen, Esch-Alzette, Turin oder Manchester geblieben sein.

Eine der tristesten Straßen in Newark ist die Astor Street. Zwischen Baulücken, auf denen rußschwarzes Gras vegetiert, stehen vier- bis siebenstöckige Ziegelbauten aus der Gründerzeit vor der Jahrhundertwende. Da führen in trüben Kontoren unter freudlos grellen Neonstangen triste Büromäuse ein sonnenloses Leben zwischen Aktenschränken von vorgestern und Stahlrohrschreibtischen von übermorgen.

Hier hat einer der reichsten Männer der Welt sein Hauptquartier: Astor Street 113.

Charles W. Engelhard jr. ist ein massiger, übergewichtiger Mann mit einem bulligen Kopf und einer rauhen, rasselnden Stimme. Sein Schreibtisch im dritten Stock der Astor Street 113 ist aus feinem altenglischem Holz; aus seinem Sessel erhebt sich Engelhard selten, denn das Gehen fällt ihm schwer.

Auf der dunkelbraunen, mattglänzenden Tischplatte steht immer eine frische Flasche Coca Cola. Jede Dreiviertelstunde stellt ihm seine Sekretärin eine neue Flasche in die Reichweite seiner ringlosen Hände.

Er trinkt ungefähr zwanzig Flaschen am Tag.

Daß er, außer seinem Trauring, keinen hochkarätigen Schmuck an seinen Händen hat, ist erstaunlich.

Die amerikanischen Zeitungen haben Charles W. Engelhard jr. einen Spitznamen angehängt, der nach Gold stinkt.

Sie nennen ihn Goldfinger.

Charles W. Engelhard kontrolliert fast den gesamten Goldhandel Amerikas. Er ist aber auch, zusammen mit seinem Freund und Partner Oppenheimer, der wichtigste Mann im Goldland Südafrika. Wo immer auf der westlichen Welt Gold schimmert, als Schmuck oder auch, weniger strahlend, als Arbeitsmaterial der Industrie, fällt höchstwahrscheinlich ein Abglanz davon auch auf Engelhards Konten. Und es ist nicht nur Gold, das für Charles Engelhard glänzt, auch Platin und Palladium, Rhodium und Silber: was an Metallen edel und teuer ist, geht durch seine Hände. Und alles, was er anfaßt, wird zu noch mehr Gold. Seine Edelmetalle dienen als Überzug für Badezimmerspiegel, als Füllungen für Zähne, als Bestandteile in den elektronischen Apparaturen der Raumfahrt. Er ist der König Midas des zwanzigsten Jahrhunderts.

Goldfinger.

Einer seiner besten Freunde war der Schriftsteller Ian Fleming, der Mann, der die James-Bond-Bücher schrieb. In einem Bond-Buch taucht ein Mann auf, der den amerikanischen Goldschatz aus den Staatstresoren von Fort Knox rauben will. Im Film wird dieser Mann von dem deutschen Schauspieler Gert Fröbe gespielt. Fröbe bekam die Rolle, weil er Charles Engelhard etwas ähnlich sieht – eben dem Mann, der Ian Fleming für seine Romanfigur Modell gestanden hat.

Aber da endet auch schon die Ähnlichkeit. Charles Engelhard braucht das Gold von Fort Knox nicht zu rauben.

Dieser Goldfinger macht sich sein Gold selbst.

Charles Engelhard gehört allerdings auch zu den wenigen Menschen auf der Welt, die sich aus Gold nichts machen.

In seinen persönlichen Bedürfnissen ist er eher bescheiden.

Er zieht sich nachlässig an. Als er einmal in seinem fünf Jahre alten Trenchcoat einen Londoner Juwelierladen betrat, um Weihnachtsgeschenke für die Frauen seiner Mitarbeiter zu kaufen, ließ der Verkäufer ihn uninteressiert stehen: Der Mann mit dem meisten Gold in der Welt sah nicht so aus, als ob er ein gedecktes Scheckbuch in der Tasche hätte.

Charles Engelhard lädt seine Freunde zum Essen ein, läßt sie bestellen, was ihr Herz und Gaumen begehrt, und nimmt nur aus Höflichkeit auch einen Bissen zu sich – er geht lieber in eine Imbißstube, setzt sich an die Theke und ißt sich an Hamburgers satt, an Frikadellen. Mit Coca Cola natürlich.

In fremden Städten, auf Reisen, mietet er sich selten einen Chauffeur, da fährt er am liebsten mit dem erstbesten Taxi, das auf sein Winken anhält.

Er bewohnt mit seiner Frau und seinen fünf Töchtern ein kaum bemerkenswertes Haus in Far Hills in New Jersey, fünf Kilometer von der rheinhessischen Burg entfernt, die sich sein Vater dort erbaut hat. Und besucht jeden zweiten Tag, wenn er kann, seine dreiundneunzigjährige Mutter, die immer noch dort lebt.

Was er sich an Luxus leistet, das leistet er sich für seine Geschäfte.

Das Flugzeug zum Beispiel, die zweistrahlige BAC 1-11 (Neupreis: knapp drei Millionen Dollar), mit der er von Newark nach London, von Paris nach Johannesburg, von Toronto nach Rio fliegt, überallhin, wo seine Filialen sind.

Oder das Haus in Boca Grande in Florida, weil sich mit Geschäftspartnern und Politikern leichter in der Sonne als unter dem Smog einer Industriestadt plaudern läßt.

Oder das ständige Appartement im New Yorker Waldorf Tower Hotel, weil er nach Sitzungen bis in die Nacht hinein den umständlichen Heimweg nach New Jersey scheut.

Aber sonst . . .

Sonst leistet er sich nur ein einziges Hobby. Das, allerdings, ist sehr teuer: seine Rennpferde, seine Vollblüter. Da ist ihm das beste gerade gut genug. Da gibt er auf den Versteigerungen in Saratoga, Keeneland, Toronto, Deauville oder Johannesburg in neun Jahren fast achtundzwanzig Millionen Mark aus.

Sein Vater freilich hätte das nicht wissen dürfen.

Charles Engelhard, der Senior, ein spartanischer Preuße aus Hanau, kam 1890 nach Amerika. Das war die Zeit, wo Amerika das weit offene Land der unbegrenzten Möglichkeiten war. Und Karl-Wilhelm Engelhard, wie er noch hieß, als er nach sechswöchiger Seereise in New York landete, war fest entschlossen, jede Möglichkeit zu nutzen.

Karl Engelhard aus Hanau hatte sich auf seine Eroberung Amerikas gut vorbereitet. Er reiste nicht als armer Einwanderer auf dem Zwischendeck. Er hatte sich in den vorangegangenen Jahren ein stabiles Sprungbrett in der Hanauer Edelmetallfirma Harius und Co. aufgebaut. Das Unternehmen besaß Patente für die Verarbeitung von Edelmetallen. Von Haus aus war Karl-Wilhelm Engelhard Kaufmann. Aber nachts saß er über metallurgischen Lehrbüchern und paukte sich auch das technische Wissen ein.

»Ich muß kennen, was ich verkaufe«, sagte er. Aber das war nur die Hälfte.

Mit demselben Eifer büffelte er Englisch, nicht nur für einfache Konversation, sondern auch für harte fachliche Verhandlungen mit cleveren amerikanischen Partnern. Das war die andere Hälfte seiner Vorbereitungen.

So gerüstet ließ sich der siebenundzwanzigjährige Kaufmann im Jahr 1890 die Vertretung der Firma Harius für Nordamerika übertragen.

In den ersten Jahren arbeitete er zur vollsten Zufriedenheit seiner Auftraggeber. Er lernte ganz Amerika kennen und bald war er auf dem amerikanischen Edelmetallmarkt wohlbekannt. Sein wahres Ziel verlor er dabei nicht aus den Augen: Selbständigkeit.

Mit seinem deutschen Fleiß, seiner preußischen Gründlichkeit und seiner spartanischen Lebensweise war er nach dreizehn Jahren in der Lage, sich in eins der florierendsten Unternehmen der Branche einzukaufen – in die »Baker Company« in Newark, New Jersey, Astor Street 113.

Sieben Jahre später – er hatte inzwischen seine Jugendfreundin Marie Canthal nach Amerika geholt und geheiratet – leistete er sich den einzigen Luxus seines Lebens: Er baute sich ein Haus in Cragwood, ein architektonisches Märchen im Kleinformat, mit Türmchen und Zinnen, die Nachbildung einer rheinischen Burg, der steingewordene Ausdruck seiner Erinnerungen an Deutschland, das er nie vergaß.

Er war schon fünfzig, als sein einziger Sohn zur Welt kam: Charles jr.

Der Junge genoß eine Erziehung, die schon damals in Amerika ungewöhnlich war. Bei Tisch durfte nicht gesprochen werden. Charles durfte nur reden, wenn er gefragt wurde. Aber jeden Morgen mußte er, vor dem Schreibtisch des Vaters stehend, Vortrag halten: womit er sich am Vortag beschäftigt hatte, was er gelernt und was er geleistet hatte.

Noch als reifer Mann hatte Charles die unentwegten Ermahnungen seines Vaters im Ohr: »Zur Sache, Charles, zur Sache! Und willst du dich bitte kurz fassen!«

Natürlich mußte Charles jr. auch genau Rechenschaft über sein kärgliches Taschengeld ablegen.

»Ich kann mich nicht erinnern«, sagt Charles Engelhard jr., »daß ich jemals mit meinem Vater ein freundliches Gespräch zwischen Vater und Sohn erlebt hätte.«

Und das in den sogenannten »wilden zwanziger Jahren«.

»Daß es diese tolle Zeit gegeben hat«, sagt Charles Engelhard jr., »habe ich später aus Büchern erfahren. Bei uns zuhause war davon jedenfalls nichts zu spüren.«

Der gestrenge Patriarch sorgte allerdings auch dafür, daß die Familie nichts von der furchtbaren Depression der dreißiger Jahre zu spüren bekam. Und ebenso familienväterlich bewahrte er auch, so gut er konnte, die Angehörigen seiner Mitarbeiter vor dem Elend des Konjunkturtals.

Die meisten amerikanischen Firmen setzten nach dem Börsenkrach von 1929, nach dem »Schwarzen Freitag«, den größten Teil ihrer Angestellten und Arbeiter auf die Straße, um nicht ihr eigenes Vermögen angreifen zu müssen. Charles Engelhard senior handelte anders: Er pumpte sein eigenes Geld, bis auf die letzten Ersparnisse, in die Lohntüten der Männer, die von ihm abhängig waren.

Er hatte damals schon nach deutschem Muster Krankenversicherungen und Pensionskassen in seinen Firmen eingerichtet. Für Amerika waren das damals unbekannte, ja unbegreifliche Sozialmaßnahmen.

Er führte seine Firma wie ein Familienoberhaupt, im schlimmen wie im guten Sinne. Kein Zweifel, außer den deutschen Idealen »Fleiß« und »Arbeit« hatte er auch den Begriff »Verantwortung« in seinem Auswanderergepäck mit nach Amerika gebracht.

Das zeigte sich in den vierziger Jahren, nachdem Amerika in den Krieg eingetreten war, besonders deutlich: Selbstverständlich hatte Charles Engelhard senior auch viele Deutsche in seinen, inzwischen vielfältig verzweigten, Unternehmungen beschäftigt. Viele deutsche Mitarbeiter hatten es indessen nie für nötig gehalten – vielleicht sogar abgelehnt – die amerikanische Staatsbürgerschaft zu erwerben. Nun galten sie als »Sicherheitsrisiko«.

Der alte Engelhard fuhr nach Washington, ins Hauptquartier der Heimatfront, und verbürgte sich für jeden einzelnen Mann, für jede einzelne Familie. Es wurde ihnen auch tatsächlich kein Haar gekrümmt. Die »Sicherheitsrisiken« behielten alle ihre Arbeitserlaubnis – und das, obwohl die »Engelhard Industries« auch für strategisch wichtige Rüstungsbetriebe arbeiteten.

Sieg in Irland: Nijinskys Karriere beginnt mit Jockey Liam Ward

Nijinsky, der legendäre Tänzer: sein Traum wurde wahr

Nijinsky als junges Fohlen in Kanada auf der Windfields-Farm

Nijinskys Züchter E. P. Taylor (rechts) mit Manager Joe Thomas

Nijinskys Versteigerung: 65 000 Dollar zum ersten . . .

»Ich sehe meinen Vater heute noch vor mir«, berichtet Engelhard junior, »wie er jeden Morgen um halb sieben sein Pferd bestieg und seinen Morgenritt machte. Dann, pünktlich um halb acht, fuhr der Chauffeur vor.

Um acht Uhr, keine Minute später, saß er an seinem Schreibtisch in der Astor Street. Anschließend besuchte er seine übrigen Firmen, die ‹Platinum Works‹, die ›Hanovia Chemical and Manufacturing Works‹, alle in Newark, und die ›Refining Works‹ in Irvington. Einmal in der Woche – jede Woche! – inspizierte er ein entfernter gelegenes Zweigwerk, die ›D. E. Makepiece Company‹ in Massachusetts. Er schuftete bis ins hohe Alter wie an seinem ersten Tag.«

Nur einmal im Jahr gönnte sich der Senior-Engelhard eine Ruhepause: Weihnachten.

»Dann wurde eine deutsche Tanne aufgebaut und mit deutschen Kerzen aufgesteckt. Unter dem Weihnachtsbaum lag, säuberlich verpackt, ein Geschenk für jedes Familienmitglied. Selbstverständlich waren auch die engeren Mitarbeiter eingeladen. Und auch auf sie wartete eine Weihnachtsgabe. Mit meiner Mutter zusammen sang ich Weihnachtslieder. Die deutschen Mitarbeiter hatten Tränen in den Augen vor Rührung und Erinnerung. Die amerikanischen Mitarbeiter waren immer sehr verwundert, für sie war es ein fremdartiger Brauch. Aber unsere deutsche Weihnachtsstimmung rührte auch sie.«

Charles Engelhard lächelt, wenn er berichtet, wie sein Vater, als er fünfzig geworden war, eine Trittstütze als Weihnachtsgeschenk bekam. Sie sollte ihm das Besteigen seines Pferdes erleichtern.

»Mißmutig betrachtete er das Ding von allen Seiten. Dann brummte er: ›Wer ist denn auf diese Idee gekommenn? Ist hier jemand der Ansicht, daß ich das brauche?‹

Aber dann bedankte er sich doch dafür, wenn auch mit der ihm eigenen borstigen Herzlichkeit. Benutzt hat er das Ding allerdings nie, auch wenn ihm das Aufsitzen schwerfiel.«

Charles Engelhard junior spricht, trotz der in der Kinderzeit erfahrenen Strenge, nur voller Anerkennung von seinem Vater.

»Ich habe viel gelernt von meinem Vater. Alles, was ich bin, verdanke ich ihm. Nein, ich meine damit nicht das materielle Erbe. Ich meine vielmehr die Fähigkeit, dieses Erbe zu bewahren. Aus diesem Erbe mehr zu machen. Man sagt mir heute nach, daß ich in der Lage bin, schwierige Probleme schnell zu erfassen, geschickt zu diskutieren und ohne Zeitverlust zu lösen. Und genau das habe ich von meinem Vater gelernt. Ohne die Vorträge, die ich jeden Tag halten mußte – mit seinem ständigen Drängen ›zur Sache, Charles!‹ – könnte ich wohl heute keine Rede aus dem Stegreif halten.«

Der alte Engelhard schickte seinen Sohn auf die beste Universität, die Amerika damals zu bieten hatte, nach Princeton – wo auch Einstein nach seiner Emigration Professor war. Im Krieg war Charles junior Jagdflieger, dann Ausbilder. Nach dem Krieg holte der Senior seinen Sohn in die Firma. Es gab nie einen Zweifel, daß Charles Engelhard junior das väterliche Unternehmen fortführen würde.

Die Firma Engelhard hatte inzwischen eine Größe erreicht, die zu erhalten sich lohnte. In einem halben Jahrhundert hatte der zielbewußte Einwanderer aus Hanau ein Unternehmen geschaffen, das achtzig Millionen Mark wert war. Aber Vater Engelhard war nicht bereit, sein goldgefaßtes Lebenswerk einem verwöhnten Millionärssöhnchen, einem Playboy, in den Schoß fallen zu lassen.

Deshalb galt dann auch für den Edelmetall-Erben aus Newark als Marschrichtung die harte deutsche Parole: »Was du ererbt von deinen Vätern, erwirb es, um es zu besitzen.«

Und so mußte der junge Charles, trotz Kriegserfahrung, Auszeichnungen und Captainsrang, wieder ganz unten auf der Karriereleiter anfangen.

Von Abteilung zu Abteilung kommandiert und schließlich an die englische Verkaufsfront, in die Filiale nach London, versetzt, arbeitete sich Charles, inzwischen Ende zwanzig, zum Rang eines Assistenzdirektors hoch.

In dieser Zeit muß es zwischen Vater und Sohn zu einem scharfen inneren Bruch gekommen sein.

»Goldfinger« will ein Rennpferd kaufen

Charles Engelhard jr. war nicht der Typ, der gegen den Patriarchen offen aufbegehrt, das Erbe in Frage gestellt, die Existenz des Unternehmens gefährdet hätte. Dafür war die Figur des Vaters zu stark, zu gebieterisch, die Erziehung des Kronprinzen zu deutlich auf Gehorsam, Verantwortung und Pflichterfüllung abgestellt gewesen.

Aber Charles mußte sich einfach, wenigstens einmal, gegen die Bevormundung durch das mächtige Familienoberhaupt auflehnen. Er mußte einfach, wenn er vor dem überlebensgroßen väterlichen Denkmal nicht die Selbstachtung verlieren wollte, seinen eigenen Wert, seine eigene Kraft, seinen eigenen Unternehmergeist beweisen.

Aus der strengen Zucht, aus dem exakt vorgezeichneten Lebensweg, brach er zu einem gefährlichen Abenteuer auf eigene Faust auf.

Damals, in der Nachkriegszeit, war die Einfuhr von Gold nach Amerika rationiert. Gold durfte nur in der Form von Barren und mit dem eingravierten Genehmigungssiegel der Regierung importiert werden. An diesem Punkt probte Charles Engelhard jr. seinen Aufstand.

Er fuhr nach Südafrika und kaufte alles Gold auf, das er in die Hände bekommen konnte. Er ließ das Gold von kleinen Firmen zu Geschenkartikeln, Schmuck und hochwertigen Gebrauchsgegenständen formen.

Was er unter »Gebrauchsgegenständen« verstand, zauberte ihm noch zwanzig Jahre danach ein verschmitztes Lächeln in das bullige Gesicht: zum Beispiel Aufsätze für Kirchenkanzeln.

Dann setzte sich der gelernte Kriegsflieger ins Cockpit einer gecharterten Frachtmaschine und flog die »Geschenkartikel« eigenhändig nach Amerika.

Es war nicht unbedingt »heiße Ware«, aber das Zeug war doch »warm« genug, um sich daran die Finger zu verbrennen.

In Amerika ließ er seine Importe dann wieder zu Barren umschmelzen. So brachte er sie selbst auf den Markt.

Der Erbe eines Zwanzig-Millionen-Dollar-Vermögens hatte sich seine erste

Million verdient, auf eigene Rechnung und Gefahr. Und er hatte seinem Vater bewiesen, daß er seinen Weg auch selbst finden konnte – etwas außerhalb der Legalität, aber doch ungeschoren und erfolgreich.

Der Vater nahm es mit einem Seufzer, einem Kopfschütteln und einem Stirnrunzeln hin.

»Wenn der Junge jetzt auch noch lernt, mit untadeligen Geschäften Geld zu verdienen, weiß ich mein Lebenswerk in guten Händen«, sagte der Senior mit seinem harten deutschen Akzent, den er nie verloren hatte.

Das Unternehmen ging in der Tat in gute Hände über. 1950 starb Charles W. Engelhard senior. Zwanzig Jahre später hatte der Junior aus den ererbten zwanzig Millionen eine Milliarde Dollar gemacht.

Und auf der Liste der Direktoren glänzen wie zu seines Vaters Zeiten, immer noch deutsche Namen: Bergherm, Eltz, Huber, Mittendorf, Rosenblatt, Wagnitz.

Die »Engelhard Industries« arbeiten heute in fünfzig Ländern der Erde. Sie produzieren elektronisches Gerät für Düsenflugzeuge, Waschmaschinen, Telefone und Mondraketen in Amerika, Katalisatoren und Kaufhausschmuck in Kanada, Silbernitrat für Filme in England, Gasreinigungs-Apparaturen und Maschinen für die Kunststoffproduktion in Italien, Thermostate für Heizungsanlagen in Australien, Zahnfüllungen in Kolumbien, Katalisatoren zur Gewinnung von Hochoktan-Benzin in Deutschland (Kali-Chemie-Engelhard Katalysatoren GmbH) und sie betreiben Gold- und Holzgewinnung wie auch ein Dutzend Tageszeitungen in Südafrika. Einige Forschungslaboratorien suchen ständig nach neuen Möglichkeiten, Charles Engelhards Edelmetalle gewinnbringend in der Elektro-, der elektronischen, chemischen, keramischen, Auto-, Flugzeug-, Atom-, optischen und natürlich auch Schmuckwaren-Industrie einzusetzen.

Und Charles W. Engelhard jr. hat das alles in seinem bulligen, doppelkinnbeladenen Kopf. Er braucht keine Akten, keine Unterlagen, keine Memoranden und meistens auch keinen Computer.

Da sitzt man als interessierter Laie still in einem Sessel in der Ecke, während ein halbes Dutzend Forscher, Ingenieure und Laborleiter ein scheinbar unlösbares Problem diskutieren: Was kommt dabei heraus, wenn dies und das auf welche Weise zu welcher Situation führt?

»Ich werde die notwendigen Berechnungen anstellen«, meldet sich ein Chefingenieur.

»Ich werde einige Gutachten einholen«, verspricht ein Patentanwalt.

»Wir können ein Denkmodell erstellen«, regt ein Wirtschaftsexperte an.

»Augenblick mal«, sagt Charles Engelhard und nimmt einen langen Zug aus seiner Cola-Flasche – die wievielte wohl an diesem Tag? – und starrt aus dem Fenster hinaus in den trüben Himmel über Newark.

»Also, ich sehe das so . . .«

Und dann faßt er in vier Sätzen alle losen Enden des Problems zusammen, präsentiert handlich verpackt die Gebrauchsanweisung für ein Projekt, das ein paar Millionen kostet und sie sicher auch zwei-, vielleicht zehnmal wieder einbringt.

Die Direktoren verlassen den kleinen, holzgetäfelten Büroraum im dritten Stock der Astor Street.

Charles Engelhards Blick wandert über die schmalgerahmten Bilder seiner schönsten Pferde, die an den Wänden hängen, und über die handsignierten Fotos von Staatspräsidenten und Premierministern.

Denn Engelhard hat nicht nur Geld gemacht, seit er von seinem Vater den Sessel und den Schreibtisch in dem kaum dreißig Quadratmeter großen Chefbüro in dem altersgrauen Haus in der Astor Street 113 übernahm.

Er hat auch Freunde gewonnen. Wichtige Freunde.

Zum Beispiel John F. Kennedy. Ihm half er bei der Finanzierung seines Wahlkampfes, der ihm die Präsidentschaft einbrachte.

Zum Beispiel Lyndon B. Johnson. Für ihn, den Nachfolger Kennedys, bereiste er, als inoffizieller Botschafter des Guten Willens, die afrikanischen Staaten, verhandelte er mit den frischgebackenen Ministerpräsidenten, hielt er unter anderem auch die Glückwunschrede bei der Gründung des unabhängigen afrikanischen Staates Sambia.

Doch sein Hobby, seine Freunde, seine Erholung, das sind die Pferde, die teuren Renner, die edlen Vollblüter.

Engelhards Rennstall, berühmt unter dem Namen »Cragwood Stables«, ist einer der größten in Amerika. Die Stars unter seinen fast zweihundert Pferden sorgen auf den Rennplätzen Amerikas und Europas für Siege und Sensationen. Ein Rennen, in dem nicht Engelhards Jockeys ein prachtvolles Pferd an den Start bringen, ist in Amerika kein großes Rennen.

Wenn Engelhard sich eine Stunde von seinen Geschäften freimachen kann, fährt er auf seine Pferdefarm hinaus. Da sieht er seinen schönen Hengsten und Stuten zu, wie sie sich ohne Zaumzeug tummeln, da fachsimpelt er mit Trainern, Stallburschen und Futtermeistern. Da erholt er sich, da lebt er auf. Da vergißt er vielleicht sogar einmal für eine ganze Stunde lang, nach einer Cola zu verlangen.

Engelhard betreibt freilich sein Millionenhobby mit der gleichen Systematik und dem gleichen Elan wie seine Millionengeschäfte. Und wie er alles, was er tut, immer mit vollem Einsatz tut, scheut er auch hier kein Risiko. Wenn er von einem jungen Pferd hört, das aus einer leistungsstarken Familie stammt, ist ihm kein Preis zu hoch.

Auf den großen Versteigerungen in Amerika ist Engelhard wohlbekannt, in Saratoga, in Keeneland in Kentucky, in Toronto in Kanada; aber auch in Deauville in Frankreich, in Durban in Südafrika oder in Newmarket in England, gehört seine massige Figur, die auf einen Elfenbeinstock gestützt, bedächtig in den Auktionssaal schreitet, zur gewohnten Szenerie.

Da sitzt er dann in den ersten Reihen, nicht weit vom Auktionator entfernt, so daß er sich mit Blicken und Augenzwinkern deutlich verständlich machen kann (in Keeneland rechts vom Auktionator, in Saratoga links, er hat da so seine Stammplätze) und pafft churchillianisch an einer Staatszigarre und verfolgt, mit dem Zeigefinger im Katalog, die Angaben des Auktionators zum Stammbaum. Wenn er um ein Pferd bietet, rutscht er ein wenig in seinem Sessel zurück und schiebt das Kinn vor.

Und wenn er sich für ein Pferd entschieden hat, scheut er sich auch nicht, Preise zu bieten, die selbst in gestandenen Millionärskreisen das Atmen schwermachen.

Natürlich, die Pferdezüchter lieben ihn. Er hat, wie sie ihm anerkennend nachsagen, »den Markt weit aufgestoßen«. Seit Charles Engelhard mitbietet, sind die Preise über hunderttausend Dollar für einen Klasse-Jährling keine Seltenheit mehr.

Das ist bei Millionären genauso wie bei anderen Menschen: Wenn der eine anfängt, können sich die anderen nicht mehr zurückhalten. Wenn das Vollblut in ihren Rennställen frisch bleiben soll, müssen sie mithalten, ob sie wollen oder nicht.

Engelhard war einer der ersten, die für hoffnungsvolle, doch unerprobte Jährlinge über hunderttausend Dollar geboten haben. Zwar sagt er selbst: »Mehr als zweihunderttausend für einen Jährling zu zahlen, ist wirklich übermäßig.«

Aber wenn es ihn juckt, hat der Himmel keine Grenzen.

So juckte es ihn zum Beispiel arg, als auf der Herbstversteigerung in Keeneland eine Tochter des Derby-Siegers Sea Bird angeboten wurde. Zufällig spürte auch ein Gemüse-Großhändler aus Virginia dieses Jucken. Edelmetallhändler Engelhard und Gemüse-Großhändler Wendell Rosso trieben in einem hektischen Duell den Preis für die Stute in eine schwindelnde Höhe. Als das Gebot bei vierhunderttausend Dollar stand, wurde Engelhard wieder nüchtern.

Er überließ Rosso das Pferd für vierhundertfünftausend.

Rosso jubelte: »Das muß man sich einmal vorstellen! Ein Mann, der mit Bananen handelt, bringt es fertig, einem Mann, der mit Platin handelt, ein herrliches Pferd abzujagen!«

Rosso jubelte nicht lange über sein Pferd, das er »Reine Enchanteur« nannte, die »Verzaubernde Königin«.

Als Rosso eines Morgens in seinen Stall kam, lahmte die Königin. Sie war am linken Vorderfuß schwer verletzt. Ein Stallbursche, der allerdings nie ermittelt wurde, hatte der Stute mit einer Heugabel in die Sehne gestochen. Erst als Dreijährige konnte Reine Enchanteur ins Rennen geschickt werden. Sie ging siebenmal an den Start, gewann aber nur ein einziges Mal. Charles Engelhard konnte froh sein, daß er sich auf der Versteigerung noch im letzten Augenblick gebremst hatte.

So gilt Engelhard in der gesamten Edelvollblutzucht als eifrigster Aufkäufer junger Pferdetalente. Kein Wunder also, daß fast jeder Vollblutzüchter, auch wenn er nur einen preisgekrönten Deckhengst im Stall hat, Charles Engelhard von jeder Fohlengeburt erwartungsvoll Mitteilung macht.

Engelhards Sekretärin, die schmale, aschblonde, damenhafte Endzwanzigerin Pat Dunphy, sehr englisch für Amerika, fischt die Briefe mit den aufgedruckten Pferdeköpfen auf dem Absender immer zuerst aus der Morgenpost. Pat Dunphy weiß, was ihr Chef liebt. Die Briefe von den Gestüten legt sie immer obenauf.

Sie sammelt auch alle Zeitungsartikel über den Wunderhengst Ribot und seine Nachkommen. Ribot ist die größte Pferdeliebe Charles Engelhards. Dieser Halbgott unter den Vollblütern, aus dem weltberühmten Gestüt des italienischen Grafen Federico Tesio, ist gewiß das grandioseste Pferd, das je über europäische Rennbahnen geflogen ist. Von sechzehn Rennen hat es vierzehn gewonnen, und darunter zweimal den »Prix de l'Arc de Triomphe«, die wohl schwerste Prüfung Kontinental-Europas, die jedes Jahr am ersten Sonntag im Oktober in Longchamp ausgetragen wird.

Engelhard hat Ribot niemals rennen gesehen, und so ist Ribot für ihn eine faszinierende Legende.

Aber Engelhard sammelt Ribot-Sprößlinge wie die Kunstsammler vielleicht Raffaels sammeln. Je fünfunddreißigtausend Dollar hat er für Ribchester und Ribocco gezahlt. Fünfzigtausend für Ribero. Einundachtzigtausend für Riboprince. Hunderttausend für Ribofilio.

Und die Ribots haben ihn auch nicht enttäuscht. Sie haben den Namen Engelhard in der Ehrengalerie der Gewinner klassischer englischer Rennen verewigt: Zweimal hat er mit einem Ribot-Sohn das »St. Leger« in Doncaster gewonnen, 1967 mit Ribocco, 1968 mit Ribero.

So darf ein Gestüt, das einen Ribot-Nachfahren anzubieten hat, ziemlich sicher sein, mit Engelhard ins Verkaufsgespräch zu kommen. Der Manager der Windfields-Farm hatte also im Sommer 1968 mindestens einen guten Grund, den Jährlings-Katalog mit einem besonders freundlichen Anschreiben an die Adresse Astor Street 113 in Newark auf die Post zu geben.

An einem Morgen im August fand Charles Engelhard in seiner Post ganz obenauf den Katalog der Jährlinge der Windfields-Farm. Als er, Coca Cola trinkend, das hundert Seiten starke Heft durchblätterte, blieb er plötzlich bei der Katalognummer 50 hängen.

»Pat!« rief Engelhard zu seiner Sekretärin ins Vorzimmer hinüber. »Pat, rufen Sie sofort bei der Windfields-Farm an. Die wollen einen Ribot-Hengst versteigern. Fragen Sie mal, was der kosten soll.«

Zwanzig Minuten später hatte Pat Dunphy die von Engelhard gewünschte Information.

»Hunderttausend ist der Preis. Das heißt, das Pferd geht mit einem festen Preisminimum in die Auktion. Die Versteigerung beginnt erst ab hunderttausend Dollar.«

»Ob er sein Geld wert ist?« fragte Engelhard, schon halb entschlossen, mal wieder hunderttausend zu riskieren.

»Es müßte sich jemand den Hengst ansehen«, gab Pat zu bedenken.

»Wir werden Vincent O'Brien hinschicken«, entschied Engelhard. »Melden Sie mir ein Ferngespräch nach Irland an.«

Nur ein Mann konnte Charles Engelhard das Gutachten geben, das er brauchte: Vincent O'Brien, einer der besten Rennpferd-Trainer der Welt. In

O'Briens Renn-Schule in Cashel in der Grafschaft Tipperary hatte Engelhard ein gutes Dutzend Pferde geschickt, die nun mit Erfolg in England und Frankreich liefen.

»Vincent«, sagte Engelhard mit seiner immer etwas heiseren, kurzatmigen Stimme durchs Telefon. »Was hältst du von dem Ribot-Colt, der da in Toronto versteigert werden soll? Ist das Pferd hunderttausend wert?«

Vincent O'Brien dachte laut ins Telefon: »Windfields-Farm ist ein fabelhaftes Gestüt. Und alles, was Ribot zeugt, macht seine Rennen . . .«

»Aber hunderttausend . . .« sagte Engelhard.

Vincent O'Brien machte sich noch ein paar Gedanken, die er aber für sich behielt: Wenn ein Pferd versagt, können hunderttausend Gründe schuld sein, aber wenn ein Trainer nur einmal an der falschen Stelle ja oder nein sagt, kann er einen Hunderttausend-Dollar-Blindgänger verschuldet haben, so oder so.

»Paß auf«, sagte Engelhard, dem die Denkpause des Trainers zu lang wurde. »Am besten fährst du hin und schaust dir den Colt an. Aber danach mußt du genau wissen, was ich tun soll.«

Wenige Tage später stand O'Brien auf einer Koppel der Windfields-Farm und ließ sich von den Pferdejungen das Ribot-Fohlen zeigen: gehen, traben, galoppieren. O'Brien ließ ihn über das Gras jagen, bis der Colt außer Atem war, dann prüfte er seinen Herzschlag, er betastete jeden einzelnen Muskel. Sah ihm ins Maul – nein, nicht wegen des Alters, aber wenn ein Pferd keine guten Zähne hat, kann es sein Futter nicht richtig verarbeiten, und das gibt Verdauungsstörungen und das wiederum mindert die Rennleistungen. Und dann die Füße: Wie setzt es seine Hufe auf? Ein gutes Pferd muß seine Hufe flach aufsetzen, nicht wie eine Frau, die sich in ihren hochhackigen Schuhen unbequem fühlt und den Fuß nach außen neigt, so daß der Absatz sich schrägt. Bei Pferden deutet das auf eine Unregelmäßigkeit im Fesselgelenk oder im Fesselbein hin.

O'Brien ließ das Pferd auf und ab paradieren, sah ihm nach, sah es auf sich zukommen. Nachdenklich stand er vor dem schönen Tier.

Hunderttausend, dachte er. Würde ich es nehmen, wenn ich das Geld übrig hätte? Ribot hin – Ribot her: der linke Fuß gefällt mir nicht.

»Was könnt ihr mir denn sonst noch zeigen?« fragte er.

Die Pferdejungen sahen sich an, sagten aber nichts. Sie führten O'Brien über die Koppeln und richteten es so ein, daß er ziemlich bald an Flaming Pages Sohn vorbeikommen mußte.

O'Brien blieb am Gatter stehen und vertiefte sich in die eleganten Bewegungen des jungen Hengstes. Dann rief er ihn zu sich. Noch einmal dasselbe Spiel, wie bei dem Ribot-Sohn. Laufen. Traben. Galopp. Das Muskelspiel. Die Hufe. Die Haltung. Der Blick.

»Einen herrlichen Kopf hat dieses Tier«, sagte Vincent O'Brien.

Viel mehr eigentlich nicht. In England ist der Ire berühmt dafür, daß er seine Empfindungen immer nur in knappe Worte packt.

Am nächsten Wochenende traf O'Brien seinen Auftraggeber in Saratoga, auf halbem Weg zwischen Toronto und New York.

Saratoga ist eine kleine Stadt in einer Parklandschaft, aber so idyllisch dieses Fleckchen Erde wirkt – wer schwache Nerven hat, sollte Saratoga lieber meiden. Im Sommer finden hier jeden Tag Pferderennen statt, die Galopper am Nachmittag unter strahlender Sonne, die Traber am Abend in lauer Luft bei Flutlicht, und das alles vor einer romantisch-altmodischen Holztribüne von gigantischen Ausmaßen, mit bunten Türmchen und schreinermeisterlichen Verzierungen auf dem Dach, ein Stückchen Wilder Westen im Museums-Stil – auch wenn, oder gerade weil es im Osten Amerikas liegt.

Wildwestlich ist auch die Geschwindigkeit, mit der hier Geld seinen Besitzer wechselt, sei es an den Wettschaltern auf der Rennbahn, die Tag für Tag vom frühen Mittag an bis in den späten Abend Umsatz machen, sei es bei der großen Vollblüter-Auktion, die alljährlich ein paar Tage lang einen Teil der hoffnungsvollsten Jährlinge Amerikas zum Kauf ausbietet – zu einem Durchschnittspreis von rund hunderttausend Mark.

Hier in Saratoga kam im Jahr 1918 ein kastanienroter Colt unter den Hammer – damals reichten noch fünftausend Dollar –, der dann unter dem Namen »Man o' War« in nur zehneinhalb Monaten auf den Rennbahnen Amerikas eine halbe Million Dollar an Preisen gutmachte und von dessen unvergänglichem Ruhm sogar ein Denkmal im Pferdestaat Kentucky kündet. Er ist einer von Nijinskys sechzehn grandiosen Ururgroßvätern.

August in Saratoga – das ist das glanzvollste Rendezvous der Pferdemillionäre, ein Monte Carlo des Rennbahn-Roulettes mit einem Hauch von Stall und Schweiß und Leder. Und hier, zwischen Sattelplatz und Jockey-Club, fand Vincent O'Brien, der Ire, Gelegenheit zu einem ausführlichen Gespräch mit Charles Engelhard und berichtete ihm, was er in Toronto gesehen hatte.

»Der Ribot-Hengst hat mich nicht so recht überzeugt«, begann O'Brien in schöner britischer Untertreibung. »Aber ich habe etwas anderes gesehen. Einen Colt von Northern Dancer. Der käme schon eher in Frage.«

»Und aus dem könnte was werden?« fragte Engelhard und goß sich eine Cola ein.

»Wenn ich ihn trainiere«, sagte O'Brien, und dann fügte er schnell hinzu: »Aber ich kann da nichts versprechen. Es ist möglich, daß er seine Zeit braucht, bis er richtig entwickelt ist.«

»Wirklich eher als der Ribot-Colt?« fragte Engelhard, der sich von seiner Vorliebe für Ribot-Sprößlinge nicht so schnell trennen wollte.

»Viel eher«, bestätigte O'Brien.

»Okay«, sagte Engelhard. »Das wäre dann der erste Ribot-Sohn, den ich nicht kaufe. Aber wehe dir, wenn dieser Ribot irgendwann einmal doch das Derby gewinnt!«

Wo Charles Engelhard, der Industriekapitän, seine Firmen angesiedelt hat, ist auch Charles Engelhard, der Pferdeliebhaber, mit im Spiel. Engelhards Jokkeys – die mit der grünen Bluse und dem roten Diagonalstreifen – reiten in Südafrika, Europa, Amerika und Kanada. Und überall dort gibt es gelegentlich auch für die Generaldirektoren der Engelhard Industries einen kleinen Nebenjob – als Pferdehändler.

Statthalter der Engelhard Industries in Kanada ist George W. Scott, ein gepflegter, agiler Mann in den Fünfzigern mit einem freundlichen, runden Gesicht. Er fühlt sich allerdings hinter seinem Schreibtisch wohler als auf einer Rennbahntribüne, und er nimmt seinen Cocktail auch lieber im »Granite Club«, dem feudalen Versammlungsort der Topmanager von Ontario, als in der Bar der Woodbine-Rennbahn.

George W. Scott studierte gerade ein Gutachten der Engelhard-Laboratorien über die Verwendungsmöglichkeit von Platin anstelle von Blei in Kraftfahrzeugtreibstoffen, als ihm ein Ferngespräch aus Saratoga gemeldet wurde.

»Mr. Scott«, sagte Engelhard, vielleicht noch eine Spur atemloser als gewohnt, »da findet demnächst bei Ihnen in Toronto die Versteigerung der kanadischen Vollblut-Jährlinge statt . . .«

»Ich habe davon gehört«, sagte Scott ahnungsvoll.

»Sie müssen mir einen Gefallen tun. Da kommt ein junger Hengst zur Versteigerung, ein Colt von Northern Dancer und Flaming Page; ich schaffe es leider nicht, selbst nach Toronto zu kommen, deshalb möchte ich Sie bitten . . .«

»Aber«, gab George Scott zu bedenken, »ich habe keine besonders großen Erfahrungen mit Pferden. Und bei einer so wichtigen Angelegenheit – ich darf wohl annehmen, daß die Sache von einiger Wichtigkeit ist . . .«

»Es ist ganz einfach, Mr. Scott«, sagte Charles Engelhard, der immer schon die schwierigsten Probleme für ganz einfach gehalten hatte, denn so war er Milliardär geworden. »Es ist ganz einfach. Sie erkundigen sich, was das Pferd für eine Versteigerungsnummer hat, und wenn das richtige Pferd mit der richtigen Nummer vorgeführt wird, halten Sie so lange die Hand hoch, bis Sie das Pferd in der Tasche haben.«

»Ich glaube, das habe ich verstanden«, sagte Generaldirektor Scott. »Wieviel darf das Pferd denn kosten, Mr. Engelhard?«

»Soviel es wert ist«, sagte Charles Engelhard. »Und wenn der Tip stimmt, den ich bekommen habe, dann ist es verdammt viel wert.«

So waren nun, Ende August 1968, die Weichen gestellt für die steile Karriere von Flaming Pages Sohn.

Der junge Hengst muß von der Farm Abschied nehmen

Der Gegenstand all dieser aufwendigen strategischen Unternehmungen über Meere und Kontinente hinweg tummelte sich derweil unter einer strahlenden Augustsonne auf seiner Koppel – ein Prachtpferd mit dem Körper eines jungen Athleten: die herzergreifend komische Unproportionalität von Rumpf und Kopf und Hals und Beinen hatte sich in siebzehn Monaten zur olympischen Ausgewogenheit einer harmonisch gegliederten Statue gewandelt.

Und groß war er geworden – so groß und stark war er geraten, daß man auf der Windfields-Farm schon argwöhnte, potentielle Käufer auf der nun bevorstehenden Auktion würden ihn vielleicht gar nicht mehr für einen Jährling halten.

Am 15. August, bei der allmonatlichen Gewichtskontrolle, brachte er 521,640 Kilo auf die Waage. Von April bis Juni hatte er durchschnittlich fast zwölf Kilo zugenommen, in den letzten vier Wochen auch immerhin noch gute zehn Kilo. Und er maß jetzt einen Meter einundsechzig von Huf bis Widerrist – wirklich ziemlich groß für einen Jährling.

So fand der Hengst sich unversehens einem methodischen Mäßigungsprogramm ausgesetzt. Seine Zuteilungen an »Pellets« – dem in halbdaumengroße Tabletten gepreßten Kraftfutter nach dem Windfields-Spezialrezept – wurden fast um die Hälfte gekürzt. Und gleichzeitig wurde er, unter Harry Greenes erfahrener Anleitung, von den Pferdejungen über die Koppel gejagt, daß ihm die Mähne flog und die Nüstern bebten und der Schweiß aus den Poren trat – was die Sehnen an seinem stolzen Hals und die Muskeln an seinen wuchtigen Flanken nur noch stärker wirken ließ, wie von einem Praxiteles der Pferdejünglingsschönheit gemeißelt.

Sein Temperament war kaum noch zu bändigen, wenn die unbeschlagenen Hufe über das satte, tiefgrüne Gras der kanadischen Weiden donnerten; er liebte diese wilden Jagden, bei denen er mit dem Sommerwind, der vom Ontario-See herüberwehte, um die Wette lief – und seine überschäumende Lebensfreude wäre nur noch zu steigern gewesen, hätte er seine Kräfte mit dem Übermut ebenbürtiger Kameraden messen können. Doch er mußte seine zwei Morgen große Koppel allein durchjagen, er war zu groß für die Herde geworden, und zu wild. Nur wenn seine Betreuer die Koppel betraten, hatte er Partner zum Necken.

Ja, er litt schon ein wenig unter der ihm auferlegten Absonderung. Man sah es deutlich, wenn er morgens aus dem Stall auf die Koppel geleitet wurde. Dann führte ihn sein erster Weg in den äußersten Winkel, wo sein kleines, unbestrittenes Reich an die Koppel anderer Jährlinge grenzte. Da traf er dann seine Jahrgangskameraden, und sie steckten ihre Köpfe zusammen, als hätten sie sich aufregende Entdeckungen, Nachtgedanken und Tageserlebnisse mitzuteilen.

Harry Greene, der Mann mit dem feinen Instinkt für die Herzensschwingungen seiner Pferdekinder, glaubt, nach fünfzig Jahren unverbrüchlicher Freundschaften mit seinen Schutzbefohlenen, fest an die beseelte Kommunikation zwischen Pferden:

»Für sie beginnt der Tag erst richtig, wenn sie miteinander reden können, so wie sie das Reden verstehen. Ich habe sie oft beobachtet, immer wieder, wenn ich sie auf die Koppel getrieben habe . . . Da verläuft ein Pfad zwischen den Koppeln links und den Koppeln rechts . . . Wir treiben sie nicht wie die Schafe diesen Pfad entlang und entlassen einen nach dem anderen, wenn wir die Koppeln passieren . . . nein, wir öffnen ein Gatter erst vorn, dann ganz am anderen Ende, dann besetzen wir die Koppeln in der Mitte, dann alle, die dazwischen, vorne und hinten. So können wir sie leichter auseinanderbringen; sie kennen sich ja alle, sie wollen zusammenbleiben, miteinander spielen . . . aber sie laufen zusammen, wo die Koppeln aneinanderstoßen . . . ich sehe sie vor mir, wie sie miteinander reden . . . Na, wie geht's denn . . . hat dich dein Stroh auch so gejuckt heute nacht . . . hast du auch zu wenig Pellets gekriegt heute morgen . . . Kennst du die Stute mit der schicken Blesse auf der Stirn . . . hast du gesehen, wie sie jeden Kerl anschaut, der ihr über den Weg läuft . . . ich möchte schon ganz gern mit ihr mal allein sein . . . aber man läßt uns ja nicht . . . kannst du jetzt auch schon die ganze Strecke von Gatter zu Gatter durchlaufen ohne außer Atem zu kommen . . . früher konnte ich das nicht . . . schau nicht so blöd, sonst beiß ich dir in den Hals . . . du meinst, ich trau mich nicht . . . wart's nur ab, eines Tages setz' ich übers Gatter und dann wirst du sehen, wer von uns beiden der Stärkere ist . . . Ja, so reden sie miteinander. Wir Menschen sehen nur, wie sie ihre Köpfe aneinanderreiben, wie sie voreinander die Hufe aufs Gatter werfen. Aber ich weiß, was sie sagen. Ich weiß, was sie denken. Ich kenne sie seit meiner Kindheit. Ich kenne sie fünfzig Jahre lang. Und je älter ich werde, um so besser verstehe ich sie wieder, wie ich sie als Kind verstanden habe . . .«

Ja, für Harry Greene sind Pferde beseelte Wesen; er liebt und pflegt und behütet sie, weil er sie versteht, und daran hat auch die Narbe auf seiner sonnengegerbten Stirn, wo die Haare längst zurückgewichen sind, nichts ändern können – die Narbe, die er vom rechten Huf von Northern Dancer hat, dem Vater Nijinskys.

Eines Tages wollte er Northern Dancer auf die Hinterbeine zwingen, damit ein Fotograf ein schönes Foto schießen konnte, und dabei schlug Northern Dancer mit den Vorderhufen um sich. Als ihm das Blut übers Gesicht troff, sagte Harry kein böses Wort über Northern Dancer. Er sagte nur, er habe den Hufschlag vorausgeahnt und er habe gewußt, daß er ihn treffen würde: »Aber meine Reflexe sind langsamer geworden. So geht es jedem lebenden Wesen, wenn es älter wird. Northern Dancer wird es auch einmal so gehen. Früher hätte ich rechtzeitig meinen Kopf weggenommen . . .«

Harry Greene lebt nicht unter Pferden und er lebt nicht von den Pferden, weil er sie für Fünfzig- oder Hunderttausend- oder Eine-Million-Dollar-Objekte hält, die man so attraktiv wie möglich herrichten muß, damit sie ihre Käufer finden; nein, deswegen nicht, sondern, weil er sie liebt, weil er sie versteht, weil es eine innere Kommunikation gibt zwischen ihnen und ihm, ganz ohne Worte. Und Flaming Pages Sohn liebt er am meisten, weil er spürt, daß er einen Anteil an seinem Leben hat, am Leben der ganzen Familie, seit damals eben, als er die Urgroßmutter als junges schwangeres Mädchen unter Lebensgefahr vom Schiff holte, Lady Angela, und aus all diesen Gründen ist und bleibt Flaming Pages Sohn auch für ihn der Größte.

Im Versteigerungs-Katalog ist dieser Jährling allerdings nicht der Größte. Das Management der Windfields-Farm hat anders entschieden. Die Prunkstücke des Kataloges sind eine dunkelbraune Stute und zwei kastanienfarbene Hengste. Sie sollen die höchsten Preise bringen. Insgesamt 325 000 Dollar.

Die Stute, eine Tochter von Northern Dancer, wird allein schon mit 125 000 bewertet. Nun, sie ist eine stramme Person, und ihre Mutter war immerhin Canadiana, die Königin der nordamerikanischen Rennbahnen; sie hat unter anderem die »Princess Elizabeth Stakes« gewonnen, und die »Queen's Plate«, insgesamt genau 173 116 Dollar an Siegerprämien. Das muß eine schöne Mitgift für die Tochter ergeben.

Der eine Hengst hat ebenfalls Northern Dancer zum Vater, und der andere ist, man kennt ihn schon, der mit so viel Vorschußlorbeeren bedachte Ribot-Sohn, der freilich vor Vincent O'Briens feinem Blick seine Prüfung nicht bestand. Für diese beiden Colts steht das Minimum auf je hunderttausend.

Nur für Flaming Pages Sohn glaubt man, höchstens sechzigtausend verlangen zu können.

Die Frage, wie man es einem jungen Hengst ansehen kann, ob er einmal ein großer Renner wird, bleibt auch diesmal noch ohne Patent-Antwort. Und so wird auch die Versteigerung, die am 3. September 1968 in der Auktionshalle auf der Woodbine-Rennbahn zu Toronto stattfindet, wieder einmal zu einem spannenden Glücksspiel.

Das kleine, häßliche Pferd, das niemand haben will

George Scott verläßt sein Büro in der City von Toronto am späten Nachmittag gegen halb sechs, setzt sich in seinen Wagen und fädelt sich in den westlich stadtauswärts führenden Feierabendverkehr ein, bis er die Stadtumgehungs-Autobahn, den »MacDonald-Cartier-Freeway«, erreicht, dann steuert er nach Norden, bis auf das gigantische Betonpisten-Karussell, wo gut zwei Dutzend Fahrspuren zusammentreffen und der »Freeway« nach Nordosten abschwenkt, um seine Kreisbahn um die Viermillionenstadt zu vollenden. Scott folgt nun der pfeilgerade nach Norden gezogenen Überlandstraße 27, läßt den Düsenflughafen links weit abseits in der Abendsonne liegen und gelangt schließlich, nach dreiviertelstündiger Fahrt, kurz vor der Stadtgrenze, zur Woodbine-Rennbahn, wo Hinweisschilder ihn durch das quadratkilometergroße Gelände zu dem fast tausend Personen fassenden Rundbau des Auktions-Pavillons lotsen.

Vor dem Bau ist ein Festzelt errichtet, in dem sich ein gutes Hundert heiter gespannter Gäste mit Cocktail- und Whiskygläsern in der Hand die Zeit bis zum ersten Hammerschlag vertreiben.

Das buntgestreifte Zelt ist an der Längsseite offen. Unter dem warmen, blauroten Abendhimmel bordet die Party bis auf den Sandweg über, der von der Versteigerungshalle zu den Stallanlagen führt.

Dort, in den drei Stallkomplexen zu jeweils siebenundneunzig Boxen, bürstet Harry Greene seinem Lieblingshengst zum letzten Mal das braune Fell. Flaming Pages Sohn hat, wie alle Auktionspferde, in den letzten Tagen seine Hufeisen bekommen, nun pinselt ihm ein Stallbursche Öl auf die Eisen – sie sollen schön glänzen, wenn der Jährling gleich unter die Scheinwerfer tritt. Einige Interessenten wandeln, in ihren Katalogen blätternd, durch die Boxenstraßen, um die jungen Pferde, die noch unbeschriebene Blätter sind, mit den lückenlos verzeichneten Erfolgsstatistiken der Erzeuger und ihrer Blutsverwandten in Beziehung zu setzen.

Die Mehrzahl der Cocktail-Trinker scheint jedoch eine solche Überprüfung in letzter Minute für überflüssig zu halten. Einige, wie George Scott, wissen schon längst, was sie wollen oder sollen, und die meisten Damen und Herren – alle sehr elegant, auch wenn sie betont salopp gekleidet sind – haben sich ohnehin hauptsächlich eingefunden, um ein aufregendes Gesellschaftsspiel der High Society zu beobachten – ein Spiel, bei dem hoch gepokert wird und dessen Gewinnausschüttung erst im Lauf der nächsten Jahre stattfinden wird, wenn die hier und heute erworbenen Pfänder, auf Hochleistung trainiert, in die Rennen geschickt werden. Natürlich sind viele auch gekommen, um sich an einer Revue der schönsten Pferde des Landes zu erfreuen, vor allem aber auch, um einige der berühmtesten Pferdefürsten des Kontinents von Angesicht zu Angesicht zu sehen.

Da ist zum Beispiel Peter Fuller, der erfolgreiche Autohändler aus Boston, der in diesem Jahr so viel Pech mit seinem Hengst Dancers Image gehabt hat: Dancers Image hatte am 7. Mai das mit einem Preis von 122 600 Dollar dotierte »Kentucky Derby« gewonnen, eins der wichtigsten Rennen Amerikas. Aber nach dem Rennen hatte sich bei der Urin-Probe die Test-Flüssigkeit im Reagenzglas erst blau und dann orange gefärbt, was als Beweis für Doping gewertet wurde.

Angeblich hatte Dancers Image vor dem Rennen nur eine Butazolidin-Tablette bekommen, die lediglich Entzündungen in Pferdegelenken lindern soll – angeblich soll Butazolidin nach achtundvierzig Stunden aus dem Stoffwechsel eines Pferdes verschwunden sein, und Peter Fuller schwor Stein und Bein, sein Pferd habe die letzte Tablette bereits 144 Stunden vor dem Rennen erhalten.

Der Skandal nach diesem 94. Kentucky Derby hatte inzwischen zu einem fünftausend Seiten starken Untersuchungsbericht der Aufsichts-Gremien geführt, und das böse Wort Doping war immer wieder gefallen.

Auch an diesem Abend steht Peter Fuller wieder im Kreuzfeuer von Fragen, Bemerkungen und Seitenblicken: Hat Peter Fuller oder hat er nicht . . .?

Und da ist der untadelig gekleidete Millionär Jean-Louis Levesque aus Montreal, der 1965 einen Weltrekordpreis von hunderttausend Dollar für eine einjährige Stute bezahlt hatte, immerhin für eine Schwester des ersten kanadischen Wunderpferdes Northern Dancer, aber dann war das Pferd doch nur zwei Rennen gelaufen und hatte keins gewonnen.

Da sind Garfield Weston, der zweiundsiebzig Jahre alte Biskuit-Millionär, der aus Toronto stammt und nun auf Burg Barretstown in Irland lebt, und der Ölmillionär Fred Mac Mahon. Würden sie sich vielleicht für einen der mit dem Minimum von hunderttausend Dollar ausgezeichneten Windfields-Hengste entscheiden oder gar für die 125 000-Dollar-Stute?

Und da ist auch die elegante Mrs. Seitz, eine strahlend schöne Frau mit einer Milchstraße von Sommersprossen unter den fröhlichen Augen, die von ihrem Vater, dem kanadischen Industrielöwen Larkey Maloney nicht nur ein schwer einschätzbares Vermögen, sondern auch einen reichbestückten Rennstall geerbt hat.

Natürlich ist auch E. P. Taylor gekommen, der korpulente Herr der Windfields-Farm, mit seiner immerwährenden Pfeife, der mit seinem Gestüt überhaupt erst der kanadischen Vollblutzucht Durchbruch und Weltgeltung verschafft hat. Neben ihm taucht des öfteren Joe Thomas auf, lang und hager, unablässig zwischen dem Büro der Versteigerer und den Stallungen unterwegs, dann wieder im Gespräch mit potentiellen Käufern.

George Scott ist unter der Rennbahn-Prominenz weniger bekannt, doch der Tip, daß er den großen Engelhard vertritt, läßt manchen berechnenden Blick hinter ihm herwandern.

Vermutlich hätte es auf jeder anderen Ansammlung von Menschen in Kanada und der Welt spätestens nach dem ersten Whisky andere Diskussionsthemen gegeben. Denn auch dies geschah an diesem Tag: Kanadas ansehnlicher Premierminister, der umschwärmte Junggeselle Trudeau, erschien mit einer bis dahin unbekannten, nichtsdestotrotz auffälligen 24jährigen blonden Schönheit namens Susan Lindell auf einer Dinner-Party; in Prag war der Wirtschaftsminister Ota Šik von seinem Posten zurückgetreten; und in Amerika hatte sich Ex-Präsident Eisenhower von seinem siebten Herzinfarkt so gut erholt, daß die Ärzte von nun an auf die tägliche Herausgabe eines Bulletins über seinen Gesundheitszustand verzichten konnten.

Im Woodbine Park, unter dem bunten Zelt, kreisen indessen alle Gespräche um den schwergewichtigen Pferdekönig E. P. Taylor.

Dies ist das erste Mal, daß der große E. P. Taylor seine Pferde nicht bei sich zu Hause, auf seiner Farm in Willowdale, verkauft. Zum erstenmal läßt er einen Zuchtjahrgang zusammen mit allen Konkurrenten auf der allgemeinen Jahresauktion des kanadischen Vollblutzüchterverbandes um Interessenten werben.

Und die meisten Herren und Damen an der Bar im Party-Zelt erinnern sich nun mit einiger Wehmut daran, wie lustig und romantisch es doch immer bis zum letzten Jahr auf der Windfields-Farm zugegangen sei: »Man kam sich immer ein wenig wie auf einer Kunstausstellung oder einer Modepremiere vor – wurden Renoirs gezeigt oder Diors? Schwer zu sagen – das Publikum wäre jedenfalls fast das gleiche gewesen . . .«

Es war immer ein Sonntagnachmittag im September gewesen, wenn in Willowdale das Verkaufsspiel begann. Gartensessel dekorierten in vier rot- und cremefarbenen Reihen das saftiggrüne Gras, dazwischen der hellbraune Paradepfad, dahinter die Stallgebäude aus roten Ziegeln, mit den kleinen weißen Türmchen. E. P. Taylor stand dann immer, in einem Kaschmir-Mantel, vorn am Laufpfad und stellte seine »Modelle«, seine Kunstwerke vor, fünfzig oder sechzig jedes Jahr. Neben ihm, wie immer, Joe Thomas, der über ein kleines Handmikrofon die Preise bekanntgab. Feste Preise, an denen nichts zu rütteln war – fünf-, fünfzig-, hunderttausend Dollar. Und entweder zahlte man, oder man ließ es bleiben.

Zur Kasse wurde erst am nächsten Tag gebeten, Montag abends. Man traf sich wieder in einem Stall, nun schon weniger zahlreich, weil die Sehleute zu Hause geblieben waren, und schrieb die Nummer »seines« Pferdes auf einen Zettel und reichte ihn, selbstverständlich mit kreditwürdiger Unterschrift versehen, dem Herrn der Windfields-Farm.

Gab es für einen Jährling mehr als einen Interessenten, dann faltete E. P. Taylor die gleichnumerierten Zettel in seiner Mütze zusammen, ließ Joe Thomas mischen und zog dann den »Gewinner«.

Manchmal war es trügerisches großes Los – wie einmal, als die hübsche Mrs. Seitz vor zwei Mitbewerbern einen stolzen kastanienbraunen Hengst mit einer goldenen Mähne gewann, den sie dann Cool Reception nannte und der im Herbst 1967 Schlagzeilen machte: Nach etlichen voraufgegangenen Siegen hatte er die besten Chancen, das Belmont-Rennen in Amerika zu gewinnen, bis zur Zielgeraden lag er vorn, doch auf den letzten Metern brach er sich ein Bein. Mit gebrochenem Knochen schleppte er sich noch zum Finish, dann brach er zusammen. Eine Operation wurde versucht, doch zwei Tage später mußte Cool Reception eingeschläfert werden.

Manchmal war es auch eine teuer bezahlte Niete. Wie damals, als Arctic Dancer von Jean-Louis Levesque aus Taylors Mütze gezogen wurde. Die Stute nahm nur an zwei Rennen teil. Beim ersten Mal lief sie die Dreiviertelmeile wie eine junge Göttin, vergaß dann aber, daß die Rennstrecke eine ganze Meile lang war. Und beim zweiten Mal suchte sie sich ihren eigenen Kurs, weitab vom Renngeschehen, und mußte dann von Suchtrupps wieder ausfindig gemacht werden. Anschließend beschied sie sich mit dem ruhigeren Leben einer Zuchtstute.

Manchmal vergaßen auch die Mitspieler in dieser Pferdelotterie, die Nummer des besten Angebots des Jahres auf ihren Zettel zu schreiben. Wie zum Beispiel an jenem Septembermontag, als Northern Dancer zum Verkauf stand.

Zugegeben, Northern Dancer war ein ziemlich kleines, unansehnliches, bulliges Pferd, das so gar nicht den üblichen Vorstellungen von Pferdeschönheit entsprechen wollte.

Wie klein er wirklich war, darüber gehen heute noch die Meinungen auseinander. In den Zuchtpapieren werden ihm zwar 159,5 Zentimeter gutgeschrieben. Der kanadische Fachjournalist Trent Fayne behauptet jedoch, es seien nur 157 Zentimeter gewesen. Der englische Rennreporter Richard Baerlein spricht immer nur von knapp 156 Zentimetern. Northern Dancers Trainer Horatio Luro meint, 152,5 Zentimeter im Griff gehabt zu haben, und Harry Greene kann sich gar nur an 147,3 erinnern.

Jedenfalls war Northern Dancer ein *sehr* kleines Pferd und beim Septemberverkauf auf der Windfields-Farm wurde er kaum erwogen, weil zu klein befunden.

Zeugen erinnern sich, daß Larkey Maloney mit seiner hübschen Tochter einmal eine lange Minute nachdenklich vor dem vierbeinigen David gestanden hatte. Aber dann legte er seine 25 000 Dollar für einen schöneren Goliath auf den Tisch – für Brockton Boy. Der machte zwar auch 50 000 Dollar gut, aber was war das schon gegen die 580 000, die Northern Dancer dann als »Pferd des Jahres 1966« errang?

Damit nicht genug, als Zuchthengst dürfte er seinem Besitzer inzwischen eine gute weitere halbe Million Dollar an Deckgeldern eingebracht haben.

Wenn man nun noch die Verkaufspreise für seine Sprößlinge hinzurechnet . . .

Lieber nicht. Diese Art von Stallburschenrechnung ist zu verführerisch, um allgemeingültig zu sein. Jean-Louis Levesque mit seinem Hunderttausend-Dollar-Mißverständnis weiß das Lied vom unberechenbaren Pferdeglück ja auch mit einer anderen Melodie zu singen.

Larkey Maloney mußte sich noch lange danach von seinen Freunden allerhand Frozzeleien gefallen lassen: »Ein schöner Pferdekenner bist du – steht vor einem Glückspferd und packt es nicht beim Schwanz!«

Larkey gab dann immer zurück: »Und was ist mit dem großen Pferdekenner E. P. Taylor? Hat ein Wunderpferd im Stall und treibt es für lumpige fünfundzwanzigtausend auf den Markt!«

E. P. Taylor, der damals auf seinem unterproportionierten Pferd sitzengeblieben war, mußte Northern Dancer nach strammem Training dann wohl oder übel unter seinen eigenen Farben in die Rennen schicken, und wie's halt zugeht in der Welt, erwarb er sich so zum Reichtum auch noch den Ruhm.

Edward Plunket Taylor hatte vor 1950 in der Pferdwelt wenig von sich reden gemacht. Ans große Geld muß er – wenn die Taylor-Legende zutrifft – schon sehr jung gekommen sein: Zur Zeit der Alkohol-Prohibition in Amerika kaufte er, so hört man seinen klugen Vorausblick rühmen, die damals wertlosen Aktien amerikanischer Whiskyfirmen und Brauereien auf.

Irgendwann, so meinte er, würden die Leute schon wieder Durst bekommen. Als dann die Quellen wieder sprudelten, waren seine Aktien über Nacht ein Vermögen wert.

Taylor investierte in den verschiedensten Wirtschaftsbereichen – er kaufte sich auch in eine Landmaschinenfabrik in Deutschland ein –, doch erst spät gelang es ihm, Vermögen und Vergnügen auf einen Nenner zu bringen: 1950 kaufte er das Gestüt des greisen kanadischen Automillionärs McLaughlin.

Doch wenn er die Vollblutzucht nicht nur als teures Hobby betreiben wollte – denn Kanada war nicht England, und für Amerika war er ein Außenseiter –, dann mußte er sich auch selbst den Markt schaffen. Schon zwei Jahre später stellte er ein Konsortium auf die Beine, das die unterentwickelte kanadische Vollblutzucht vom Trott zum Galopp trieb. So kaufte die Taylor-Gruppe die fünf veralteten Rennbahnen in der Provinz Ontario auf und reorganisierte den Rennbetrieb auf drei neuerbauten oder modernisierten Anlagen – Woodbine, Greenwood und Fort Erie – mit einem Aufwand von dreißig Millionen Dollar. Damit hatte Kanada endlich eine blitzblanke Schaufensterfront für sein neuestes und edelstes Landwirtschaftsprodukt.

Es waren dann auch hauptsächlich Taylors Pferde, die auf Taylors Rennbahnen die großen Preise einheimsten. Denn Taylor hatte natürlich in Amerika und Europa das beste Zuchtmaterial eingekauft, das für sein Geld zu haben war.

Zum Beispiel den italienischen Himmelsstürmer Ribot. Um dem möglichen Unmut der weniger gesegneten – oder weniger geschickten – einheimischen Züchter vorzubeugen, warf Taylor von 1954 an nur noch die Hälfte seiner

Vollblut-Jahrgänge ins Rennen. Die andere Hälfte bot er zum Verkauf an, freilich zu festen Preisen.

In den vierzehn Jahren von 1954 bis 1967 verkaufte er 229 Jährlinge für über drei Millionen Dollar, immer auf seiner Farm in Willowdale.

So also war E. P. Taylor der kanadische Pferdekönig geworden. So war er groß geworden, und mit ihm die kanadische Pferdezucht. Nun werden die alljährlichen Auktionen nicht mehr auf den einzelnen Farmen abgehalten. Inzwischen ist eine große Auktionshalle gebaut worden. Und Taylors Jährlinge – die mit den berühmten Vätern wie Ribot und Northern Dancer – sind immer noch die teuersten.

Nijinsky kehrt wieder – im Namen eines wilden, schönen Hengstes

Das bunte Zelt vor dem Auktions-Pavillon leert sich. Die Interessenten nehmen in der Auktionshalle ihre Plätze ein. Es ist nun kurz vor halb acht.

Ein paar Damen, ein paar Herren plaudern und lachen überlaut; die Cocktails sind exzellent gemixt und dankenswert großzügig angeboten worden. Der Auktionator wird in wenigen Minuten an sein Pult über dem sandbedeckten Podium treten, wo dann ein wenig tänzelnd, ein wenig nervös, die Katalog-Nummer Eins erscheinen wird.

George Scott sucht einen Platz in dem amphitheaterartig ansteigenden Dreiviertelrund des Parketts. Dem Katalog hat er entnommen, daß der Sohn von Northern Dancer und Flaming Page, den er um jeden Preis erwerben soll, als Nummer zehn an der Reihe ist.

Die Stimme des Auktionators dröhnt über die Lautsprecher: Bekanntgabe der allgemeinen Geschäftsbedingungen – kaum jemand, der hinhört; Stimmengemurmel wie vor einer Opernpremiere, während die Instrumente gestimmt werden; letzte Diskussionen, wer wohl an diesem Abend die Hauptrolle spielen wird.

Dann unvermittelt gespannte Stille. Das erste Pferd wird von einem Stallburschen in frischgebügeltem Dreß auf das Podium geführt.

Die Stimme des Auktionators nimmt einen anderen Ton an. Amerikanische – und auch kanadische – Versteigerer haben nichts vom wichtigtuerischen Ernst deutscher Vollzugsbeamten an sich.

Im Gegenteil. Sie preisen das Angebot mit einem unbremsbaren Schwall von kurzen Worten, ihre Stimme singt und swingt, und dazwischen skandieren sie dann hart die bisher genannten Gebote, nennen neue Zahlen, die sie noch zu hören hoffen, und all das in einem zungenbrecherischen Rhythmus.

Das klingt ein wenig nach den Western-Songs der Cowboys, die eine Scheune voller Präriefarmer zum Tanzen und Füßestampfen animieren wollen: »Hey, ist das nicht ein schönes Pferd, schönes Pferd, schönes Pferd, tausend für ein schönes Pferd, ich sag' tausend, nur eintausend, hör' ich elf? Wer sagt elf? Kommt jetzt elf? Yeeeaaah, da ist elf! Endlich elf! Aber was heißt da schon elf? Elf allein schon für den Schwanz! Und die Hufe und der Leib und der Kopf? Yessiree! Zwölf muß sein! Zwölf ist gut! Aber heute noch nicht gut genug! Leute, laßt die Zahlen laufen! Mindestens so flink, wie dieser Hengst hier rennen kann! Wel-l-l-l-l allright! Thirteen! But who's gonna come up next! Fourteen! Here we go! But who'll give fifteen! Fifteenthousand dolla, billa, billya, willya, willya – wollt ihr, wollt ihr oder wollt ihr nicht . . .!«

So predigt Auktionator John Finney mit Soul und Swing und Gospel gute Pferdezucht – wie schon sein Vater Humphrey, der in siebenunddreißig Wanderjahren von Auktion zu Auktion seinen Preissängerstil in Psychologie und Phrasierung perfektionierte. Nach dem dritten Herzinfarkt reichte er die Insignien seiner Profession, Hammer und Heiserkeit, an seinen Sohn John weiter. Und Johns Ruf ist so gut, daß zu jeder Versteigerung auch Dutzende von Leuten kommen, die gar nichts kaufen wollen, nur um John Finneys Schau- und Hörspiel genießen zu können.

Und wie John Finney sein Publikum in der Woodbine-Halle anzuheizen versteht!

Das erste Pferd, ein rotbrauner Hengst von Victoria Park, dem Sieger in zehn Rennen, der eine Viertelmillion Dollar an Preisen eingebracht hatte, kommt auf achteinhalbtausend Dollar, als der letzte Hammerschlag fällt.

Pferd Nummer zwei, kastanienbraun und hochgewachsen, eine Stute von Nearctic, erreicht siebzehntausend.

Und bei Nummer drei kommt John Finneys Stimme erst zur Ruhe, als das Gebot bei dreiundddreißigtausend steht.

Bei Nummer vier treibt Frank Mac Mahon, der Ölmann aus Vancouver, die Gebote bis auf fünfunddreißigtausend hoch, immerhin für einen Jährling, den der als Deckhengst unermüdliche Northern Dancer gezeugt hat.

Dann ein kurzes Zwischenspiel um einen schwarzen Hengst, der nur auf acht-sieben kommt.

Nun wieder, Nummer sechs, eine Nearctic-Stute, vielversprechendes Windfields-Material. Und John Finney holt erst wieder Luft, als der Preis bei fünfundvierzigtausend steht.

Als Nummer sieben, ein Hengst von Victoria Park, den Vorführring betritt, mischt sich der elegante Jean-Louis Levesque aus Montreal ins Spiel. Bis auf fünfundzwanzigtausend springt der Preis um hundert Dollar je Gebot. Nach fünfundzwanzig geht es jedesmal mit einem halben Tausender weiter. Doch Levesque, von früheren, teuer erkauften Erfahrungen unbeeindruckt, geht ohne mit der Wimper zu zucken weiter mit. Bei dreißigtausend gehört der Jährling ihm.

Eine Stute, wieder einmal von Northern Dancer, reizt das Interesse von Garfield Weston, dem Biskuit-Millionär; er bekommt den Zuschlag bei dreiundzwanzigtausend.

Dann noch Nummer neun, auch das eine Stute von Victoria Park, bringt immerhin achttausend.

Nun setzt sich George Scott aufrecht. Nummer zehn wird aufgerufen.

Harry Greene hat Flaming Pages Colt selbst aus dem Stall über den Sandpfad zur Versteigerungshalle geführt. Er sieht ihm lange nach, als der Pferdejunge den Hengst beim Zügel nimmt.

Feierliche Stille breitet sich aus, als der Hengst auf dem immer wieder frisch geharkten Sand des Podiums einmal hin und her paradiert wird. Die Scheinwerfer spielen auf den kraftvollen Muskeln unter dem braunen Fell, die drei weißen Fesseln vorne rechts und hinten blitzen silbern, der weiße Stern auf der Stirn leuchtet wie die einsame Perle, die das Abzeichen der Herrschaft eines indischen Maharadschas ist. Stolz reckt sich der große Hengst, er spürt die Welle der Bewunderung, die ihm entgegenschlägt, und er zeigt, daß er es wert ist, bewundert zu werden. Seine großen braunen Augen wandern ruhig über die Sesselreihen, wo irgendwo George Scott sitzt, der sich nun für seine Mission rüstet.

John Finney räuspert sich, er zählt die aristokratischen Erzeuger dieses prächtigen Jährlings auf. Dann nennt er das Preisminimum, mit dem die Versteigerung nun beginnen wird: sechzigtausend Dollar.

»Sooooo it's sixty for a starta, sixty to begin with – sechzig für den Anfang! Ja, mit sechzig geht es los! So ein schnuckeliges Pferdchen! Will's denn keiner haben, wo's nur sechzig sind, sechzig, sechzig, sechzig! Hör' ich schon was mehr, ich hör bestimmt noch mehr . . .«

George Scott will schnell Abstand gewinnen und die Verfolger abschütteln und auch zeigen, daß er es ernst meint. Er hebt fünf Finger der rechten Hand und Finney zeigt mit einem Blick, daß er verstanden hat.

»Fünfundsechzig sind geboten! Fünfundsechzig das Gebot! Und bestimmt noch nicht das Ende! Ja so geht es weiter! Ja so soll es sein! Munter Leute, munter! Get the goin' goin' folks! Here we're goin'! Sechs, so heißt die nächste Zahl! Wer die Wahl hat, hat die Qual, sagt mir einer sechs . . .«

Das Publikum hat längst die großen Spieler in diesem Pferderoulette ausgemacht. Blicke heften sich auf Peter Fuller, den Mann mit dem angeblichen Doping-Skandal. Auf Jean-Louis Levesque, den eleganten Eisberg. Mischt Garfield Weston weiter mit? Erkennt nicht Altmeister Frank Mac Mahon den wahren Wert dieses Hengstes? Aber wer ist eigentlich der Mann, der den ersten großen Fünftausend-Dollar-Sprung gewagt hat?

E. P. Taylor lächelt undurchdringlich, als wüßte er schon, wie dieses Rennen ausgeht.

In schneller Folge springt die automatische Leuchtschrift über dem Auktionatorpult von fünfundsechzig auf siebzig, auf fünfundsiebzig. George Scott hat nur noch einen Gegner – eine Gegnerin: die sommersprossige Mrs. Seitz.

Als das Duell bei achtzig angelangt ist, verlangsamt sich das Tempo der Gebote. Mrs. Seitz, nun ohne ihr gewohntes Lächeln, eher mit einem angestrengten Zug um den vollen Mund, steigert jetzt nur noch um jeweils tausend Dollar. Doch was immer sie steigert, George Scott hebt bedächtig, doch entschlossen, die rechte Hand mit dem silbernen Kugelschreiber.

Als er vierundachtzig gemeldet hat, bleibt jedoch das Echo von der Gegenseite aus.

»Vierundachtzig ... vierundachtzig ... vier ... vier vier ...« trommelt John Finney und versucht noch einmal, das Bieten auf Touren zu bringen.

Dann muß er den Hammer niedersausen lassen.

Die Leuchtschrift über dem Podium flackert auf die Nullen zurück, Flaming Pages Sohn wird wieder vom Podium geführt, ein Stallbursche harkt den Sand hinter ihm her, und mit dem Auktionsgehilfen, der Scott ein Formular zur Unterschrift hinhält, kommen die Reporter und fragen Scott nach seinem Namen und ob es sein erstes Pferd ist oder in wessen Auftrag er gekauft hat. Blitzlichter flammen auf, und in der Zwischenzeit wird eine Nearctic-Stute auf die Bühne geführt, die für siebenunddreißigtausend an Garfield Weston geht.

Mrs. Seitz ersteigert sich etwas später das dritteuerste Pferd des Abends, einen Nearctic-Sprößling, für fünfundvierzigtausend.

Auf die drei Hunderttausend-Dollar-Pferde von der Windfields-Farm bietet übrigens niemand. Damit hält Flaming Pages Sohn seinen ersten Rekord: Er war der teuerste Jährling dieses Jahres in Kanada.

Scott meldete noch in derselben Stunde den erfolgreichen Erwerb des Northern-Dancer-Colts.

»Bravo, Mr. Scott«, sagte Engelhard am Telefon. »Und Bravo auch für den Preis. Ich habe manchmal schon mehr bezahlen müssen. Vielleicht sollte ich in Zukunft immer Sie zu den Versteigerungen schicken.«

»Lieber nicht«, sagte Scott. »Ich glaube, meine wirklichen Begabungen liegen doch eher auf einem anderen Feld ...«

Doch auch am nächsten Tag konnte Scott sich noch nicht seinen »wahren Begabungen« widmen. Der Schreibtisch des kanadischen Geschäftsführers der »Engelhard Industries« wurde auch am Tag nach der Versteigerung weiterhin von Pferde-Akten mit Beschlag belegt. Nun waren die Endausfertigungen der Kaufverträge, die vorläufigen Versicherungspolicen, die Zollausfuhr- und die Transportdokumente fertigzustellen. Engelhards Statthalter in einem Pferdeland zu sein, bot zumindest allerhand Abwechslungen ...

Auf Engelhards Schreibtisch in Newark lag derweil ein leerer Zettel. »Nun kommt das Schwierigste«, sagte Engelhard zu seiner Sekretärin Pat Dunphy. »Nun muß das Pferd einen Namen kriegen.«

Der Zettel blieb noch lange leer.

Namen für ein Pferd zu finden, ist ein schwieriges Unterfangen. Im großen Buch des Jockey-Clubs sind bereits über 250000 Namen registriert. Und es soll ja nicht nur irgendein Name sein. Er soll die Erbfolge andeuten, wenn vielleicht auch nur in den Anfangsbuchstaben, und er soll nach Sieg klingen.

Amerikanische Rennstallbesitzer lassen sich manchmal die kuriosesten Namen für ihre Pferde einfallen. So heißt ein Hengst, der sich jetzt auf den Rennbahnen durchzusetzen versucht, »Ring for Nurse« – »Klingele der Kinderschwester«. Ein anderer gewann mit dem Namen »Behave Yourself« (Benimm' dich) immerhin das Kentucky Derby. Und in Kanada gab es um einen Pferdenamen einmal einen regelrechten Skandal. Da hatten zwei Pferdefreunde Krach miteinander. Der eine war Fred Orpan, der von seinem Vater zwei Rennbahnen in Toronto geerbt hatte. Fred war nicht gerade eine Schönheit, er hatte eine dicke, rote Nase und vorstehende Zähne. Der andere hieß Morissey und war Besitzer eines ansehnlichen Rennstalls. Eines Tages nun, beim »Diamond Ring Race«, beim Diamantring-Rennen, glaubte Morissey sich von Fred Orpan durch unsaubere Machenschaften um den Sieg gebracht. Er rächte sich mit vernichtendem Spott. Vier jungen Pferden gab er die folgenden Namen: »Red Nose Fred«, »Rabbit Mouth«, »Jewel Thief« und »Stole the Ring«. Wenn nun bei Rennveranstaltungen diese vier Pferde hintereinander aufgerufen wurden – und Morissey wußte dafür zu sorgen –, ergab die Ansage eine öffentliche Anklage: »Fred mit der roten Nase«, »Kaninchen-Maul«, »Der Juwelendieb«, »Hat den Ring gestohlen«. Und prompt hatte er ein vieltausendfaches Gelächter auf seiner Seite. So hielt er sich jedesmal für den Verlust des »Diamond Rings« schadlos. Fred Orpan, der Rotnasige mit dem Kaninchenmaul, mußte das Ehrengericht des Jockey-Clubs anrufen, um diese ständigen Verunglimpfungen endlich abstellen zu können.

Dagegen betreibt Englands Königin Elizabeth mit ihrer Familie die Namensgebung für die Renner des königlichen Gestüts als geistvolles Spiel. So fand sie für einen Hengst, dessen Vater »Court Martial« (»Kriegsgericht«) und dessen Mutter »Choral« hieß, den Namen »Martial Music« (»Kriegsmusik«). Für ein Fohlen von »Fair Copy« (»Saubere Abschrift«) und »Carmen« ergab sich der treffende Name »Opera Score« (»Opern-Partitur«). Kenntnis der englischen Geschichte ist indessen notwendig, um die Spitzfindigkeit bei der Namensfindung für »Doutelle« genießen zu können. Dieser Hengst war der Sohn von »Prince Chevalier« (etwa: »Prinzlicher Ritter«) und »Above Board« (etwa: »Außer Gefahr«). Dahinter steckt folgender historische Zusammenhang. Prinz Charles Edward, der edle Ritter, der letzte Sproß des Hauses Stuart, versuchte seine Thronansprüche gegen das in England regierende Haus Hannover mit Gewalt durchzusetzen. Die britische Flotte hinderte ihn an der Landung. Sein Schiff brachte ihn mit knapper Not nach Schottland. Und wie hieß das Schiff, das den »Prince Chevalier« außer Gefahr, »above board« brachte? Königin Elizabeth II. erinnerte sich daran, als sie 209 Jahre später einen Namen für einen jungen Hengst suchte: »Doutelle«.

Allerdings hat dieser Name auch einen Doppelsinn. Nach der englischen Aussprache könnte man ihn auch »Do Tell« schreiben, was soviel heißt wie »Nun sag's doch endlich«.

Engelhard hält nichts von solchen Spaßvogeleien. Dafür meint er es zu ernst mit seinen Pferden. Er findet – vielleicht etwas abergläubisch –, daß Pferde mit albernen Namen niemals Sieger werden. »Wenn ich mir einen Namen ausdenke«, sagte er, »dann stelle ich mir immer vor, wie er über die Platzlautsprecher klingt, wenn der Sieger bekanntgegeben wird. Und das muß dann auch wirklich nach einem Sieger klingen.«

»Northern Dancer«, wie der Vater des Hengstes hieß – das war ein guter Name: »Der Tänzer aus dem Norden«. Und es war klar, daß der Name des Sohnes nun auch irgend etwas mit einem Tänzer zu tun haben sollte. Und mit dem Buchstaben »N« sollte er möglichst auch anfangen. Wie schon seine Vorfahren – die hießen Nearctic, Nearco und Nogara. Und mütterlicherseits war es ähnlich: Flaming Page kam von Flaming Top, und die kam von Flaring Top, diese wiederum von Firetop, und die ihrerseits von Flambino.

Doch welchen Namen kann man nun für Northern Dancers Sohn finden? Das ist für Engelhard eins der drängendsten Probleme im Augenblick – fast so schwerwiegend wie die Lage auf dem südafrikanischen Goldmarkt.

Abends, zu Hause, beim Dinner in seiner Villa in Cragwood, lag der leere Zettel zwischen Engelhard und seiner Frau. Nach dem Dessert hatten sich, in Engelhards kräftiger Handschrift, schon ein paar Namen eingefunden. Aber er war noch immer nicht zufrieden. Als er zu Bett ging, nahm er den Zettel mit ins Schlafzimmer. Er sah noch, wie gewöhnlich, ein paar Stunden fern. Die »late show« und die »late, late show«, die Spätvorstellung und die ganz späte Spätvorstellung, hauptsächlich alte Filme aus Hollywoods Glanzzeit. Wann immer ein Name oder ein Ort mit »N« genannt wurde, schrieb Engelhard ihn auf. Aber das Richtige war es immer noch nicht. Hollywood hatte ihm in dieser Nacht nicht viel zu bieten.

Am nächsten Abend fuhr Engelhard mit seiner Frau Jane zu seiner Mutter. In ihrem neunzigjährigen, immer noch glänzend funktionierenden Gedächtnis war vielleicht etwas zu finden.

»So, mit ›N‹ soll es sein. Und mit Tanz soll es auch zu tun haben«, sagte die alte Dame, in deren Aussprache immer noch ein wenig die Erinnerung an das Deutschland ihrer Jugendzeit mitschwang. »Ja, wart' einmal . . . da war doch so einer . . . vor dem Ersten Weltkrieg . . . aus Rußland kam er. Mit dem Ballett von Diaghilew war er auf Tournee . . . in New York . . . Nach der Vorstellung gab es eine Party bei den Rockefellers . . . die Frau Rockefeller wollte immer, daß er auch in ihrem Salon noch einmal tanzt. Aber er wollte nicht. Er hat immer nur in der Ecke gestanden und ein bisserl blöd vor sich hingelächelt. Aber tanzen konnte er, mein Gott, hat der Sprünge gemacht. Wie . . . wie . . . wie ein . . .«

»Wie ein Pferd?« fragte Engelhard.

»Ja. Wie ein Pferd«, lächelte die alte Dame. »Aber so ein Pferd hast du in deinem Stall noch nie gesehen.«

»Wart's ab«, sagte Charles. »Aber wie hieß er denn?«

»Ja, wie hieß er nur. Mein Gott, die Frauen waren alle ganz verrückt nach ihm. Und er hat immer nur dagestanden und gelächelt. Er hieß . . .«

»Warum rufen wir nicht die Rockefellers an und fragen sie?« sagte Engelhard.

»Charles, das ist fünfundfünfzig Jahre her . . .« sagte Jane.

»Jetzt weiß ich's«, sagte die alte Dame. »Er hieß Nijinsky!«

»Nijinsky!« schrie Engelhard. »Das ist ja fabelhaft! Nijinsky! Das hör' ich schon über die Lautsprecher! Das klingt nach Sieg, nach Erfolg, nach Kraft. Nijinsky – ja. Dank' dir, Mama, tausend Dank!«

»Aber nachher«, sagte die alte Frau Engelhard, »nachher ist er im Irrenhaus gelandet.«

»Das«, sagte Engelhard, »will ich nicht gehört haben. Und erzähl's auch keinem, Mama . . .«

So hatte also nun der Sohn von »Northern Dancer« seinen Namen. Der junge Hengst des »Tänzers aus dem Norden« war nun auch ein Tänzer – doch würde er auch die Schnelligkeit seines Vaters und die Kraft seines Namensvetters auf die Rennbahn bringen? Würde der Hengst den Traum wahrmachen, den Nijinsky, der Tänzer, geträumt hatte – wiederzukehren als ein wildes, schönes Pferd?

Ein Jahr später wußte man es.

Beim »König von Cashel« findet Nijinsky eine neue Heimat

Der Pilot läßt die Düsenmotoren des Frachtflugzeugs erst an, nachdem der Hengst über die flache, lange Rampe in den Laderaum geführt worden ist und eine Beruhigungsspritze bekommen hat. Eine große, geräumige Box mit frischem Stroh ist an Bord eingerichtet worden, daneben liegt noch einmal Stroh zum Wechseln; für genügend Futter ist auch gesorgt. Ein Mann von O'Briens Gestüt sitzt neben dem Pferd. Der Sohn von Flaming Page und Northern Dancer unternimmt die Ausreise nach Europa unter wesentlich bequemeren Umständen als Northern Dancers Großmutter Lady Angela die Einreise nach Kanada.

Nijinsky wacht erst kurz vor der Landung auf dem irischen Flughafen Shannon wieder auf. In Shannon, dem einzigen Düsenflughafen der Welt, der keine nennenswerte Stadt hat, weil man hier nur auftankt oder umsteigt, wartet schon der Transportwagen. Nach zwei Stunden Fahrt über schmale, kurvenreiche Landstraßen, ist Nijinsky in seiner neuen Heimat angelangt.

Im September ist der Himmel grau über dem Städtchen Cashel in der Grafschaft Tipperary. Der bunte, blühende Glanz des Sommers ist dahin. Tief hängen die Wolken über den fruchtbaren Ebenen und den dunkelbewaldeten Hügeln Irlands. Es ist keine friedliche, liebliche Schönheit: Burgen und Burgruinen, Gräber und gewaltige Kreuze recken sich über das Land, bedrükkende Zeichen einer blutig-schmerzvollen Vergangenheit, Stachel im Fleisch einer – im Norden – auch heute noch nicht bewältigten Geschichte.

Der Fels, der altargleich scharf und steil, fast hundert Meter hoch, bei Cashel aus der Ebene emporragt, mit spröden, kantigen Burg- und Kathedralruinen bestückt, war Königsthron und Opferstein seit Anbeginn der Geschichte. Sonne und Wind wurden hier angebetet. Von hier aus schleuderten die Priester der Druiden einst Zauber und Bann. Von hier aus herrschten die Könige von Irland über die Insel – hier taufte vor anderthalb Jahrtausenden der heilige Patrick König Angus und sein Volk. In dieser Burg, durch deren leere Fensterhöhlen jetzt der Herbstwind heult, zwischen den dreimannshohen, grauverwitterten Kalksteinkreuzen, glaubt man heute noch die Todesschreie der Gefolterten vergangener Zeiten zu hören, ferne Echos einer vergangenen – und immer noch nicht aus der Welt geschafften – Grausamkeit um Gottes und des rechten Glaubens willen.

Hier, auf dem Fels von Cashel, wurde der Erzbischof O'Hurley in Fesseln geschlagen, wurden ihm die Füße in Salz, Butter und Öl gekocht, bis ihm das Fleisch von den Knochen fiel, und dann, als er immer noch nicht protestantisch werden wollte, in Dublin gevierteilt und gehängt. Hier, in Cashel, schlachteten Cromwells glaubenseifrige Soldaten dreitausend Menschen, Frauen, Kinder und alte Männer. Wer sich in die Kathedrale rettete, fand dort im Zeichen des Kreuzes den Tod, zwanzig Priester gar noch auf den Stufen des Hauptaltars – 1647 war das, hier im Süden. Im Norden geht der gleiche Kampf nun, nicht einmal dreihundertdreißig Jahre später, mit Bomben und Gewehren weiter.

Cashel – der Fels, die Ruine, der Ort, der schon 1230 verbrieftes Stadtrecht hatte – atmet Historie auf Schritt und Tritt. Für Menschen, so sehr auch hier um das Heil ihrer Seele gestritten wurde, war diese Landschaft nie ein Paradies – doch für Pferde ist dies Land ein Garten Eden.

Hier wächst das beste Gras der Welt. Heu und Klee enthalten, dank des Kalks in diesem Boden, all die Kraft, die starke Knochen macht; aus den Gestüten Irlands kommt eine große Zahl der Pferde, denen Englands Pferdezucht ihren weltberühmten Ruf verdankt.

Hier residiert der erfolgreichste Pferdetrainer unserer Zeit, Vincent O'Brien. Man nennt ihn den »König von Cashel« – und das ist nicht das erste Mal, daß ein O'Brien diesen Titel trägt: Schon um 1100 war ein Muircheartach O'Brien König von Irland; er weihte damals dieses Land dem Papst. 1169 errichtete Mor O'Brien seinem Volk und seinem Gott die große Kathedrale auf dem Felsen. Und nach 1200 baute ein O'Brien namens Marian die Stadt Cashel nebst einem Hospital für Leprakranke. Er war, wie es in alten Chroniken zu lesen steht, »Herrscher über Land und Vieh« – so alt und wohlbekannt ist also in dieser Landschaft der Name O'Brien.

Auch Vincent, dem O'Brien des zwanzigsten Jahrhunderts, weiß Cashel viel zu verdanken. Vincent, der seinen Stammbaum weitläufig auf das Geschlecht der irischen Könige zurückverfolgen kann, ist im benachbarten Killarney geboren und aufgewachsen. In jungen Jahren machte er sich einen Namen als Steeplechase-Jockey, aber er entdeckte schon bald seine Begabung als Trainer. Anfang der fünfziger Jahre suchte er sich im Herzen Irlands einen geeigneten Platz zum Aufbau einer Trainingsanlage. Er fand ihn dicht bei Cashel: eine sanft gewellte Hügellandschaft, die mit Busch- und Baumgruppen den Charakter eines Naturparks hat. Hier baute er sich seine Stallungen und seine Trainingsbahnen auf.

Die Ballydoyle Farm liegt etwa fünf Kilometer von der Landstraße entfernt, die von Shannon nach Dublin verläuft und Irlands Ostküste mit der Westküste verbindet.

Wer in Cashel von dieser Durchgangsstraße nach Norden abbiegt und keine genaue Ortsbeschreibung mit auf den Weg bekommen hat, fährt leicht an der

Ballydoyle Farm vorbei. Kein Hinweisschild leitet den Unkundigen. Die Einfahrt, nur von zwei Natursteinmauern flankiert, verbirgt sich unter alten, hohen Bäumen. Von hier aus führt eine schattige Privatallee in das fünfhundert Morgen große Parkgelände von Ballydoyle hinein. Noch deutet nichts darauf hin, daß man sich im Reich eines der erfolgreichsten Vollbluttrainer der Welt befindet. Die hohen Bäume treten erst nach fast einem halben Kilometer zurück, dann geben sie überraschend den Blick auf die Gestütsgebäude frei. Die Stallungen, das zweistöckige Verwaltungsgebäude und O'Briens dreistöckige Villa liegen dicht beieinander und schmiegen sich unaufdringlich in die romantische Landschaft; ein idyllisches Geviert, das nach den Weiden hin, die sich sanft ansteigend anschließen, offen ist.

Da endlich wird dann offenbar – vor allem, wenn der Morgen früh und frisch ist –, daß Pferde hier das Leben bestimmen. Stallburschen eilen mit schwappenden oder klappernden Eimern über den gepflasterten Hof, in der Scheune forken Männer das Heu und den Hafer, kleinwüchsige, drahtige Bereiter führen Hengste und Stuten mit sonnenglänzendem Fell auf die Koppeln hinaus, freudiges Wiehern tönt aus den Stallboxen.

Die Stallungen begrenzen in zwei langen Reihen auf gegenüberliegenden Seiten das Anwesen, zwei strahlendweiß getünchte Trakte, von denen sich die schwarzen Türen mit den blitzblank polierten Eisenbeschlägen kontrastvoll abheben. Für die 63 Pferde, die hier Quartier bezogen haben, gibt es, wenn sie ihre Köpfe zur Tür herausstrecken, immer viel zu sehen. Da bietet sich, auf der einen Seite, das geschäftige Treiben auf dem Innenhof und in der Futterscheune; von den Stallungen auf der gegenüberliegenden Seite geht der Blick auf ein sorgsam gepflegtes Rasengeviert mit Rosensträuchern und eine übermannshohe Zierlaube, an der sich ebenfalls dichtbewachsene Rosenranken emporziehen.

Das zweistöckige Verwaltungsgebäude steht quer zu den Stallungen. Hier ist das Nervenzentrum von Ballydoyle: Hier hat jedes Pferd, das auf Ballydoyle lebt, seine Akte; hier werden die Bücher über jeden Zögling geführt, seinen Appetit, sein Wohlbefinden, seine Trainingsleistungen. Hier haben auch, im oberen Stock, die Bereiter ihre Aufenthaltsräume.

Neben dem Verwaltungsgebäude dann, zur Allee hin, steht unter den hohen Bäumen die Villa O'Briens, ein hübscher, aufwendiger Landsitz im englischen Herrenhaus-Stil, außen mit vielen Erkern und weißgestrichenen Fensterrahmen; innen mit feinen, altenglischen Möbeln, tiefen Sesseln und einem Kamin in jedem Raum, und vielen Renntrophäen und Pferdebildern auf jedem Kaminsims.

Das also ist Ballydoyle – das Ballydoyle, dem das Städtchen Cashel einen beträchtlichen Teil seines Wohlstandes und seines heutigen Ruhmes verdankt. Die Pferde, die Vincent O'Brien hier seit über zwanzig Jahren auf Ausdauer und Schnelligkeit trainiert, besetzen auf allen Rennplätzen Irlands, Englands und auch des Kontinents die ersten Plätze. Die amerikanischen Millionäre wie die englischen Aristokraten, die ihre hochgezüchteten Renner mit den stolzen Stammbäumen in Vincent O'Briens erfolgsträchtige Ausbildung geben, lassen bei ihren Besuchen viel Geld in Cashel. Und Vincent O'Brien kann sich rühmen, ebenso wie seine Namensvettern früherer Zeiten, für seine Mit- und Nachwelt eine Kirche geschmückt zu haben. Das hellrot gemauerte Gotteshaus steht in Rosegreen, auf halbem Weg zwischen Cashel und O'Briens fünf Kilometer entferntem Gestüt Ballydoyle. Es ist luxuriös und kostbar mit dem teuersten Marmor, dem edelsten Gold ausgestattet. Auf der gußeisernen Tafel am Eingang sind die hochherzigen Spender verzeichnet – einige der reichsten Rennstallbesitzer der Welt. Sie haben auch die machtvolle Orgel gestiftet, auf der O'Briens Frau Jacqueline oft sonntags für die Gemeinde zur Messe spielt.

Vincent O'Brien ist ein unauffällig in irischen Tweed gekleideter Mann Anfang Fünfzig mit einer sanften Stimme. Er gehört zu jenen Männern, die am liebsten nur dann den Mund aufmachen, wenn sie unbedingt müssen, nämlich wenn etwas nicht in Ordnung ist. Und da in seinem kleinen, mächtigen Reich alles bis ins letzte Detail wohldurchdacht organisiert ist, da die Namen seiner Pferde und ihre Erfolge beredt genug für ihn sprechen, sieht er eigentlich selten eine Notwendigkeit, Worte zu machen. So beschränkt sich seine Rede meistens, in bester irisch-katholischer Tradition auf »ja-ja« und »nein-nein«. Selbst nach sensationellsten Rennerfolgen läßt er sich kaum zu mehr als einem kargen Kommentar bewegen.

Wozu auch: »Pferde«, sagte er einmal, »verstehen mich ohne Worte.«

Ob die Pferdebesitzer, die ihm für das Honorar von zehn Prozent der Siegerprämien ihren kostbaren vierbeinigen Besitz anvertrauen, ihn verstehen, scheint ihm eher gleichgültig. Auf Diskussionen läßt er sich kaum ein. So, wie er's für richtig hält, wird's gemacht – und er ist einer von den ganz wenigen, die genau wissen, wie's gemacht wird. Die Rennergebnisse beweisen es.

Seine ersten Erfolge erzielte Vincent O'Brien mit der härtesten aller Pferdesport-Disziplinen, mit Hindernisrennen, mit dem »Steeplechase«. Das halsbrecherische »Grand National«, der alljährliche Hindernisgalopp, bei dem manchmal mehr Pferde zu Boden gehen als durchs Ziel – 1951 überstanden von sechsunddreißig nur drei die mörderische Strecke – war seine erste Domäne. Hier siegten die von Vincent O'Brien trainierten Tod-und-Teufel-Pferde Early Mist, Royal Tan und Quare Times dreimal hintereinander, 1953, 1954 und 1955. Aber in den Jahren vorher hatte er schon für den unter Kennern nicht minder berühmten »Champion Hurdle Cup« ebenfalls dreimal hintereinander den Sieger gesattelt: Er hieß jedesmal »Hatton Grace«.

Als O'Brien sich aufs Training von Vollblut-Galoppern verlegte, blieb ihm der Erfolg treu. Nach vielen anderen klassischen Rennen gewann er mit Larkspur 1962 erstmals Englands heiligste Trophäe, das »Derby«.

1968 war ein besonderes Glücksjahr für Vincent O'Brien. Im Sommer krönte sein unvergeßlicher Hengst Sir Ivor eine sensationelle Erfolgsserie mit dem Derby, und kurz darauf entdeckte er, auf der Koppel der Windfields-Farm bei Toronto, den temperamentsprühenden Jährling Nijinsky.

Doch da wußte er noch nicht, daß er schon in diesem Herbst das Pferd des Jahrhunderts in seinem Stall haben würde.

Nijinsky hat Heimweh und will nichts mehr essen

Rennpferde sind ganz besonders sensible Wesen. Sie haben das Herz der Marathonläufer, die Muskeln der Schwergewichtler, und die empfindsame Seele eines Poeten. Sie brauchen so viel Liebe wie ein Waisenkind und einen so regelmäßigen Tagesablauf wie ein Beamter. Schon bei einer geringen Störung ihrer Lebensgewohnheiten verkrampfen sich ihre Nerven.

Nijinsky stand in seinem neuen Stall in Ballydoyle vor der mit dem köstlichen Futter Irlands gefüllten Krippe – und rührte keinen Bissen an.

War es Heimweh? Sehnte er sich nach den sonnigen Weiden Kanadas? Fehlten ihm seine Gefährten von der Koppel in Willowdale? Hatte er den Flug über den Atlantik nicht vertragen?

»Stoney« Burke, der Stalljunge, einer der aufgewecktesten in Ballydoyle, merkte es als erster. Ratlos umstanden Vincent O'Brien und seine Helfer den Hengst. Vincent tätschelte ihm die neugierig schnuppernden Nüstern und redete begütigend auf ihn ein. In drei verzweifelten Tagen sprach er mit dem hungerstreikenden Braunen mehr als sonst in einem ganzen Jahr mit seiner Frau. Vincents Bruder Dermot, der auf dem Gebiet der Pferdeernährung soviel Anerkennung genießt wie der Kantinenchef von Cap Kennedy für die Astronauten-Speisung, versuchte sogar mit Hühnereiern, Guinness-Bier und spezialgekochtem Kleienmus, einer Art »Irish Stew« für anspruchsvolle Vollblut-Gaumen, Nijinskys Appetit anzuregen. Doch vergeblich. Phonsie O'Brien, der dritte Bruder, Verwaltungsfachmann im Clan O'Brien, durchsiebte die von der Windfields-Farm übersandten Begleitpapiere. Das Stallbuch erbrachte keinen Hinweis auf frühere Unregelmäßigkeiten in Nijinskys Magenfahrplan.

Als die Woche vergangen war, ohne daß Nijinsky sich mit irischer Kost befreundet hätte, mußte Vincent O'Brien in den sauren Apfel beißen. Am Sonntagnachmittag setzte er sich ans Telefon und meldete ein Gespräch nach Toronto 444 8403 an.

In Willowdale war es um diese Zeit neun Uhr früh, aber da Pferde keinen

Sonntag kennen, waren Gestütsmanager Joe Thomas und Jährlingsmeister Harry Greene im Dienst. Sie saßen im Verwaltungsbüro an ihren gegenüberstehenden Schreibtischen und hatten sich eben einen Morgenkaffee aufgebrüht. Der lange, hagere Joe Thomas nahm den Hörer ab.

»Joe«, kam O'Briens leise Stimme über den Atlantik. »Wir haben ein Problem.«

»Aber sicher nicht mit Nijinsky«, sagte Joe Thomas.

»Doch«, sagte Vincent. »Habt ihr nie Probleme mit ihm gehabt? Ich meine mit dem Futter?«

»Allerdings. Mit dem Futter schon. Er hat immer zuviel gefressen.«

»Zuviel?«

»Ja. Wir mußten ihm die Rationen kürzen. Sonst wäre er am Ende noch als Elefant zur Versteigerung gekommen.«

»Well . . .« sagte Vincent O'Brien, und ein paar Sekunden lang kam nur verwirrtes irisches Schweigen über den Atlantik. Dann sagte Vincent: »Bei uns will er überhaupt nichts fressen. Keinen Bissen, seit er hier ist. Man kann es ihm schon ansehen.«

Joe Thomas schüttelte den Kopf und gab die Nachricht über den Schreibtisch an Harry Greene weiter:

»Nijinsky hat seit einer Woche nichts gefressen. Was kann nur mit ihm los sein?«

Nun schwieg der Draht von beiden Ufern. Dann hatte Harry Greene, der Nijinskys Familie seit vier Generationen betreute, die Erleuchtung: »Die Pellets!« rief er aus. »Ihm fehlen unsere Pellets, das Preßfutter!«

»Okay«, sagte Joe Thomas. »Vincent, wir schicken dir morgen zweihundert Pfund.«

»Hoffen wir, daß es nur daran liegt«, sagte Vincent O'Brien in Ballydoyle und hängte auf.

Das »Unternehmen Pellets« war schwieriger zu verwirklichen als abgesprochen.

Harry Greene rief in derselben Minute noch den Hersteller an, der in Toronto nach dem Spezialrezept der Windfields-Farm die daumengroßen Preßfuttertabletten fabriziert, die Nijinsky in seiner neuen Heimat zu vermissen schien.

»Bill, du mußt morgen früh als allererstes zweihundert Pfund Pellets nach Irland schicken. Es geht um unseren hoffnungsvollen Hengst. Wenn er keine Pellets kriegt, geht er ein.«

»Du hast gut reden«, war die Antwort. »Morgen kriege ich im ganzen Land keinen Mann auf die Beine, der mir eine Sendung bringt. Es ist Labour Day, Tag der Arbeit – und wie schon der Name sagt: da arbeitet keiner.«

In Willowdale und in Ballydoyle schwitzten die Männer, die sich um Nijinskys Gesundheit sorgten, Blut und Wasser. Nijinsky stand vor seiner Futterkrippe und fraß nichts. Die Rippen schimmerten ihm schon durchs Fell. Aber in Kanada war Feiertag.

Erst am Dienstag ging das Paket ab. In einem Lieferwagen, der alle Rotlich-

Nijinskys Besitzer: Charles Engelhard mit Frau Jane

Nijinsky (vorn) mit seinem Bereiter Johnny Brabstone beim Galopptraining

Nijinsky privat: Auf der Trainingsfarm Ballydoyle

ter überfuhr, wurde es am frühen Morgen zum Flughafen gebracht. Die Bremsklötze vor den Rädern der Frachtmaschine waren schon beiseite gezogen, als das Paket an Bord gehievt wurde. Bei der Landung in Shannon stand Phonsie O'Brien am Zoll bereit, um die Sendung in Empfang zu nehmen. Das Zweihundert-Pfund-Paket wurde in die Zollverschlußhalle gekarrt.

Phonsie wartete. Die Zollbeamten blätterten in ihren Gesetzbüchern, telefonierten mit vorgesetzten Amtsstellen, und Phonsie O'Brien trat von einem Fuß auf den anderen, und Nijinsky hatte immer noch nichts zu fressen.

»Was ist denn nun?« fragte Phonsie ungeduldig einen Zollbeamten.

»Tut mir leid, Mr. O'Brien«, er zuckte die Achseln. »Aber die Einfuhr von Futtermitteln nach Irland ist verboten.«

Phonsie O'Brien starrte den Zollbeamten fassungslos an. »Das«, schluckte er, »das darf doch nicht wahr sein! Das geht doch nicht! Da verhungert uns doch das Pferd. Das . . .«

»Tut mir leid, Sir«, sagte der Beamte. »Wir haben unsere Vorschriften. Einfuhrverbot. Wenden Sie sich ans Ministerium. Schriftlich. I'm sorry, Sir.«

»Mein Gott«, sagte Phonsie O'Brien. »Ohne das Zeug kann ich meinem Bruder nicht unter die Augen kommen. Und dem Pferd schon gar nicht.«

Voller Wut und Enttäuschung setzte er sich in seinen Wagen und raste über die schmalen irischen Straßen nach Cashel zurück. Was nun, wenn der kostbare Hengst weiter nichts zu fressen bekam? Er hatte doch ohnehin schon begonnen, bedenklich abzumagern.

Als Phonsie O'Brien mit ärgerlich kreischenden Bremsen vor dem Verwaltungsgebäude stoppte, kam Vincent O'Brien über den Hof gelaufen. Sein erster Blick galt dem Wageninneren.

»Du hast die Pellets nicht mitgebracht?« fragte er mit seiner leisen Stimme.

Phonsie schüttelte den Kopf. »Diese Idioten! Einfuhrverbot für ausländische Futtermittel!«

Vincent nickte. »Als ob er es geahnt hätte«, sagte er. »Vor zwei Stunden hat er angefangen zu fressen. Ein unglaubliches Pferd.«

Als die O'Briens schweigend vor der Box standen, drehte Nijinsky ihnen kauend seinen Kopf zu.

Nijinskys wilder Mut läßt sich nicht zügeln

Strahlende Morgensonne liegt über der sanft gewellten Landschaft von Ballydoyle. Die Stallungen glänzen weiß unter dem klaren, grünblauen Himmel. Auf den drei Rennbahnen, die Vincent O'Brien auf seinem Besitz angelegt hat, jagen die jungen Pferde um die Wette. Die Mähnen fliegen, die Hufe donnern, die Nüstern schnauben, dazwischen die Kommandorufe der kleinen drahtigen Bereiter – ein Trainingsmorgen auf Ballydoyle.

Auf den Koppeln bewegen sich die jüngeren Pferde im Kreis, am langen Zügel lernen sie das Gehen wie Rekruten auf dem Kasernenhof. Diese jungen »Rekruten« freilich werden ihrem aristokratischen Wert entsprechend behandelt, mit viel Liebe und Geduld, mit gutem Zureden und Geschenken. Für jedes brav ausgeführte Kommando gibt's einen Leckerbissen aus der Tasche des Bereiters, mal einen Apfel, mal eine Möhre, und immer wieder ein freundliches Wort, immer wieder ein liebevolles Klopfen auf Hals und Flanken.

Im hügeligeren Teil von Ballydoyle springen derweil junge Hengste die Hänge hoch und wieder herunter, das macht Muskeln und stärkt die Selbstkontrolle über das eigene, noch unerforschte Kraftpotential.

Eine Pferdelandschaft wie im Bilderbuch – das ist Ballydoyle auf den ersten Blick. Beim näheren Hinsehen bemerkt man, daß Vincent O'Brien, den man nicht umsonst in ganz England den »Zauberer von Cashel« nennt, jeden Morgen Land seines Grundbesitzes auf das Geschickteste ausnutzt.

Das Herzstück der riesigen Anlage sind die Spurtstrecken: eine Grasbahn, eine Aschenbahn und eine Sägemehlbahn – denn junge Renner müssen lernen, sich auf den unterschiedlichsten Bodenschaffenheiten zurechtzufinden. Wie ein guter Jockey in allen Sätteln, so muß ein gutes Pferd auf allen Böden zuhause sein.

Die Erfolge, die der Stall O'Brien eben erst mit dem Derby-Sieger Sir Ivor erringen konnte, bestätigen Vincent O'Briens hohe Trainerqualitäten. Doch schon hält O'Brien Ausschau nach einem Nachfolger für den begeistert gefeierten Hengst Sir Ivor. Mit prüfendem Blick geht er morgens und abends durch die Stallungen, reitet er tagsüber die Trainingsbahnen auf seinem Gut ab. Welcher Hengst, welche Stute von seinen dreiundfünfzig »Internatszöglingen« wird in den nächsten Jahren die Siegesserie fortsetzen?

O'Briens ursprüngliche Begeisterung ist inzwischen gedämpft worden. Nijinsky muß sich allmählich auch in Ballydoyle eine ähnliche Beurteilung gefallen lassen wie auf der Windfields-Farm in Toronto: großartig, aber vielleicht doch nicht der Größte. Das liegt nicht an seiner Leistung, das liegt mehr an seinem ungebärdigen Charakter. Er hat auf einmal etwas, was man früher nie an ihm bemerkte: Mucken.

Seine Größe, seine Kraft, seine Ausstrahlung, sein Temperament erregen auch hier Aufmerksamkeit, ja Bewunderung. Aber er ist verspielt, er ist launisch, er ist eigenwillig. Er ist ein Musterschüler, der nicht »brav« ist, ein Wunderkind, das stets zu Streichen aufgelegt ist. Das macht seinen Charme aus, aber auch seine Unzuverlässigkeit. Man nennt ihn einen »Playboy« – gäbe es hier böse Zungen, würde man ihm vielleicht sogar Starallüren nachsagen.

Auf den Übungsstrecken ist er stets vorneweg. Wenn er in einer Gruppe galoppiert, duldet er keine Nebenbuhler. Er muß stets der erste sein, immer den anderen eine Nasenlänge voraus. Aber noch kann niemand sagen, ob es jungenhafte Streitlust ist, die ihn treibt, oder entschlossener Siegeswille.

Man weiß inzwischen, daß er Spurtkraft hat – aber hat er auch das Durchhaltevermögen, das letzten Endes den wahren Sieger ausmacht?

Erst ein Rennen, ein richtiges Rennen mit fremden Pferden, die unbekannte Qualitäten in den Kampf werfen, wird es erweisen können. Aber soweit ist es noch nicht. Nijinsky hat eben erst die Hälfte seiner Ausbildung hinter sich gebracht.

Begonnen hatte es mit ganz einfachen Übungen, Schritt für Schritt. Gehen lernen, Laufen lernen, Traben lernen. Galopp. Gewöhnung an die Kommandos seines Herrn, des Menschen. Gewöhnung an Zaumzeug, an Zügel, an den Sattel.

Und dann eines Tages, ganz behutsam, Gewöhnung an einen Reiter auf dem Rücken.

Vincent O'Brien hat für die Betreuung Nijinskys zwei seiner besten Zureiter eingesetzt: Johnny Brabston und Danny Sullivan.

Johnny, nur wenige Kilometer von Ballydoyle, mitten in der irischen Pferdeprovinz, zur Welt gekommen, hat eine erfolgreiche Karriere als Hindernisreiter hinter sich.

Danny, auch er Mitte Dreißig, arbeitet schon seit zweiundzwanzig Jahren für Vincent O'Brien. Auch er war früher Jockey, zu der Zeit, als Vincent O'Brien seine ersten Pferde für das halsbrecherischste Hindernisrennen der Welt ausbildete.

Diese beiden schmalen, halbhohen, sehnigen Burschen wissen nicht nur, wie man mit Pferden spricht – und die Pferde aus den vornehmsten Vollblut-Familien lauschen ihrem knorrig-kauzigen irischen Dialekt mit hochgespitzten Ohren –, sie wissen auch, wie man die noch schlummernden Kräfte in den bisher noch nicht herausgeforderten Pferdemuskeln weckt.

Und daß sie ihr Handwerk auch bei Galoppern verstehen, haben sie gerade erst quittiert bekommen: Die schwierigste Prüfung des englischen Pferdesports, das Derby, ist soeben von ihrem letzten Schüler mit Auszeichnung bestanden worden – von dem Hengst Sir Ivor.

Nun also bereiten sie das Pferd, von dem sie noch nicht wissen können, daß es den vermeintlich unübertreffbaren Sir Ivor weit in den Schatten stellen wird, auf seine Karriere vor.

Die Sekunde, in der ein Vollblüter zum erstenmal einen Mann auf dem Rükken spürt, gehört zu den entscheidensten in einem Pferdeleben. Hier kommt es, wie kaum jemals vorher oder nachher, auf das feine Fingerspitzengefühl eines erfahrenen Reiters an.

»Es ist«, sagt Danny Sullivan ohne eine Spur von Ironie oder Zweideutigkeit, »wie in der Hochzeitsnacht. Wenn man es ungeschickt anfängt, scheitert die Ehe zwischen Pferd und Reiter, bevor sie begonnen hat.«

Zum erstenmal muß der Hengst einen Menschen auf seinem Rücken dulden

Ein junges Pferd wird zugeritten – das weckt Erinnerungen an rauhe Szenen aus Wildwest-Filmen: Der Zureiter verkrallt sich in der Mähne, der Hengst bockt und bäumt sich auf, der Reiter kämpft ums Gleichgewicht, um die Kontrolle, um den Herrschaftsanspruch des Menschen über die Natur. Ein Schrei, ein Wiehern, er purzelt in den Sand, stolz galoppiert der Hengst davon . . .

Nein, so geht es nicht. Hier handelt es sich ja auch nicht um einen rauhen Cowboy-Spaß bei einem Rodeo. Hier soll vielmehr ein wertvolles, empfindsames Wesen mit tausend Pfund geballter Kraft liebevoll überredet werden, seinen angeborenen Spieltrieb in den Dienst eines erschöpfenden Hochleistungssports zu stellen.

Danny Sullivan tätschelt Nijinskys Nüstern, hält ihm eine Handvoll Hafer vors Maul, Johnny Brabston klopft ihm freundschaftlich die Hinterflanken. Und während Danny dem Hengst als gutes Beispiel die Geschichte von Sir Ivor erzählt, legt sich Johnny über Nijinskys Rücken. Nein, er setzt sich noch nicht rittlings in den Sattel, das wäre zu früh. Er läßt den Hengst einfach nur sein Gewicht spüren – und läßt ihn spüren, daß es nicht unerträglich ist.

Nijinsky bewegt sich etwas unwirsch, aber der Hafer, den Danny ihm hinhält, wirkt bestechend. Johnny läßt sich wieder hinabgleiten und tauscht nun mit Danny die Rollen. Kameradschaftliches Tätscheln, freundliche Worte – es ist ja nur ein Spiel.

Mehr geschieht nicht am ersten Tag. Morgen mehr. Und übermorgen erst sitzt Johnny zum erstenmal richtig im Sattel. Nur ein, zwei Minuten lang. Verführung geht vor Vergewaltigung. Und noch einmal ein, zwei Tage dauert es, bis Nijinsky seine Freunde zum erstenmal spazieren trägt. So einfach ist das. Einfach?

Von nun an gehört der Reiter auf seinem Rücken zu Nijinskys täglichem Leben.

Der Tag auf Ballydoyle beginnt schon früh morgens vor halb sechs. Um diese Zeit betreten die Stallburschen mit den Futtereimern die Stallungen. Nijinskys

Stallbursche, »Stoney« Burke, ein aufgeweckter Junge aus Cashel, einundzwanzig Jahre alt, findet dann Nijinsky immer schon hellwach vor.

Und hungrig. Pferde haben einen kleinen Magen, dafür allerdings einen langen Verdauungstrakt. Sie müssen oft essen. Und sie sind Feinschmecker. Nijinsky läßt sich gerne sein vegetarisches Ballydoyle-Menü mit drei Eiern und einer Flasche Guinness-Bier anreichern. Und wie die meisten Pferde ißt auch Nijinsky mit den Augen – schön sauber muß alles sein, blitzblank die Krippe und die Eimer.

Wenn Nijinsky sein Frühstück hinter sich hat, kommen Johnny Brabston und Danny Sullivan und holen ihn zum Frühsport auf die Koppel. Danach gönnt sich der Hengst den ersten Höhepunkt seines Wohlbefindens am Tag: Er rollt sich im Sägemehl. Und Stoney weiß dann wohl, den Hochgenüssen noch die Krone aufzusetzen: Nun wird Nijinsky gewaschen und gestriegelt.

Doch dann tritt wieder, in Gestalt von Johnny oder Danny, der Ernst des Vollblüterlebens an Nijinsky heran: Es wird trainiert.

So sieht das Trainingsprogramm einer Woche aus: Montags zweimal Galopp über je sechshundert Meter, dienstags mit halber Geschwindigkeit achthundert Meter auf der Sägemehlbahn, mittwochs leichtes Training im Gelände, donnerstags ist meist ein Ruhetag, da kann er sich nach eigener Lust und Laune auf den Koppeln vergnügen, freitags wird er zu kurzen Galopps gefordert, und der Samstag bringt die Spezialübungen, die ein Rennpferd auch beherrschen muß. Da trainieren Danny und Johnny zum Beispiel mit ihm, wie man mit einer Startmaschine auf der Rennbahn umgeht.

Es ist ganz klar, daß so »unnatürliche« Dinge wie eine Startmaschine ein freiheitsliebendes Pferd zunächst mit tiefem Mißtrauen erfüllen müssen. Da soll es sich in ein käfigartiges Gebilde begeben, in dem es von allen Seiten eng und unbequem eingeschlossen ist, mit einem Reiter auf dem Rücken, soll stillhalten, bis ein Signal ertönt, und dann auch schon im gleichen Augenblick mit allem, was die Muskeln hergeben, auf einer genau vorgezeichneten Bahn dahinjagen. Das muß natürlich erst gelernt werden, und lernen heißt für ein Pferd in den meisten Fällen, das natürliche Mißtrauen verlieren.

Auch hier werden die strengsten Anforderungen wieder an die Lehrer gestellt – und die wichtigste heißt Geduld. Wie sagte einmal ein kluger Pferdekenner: »Es gibt keine ungelehrigen Pferde; es gibt allerdings Trainer, die einem Pferd nicht richtig erklären können, was sie eigentlich von ihm wollen.«

Unzählige Male muß man ein Pferd erst durch die offene Startmaschine spazieren lassen, bevor man es wagen kann, dann bei geschlossenem Tor mit ihm darin stehen zu bleiben. Dann erst kann man bei Glockenläuten und auffliegenden Toren den Start üben.

Wie schon bei den Galopp-Lektionen helfen auch hier ältere, erfahrene Pferde mit, das gute, nützliche Beispiel zu geben. Das sind angejahrte Rennveteranen, die immer noch den Wettlauf mit den jungen Stallgenossen lieben, aber es macht ihnen dann nichts aus, mit ihrer Altersweisheit, den jungen Spurtern das Feld zu überlassen. Viele Pferde verlieren freilich ihre Angst vor der unheimlichen Startmaschine nie, sie sind später dann die schwarzen Schafe auf den Rennbahnen, sie scheuen vor der Startmaschine, verweigern den Eintritt, stecken mit ihrer Nervosität die anderen Pferde an, und in der Geschichte des Rennsports ist sogar ein Fall verzeichnet, wo der Start bis zu anderthalb Stunden verzögert wurde; solange kann es dauern, bis sensible Pferde endlich eine halbwegs den Vorschriften entsprechende Startposition einnehmen.

Nijinsky freilich erweist sich auch hier als überaus gelehriger Schüler. Bald bedarf es gar keines Zuredens mehr. Mit der größten Selbstverständlichkeit der Welt – wenn auch mit einer nervösen Spur gespannter Erregung – steht er immer als erster in der Startmaschinen-Box: als wüßte er, daß dies der Auftakt zu seinem künftigen Lieblingsspiel sein wird, zum Galopp um den Sieg.

Auch bei allen Rennen, die Nijinsky später bestreitet, ist er in der Startmaschine die Ruhe selbst, jeder Zoll vollkommene Konzentration auf das Startsignal – auch dies ein Beweis mehr dafür, wie sorgfältig das Training im Stall O'Brien bis in das letzte Detail bewältigt wird.

In diesem Trainingswinter sind auf Ballydoyle die Meinungen über Nijinskys zukünftige Rennform noch geteilt. Soviel Aufmerksamkeit der Hengst mit seinen Trainingsleistungen auch erregt – als Primus im Studiensemester 1968/69 nennt Vincent O'Brien vorläufig noch den Hengst Great Heron.

Und da ist noch ein anderer Konkurrent um zukünftige Ehren. Er heißt Northern Monarch und ist ein alter Spielkamerad Nijinskys aus den Kindertagen auf der Windfields-Farm in Toronto.

Northern Monarch ist der Ribot-Abkömmling, den Charles Engelhard ursprünglich anstelle von Nijinsky kaufen wollte. Seinetwegen war Vincent O'Brien damals von Cashel nach Toronto gereist, und von ihm hatte Vincent O'Brien mit Kennerblick seinem Auftraggeber Engelhard abgeraten.

Auf der Versteigerung in Toronto hatte sich niemand bereitgefunden, für diesen Ribot-Sohn das geforderte Minimum von hunderttausend Dollar zu bezahlen. Windfields-Farm hatte daraufhin den Hengst wieder zurückgenommen. E. P. Taylor wollte ihn nun unter seinen eigenen Farben in die Rennen schicken – und hatte ihn Vincent O'Brien zur Ausbildung gegeben.

Nun war er, zusammen mit Great Heron, Nijinskys härtester Konkurrent.

Was wirklich in den drei Musterschülern von Ballydoyle steckte, war jetzt, im März 1969, noch unerprobt. Im Training treibt Vincent O'Brien seine Pferde nie bis an die Grenzen ihrer Möglichkeiten. Da hält er sich an die klassische Trainerregel: »Steck' soviel in das Pferd hinein wie möglich – und hol' nur so viel heraus, wie nötig.« Bei Sir Ivor hatte sich die Regel bewährt: Der Hengst, der die anderthalb Meilen des Derbys wie ein Wirbelwind durchrast hatte, war bei den Trainingsrunden in Ballydoyle nie über fünfviertel Meilen beansprucht worden. Was Sir Ivor an Kraftreserven wirklich in sich hatte, war bis zur entscheidenden Stunde seiner Karriere sein wohlgehütetes Geheimnis geblieben.

»Bei Pferden«, sagt Englands berühmtester Jockey Lester Piggott, »ist es wie bei Frauen – man muß ihnen immer noch ein letztes Geheimnis lassen. Wenn sie wirklich von der besten Klasse sind, geben sie es erst preis, wenn es darauf ankommt. Dann allerdings vollkommen . . .«

»So ein Pferd begegnet dir nicht jeden Tag auf der Straße!«

Die Frühlingssonne treibt die grauen Schatten von der grünen Insel Irland und läßt sie glänzen wie einen Smaragd; aus den grauen Ruinen auf dem Fels von Cashel wehen die Geister der gefolterten Märtyrer davon, in den Fürstensälen ohne Dach und zwischen den riesigen Kreuzen mit den verwitterten Runen blühen Blumen, und Liebespaare spinnen Träume von Burgfräuleins und fahrenden Rittern. In den Ställen von Ballydoyle scharren die Hengste und die Stuten ungeduldig mit den Hufen, auf den Koppeln rempeln sich streitsüchtig-verspielt die Zweijährigen und beißen sich in die Hälse. Im Innenhof von Cashel Palace, dem besten Hotel am Ort, der einstmaligen Bischofsresidenz, parken die schlanken schnellen italienischen Sportwagen der englischen Starjockeys und die breithüftigen Limousinen der amerikanischen Vollblutbesitzer.

Auf Ballydoyle jagt eine Konferenz die andere. Die Generalstäbler der bevorstehenden Rennsaison planen die Strategie ihrer neuen Kreuzzüge. Männer mit Pferdeverstand und Männer mit Geld wie Heu, von dem sie den besten Teil auswerfen, um die edelsten und teuersten Pferde der Welt um die Wette laufen zu lassen, diskutieren die Chancen der jungen Renner. Die Einsätze sind gemacht, die Karten gemischt, die Spielfelder abgesteckt – Newmarket, Ascot, Epsom, das Derby, die Oaks, das St. Leger – bitte das Spiel zu machen . . .

In diesen Zeiten erweist sich, wie vielseitig der Beruf des Pferdetrainers ist. Nicht nur, daß er Pferdepsychologe sein und, bevor alle andere Arbeit beginnt, Neigungen und Abneigungen seiner Schützlinge erforschen muß. Es folgt die Aufstellung eines Studienprogramms, wie es für den Erben eines Millionenvermögens, der einmal die väterlichen Geschäfte zu noch größerer Blüte führen soll, nicht schwieriger sein kann. Gleichzeitig aber soll er seinen Schützlingen Muskelpakete antrainieren wie für einen russischen Gewichtheber, schnelle Reaktionen wie für einen japanischen Karatemeister, Lungen wie für einen finnischen Marathonläufer. Und dann, wenn das alles erreicht ist, dann soll der Trainer seinerseits das musikalische und psychologische Einfühlungsvermögen eines Opernintendanten beweisen, der für seine Callas den passenden Karajan als Dirigenten sucht – und schließlich muß er wie ein Boxpromoter für seinen potentiellen Cassius Clay die richtige Reihenfolge der Meisterschaftskämpfe planen und die Herausforderung an die spektakulären Gegner richten. Und bei alldem soll er auch noch mit der Sorgfalt und der Raffinesse eines Börsenmaklers vorgehen, der mit dem ihm anvertrauten Aktienpaket gewinnbringend an der Börse spekulieren muß – und das mit der Geschwindigkeit eines Kommissionshändlers für Rosen, Tomaten oder Austern, die ja auch, kaum auf den Markt gebracht, schon von der Vergänglichkeit bedroht sind.

In diesen Apriltagen ruft Vincent O'Brien den irischen Jockey-Champion Liam Ward nach Cashel. Liam, die bodenständige Mini-Ausgabe eines New Yorker Polizisten irischer Abstammung – rothaarig und sommersprossig –, hat eine stattliche Anzahl von Pokalen zu Hause stehen, die ihn als mehrfachen Träger des Titels »Jockey des Jahres« ausweisen. Zwischen Vincent O'Brien und Liam Ward besteht seit vielen Jahren ein Gentleman-Agreement zu beiderseitigem Nutzen: Wenn die besten Pferde, die Vincent im Stall hat, in Irland an den Start gehen, ist er der Reiter. Jedes Jahr im Frühjahr darf sich Liam Ward mit den hoffnungsvollsten Kandidaten von Ballydoyle vertraut machen.

Als Liam zum erstenmal Nijinsky sieht, sagt er: »Bist du ganz sicher, Vincent, daß dieser Kerl erst zwei Jahre alt ist? Wenn er mir auf der Straße begegnete, würde ich ihn für älter halten.«

»So ein Pferd«, sagt Vincent und klopft Nijinsky auf die massigen Flanken, »begegnet dir nicht jeden Tag auf der Straße.«

Liam Ward jagt Nijinsky über O'Briens Trainingsbahnen. Über den festen Turf, die harte Asche und das federnde Sägemehl. Im Schritt, im Trab, im Galopp. Allein und mit anderen. Dann, ein paar Tage später, zu einem Trainingsrennen mit einem halben Dutzend ausgewählter Zweijähriger über die »echte« Strecke der nahegelegenen Rennbahn von Curragh.

Aus den benachbarten Dörfern haben sich ein halbes Hundert Zaungäste eingefunden. Aus Paddy O'Leahys Kneipe, die gegenüber der Rennbahn liegt, kommen sie mit den Biergläsern in der Hand auf den Sattelplatz.

Es ist ein Trainingsrennen unter harten Bedingungen. Nijinsky schießt aus der Startmaschine wie der Pfeil von einer Armbrust. Dann läßt er das Feld vorbei. Kurz darauf aber, niemand hat wahrnehmen können, wie es geschah, liegt Nijinsky eine Länge voraus.

Wieder läßt Nijinsky das Feld vorüberziehen. Doch als er über die Ziellinie fliegt, ist der nächste Verfolger drei Längen hinter ihm.

Die Rennbahnkibitze schütteln die Köpfe. Als Liam Ward aus dem Sattel springt, klatschen die Zuschauer Beifall.

»Du hast recht«, sagt Liam Ward zu Vincent O'Brien. »So ein Pferd begegnet einem wirklich nicht jeden Tag auf der Straße.«

Und dann setzt er hinzu: »Nicht einmal jedes Jahr auf der Rennbahn.«

»Abwarten«, sagt Vincent O'Brien, der so leicht nicht glaubt, was er nicht gesehen hat, und auch dann nur mit Vorbehalt. »Daß er gern spielt, wissen wir. Ob er auch Ernst machen kann, zeigt erst ein richtiges Rennen.«

Das war Ende April.

Das erste Rennen – der erste Sieg!

An der Straße von Dublin nach Cashel, fünfzig Kilometer vor Cashel, in einer weiten Ebene, die alle Schattierungen von Grün aufweist, ist die weiße Tribüne der Rennbahn von Curragh die beherrschende Landmarke. An einem Samstag im Juli 1969 bewegte sich über diese Landstraße T 36, die sonst von den die Ebene durchziehenden Schafherden ungestört überquert werden kann, ein Heerwurm von Autos und Omnibussen aus beiden Richtungen auf die Rennbahn zu.

In Paddy Leahys Pub, dem grüngetünchten »Stand House« mit den ziegelroten Tür- und Fenstereinfassungen, gleich gegenüber dem Tribüneneingang, standen die Rennexperten mit dem »Pferdedurst« in Sechserreihen vor der dunkelbraun gebeizten Holztheke. Paddy, der vom frühen Morgen an mit stets gleichbleibender Ruhe unablässig nur eine einzige Bewegung wiederholte – immer wieder eine neue Flasche Bier aus den drei Regalen unter der rhythmisch rasselnden Registrierkasse weg über die Theke zu reichen –, wunderte sich nicht darüber, daß zu einem »maiden race« soviel Publikum eintraf.

Gewöhnlich ist ein »Jungfrauen-Rennen«, ein Wettbewerb für Pferde, die vorher noch kein Rennen bestritten haben, selbst im pferdefreundlichen Irland kaum ein Magnet. Doch diesmal war es anders. Diesmal lag eine Spannung in der Frühlingsluft wie fast schon bei den »Irish Sweep Stakes«, dem Höhepunkt der irischen Rennsaison.

Und wie im »Stand House« über den Biergläsern, so flatterte der Name »Nijinsky« über den Schlangen vor dem Dutzend Wettschaltern unter der Tribüne, zwischen den Sitzreihen darüber oder rund um den Sattelplatz, wo nun die ersten Pferde für das Rennen vorgeführt wurden.

Nijinsky war der öffentlichste Geheimtip, den es je gab – und das bereits seit Tagen: Nijinsky war schon so sehr Favorit, daß es sich längst nicht mehr lohnte, auf ihn zu setzen. Die Wettchancen standen vier zu neun für Nijinsky – das heißt, man mußte neun Pfund setzen, um – bei einem Sieg – vier Pfund zu gewinnen.

Niemand konnte erklären, wie es geschehen war. In den Zeitungen hatte nur wenig über Nijinsky gestanden. Es gab nur Gerüchte. Ein großartiges Pferdetalent würde Premiere feiern, so hieß es. Aber einen Beweis für diese Gerüchte gab es nicht. Wie hätte es das auch geben können? Aber ganz Irland schien es am Kribbeln in den Fingerspitzen zu fühlen.

Aber hatten nicht Vincent O'Brien und seine Männer, die es doch eigentlich wissen mußten, immer gedämpft: »Ehe das erste Rennen gelaufen ist, kann man überhaupt nichts wissen.«

Was also ahnte Irland bereits vor diesem Rennen, was O'Brien nicht wußte – oder nicht wissen wollte?

Rund um den weißumzäunten Sattelplatz, auf den bunten Hockern – immer ein roter neben einem blauen neben einem gelben neben einem roten – saßen die privilegierten Kenner und warteten auf das Wunderpferd. Johnny Brabston führte es aus den Boxen und dann auf dem Sattelplatz im Kreis herum. Die Kenner studierten den wuchtigen Braunen, als hätten sie lange kein richtiges Pferd mehr gesehen: von Kopf bis Fuß, von dem herzförmigen Stern auf der Stirn bis zu den drei weißen Fesseln, studierten das selbstbewußte Muskelspiel auf Flanken und Schultern, die schmalen Fesseln, auf die gleich im Galopp bei jedem Schritt eine Last von über tausend Pfund herunterwuchten würde. Das also war Nijinsky, von dem sich das Publikum so viel versprach, ohne zu wissen, was von ihm zu halten war.

Nijinsky schien sich der Spannung vor seinem ersten öffentlichen Auftritt wohl bewußt zu sein. Dunkle Schweißflecken zeigten sich an Hals und Schultern. Johnny Brabston redete ihm beruhigend zu, während er mit ihm den Sattelplatz umrundete.

Die anderen vier Pferde, die hinter Nijinsky im Reigen gingen, Novizen wie er, spürten die Spannung auch. Sein Stallgefährte zum Beispiel, Go Gay, den Charles Engelhard ebenfalls im letzten Jahr gekauft hatte, jedoch in Saratoga, für fünfunddreißigtausend Dollar, und ebenfalls von Vincent O'Brien ausgebildet, tänzelte nervös. Dann war da ein Hengst mit dem ebenso schönen wie zungenbrecherischen Namen Amuigh Faoin Speir. Da war La Marne, etwas leichter gebaut, mit guten, starken Sehnen. Und der ziemlich muskulöse Everyday. Alle in dieser Minute noch unbeschriebene Blätter. Wie würden ihre Karriereaussichten in fünf Minuten aussehen, wenn sie die sechs Achtelmeilen, 1206 Meter, hinter sich gebracht hatten?

Die Zeiger an der Turmuhr auf der Tribüne, über der Inschrift »Die Zeit enthüllt alles«, standen kurz vor halb zwei. Liam Ward trat mit den anderen Jockeys aus dem vornehm grauen Backsteingebäude, wo sie gewogen worden waren – ein älteres Gebäude aus der ersten Zeit der Rennbahn, mit seinen hohen Fenstern unter dem klassisch gleichschenklig-dreieckigen Giebelaufbau ein kurioses Mittelding von Landschlößchen und Provinzbahnhof.

Als Nijinsky seinen Jockey kommen sah, schien er sich augenblicklich zu beruhigen. Mit sicherem Schritt, ohne jedes nervöse oder prahlerische Gehabe, stakste er zur Startmaschine.

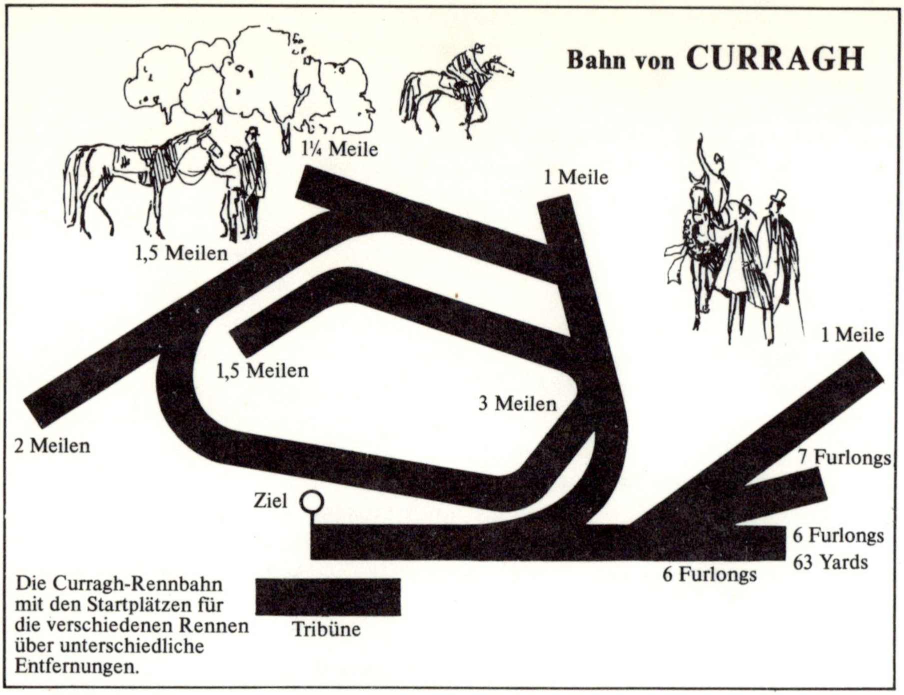

Die Curragh-Rennbahn mit den Startplätzen für die verschiedenen Rennen über unterschiedliche Entfernungen.

Über die Lautsprecher kam der Ruf: »Under starter's orders!« Jetzt hatte der Startmann die Hand am Hebel. Und dann das erlösende »They're off!« – als die Tore aufflogen und die fünf Pferde davonstoben.

Amuigh mit dem schönen irischen Namen setzte sich sofort an die Spitze und hielt sie auch eine Weile. Aber ohne daß Nijinsky einen Schritt zuviel tun mußte, verlor Amuigh auf halbem Weg die Luft, den Mut und das Tempo.

Noch drei Achtelmeilen zum Ziel, noch sechshundert Meter.

La Marne hielt sich ohne besonderen Ehrgeiz im Hintergrund. Amuigh gab nicht mehr gutzumachenden Boden auf, und Everyday suchte, am weißen Zaun entlang, den Anschluß zur Spitze.

Die Spitze aber hielten nun die beiden Stallgefährten Go Day und Nijinsky gemeinsam.

Auf der Tribüne und dem Stehplatz-Vorfeld, wo die Buchmacher ihre Stände aufgebaut hatten, steigerte sich das Stimmengewirr zu einem Crescendo der Ratlosigkeit.

Jetzt auf einmal erinnerte sich jeder: Alles, was bisher über Nijinsky gesagt worden war, hatte nur aus unbewiesenen Gerüchtfetzen bestanden . . .

Vom ersten Augenblick an hatte Nijinsky ein stets gleichbleibendes Uhrwerkstempo auf den Turf gelegt. Bis jetzt hatte er nur Abstand gewonnen, weil die anderen schwächer waren. Nicht, weil er stärker war. Und noch immer sah es so aus, als könnte Go Gay, der Schulter an Schulter mit ihm die Führung hielt, Nijinsky den Sieg streitig machen.

Oder vielleicht sogar Everyday.

An der Fünfachtelmeilen-Markierung, zweihundert Meter vor dem Ziel, löste sich Everyday vom Zaun. Er beschleunigte nach außen, um die Spitzenduellanten zu überholen.

Wenn Go Gay seinem Gegner den Schneid abgekauft hatte, konnte nun sogar Everyday das Rennen machen. Nijinskys Vorschußlorbeeren drohten von einer Sekunde zur anderen zu verwelken.

In diesem Augenblick, fast schon vor den Tribünen, streckte sich plötzlich Nijinskys sehniger Körper, tiefer lag er nun über dem Boden, schneller flog sein Leib über das Gras, kaum schienen die Hufe noch den Turf zu berühren, und weit voraus reckte er seinen schönen, schnaubenden Kopf, waagerecht wehte sein Schweif hinter ihm her, und einen Augenblick später schon war Go Gay von Nijinskys Schultern bis zu seinen Flanken abgerutscht. Es schien, als donnerten Go Gays Hufe auf der Stelle, sogar Everyday konnte an ihm vorübergleiten. Und während noch die viertausendköpfige Menge auf der Tribüne mit einem Aufschrei von den Sitzen hochsprang, hatte Nijinsky schon die Ziellinie überflogen.

Alle hatten es gesehen und keiner konnte erklären, wie es gekommen war: Nijinsky hatte zum erstenmal vorgeführt, was von nun an immer nur als das »Phänomen Nijinsky« beschrieben werden sollte – den undurchschaubaren Trick, mit einer vermeintlichen Höchstgeschwindigkeit die Konkurrenz zu falschen Berechnungen zu verführen und dann mitten im Sprung noch einmal mit unvermuteten Reserven zu beschleunigen.

Der Zeiger auf der Turmuhr stand auf 14.32 Uhr. Liam Ward ließ Nijinsky hinter der Ziellinie langsam auslaufen und ritt ihn im Schritt zu den Boxen zurück. Johnny Brabston nahm dem schweißfeuchten Hengst den Sattel ab, rieb ihn trocken und führte ihn dann eine halbe Stunde lang spazieren, bis seine Nerven sich beruhigt hatten. Nijinsky trug den Kopf sehr hoch. Er wußte, daß er gewonnen hatte.

Ja, gewonnen hatte er. Aber hatte er auch überzeugt?

Nijinskys erster Sieg, eine halbe Länge vor Everyday, war kein Rekord. Nicht einmal Durchschnitt, nur eine Minute 14,6 Sekunden. Immerhin hatte er sich sein Futtergeld verdient, 843 Pfund.

Dennoch: wie gut der Gegner wirklich war, den er geschlagen hatte, stellte sich erst bei einer Bilanz am Jahresende heraus. Viermal war Everyday 1969 zu einem Rennen angetreten, zweimal war er Sieger geworden – und zweimal hatte er immerhin den zweiten Platz errungen. Und diese beiden Male war er immer nur von Nijinsky geschlagen worden.

Auch Go Gay kam einige Male ins Geld, allerdings nur, wenn er meilenweit von seinem Stallgefährten Nijinsky entfernt war. Dennoch war auch Go Gay ein weiteres Beispiel dafür, daß ein teures Pferd nicht unbedingt teure Gewinne einbringen muß: Go Gay, von Engelhard für 35 000 Dollar gekauft, holte nur 559 Dollar nach Hause, auf Engelhards Pferderangliste mußte er sich später mit einem schlichten 9000-Dollar-Platz begnügen.

Das also war am 12. Juli 1969.

Drei Rennen, drei Siege: Ist Nijinsky noch zu schlagen?

Für Liam Ward und Vincent O'Brien war das letzte Wort über Nijinskys Qualitäten immer noch nicht gesprochen. War ihm der Sieg zu leicht, zu mühelos zugefallen?

Sicher, Nijinsky hatte nicht mehr geleistet, als unbedingt von ihm verlangt worden war – es waren schon schnellere Rennen auf der Curragh-Bahn gelaufen worden, Nijinskys Zeit reichte nicht einmal an den Durchschnitt, und eine Länge Vorsprung war wirklich nicht überwältigend.

Liam Ward kommentierte sein erstes Rennen auf Nijinsky mit einem »Ja, aber«. Erläuternd fügte er hinzu: »Bei Pferden, die soviel plötzliche Geschwindigkeit entwickeln, habe ich immer das bange Gefühl, daß es ihnen, wenn es dann einmal um eine längere Strecke geht, an Durchhaltekraft mangelt. Ob Nijinsky die Meile schafft, wage ich nicht zu sagen.«

Vincent O'Brien vergaß auch weiterhin nicht, daß er noch andere gute Pferde im Stall hatte: Great Heron zum Beispiel, seine heimliche Hoffnung.

Und den Hunderttausend-Dollar-Hengst Northern Monarch von der Windfields-Farm.

Vincent O'Brien, nie zu vorschnellen Urteilen bereit, wollte jedenfalls erst noch stärkere Beweise sehen.

»Warten wir die Railway Stakes ab«, sagte er und schob damit sein Urteil um weitere vier Wochen auf.

Das Rennen um die Railway Stakes fand mitten im heißen August statt, wieder auf der Curragh-Rennbahn: sechs Furlongs und 63 Yards, gut 1265 Meter. Wieder eine Konkurrenz der Zweijährigen.

Diesmal trat auch Northern Monarch gegen Nijinsky in die Startmaschine: Endlich sollte also das lange erwartete Duell zwischen dem Ribot-Hengst und dem Northern-Dancer-Enkel stattfinden. Endlich sollte zwischen dem 84000-Dollar-Pferd und dem 100000-Dollar-Pferd ausgereizt werden, wer sein Geld wirklich wert war.

Als die Startertore zum zweiten Male für ihn aufschwangen, hielt sich Nijinsky ebenso wie bei seinem ersten Rennen zunächst unauffällig im dahinjagenden Mittelfeld. Und Northern Monarch rückte ihm nicht von der Seite.

Liam Ward fühlte sich nun mit seinem Hengst vertrauter. Daß die Dreiviertelmeile in Nijinskys Aktionsradius lag, wußte er vom letzten Mal. Und auch, daß sein Partner immer noch eine Reserve hatte, wenn die anderen schon die Grenzen ihrer Kraft erreicht hatten.

Am weitesten vorn lag ein Pferd namens Decies, dem schon vor dem Rennen ein guter Ruf vorausgeeilt war.

Doch diesmal, mit Nijinsky auf den Fersen, war der gute Ruf schneller als das dazugehörige Pferd.

Liam Ward glaubte sich schon nach der ersten Achtelmeile, als das Feld noch keine Gestalt angenommen hatte, seines Sieges sicher zu sein, obwohl diesmal der Boden weicher war, zu weich nach Nijinskys Geschmack.

Im letzten Drittel dirigierte Ward seinen Partner nach außen, für Nijinsky war dies das Zeichen, seinen Beschleunigungsschub zu demonstrieren. Northern Monarch ließ er nun links liegen.

Vincent O'Brien sah es von der Tribüne aus mit einem lachenden und einem weinenden Auge: Northern Monarch hatte die Herausforderung letzten Endes doch nicht bestanden.

Decies zu überflügeln, war auch kein Problem. Auf den letzten hundert Metern gehörte die Bahn Nijinsky. Weit auseinandergerissen galoppierte das Feld der Ziellinie zu.

Der vieltausendstimmige Schrei von den Tribünen klang nach: »Wir haben es ja gleich gewußt!«

Erst fünf Längen später traf Decies ein, ihm folgte, wiederum zwei Längen zurück, der dritte, Lark Rise.

Dann erst kam Northern Monarch mit dem Rest.

Obwohl Nijinsky diesmal seinen Sieg eindrucksvoller gestaltet hatte, war die Zeit kaum schneller als bei seiner Premiere. Was dieser Sieg in Wahrheit bedeutete, erwies sich freilich auch in diesem Fall erst im Lauf der folgenden Monate.

Decies war in all seinen späteren Rennen weniger glücklos. Ein paar Wochen nach dem »Railway Stakes« erledigte er sogar für Nijinsky, was Nijinsky selbst aus Termingründen nicht möglich war: Er, der von Nijinsky um fünf Längen geschlagen worden war, zeigte bei den »National Stakes«, ebenfalls auf der Curragh-Bahn, dem von so viel Hoffnungen begleiteten Stallgefährten Nijinskys, Great Heron, wo seine Grenzen lagen.

Und daß Decies, wiewohl so eindrucksvoll von Nijinsky geschlagen, tatsächlich doch ein Klassepferd war, erwies sich bei den Pferde-Auktionen zum Jahresende: Dort wurde Decies' Wert mit 120000 Pfund festgestellt.

Somit hatte Nijinsky sich schon nach seinem zweiten Rennen klar – zwar nur auf dem Vergleichswege, aber dennoch eindrücklich genug – als der stärkste Zweijährige der irischen Saison ausgewiesen.

Als Liam Ward nach dem »Railway«-Rennen aus dem Sattel stieg, war er endlich von Nijinskys Zukunft restlos überzeugt.

»So wie er heute gelaufen ist, habe ich keinen Zweifel mehr, daß er stark genug für die Meile ist«, sagte er zu Vincent O'Brien. »Für dieses Pferd braucht man nicht einmal Zaumzeug und Sattel. Nijinsky kann man mit einem seidenen Faden reiten.«

Diesmal sagte Vincent O'Brien nichts mehr von Great Heron.

Das war am 16. August.

Zwei Wochen später setzte Nijinsky seine Siegesserie fort. Die Curragh-Bahn – für die »Anglesey Stakes« wieder auf sechs Furlongs und 63 Yards abgesteckt – war nun für Nijinsky schon ein gewohnter Spielplatz. Er fand dort auch – unter den anderen Zweijährigen, die gegen ihn antraten – einen bereits vertrauten Spielkameraden vor: Everyday, der es noch einmal mit Nijinsky aufnehmen wollte.

Nijinsky ließ dem Pferd, das ihn bei seinem ersten Rennen so prächtig herausgefordert hatte, auch eine halbe Meile lang das Vergnügen, an der Spitze zu liegen.

Liam Ward hielt Nijinsky, wie inzwischen schon gewohnt, hinter der Führungsgruppe in Wartestellung.

Dann aber, auf der letzten Achtelmeile vor dem Ziel, machte Nijinsky aus dem Spiel Ernst und zeigte dem verdutzten Everyday seinen wehenden Schwanz. Er gönnte ihm nicht einmal – wie beim ersten Match mit einer halben Länge Abstand – einen Achtungserfolg.

Diesmal durfte Everyday erst drei Längen später über die Ziellinie.

Überanstrengt hatte Nijinsky sich auch bei seinem dritten Rennen nicht. Die elektronische Uhr zeigte sogar nur eine Minute und 17,3 Sekunden – 57 Sekunden mehr als beim letzten Rennen. Sparte Nijinsky seine Kräfte für den nächsten Kampf?

Denn nun sollte es zum erstenmal um die Meile gehen, die kritische Distanz für alle Vollblüter.

Nijinsky und Liam Ward bereiteten sich fleißig auf die »Beresford Stakes« vor. Zielbewußt trainierten sie auf Stehvermögen, am meisten auf Vincent O'Briens weicher, nachgiebiger Sägemehlbahn. Und Nijinsky trat nun in seinen Trainingsläufen auch nicht mehr gegen die verspielten Kameraden seines eigenen Jahrgangs an – nun härtete er sich an den kräftigeren, entschlosseneren, älteren Pferden des O'Brien-Stalles.

Liam Ward hatte sich inzwischen ganz auf Nijinskys Taktik eingestellt: auf die Beschleunigung aus dem Spurt heraus. Immer wieder ließ er dem Feld viele Längen Vorsprung. Er wollte feststellen, wieviel Boden Nijinsky wirklich gut machen konnte. Aber für Nijinsky schien dieses Test-Training nur ein herrlicher, wilder Spaß zu sein.

»Es ist unglaublich«, sagte Ward, wenn er Nijinsky zum Stall zurückbrachte. »Aber er holt sie alle jedesmal wieder ein. Er prescht hinter ihnen her, segelt an ihnen vorbei, als hätte er allein nur den Wind im Rücken. Und es macht ihm sogar noch Freude . . .«

Die Gegner werden aufmerksam: Eine neue Taktik soll helfen

Der heiße Sommer war vorbei, der Herbst war in Irland eingezogen, es hatte auch schon viel Regen gegeben. Der Boden war weich auf der Curragh-Bahn, kein günstiges Geläuf für Nijinsky, der sich auf hartem, federndem Untergrund stets wohler fühlte. Vincent O'Brien und Liam Ward hätten ihrem Kandidaten für die kritische Meile der »Beresford Stakes« gern günstigere Bedingungen gewünscht.

Auf dem Sattelplatz gingen die Pferde – wiederum alles Zweijährige – mit mehr oder weniger zuversichtlich zur Schau gestelltem Hochmut ihre Runde. Nijinsky, wie immer von Johnny Brabston geführt, und, wie immer vor einem Rennen, ein wenig schwitzend.

Nicht alle Blicke hingen an Nijinsky. Da war auch noch Decies – und der hatte etwas wild Entschlossenes im Blick.

In den »Railway Stakes« war er von Nijinsky geschlagen worden. Doch in der Zwischenzeit hatte Decies Kraft, Erfolg und Erfahrung gesammelt. Aus den »National Stakes« war er als umjubelter Sieger hervorgegangen. Und vor allem: er war von seinem Jockey J. V. Smith auf Nijinskys Tricks getrimmt worden.

Und wieder einmal schienen die irischen Rennfans zu ahnen, daß etwas in der Luft lag. Die geteilte Spannung zeigte sich an den Wettschaltern. Nijinskys Gewinnchancen waren abermals so hoch angesetzt worden, daß dabei auch diesmal nur wenig Geld zu verdienen war. Doch während beim ersten Treffen Decies mit zehn zu eins noch als Außenseiter gegolten hatte, konnte er sich diesmal mit sechs zu eins fast schon für einen Favoriten halten.

Und da waren auch noch Pferde wie Greenloaning, Muscovite, Little Kyth und Sacramento, die sich allesamt schon ihre kleinen und mittleren Triumphe erworben hatten. Würde einer von ihnen endlich den Siegeszug des Favoriten stoppen können? Dreimal hatte Nijinsky gesiegt – war es nun nicht an der Zeit, ihm eine Lektion zu erteilen?

Das Startsignal ertönte, die Pferde brausten aus der Startmaschine hervor

– und wenige Sekunden später fühlte sich Liam Ward mit seiner gewohnten Taktik nicht mehr allzu sicher.

Das Geläuf war schwer, die Plätze im Feld veränderten sich ständig; Greenloaning, Sacramento, Hail Titan, Little Kyth und Muscovite wirkten nervös, der Rhythmus war uneinheitlich. Ungewollt sicherlich, doch wirkungsvoll, kamen sie damit Decies zu Hilfe. Decies lief dicht am Zaun und hielt die Spitze.

Nach bewährter Taktik wollte sich Nijinsky auch diesmal so lange wie möglich im Hintergrund bewegen, um dann im Endspurt abzusahnen. Doch unvermittelt sah sich Nijinsky schon sehr bald dicht hinter Decies aufschließen.

Decies indessen, im Kampf mit Nijinsky erfahren, lehnte es ab, den Schrittmacher zu spielen. Früher als erwartet, löste er sich vom Zaun und schwenkte aus und bot Nijinsky wohlkalkuliert eine Öffnung nach vorn an.

So mußte Nijinsky in einem unliebsam frühen Stadium schon die Führung übernehmen – mit Decies nun dicht auf den Fersen.

Ein paar hundert Meter lang versuchte Nijinsky, den hartnäckigen Verfolger ganz abzuschütteln. Da er nicht herausgefordert wurde – dafür war Decies' Jockey Smith zu klug –, glaubte der sieggewohnte Braune, das Rennen vielleicht schon gar gewonnen zu haben: Liam Ward spürte ein leichtes Nachlassen im Tempo. Decies tauchte schon wieder an der Hinterflanke von Nijinsky auf.

Die Zweifel, die Liam Ward bis jetzt immer nur dunkel geahnt hatte, daß der starke Spurter Nijinsky vielleicht doch nicht für die Meile gebaut sein könnte, schossen ihm nun durch den Kopf.

Und dann der Boden – so weich, nachgiebig, so hinderlich: Würde Nijinsky seine Beschleunigungskraft durchsetzen können?

Von den Rängen der Tribüne her schwoll das Brausen der Stimmen an – fragend, zweifelnd, hoffend, ungläubig, spitze Obertöne der Schadenfreude, dumpfe unterschwellige Töne von Angst um das geliebte Idol.

War es noch zu schaffen, oder würde Nijinsky nach diesem Rennen nur irgendein Pferd sein?

Liam Ward mußte nun tun, was er bisher nie nötig gehabt hatte. Er mußte Nijinsky spürbar treiben. Nicht mit der Peitsche, beileibe nicht. Aber Nijinsky brauchte ein Zeichen.

Und der Hengst begriff! Der schmale Kopf streckte sich vor, tiefer fegte der muskulöse Leib nun über den Turf, windschnittiger; weiträumiger griffen die Hufe aus, das tausendstimmige Brausen, nun dicht neben den enganliegenden Ohren, wogte zu einer überschwappenden Welle auf – geschafft!

Decies' Vorderhufe übersprangen noch vor Nijinskys Hinterhufen die Ziellinie, nur eine Dreiviertellänge Vorsprung. Ein knapper Sieg, doch ein Sieg. Die fünftausend Pfund Siegerprämie gehörten ihm.

So sehr hatte sich in den letzten hundert Metern das Rennen zu einem erbitterten Zweikampf zwischen Nijinsky und Decies zugespitzt, daß die anderen erst mit sechs Längen Verspätung ankamen. Nijinskys Meilenzeit: eine Minute und 42,6 Sekunden.

Das war am 27. September.

Warum die Buchmacher sich vor Nijinsky fürchten

Nijinskys Erfolge lösten beim Publikum einen Sturm der Begeisterung aus – und bei den Buchmachern düstere Verzweiflung. Das Publikum sah einen neuen Stern aufsteigen – die Buchmacher sahen den Pleitegeier über sich schweben. Gegen die Erfolgsserie eines hochfavorisierten Pferdes ist jeder Buchmacher machtlos. Da heißt es nur noch zahlen, zahlen, zahlen.

John Stoad, Inhaber eines kleinen Wettbüros im Norden Londons, erinnert sich: »Nachdem Nijinsky seine ersten beiden Rennen gewonnen hatte, zuckte ich jedesmal zusammen, wenn sich meine Ladentür öffnete. Ich wußte dann gleich, das kostet mich wieder ein Pfund!«

In den Zentralen der beiden großen englischen Wettkonzerne Ladbrokes und William Hill kamen die Telefone nicht mehr zur Ruhe. Und aus jeder Muschel klang es nur noch »Nijinsky! Nijinsky! Nijinsky!« Bei den Wettkonzernen gingen die Verluste in die Zehntausende, schließlich in die Hunderttausende.

Die Buchmacherei ist in England eine ebenso umsatzstarke wie traditionelle Branche. Sie lebt von der, auf Ausländer immer ein wenig skurril wirkenden Nationaleigenschaft, auf alles und jedes zu wetten – und der englische Rennsport lebt zu einem großen Teil von ihr. Manche Buchmacher, die größten ihrer Zunft, bringen im Jahr bis zu 50000 Pfund auf, um zur Unterhaltung der Rennplätze beizutragen.

Die englische Rennsaison dauert von Anfang März bis Ende Dezember. England hat 62 Rennplätze und täglich finden mehrere Rennen statt (außer natürlich am heiligen, langweiligen Sonntag). Zwei auflagenstarke Rennzeitungen erscheinen täglich, für einige kleinere ist auf dem Markt auch noch Platz. Auch die Tageszeitungen widmen den Rennberichten täglich mehrere Spalten, wenn nicht gar Seiten. Große Rennsiege und -sensationen werden selbstverständlich mit Balkenüberschriften auf den Titelseiten gefeiert und verdrängen die Politik. Die großen Jockeys sind die gehätschelten Publikumslieblinge wie in Deutschland die Fußballstars, in Amerika die Baseballspieler und in Spanien die Stierkämpfer. Englands Meisterjockey Lester Piggott erfreut sich einer Verehrung, die in Deutschland nur unzulänglich mit der Beliebtheit von Uwe Seeler zu vergleichen ist.

In dieser Volkssport-Atmosphäre leben und arbeiten die englischen Buchmacher. Sie haben hier nichts von der zwielichtigen Aura eines Glücksspiel-Maklers an sich. Im Gegenteil. William Hill zum Beispiel, Chef eines der beiden größten Wettkonzerne Englands, ist ein kultivierter Gentleman, der sich im grauen Zylinder und Cut zum Rennen von Ascot begibt und dort in seiner Loge Hof hält wie ein altehrwürdiger Staatsmann; er unterhält auch selbst einen bedeutenden Rennstall.

Cyril Stein, sein Konkurrent, Präsident des Ladbrokes-Konzerns, ist dagegen ganz der Typ des kühlen, modernen Managers. Er war wohl der erste, der in der Ladbrokes-Zentrale nahe der modischen Carnaby-Street die elektronische Datenverarbeitung eingeführt hat.

Hill und Stein streiten sich um den Titel des »größten Buchmachers der Welt«. Sicher ist, daß beide je rund 500 Wettbüros unterhalten und daß beide einen Jahresumsatz von je ungefähr 50 Millionen Pfund erzielen.

Als Pferderennen in England noch das Exklusivvergnügen des Adels waren – bis zum Ende des 18. Jahrhunderts –, wetteten die Rennstallbesitzer nur unter sich und mit ihren Freunden auf den Rennplätzen und in ihren Clubs. Zum Volkssport wurde der Rennsport erst mit der Ankunft der ersten Eisenbahnen, mit ihnen erst strömte das Publikum auf die Rennplätze – und die Gilde der Buchmacher. Bald wurde auch außerhalb der Rennplätze gewettet. Um 1820 kursierten schon die ersten Wettlisten in London, also zwei Jahre bevor in Deutschland das erste Galopprennen in Padubitz abgehalten wurde. Fünfzig Jahre später war der Hyde Park in London der Treffpunkt der Buchmacher und der Wettlustigen. Um die Jahrhundertwende etablierte sich die Firma Ladbrokes – als diskreter Wettsalon für den Adel und den höheren Offiziersstand, und zwar in der Hauptsache auf Kreditbasis. Es gehörte zum Kennzeichen des Gentleman der besseren Kreise, ein Konto bei Ladbrokes zu haben.

Kreditwetten sind auch heute bei Hill und Ladbrokes noch das Rückgrat der Unternehmen. Die Wetten werden freilich nicht mehr in einem clubartigen Salon entgegengenommen und in schnörkeliger Handschrift in das »Buch« eingetragen. In der Zentrale von Ladbrokes, zum Beispiel, stehen 300 Telefone, außerdem Fernschreiber, und jedes Telefongespräch wird automatisch auf Magnettonbändern aufgezeichnet. Hier plazieren Wettfreunde, die es sich leisten können – oder es zumindest glauben – ihre Wetten, die nicht selten bis zu 50000 Pfund betragen.

Übrigens nicht nur auf Pferde. Ladbrokes, wie auch Hill, nehmen Wetten »auf alles, was lebt« an. Da kann man Wetten abschließen auf den Ausgang des alljährlichen Bootsrennens zwischen den Universitätsmannschaften von Oxford und Cambridge, auf die Wahl von Schönheitsköniginnen oder das Gelingen einer Kanalüberquerung eines Marathonschwimmers. Eltern können wetten, ob ihr erstes Kind ein Junge oder ein Mädchen wird. Einmal wetteten Zehntausende von Londonern, ob der aus dem Zoo entflogene Adler »Goldie« wieder eingefangen würde (er wurde eingefangen), ein andermal

Zehntausende von Bildungsbeflissenen, ob der russische Dichter Jewtuschenko auf den freigewordenen Lehrstuhl für Poesie an der Universität Oxford berufen würde (der englische Schriftsteller Roy Fuller gewann dieses Rennen). Es wurden auch Wetten angenommen, zu welchem Zeitpunkt der erste Mensch den Mond betrete.

Wenn Parlamentswahlen bevorstehen, kann auch auf deren Ausgang gewettet werden. 1964 eröffnete Ladbrokes das Wahl-Wettspiel anläßlich der Unterhauswahlen. Ein englischer Grundstücksmillionär setzte 50000 Pfund auf die Niederlage der Konservativen. Ironie der Geschichte: die Konservativen verloren die Wahl, und der Sieg der Arbeiterpartei machte den Millionär um gute 32000 Pfund reicher.

Ganz England beteiligte sich an dem neuen Politwettspiel. Für den Ladbrokes-Konzern wurde sie zum größten Einzelgeschäft seit seinem Bestehen. Der Umsatz war mit 1,6 Millionen Pfund gut fünfmal höher als beim Derby-Rennen, das sonst der Höhepunkt des Wett-Jahres ist. Seitdem lassen die Wettfirmen kein politisches Ereignis mehr aus: De Gaulles Volksabstimmung, Kennedys Nachfolge, die amerikanischen Kongreßwahlen, die deutschen Bundestagswahlen – alles schlägt bei den großen Buchmachern zu Buch.

Richard Kaye, ein Direktor bei Ladbrokes, verriet in seinen Memoiren *(The Ladbrokes Story)*, daß auch Bing Crosby auf die amerikanischen Wahlen wettete; und auch, daß westdeutsche Industrielle eigens nach London fliegen, um bei Ladbrokes Wetten auf das Ergebnis der Bundestagswahlen zu plazieren (die Quoten für Willy Brandt standen im November 1972 zuerst 6 zu 4, zuletzt aber 4 zu 7).

Die Frage, ob Ladbrokes wirklich kein Ereignis von öffentlichem Interesse auslasse, beantwortet Richard Kaye mit feinsinniger Zurückhaltung: »Nun, auf die Papst-Wahl würden wir wohl keine Wetten annehmen.«

Ladbrokes' Buchmacherei setzt sich da ihre Grenzen, wo das Publikum – oder Teile des Publikums – in seinen Gefühlen verletzt werden könnte. Freilich, die Frage, ob die Bekanntgabe der Wettquoten vor Wahlen nicht schon eine unziemliche Beeinflussung des Wahlergebnisses verursachen kann, hat schon zu allerlei erregten öffentlichen Diskussionen geführt.

Jedenfalls: ein Mann, der darauf wetten wollte, daß eine neuerbaute Brücke innerhalb eines Jahres einstürze, wurde abgewiesen. Auch eine Wette darauf, daß sich ein prominenter englischer Fußball-Mittelstürmer bei einem Meisterschaftsspiel das Bein brechen würde, stieß auf Ablehnung.

Nicht ausgetragen wurde eine Wette, die William Hill anmeldete: Er setzte 50000 Pfund darauf, daß – in einer bestimmten Woche – kein Buchmacher einen größeren Umsatz als die Firma Hill nachweisen könnte. Die Firma Ladbrokes setzte 50000 Pfund dagegen – aber William Hill fand sich dann doch nicht bereit, seine eigenen Umsatzzahlen bekanntzugeben. So schmücken sich weiterhin beide Konkurrenten mit dem Lorbeer, »der größte Buchmacher der Welt« zu sein. Immerhin, größere als die beiden gibt es nicht.

Trotz der Monopolstellung dieser beiden Wettgiganten ist in der englischen Rennwelt noch Platz genug für zahllose kleine, private Buchmacher.

Die Konzerne und ihre Außenstellen nehmen durchweg nur die klassischen Wetten an: Sieg, Platz, Einlauf und eine Reihe von Kombinations-Wetten. Man setzt also darauf, daß bestimmte Pferde einen bestimmten Platz (unter den ersten Drei) erringen; man setzt darauf, daß bestimmte Pferde in einer bestimmten Reihenfolge durchs Ziel laufen.

Die unabhängigen Buchmacher, die an den Renntagen mit ihrem Bauchladen und einem weithin sichtbaren Namensschild im Vorfeld der Tribünen Aufstellung nehmen und die Quoten, die sie anbieten, heiser in das sie dicht umdrängende Publikum hineinschreien – was den Volksfestcharakter der Rennveranstaltungen noch um eine bizarre Note bereichert –, diese Buchmacher bieten auch Wetten auf skurril anmutende Teilaspekte eines Rennens an. Da kann, wer Lust hat, auch wetten, wie groß der Abstand zwischen dem Siegerpferd und dem Zweiten ist, da kann man ein Pfund darauf riskieren, wer als letzter die Ziellinie erreicht, man kann sogar darauf wetten, daß ein angemeldetes Pferd vielleicht gar nicht am Rennen teilnimmt.

Eine im wahrsten Sinne des Wortes fieberhafte Hochkonjunktur erleben Buchladen-Buchmacher jedoch dann, wenn gegen den Sieger eines Rennens Einspruch erhoben wird – sei es, weil der Jockey sich unfair verhalten, sei es, weil sein Pferd ein anderes behindert hat. Dann wird eine rote Flagge gehißt, zum Zeichen dafür, daß die Rennrichter sich zur Beratung zurückgezogen haben. Solange die rote Einspruchs-Fahne weht, kann man noch neue Wetten darüber abschließen, ob dem Einspruch stattgegeben wird oder nicht. Das sind dann die endlos langen Minuten, in denen die Nervosität auf einem Rennplatz zur Siedehitze steigt, in denen völlig unbekannte Menschen hitzig miteinander diskutieren und sich lautstark anschreien, was sie gesehen haben – oder was sie glauben, gesehen zu haben.

Wetten können lange vor dem in Frage kommenden Renntag plaziert werden. Das bedeutet, für den Wetter wie für den Buchmacher, größere Gewinnchancen, aber auch ein erhöhtes Risiko – auf jeden Fall aber Wochen, wenn nicht gar Monate voller Spannung.

Nehmen wir an, Mr. Smith entschließt sich, bereits ein halbes Jahr vor dem Derby, auf den Hengst »Promise« zu setzen. Zu diesem Zeitpunkt hat der Hengst seine erste Rennsaison als Zweijähriger hinter sich. Er hat ein oder zwei Rennen gewonnen, war ein oder zweimal unter den ersten Drei, und ein oder zweimal unter »ferner liefen«. Zum Derby werden jetzt für »Promise« noch Quoten von 25 zu 1 angeboten. Mr. Smith setzt also 100 Pfund, und er darf hoffen, wenn »Promise« das Derby gewinnt, 2500 Pfund zu gewinnen (plus 100 Pfund, denn seinen Einsatz bekommt er zurück).

Nun kann es passieren, daß »Promise« sich beim Wintertraining verletzt. »Promise« muß vom Derby zurückgezogen werden – und Mr. Smith hat seine 100 Pfund verloren; der Buchmacher kassiert und freut sich.

Es kann aber auch anders ausgehen. Über den Winter hat sich »Promise« zu einem Klassepferd entwickelt. Gleich bei seinem ersten Rennen zu Saisonbeginn holt »Promise« eine wichtige Trophäe heim. Das Publikum wird aufmerksam. Viel Geld wird auf die Derby-Chancen von »Promise« gesetzt.

Da die Wettquoten sich nach dem Prinzip von Angebot und Nachfrage regulieren, verkürzt sich – unter dem Druck der plazierten Wetten – die Quote auf 15 zu 1.

Unseren Mr. Smith stört das nicht. Im Gegenteil: er hat ja beim Stande von 25 zu 1 abgeschlossen. Er hatte die feinere Nase – und den größeren Mut – und ist dem breiten Publikum weit voraus.

»Promise« tritt von nun an zu jedem wichtigen Rennen an. »Promise« erringt einen Sieg nach dem anderen. Die Quoten verkürzen sich weiter. Auf 12 zu 1, auf 9 zu 1, auf 4 zu 1. Wer jetzt noch einsteigen will, muß es schnell tun. Immer mehr Geld fließt für »Promise« ein. Nun werden die Quoten nur noch nach Bruchzahlen berechnet: 5 zu 2 heißt es jetzt, dann vielleicht 6 zu 4. Mit anderen Worten: nun muß man schon vier Pfund setzen, um sechs zu gewinnen. Mr. Smith darf sich die Hände reiben: Wie es scheint, hat er das Geschäft seines Lebens gemacht. Denn er hat ja immer noch Aussicht, das 25fache seines Einsatzes zu gewinnen. Er hütet seinen Wettschein wie ein Juwel.

Inzwischen ist der Derby-Tag herangerückt. Es wird immer deutlicher, daß sich unter den Konkurrenten für »Promise« kein ernstzunehmender Gegner befindet. »Promise« ist, drei Tage vor dem Rennen, der ganz heiße Favorit. Die Wettquoten fallen auf 1 zu 1 zusammen. Und dann kann es passieren, daß die Quote ganz umschlägt. Am Derby-Tag heißt es sogar: 1 zu 3. Für das Wettpublikum bedeutet das: Man muß jetzt sogar drei Pfund setzen, um ein einziges Pfund zu gewinnen. Das ist natürlich ein schlechtes Geschäft. Man bekommt zwar, wenn »Promise« tatsächlich gewinnt, vier Pfund ausbezahlt (Gewinn plus Einsatz), aber da auch der Vater Staat noch mitgewinnen will, bleibt nach Abzug der Steuern vom Gewinn nicht allzuviel übrig. Kein Vergleich mit den Gewinnaussichten von Mr. Smith.

Aber was soll der Wetter, der jetzt erst einsteigt, sonst machen? Ein Sieg von »Promise« ist so gut wie sicher, andere Pferde scheinen keine Chance zu haben – also setzt er hoch auf den Favoriten, denn bei einem Einsatz von 300 Pfund kann er immerhin 100 Pfund erwarten, und auf diese Weise lohnt es sich dann vielleicht doch.

Nur: auf diese Weise verstärkt sich der Gelddruck auf die »Promise«-Quote noch mehr. Wenn das Rennen gestartet wird, hat sich der Kurs endgültig auf 1 zu 5 eingepegelt.

Das Wettpublikum kann sich freuen. Der Favorit ist bombensicher. Hunderttausende dürfen einen kleinen Gewinn erwarten, einige wenige jedoch – wie unser Mr. Smith – einen wahren Goldregen. Höchstens der Gedanke, daß er statt der lächerlichen hundert Pfund vielleicht sogar tausend Pfund hätte setzen sollen, kann ihn noch ärgern.

Die Buchmacher machen indes lange Gesichter. Für sie ist es ein schwarzer Tag. Auch sie wissen, daß der Favorit unschlagbar ist. Das Rennen wird ihnen ein schartiges Loch in die Kasse reißen.

Wie erwartet gewinnt »Promise«. Mr. Smith kassiert seine zweieinhalbtausend Pfund. Die anderen Wetter stecken sich, auch ganz zufrieden, ihren Minigewinn in die Tasche. Und die Buchmacher müssen auf den nächsten Renntag hoffen – und darauf, daß dann einem anderen heißen Favoriten, der Millionen Pfunde an Wettgeldern ins Rennen trägt, vor der Ziellinie die Luft ausgeht. Dann, endlich, sind sie wieder aus dem Schneider.

Allerdings: auch Buchmacher lieben Pferde – und auch ihr Herz schlägt, wenngleich der Kopf anders denkt, für den vielgeliebten Favoriten. Und so sehen sie dann den vierbeinigen Liebling der Nation mit einem lachenden und einem weinenden Auge als Sieger über die Ziellinie preschen . . .

So war es auch bei Nijinsky. Von seinem ersten Rennen an war Nijinsky ein heißer Favorit. Schon bei seinem »Jungfern-Rennen«, bei den »Erne Stakes«, stand die Wettquote für Nijinsky bei 4 zu 11. Also: man mußte auf diesen damals noch völlig unerprobten Hengst, den bislang noch niemand auf einer Rennbahn erlebt hatte, elf Pfund setzen, um vier zu gewinnen. So gewaltig war der Ruf, der Nijinsky als Wunderpferd vorausging.

Bei seinem zweiten und seinem dritten Rennen, bei den »Railway Stakes« und bei den »Anglesey Stakes«, wurde Nijinsky mit 4 zu 9 gehandelt. Bei den »Beresford Stakes« lautete die Quote dann 2 zu 7. Und weit und breit war kein chancengleicher Gegner für Nijinsky in Sicht.

Englands Buchmacher ahnten, daß ihnen eine harte Zeit bevorstand.

Nijinsky wird für die Invasion Englands vorbereitet

Nijinsky hatte in vier Rennen viermal gewonnen. Er hatte bewiesen, daß er die Meile schaffte. Die irische Presse erklärte ihn zum Champion der Zweijährigen des Jahres 1969.

Aber das alles hatte sich nur in Irland abgespielt, gewissermaßen im Vorfeld der Zitadelle. Bis jetzt hatte er noch keinen Fuß auf englischen Boden gesetzt.

Und, wie die Pferdekenner in England sagen – dort ist jeder ein Pferdekenner –, ein Pferd ist kein Pferd, wenn es sich nicht in England bewiesen hat.

Vincent O'Brien beschloß, noch in diesem Jahr den Sprung nach England zu wagen. Entweder wurde es die Krönung von Nijinskys erstem Rennjahr – oder man konnte aus einer Niederlage wichtige Lehren für die Strategie des kommenden Jahres ziehen.

Vincent O'Brien meldete Nijinsky für die »Dewhurst Stakes« an, die am 17. Oktober in Newmarket ausgetragen werden sollten, auch dies ein Rennen für Zweijährige.

Das war eine geschickte Entscheidung. Einerseits war das Feld nicht mit allzu gefährlichen Gegnern bestückt – denn Nijinsky blieb ja auch dort in seinem Jahrgang –, andererseits hatte sich das »Dewhurst« immer wieder als gute Vorprüfung für berühmte Pferde erwiesen, die danach in den klassischen Rennen von Ascot und Epsom gesiegt hatten.

Hyperion, der legendäre Derby-Sieger von 1933, hatte hier zum erstenmal Aufsehen erregt – und war nicht Hyperion auch ein Vorfahre Nijinskys? Dann Crepello, der Derby-Sieger von 1956: er hatte sich mit seinem Sieg im »Dewhurst« die Bahn freigemacht für eine große Karriere.

Englands großer Jockey Lester Piggott war es gewesen, der Crepello vom »Dewhurst« zum Derby geritten hatte – warum sollte er nicht auf Nijinsky sein Kunststück von 1956 wiederholen können?

Lester Piggott war sofort Feuer und Flamme, als Vincent O'Brien ihm Nijinsky für das Rennjahr 1970 anbot. Er hatte schon im März bei einem Besuch in Ballydoyle einmal Nijinsky zur Probe geritten. »Es war ein großartiger

Ritt«, erinnert sich Lester Piggott jetzt. Damals war noch die Rede davon gewesen, Great Heron für die Saison 70 aufzubauen. Das war nun vergessen.

Auch Charles Engelhard war vom »Dewhurst« begeistert – sein Hengst Ribofilio, seine große Hoffnung bevor er Nijinsky kaufte, war in Newmarket erfolgreich gelaufen. Engelhard, manchmal ein wenig abergläubisch, wenn es um Pferde ging, war überzeugt, Newmarket sei ein günstiger Ort für seinen Stall.

Außerdem war das »Dewhurst«-Rennen gut dotiert: 10576 Pfund waren zu gewinnen, über hunderttausend Mark. Wenn Nijinsky diese Prämie heimholte, hatte er schon im ersten Jahr fast seinen Kaufpreis eingebracht.

»Wie ist es, Charles«, fragte O'Brien in einem Transatlantik-Gespräch nach Newark, »kommen Sie auch nach Newmarket? Sehen wir uns bei den ›Dewhurst Stakes‹?«

»Um Gottes willen!« rief Engelhard in Newark ins Telefon. »Bloß nicht! Sie wissen doch, ich bin abergläubisch – immer, wenn ich auf dem Rennplatz auftauche, verlieren meine Pferde . . .!«

Als Nijinsky in Newmarket eintraf, schien er das Rennen schon gewonnen zu haben – jedenfalls nach den Wettchancen, die für ihn und seine Gegner auf der großen elektronischen Tafel über den Wettschaltern angezeigt wurden. Natürlich standen Nijinskys Chancen wieder auf Sieg, zuerst 4 zu 7, schließlich 1 zu 3.

Dementsprechend sanken die Chancen der Konkurrenten. Der einzige ernstzunehmende Gegner schien Sayes zu sein, der erst vor kurzem ein Siebenachtelmeilen-Rennen in Ascot gewonnen hatte. Doch je mehr sich alle Erwartungen auf Nijinsky konzentrierten, um so tiefer sanken Sayes' Chancen – von sieben zu eins auf zehn zu eins.

Wie wenig Publikum und Buchmacher von dem fünfköpfigen Aufgebot gegen Nijinsky hielten, zeigten diese Zahlen für die anderen Zweijährigen: Cumbernauld fiel von sieben zu eins auf hundert zu neun, auf Sandal wurden hundert zu acht geboten, für Thundergay dreiunddreißig zu eins, und für Recalled, der doch immerhin der Sohn des großen Crepello war – eins der wenigen Pferde, das einmal das »Dewhurst« *und* das Derby gewonnen hatte – auch nur hundert zu sieben.

Als sich die Startmaschine öffnete, hielt Meister-Jockey Lester Piggott, nun also zum erstenmal auf Nijinsky, seinen temperamentsprühenden Hengst mit fast unverschämter Siegeszuversicht zurück.

Recalled stritt sich sofort mit Thundergay um die Spitze. Nijinsky ließ großzügig Sandal, Sayes und Cumbernauld den Vortritt. Er schien sehr sicher zu sein, daß er sich das leisten konnte.

Auf halbem Weg ließ Thundergay erste Ermüdungserscheinungen erkennen und überließ Recalled die Führung. Sandal übernahm den zweiten Platz.

Nun erst stürmte Nijinsky aus dem Hinterhalt nach vorn. Lester Piggott brauchte seinem Partner nicht einmal die Zügel freizugeben: Die anderen Pferde erschöpften sich von allein. Nach der Fünfviertelmeilen-Marke hatten sie alle die Grenzen ihrer Kraft erreicht.

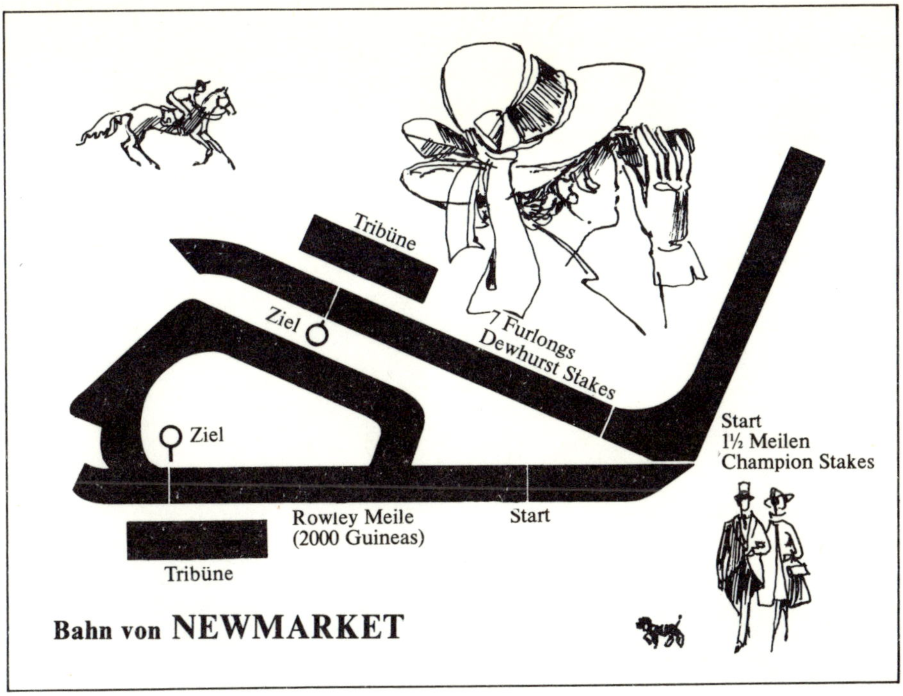

Auf der Außenbahn stob Nijinsky an allen Gegnern vorbei, eine Achtelmeile vor dem Ziel überholte er dann noch den redlichen Recalled, der ihm kampflos das Feld überließ.

Drei Längen vor Crepellos Sohn schoß Nijinsky, von frenetischen Jubelrufen begleitet, durchs Ziel, und erst noch einmal drei Längen danach kam Sandal.

Weit abgeschlagen, weitere zehn Längen später, folgte Cumbernauld, und noch einmal acht Längen hinterher Sayes – vierundzwanzig Längen hinter Nijinsky. Thundergay, der sich offenbar in dem verfrühten Führungsduell mit Recalled völlig verausgabt hatte, trudelte als letzter ein.

Nijinskys erster Sieg in England war kaum mehr als ein Spazierritt gewesen. Ein Spazierritt freilich, auf dem er sich Zoll für Zoll als Kronprinz gezeigt hatte – als Anwärter auf die Krone der englischen Rennen: das Derby. Doch bis dahin war es noch lang. Dazwischen lag noch ein Winter. Konnte er über den Winter hinweg seine Form behalten?

Wie Charles Engelhard sich sein Vollblut-Imperium aufbaute

Eine warme Weihnachtssonne strahlt vom blauen Floridahimmel auf die weißen Mauern von »Pamplemousse«, dem ewig sommerlichen Herrenhaus im maurischen Stil, das Charles Engelhard sich in der halbversteckten Küstenregion von Boca Grande gebaut hat, auf einem schmalen Inselchen vor der mittelmeerisch anmutenden Westküste Floridas. Weihnachten 1969 ist vorbei, Neujahr 1970 steht vor der Tür, alle Welt genießt die ruhigen Tage »zwischen den Jahren«. Charles Engelhard hat seinen massigen Körper in einen Korbsessel neben seinem Swimming-pool sinken lassen, zur Linken das Telefon, zur Rechten einen Eiskühler mit Colaflaschen.

Engelhard liebt diese alljährliche Zwangspause nicht. Ihm widerstrebt diese Stimmung, in der das Leben, so wie er es führt, auf der Stelle zu treten scheint. Fast alle Engelhard-Firmen rund um den Globus haben dicht gemacht, die Manager haben sich mit ihren Familien in alle Winde verstreut (freilich nicht ohne ihrem obersten Lord ihre Telefonnummern zu hinterlassen). Die sonnendurchströmte Ruhe ringsum dringt nicht durch Engelhards Haut. Der unermüdliche Muskel in seinem Erobererherzen, der ihn täglich, stündlich treibt, so daß er von einem 20-Millionen-Dollar-Erben zu einem 250-Millionen-Herrscher wuchs und wuchs, will von den Gezeiten des Bürgerjahres nichts wissen.

Freilich, dieses Herz macht ihm auch Sorgen. Das heißt, genauer gesagt, weniger ihm als vielmehr seinem Arzt. Aber die ärztliche Verschreibung von Ruhe und Erholung kann Engelhard nicht erfüllen. Ruhe ist wider seine Natur. Und überhaupt die Ärzte: als das anfing mit seinem Herzleiden, als er zum erstenmal merkte, daß er nicht mehr so lange stehen, nicht mehr so weit gehen konnte, da verschrieb der eine Arzt ihm Cortison, und der andere warnte ihn vor Cortison. Woran sollte man sich da halten? Vor allen Dingen hält Engelhard sich nicht an die ärztlichen Rezepturen. Wenn er von einem Medikament drei Pillen täglich nehmen soll, dann nimmt er zehn – wenn schon, dann soll das Zeug auch so schnell und so stark wie möglich wirken –, das meint er im

Ernst, das ist so seine Art. Und das Cola wollen sie ihm auch verbieten. Was denken sich die Quacksalber eigentlich dabei? An irgendwas muß er sich doch halten dürfen, wenn er schon keinen Alkohol nimmt. Eins macht ihm allerdings wirklich Sorgen: sein Übergewicht. Aber Diät – nein, das ist auch nichts für ihn. Viel ißt er ohnehin nicht, aber das wenige, was er ißt, das muß doch schmecken. Und keine Aufregungen mehr – vor allem nicht auf den Rennplätzen. Aber das geht doch nicht! Soll er sich das Leben verbieten lassen, nur um am Leben zu bleiben? Das bißchen Leben, das ihm noch bleibt? Denn daß er nicht alt werden wird – schon gar nicht so alt wie seine Mutter mit ihren dreiundneunzig Jahren –, das ahnt er in angstvollen Augenblicken, vor allem nachts, jetzt manchmal schon.

Doch das magnetische Kraftfeld, das er um sich herum aufgebaut hat, das anzieht und abstößt, das bewegt und beeinflußt, zentrifugal und zentripetal, entläßt ihn nie aus seiner Spannung.

Post und Kuriere bringen Nachrichten; Telefon und Telex füttern das Nervenzentrum der Engelhard Industries, das sich ständig mit ihm verlagert, wohin er sich auch bewegt, unentwegt weiter mit Informationen, Analysen und Prognosen. Neben seinem Korbsessel stapeln sich die Fernschreiben und die Dossiers. Da ist Gold gefunden worden in Australien, das ist schlecht; eine Konkurrenzfirma, die North West Oil & Mineral Company, ist fündig geworden in ihren Schürfstellen am Rudall River, nun wird der Goldpreis sinken, um mindestens zwei Dollar die Unze. Andererseits: Südafrika hat die Goldproduktion in dem nun endenden Jahr gesteigert, das ist gut; Südafrikas Gold ist Engelhards Gold. Früher konnte die Sowjetunion, der Welt größter Goldproduzent außerhalb der kapitalistischen Hemisphäre, den Goldpreis bestimmen; wenn sie den Zufluß zum Markt drosselte, so stiegen die Preise über den Kurs, pumpte sie dann die Reserven auf den Markt, dann schöpfte sie den übersteigerten Wert ab, den sie mit ihrer staatlich manipulierten Schleusen-auf-Schleusen-zu-Taktik künstlich geschaffen hatte. Und Engelhard mußte das Spiel mitspielen, ob er wollte oder nicht. Das mißfiel ihm. In diesem Jahr hat die Goldförderung in Südafrika den Rekordstand von 31,3 Millionen Unzen erreicht, 100 000 mehr als im Vorjahr, der Gesamtgewinn beläuft sich auf 455 Millionen Dollar, davon gehen 144 Millionen ab, die der südafrikanische Staat für Steuern und Pacht bekommt.

Wie es jetzt aussieht, beim Zahlenkolonnen-Addieren am Swimming-pool von Boca Grande, scheint es ein gutes Jahr gewesen zu sein. Die Geldabwertung auf der Welt hat das ihrige dazu getan. Denn wo das Geld fällt, steigt der Wert des Goldes, das ist gut. Doch wenn kein Geld da ist, wird auch kein Gold gekauft, das ist schlecht.

Den Preis für Platin und für Rhodium wird er wohl senken müssen, um zehn Dollar für die Unze Platin und um fünf Dollar für die Unze Rhodium, die Weltmarktpreise verlangen es so. Das ist weniger gut.

Andererseits bahnt sich eine Revolution im Goldverbrauch an. Die Industrie braucht immer mehr Gold, zum Beispiel für chemische Verfahren. Dazu kommt die wachsende Verwertung von Gold in Kunst und Kunstgewerbe.

Und zwei weitere Marktchancen sieht er verheißungsvoll winken. Da ist diese Sache mit der Umweltverschmutzung. Das Blei im Autobenzin soll schuld an allem sein. Und wo es nicht das Benzinblei ist, da stehen das Stickstoffoxyd und der Kohlenwasserstoff in den Industrieabgasen auf der schwarzen Liste. Das ist für einen Mann wie Engelhard, den Platinhändler, besonders interessant. Wenn nämlich die amerikanische Bundesregierung mit Gesetzeskraft beschließt, daß alles Blei aus dem Benzin verschwinden muß – dann kommt, aufgrund der bislang bekannten chemischen Möglichkeiten, im Augenblick nur ein einziges Metall als Katalysator in Frage, um hochoktaniges Benzin zu erzeugen: Platin.

Wer aber hat das meiste Platin auf der Welt? Engelhard.

Und wenn die Industrieabgase gesäubert werden müssen, gibt es eigentlich auch nur ein einziges Mittel. Wieder Platin.

Engelhards Kugelschreiber rechnet am Rand des vertraulichen Reports die Chancen des Platinmarkts überschlägig aus: Eine fünffache Steigerung des Bedarfs wäre da wohl nicht zu hoch gegriffen.

Aber das müßte man eigentlich mal ganz genau wissen. Einen Forschungsauftrag müßte man vergeben. An eine Universität. Aber an welche?

Die Rutgers-Universität kommt dafür nicht mehr in Frage. Obwohl die Rutgers-Uni ihm immer sehr am Herzen lag. Schließlich ist Rutgers die Uni seiner Heimatstadt Newark, wo schon sein Vater anno 1890 den Grundstein für das Engelhard-Imperium legte.

Im letzten Jahr hat Engelhard der Rutgers-Universität noch eine Spende von eineinviertel Millionen Dollar zufließen lassen, zum Ausbau der Wirtschaftswissenschaftlichen Fakultät. Aber dann, kaum vier Monate danach, fing der SDS an, gegen ihn zu demonstrieren. Weil er mit der Südafrikanischen Union Geschäfte machte.

Diese Demonstrationen waren eine herbe Enttäuschung für ihn. Nicht wegen der Millionenspende. Die kann ein Mann wie Engelhard verschmerzen. Nein, es war eine persönliche Enttäuschung.

Denn er war es doch gewesen, der sich seit Jahren wegen der »Apartheid«-Politik mit südafrikanischen Politikern angelegt hatte. Und hatte er nicht selbst in einer Rede vor Wirtschaftsführern in Kapstadt gesagt: »Wenn Südafrika von der Welt anerkannt und geschätzt werden will, dann ist es an der Zeit, daß auch hier die Grundrechte der menschlichen Würde uneingeschränkt anerkannt werden!« Jawohl, das hatte er gesagt, und so hatte er es gehalten, und schon jahrelang, bevor für die demonstrierenden Studenten von der Rutgers-Universität das Wort »Apartheid« zum erstenmal ein Reizwort wurde. Und war nicht gerade er, eben wegen seiner hervorragenden freundschaftlichen Beziehungen zu schwarzen Politikern in Afrika, von Präsident Johnson zum Sonderbotschafter für Sambia ernannt worden, um dort bei der Gründung der unabhängigen Republik die Grüße und Glückwünsche der Vereinigten Staaten zu überbringen?

Nein, der Forschungsauftrag für neue Verwendungsmöglichkeiten von Edelmetallen geht an eine andere Universität. An eine englische Universität.

An die Technische Hochschule von Surrey. Da wird dann wohl auch einmal untersucht werden müssen, wie ergiebig die allerneueste Rohstoffquelle sein kann, die Engelhard für seine Industrien erschlossen hat: nämlich die Auswertung der Rückstände, die sich in den Atommeilern bilden. Engelhard hat sich die Konzession gesichert, diese Meiler, in denen sich die Kernspaltungsvorgänge abspielen, in regelmäßigen Abständen ausschaben zu lassen – so etwa nach dem Rezept: Es bleibt doch immer etwas hängen, vom Uran, vom Plutonium, und – weiß der Gott der Moleküle – was sonst noch. Vielleicht ist das mindestens so gut wie die Entdeckung einer neuen Goldmine, einer »Bonanza«, wie die alten Goldgräber zu sagen pflegten . . .

Das also sind so ungefähr die Zukunftspläne, die dem König Midas von Boca Grande an diesem hochsommerlichen Enddezembertag durch den unablässig computernden Kopf gehen.

Und unter dem Strich rechnet er sich aus – die elektronischen Denkmaschinen in der Verwaltungszentrale werden es ihm später bestätigen –, daß es ein gutes Jahr war, das nun zu Ende geht: Bruttogewinn für seinen Konzern – da wird er für 1969 wohl auf anderthalb Milliarden Dollar kommen; im letzten Jahr waren es nur eins komma vier.

Und auch die Aktien stehen gut nach diesem Jahr – Gewinnausschüttung 36,3 Millionen Dollar. Oder andersherum gerechnet, einen Dollar und dreißig Cent pro Aktie. Im letzten Jahr brachte die Aktienernte nur eineinviertel Dollar pro Stück. So gesehen bietet die Welt des Charles W. Engelhard also ein beruhigendes Bild.

Vielleicht zu beruhigend . . .?

Auch im privaten Leben des Charles Engelhard ist alles Gold, was da glänzt.

Seine Frau, die schöne, schlanke Jane, wird wohl wieder einmal auf der Liste der zehn bestgekleideten Frauen Amerikas ihre gute Figur machen. In »Vogue« oder einer anderen Frauenzeitschrift der eleganten Welt wird sie sicher im kommenden Jahr wieder in einem schicken Layout auf Doppelseiten gefeiert werden – unter dem Titel »So bleibt man schön Mitte Vierzig« oder sonstwie in diesem Sinne.

Und mit Sicherheit werden seine vier Töchter Jane, Mary Susan, Sophie und Charlene auch in diesem Jahr wieder als die »besten Partien des Jahres« durch die Magazine geistern.

Im Augenblick tummeln sie sich mit einer wohlerzogenen, aber doch eigentlich etwas lauten Clique von Freunden und Freundinnen auf der anderen Seite des Swimming-pool.

Nun, was er tun kann, wird er tun, damit sie auch weiterhin die guten Partien bleiben, und daß sie nicht nur wegen seines Geldes geheiratet werden, dafür will er schon sorgen, schließlich versteht er sich darauf, Bewerber – sei es für Jobs, sei es für seine Töchter – auf Herz und Nieren zu prüfen.

Hat er nicht zur Einführung seiner Tochter Sophie in die Gesellschaft im letzten Jahr eins der glanzvollsten Feste der New Yorker Wintersaison gegeben? Hatte er nicht schon drei Jahre im voraus den kapriziösen Innenarchitekten Valerian Rybar mit der Ausgestaltung des »Rainbow Rooms« beauftragt? Und war nicht der schönste Ballsaal der Metropole fast zu klein gewesen für die überschäumende Fröhlichkeit der gut vierhundert prominenten Gäste, die dann im Rhythmus des Lieblingsorchesters seiner Frau, der Eddie-Duchin-Band, tanzten?

Im Frühjahr wird er dann auch selbst – mit seiner Frau natürlich – wieder im Mittelpunkt eines glanzvollen gesellschaftlichen Ereignisses stehen. Er hat sich da mit einigen anderen Ehepaaren, die es sich leisten konnten, zusammengetan – mit den Astors, den Rockefellers und dem Kaufhauskönig Marshall Field – und etwas ausgedacht, um dem Präsidenten ein kostbares Geschenk zu machen. Oder genauer: dem Weißen Haus. Es handelt sich um ein historisches Kleinod, nur 33 mal 39 Zentimeter groß: ein Porträt, das Amerikas berühmter Historienmaler John Vanderlyn im Jahr 1816 von dem damaligen Präsidenten Madison in Öl geschaffen hatte. Lange Jahre war das Bild verschwunden gewesen, und nun, als es wieder entdeckt wurde, hatte es einen Wert von 80000 Dollar. Immerhin, wenn man zusammenlegte, war das gar nicht mal ein so arg hoher Preis für ein so schönes patriotisches Geschenk . . .

Aber das läuft nun alles so, wie es läuft, und eine Million ist viel Geld nur für einen, der noch keine hat – für einen Mann wie Engelhard haben Millionen mehr oder weniger nur noch statistischen Wert. Der Kitzel liegt allenfalls im Erfolg an sich.

Für Männer, die einen sinnlichen Reiz aus der Kurve einer Verkaufstabelle ziehen, mag das Glück die Gestalt einer Zahl haben. Aber dafür war Engelhards Erziehung – trotz allem – nicht amerikanisch genug gewesen. Für Engelhard sieht Glück anders aus: Pferde . . .

Seine Gedanken wandern zurück nach Südafrika; da hatte alles begonnen – Südafrika: das Gold und die Pferde . . .

Seit 1948 liebte er dieses Land. Es hatte ihm seine erste Chance geboten, sich mit einem kleinen Goldhandel-Unternehmen auf eigene Füße zu stellen. Vor allem aber: seinem mächtigen, strengen Vater zu zeigen, daß er es nicht für einen Beruf hielt, nur den Sohn eines mächtigen Vaters zu spielen.

Neun Jahre später bot ihm Südafrika die Chance seines Lebens. Und wie so oft, gründete sich auch hier das, was die Chance für den einen war, auf die Schwierigkeiten der anderen.

Südafrikas Gold-Industrie, das Rückgrat des Landes, steckte in einer Krise. Es war vor allem die Krise der großen alten »Central Mining Corporation«, einer englischen Gründung aus Britanniens klassischer Pionierzeit. Aus dieser Zeit trug sie auch den alten, harmlos-hübschen Beinamen »Corner House«. Mit scharfen, hungrigen Blicken schwärmten die agilen Raubvögel der internationalen Hochfinanz aus, um leichte Beute zu machen. Das freilich war nicht nach dem Geschmack des aristokratischen Präsidenten vom »Corner House«, Lord Baillieu. Mit der Bitte um Hilfe wandte er sich an den etablierten Gold-König Südafrikas, Sir Ernest Oppenheimer. Der wiederum konsultierte seinen alten Freund Gordon Richdale, einen hochkarätigen Fachmann von – ebenfalls – altenglischer Honorigkeit. Richdale war auf früheren Stationen seiner Kar-

Szenen aus dem Leben eines Star-Jockeys: Lester Piggott,
Englands berühmtester Galoppreiter – er lächelt nie . . .

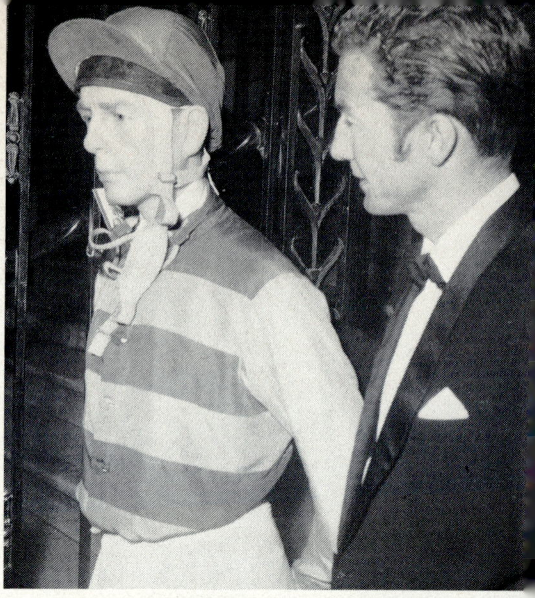

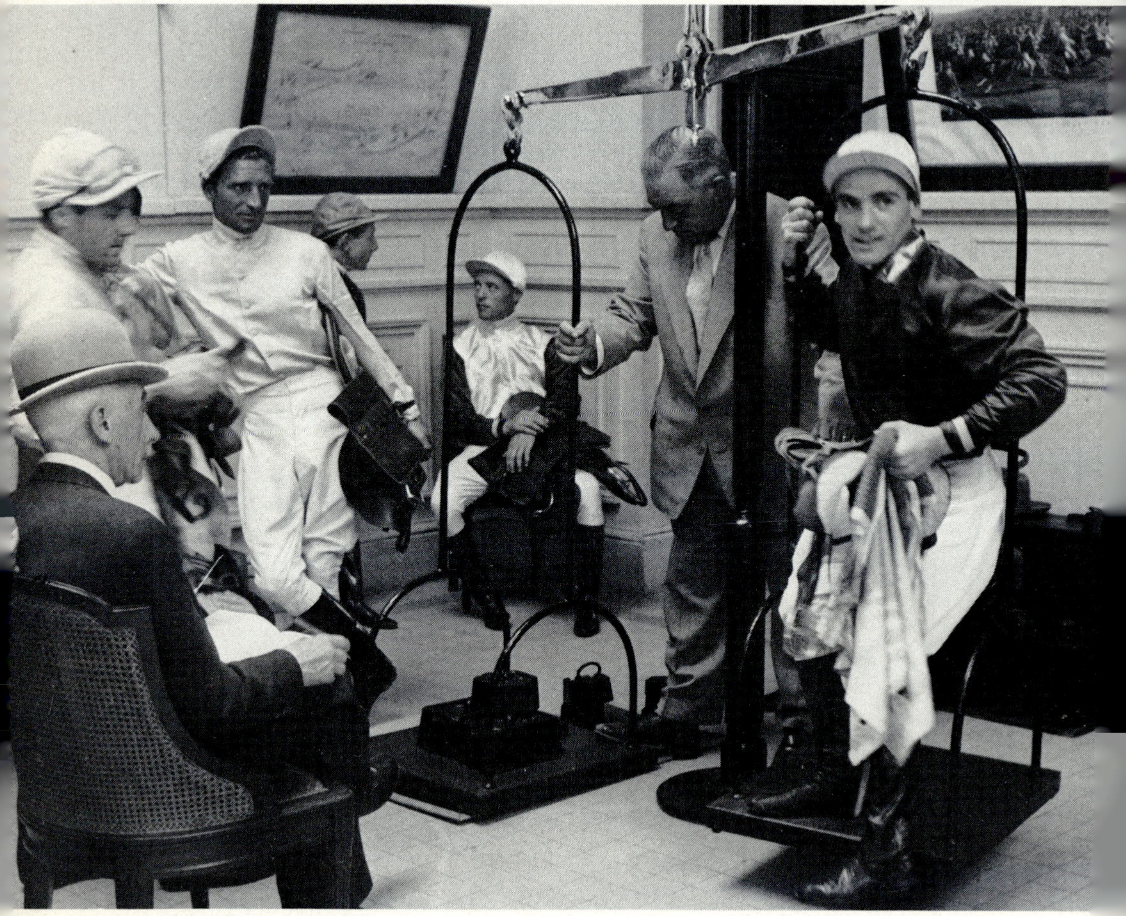

Piggott vor Piggott in Tussauds Wachsfigurenkabinett (oben rechts)

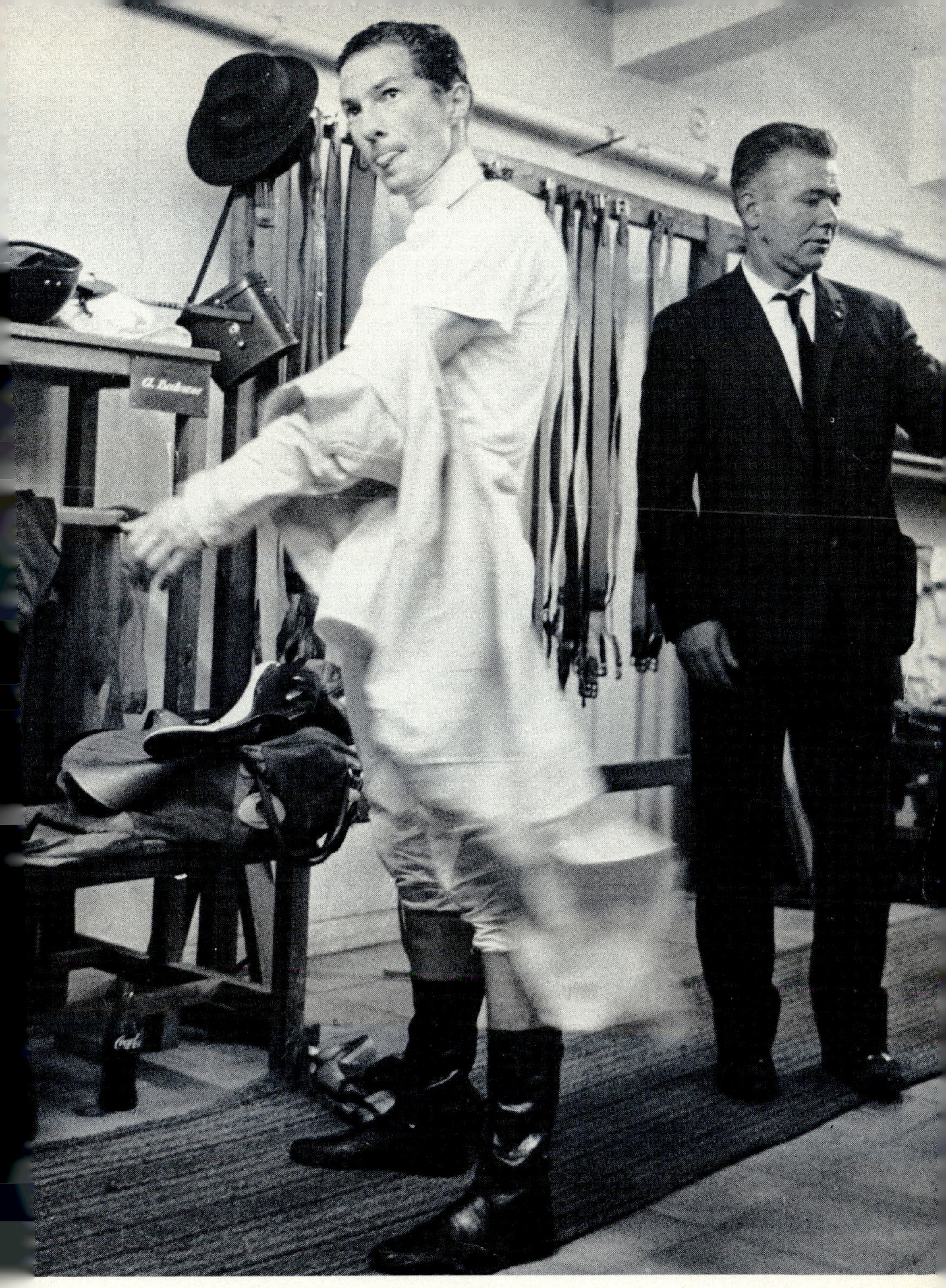

Vor dem Rennen: Jockeys beim Wiegen (links) und beim Umkleiden

Nach dem Sieg: Piggott im Smoking (mit Frau Susan)

riere ein Direktor der »Bank of England« gewesen und Bergwerksdirektor in Transvaal. Nun führte er als Präsident die Geschäfte der Engelhard Industries. Engelhard hatte ihn 1953 von Südafrika nach Amerika geholt.

Durch Richdale hoffte Oppenheimer, dem an der Stabilität der südafrikanischen Mutterindustrie gelegen war, solides amerikanisches Kapital ins Land holen zu können.

Gordon Richdale brauchte vor seinem Chef nicht viele Worte zu machen. Ein Mann wie Engelhard erkennt auf den ersten Blick, was eine Chance ist. Und war nicht Südafrika schon einmal ein gutes Land für ihn gewesen?

Inzwischen hatte Engelhard das Potential, das sein Vater ihm vererbt hatte, in den sieben Jahren seiner Geschäftsführung verdreifacht, er hatte 125 000 Morgen Waldland in Transvaal erworben und vier südafrikanische Investment-Gesellschaften. Und mehr als 3,5 Millionen Dollar wurden im Augenblick nicht von ihm verlangt (zum Vergleich: die Unkosten von Engelhards Rennstall beliefen sich 1970 auf drei Millionen Dollar).

Engelhard schob die »Baker Company« vor, die er hundertprozentig besitzt und die sein Vater noch im vorigen Jahrhundert gegründet hatte. Damit gehörten ihm (und Richdale) nun dreißig Prozent der neugegründeten »Rand American Investment«-Gesellschaft. Mit weiteren dreißig Prozent stieg Sir Ernest Oppenheimer in das Unternehmen ein. Und damit – ein Akzent am Rande – hatten sich zwei Kinder von Auswanderern aus Hessen die Rosinen aus dem südafrikanischen Goldkuchen herausgepickt.

In die restlichen vierzig Prozent teilten sich dann diverse britische und südafrikanische Investoren.

So stand denn also die neue »Rand American« stolz mit einer soliden Ausstattung von 13 Millionen Dollar da.

Diese 13-Millionen-Firma kaufte sich nun ihrerseits in die Kontrolle der »Central Mining Corporation« ein. Und wie – vielleicht – zu erwarten war, wurde der unaufhaltsame Charles Engelhard von den Aktionären zum Aufsichtsrats-Vorsitzenden im »Corner House« gewählt.

Somit stand er nun für die Investition von ganzen dreieinhalb Millionen Dollar an der Spitze eines Unternehmens, das Tochterfirmen im Gesamtwert von über fünfhundert Millionen Dollar besaß: ein smartes Schachspiel von gigantischen Ausmaßen . . .

Engelhards neue »Kolonie« in Südafrika war nun freilich ein Wirtschaftsreich voll der verschiedensten, wenn auch geschickt ineinandergeschachtelten Elemente. Da waren zwölf Goldminen, aber auch dreizehn Tageszeitungen, darunter auch der »Johannesburg Star«. Da waren Holzwerke, aber auch Röhrenfabriken, ferner Zement-, Kalk-, Asbest- und Chromwerke. Alles zusammen aber verband sich wieder zu gegenseitigem Nutzen: Die Wälder lieferten das Holz für die Papierherstellung für die Zeitungen, die Minen das Gold für die Handelsfirmen und die chemischen Werke – eine Hand konnte die andere waschen, und es waren alles Engelhards Hände . . .

Ja, so hatte es angefangen, so war aus dem großen Engelhard der Riese Engelhard geworden, von da an war die Ausbreitung des Engelhard-Imperiums nicht mehr aufzuhalten gewesen, der Schwung, mit dem er sich in das südafrikanische Unternehmen gestürzt hatte, hatte sich selbständig gemacht und folgte nun seinen eigenen Gesetzen, dagegen konnte niemand mehr etwas tun, wahrscheinlich nicht einmal er selbst.

Wäre Engelhard in einem früheren Jahrhundert geboren, wäre er vielleicht ein mächtiger Doge in einem reichen Venedig gewesen. Für den Renaissance-Menschen, der Engelhard war, mußte es auf die Dauer reizlos werden, nur Engelhard, der Multimillionär zu sein – hätte er nicht auch gleichzeitig (und dadurch) Engelhard, der Rennstallbesitzer, sein können. Und wie sein geschäftliches Glück in Südafrika begonnen hatte, so waren in Südafrika auch die Pferde zum erstenmal in sein Leben galoppiert. Fast zur gleichen Zeit.

Die Verhandlungen um die Kontrolle über das »Corner House« zogen sich nach einem schnellen Start länger hin, als Engelhard vorher angenommen hatte. So ließ er seine Frau und seine damals 85jährige Mutter nach Johannesburg nachkommen. Die alte Dame Sophie Engelhard, die noch dem Engelhard senior auf dem Auswandererschiff nach Amerika nachgereist war, fühlte sich in Johannesburg pudelwohl, weil sie hier eine Menge wohlhabender alter Damen kennenlernte, die ihre Leidenschaft für das Bridge-Spiel teilten. Charles Engelhard erinnert sich: »In den 36 Tagen, die wir in Johannesburg verbrachten, hat meine Mutter wohl mindestens 37 Partien Bridge gespielt.«

In Südafrika ist der Sonntag – nach klassischer englischer Manier – ein Tag, an dem nur häusliche Vergnügungen gestattet sind. Restaurants, Bars, öffentliche Veranstaltungen finden sonntags in Johannesburg nicht statt. Die Hauptstadt eines der reichsten Länder der Welt verschläft den Sonntag wie eine satte Katze in der Sonne. Für einen Mann wie Engelhard, von deutschem Arbeitseifer und der amerikanischen »Zeit-ist-Geld«-Formel getrieben, mußten die Johannesburger Wochenenden eine peinigende Strapaze der Untätigkeit sein. So setzte er sich denn, ein braver Sohn wider Willen, mit seiner Mutter und ihren weißhaarigen Spielgefährtinnen ebenfalls am Bridge-Tisch nieder.

Eines Sonntagabends gestattete er sich eine Frage, die ihm einen strafenden Blick seiner Mutter eintrug: »Gibt es denn in dieser verdammten Stadt nichts, was man am Wochenende tun kann, außer Bridge spielen?«

Nach einigen Atemzügen peinlichen Schweigens räusperte sich eine der Bridge-Damen und bemerkte verachtungsvoll: »Nun, es gibt Männer, die sich dem Pferdesport hingeben . . .«

Natürlich auch nicht am Sonntag. Aber mit dieser Auskunft schienen in Zukunft wenigstens die Samstage gerettet. Engelhard ging am nächsten Samstag zum Rennen. Und da setzte er denn auch »ein Pfund oder zwei«, wie er in aller Bescheidenheit behauptete, auf südafrikanische Pferde.

Dieser Zeitvertreib hatte für einen Mann wie Engelhard freilich zwei Nachteile, die ihn gewaltig störten. Erstens kannte er die Pferde nicht, die in Südafrika liefen, und zweitens war er in seinem Wettglück von Pferden abhängig, die ihm nicht gehörten, und von der Kunst von Trainern und Jockeys, denen er nichts zu sagen hatte. Vor allem der zweite Grund mißfiel ihm besonders.

Nun ist ein Mann wie Engelhard selten bereit, sich mit widrigen Bedingungen abzufinden. Ein Satz wie: »So ist das nun mal!« gehört nicht zu seinem Sprachschatz.

Am nächsten Sonntagabend, wieder beim Bridge, machte Engelhard abermals seinem Unmut Luft. Worauf seine Mutter in tadelndem Ton sagte: »Wenn dir das nicht paßt, wie hierzulande die Pferde laufen, dann mußt du dir eben selber ein paar Pferde zulegen.«

»Das werde ich auch!« sagte Engelhard, vierzig Jahre alt und sechzig Millionen schwer und von seiner Mutter immer noch gelegentlich als quengeliges Kind behandelt.

Von einem Geschäftsfreund ließ sich Engelhard den Namen eines angesehenen Trainers geben, George Azzie. Und Azzie mußte für Engelhard auf der Stelle drei gute Pferde kaufen. So begann Engelhards Aufstieg zu einem der potentesten Rennstallbesitzer der Welt.

Nun waren die Wochenenden in Johannesburg nicht mehr langweilig. Die Sonntage brauchte er nicht mehr an den Bridgetischen seiner Mutter totzuschlagen, Einladungen auf Pferdefarmen neugewonnener Rennfreunde füllten nun sein Programm aus. Und Samstags auf den Rennbahnen war er nicht mehr allein der Tüchtigkeit fremder Trainer, Jockeys oder Pferde ausgeliefert.

An sein erstes Pferd erinnerte Engelhard sich immer wieder mit großem Vergnügen – wenn es sich auch in Rasse und Klasse mit keiner späteren Erwerbung mehr vergleichen ließ.

»Es hieß Romany und war ein Wallach, ein Dreijähriger«, erzählte Engelhard noch Jahre danach. »Wenn Romany sich bei Laune fühlte und Lust aufs Siegen hatte, ließ er seine Zunge heraushängen. Also schauten alle Leute auf der Rennbahn dem Gaul aufs Maul, wenn er auf den Sattelplatz geführt wurde, und wenn sie die Zunge heraushängen sahen, riefen alle ›das wird Romanys Rennen!‹ – und dann gewann er auch . . .«

Den Johannesburger Bridge-Sonntagen verdankte Engelhard nicht nur – auf einem Umweg – seinen Einstieg in die Rennwelt; er verdankt ihnen auch die Begegnung mit dem Mann, der für seine epochemachenden Rennsiege unentbehrlich wurde – ebenfalls auf einem Umweg.

Unter den Bridgepartnerinnen seiner Mutter befand sich eine pferdeverständige Engländerin, die damals gerade zu Besuch bei ihren 1947 nach Südafrika ausgewanderten Eltern weilte. Wenn Mrs. McCall von der Pferdezucht in England, von den Derby-Rennen und von faszinierend-verwickelten Erblinien der großen Vollblutpferde erzählte, hörte Engelhard ihr andächtig zu.

»Aber«, sagte Mrs. McCall, »da müßten Sie erst mal meinen Mann kennenlernen, der kennt die Siegerliste jedes Rennens seit 1919 auswendig. Seit er neun Jahre alt wurde, lebt er nur noch für Pferde.«

»Also, wenn Sie wieder heim nach London fahren«, sagte Engelhard, »dann sagen Sie Ihrem Mann, er soll mir ein paar Pferde kaufen.«

Mrs. McCall nahm diese Aufforderung so hin, wie sie sie verstand: als freundliche Anmerkung zwischen zwei Cocktails.

Als Engelhard das nächste Mal nach England kam, ein halbes Jahr später, rief er als erstes David McCall an: »Was machen meine Pferde?« fragte er.

Dave McCall, schlank und unauffällig elegant, ganz der Typ des klassischen Gentleman, der in England auch heute noch keine Anstalten macht auszusterben, antwortete der unbekannten Stimme am Telefon ohne einen Anflug von Erstaunen: »Es geht ihnen sicher sehr gut – sie müßten natürlich erst gekauft werden . . .«

Eine Viertelstunde später stand Engelhard mit einem Taxi vor McCalls Tür.

»Wir nahmen einen Drink zusammen, dann gingen wir essen«, beschreibt McCall recht undramatisch seine erste Begegnung mit dem Mann, für den er dann den aufsehenerregendsten Stall der englischen Renngeschichte aufbauen sollte.

Dave McCall, damals 49, war ein erfahrener Mann im Vollblut-Geschäft. Pferdeliebhaber von Kind an, hatte er vor dem Krieg bei einer Rennpferde-Versicherung gearbeitet. Nach einem zwangsweisen Zwischenspiel als Panzeroffizier in Montgomerys englischem Afrika-Corps (»der Kavallerie des 20. Jahrhunderts«, wie McCall sagt), war er nach dem Krieg in die »London Bloodstock Agency« eingetreten, die bedeutendste englische Handelsagentur für Vollblüter. Und schon damals hatte er mitgeholfen, nicht ahnend, wie sich einmal alles zueinanderfügen würde, einen Grundstein für Engelhards Renn-Imperium zu legen.

Es war kurz vor der großen Auktion in Englands Pferde-Mekka, in Newmarket, im Dezember 1952. Zum Verkauf stand eine bemerkenswerte Stute namens Lady Angela. Sie war die Tochter des heute noch unvergessenen Derby-Siegers Hyperion. Aber nicht nur diese Herkunft machte ihren Wert aus. Unter ihrem Herzen – wenn man das bei Pferden so sagen darf – trug sie ein Kind des großen Nearco, auch er ein Derby-Sieger, auch er ein Wunderpferd, das Jahr um Jahr Klassepferde zeugte.

Dave McCall bot selbstverständlich, wie es damals seines Amtes war, die vielbegehrte Lady Angela zuerst der prominentesten Kundin der »London Bloodstock Agency« an – einer exzentrischen Dame namens Elisabeth Graham, die freilich unter ihrem Geschäftsnamen Elisabeth Arden berühmter geworden ist. Das war kein leichtes Unterfangen, denn die amerikanische Kosmetik-Queen gilt, so unbestritten ihre Stellung in der Schönheits-Industrie ist, in der Rennwelt als launenhafte Lady. Sie stand in dem Ruf, öfter als viele andere Gestütsherren und -herrinnen ihre Entschlüsse und fast noch öfter ihre Trainer zu wechseln. Um den geschäftlichen Verkehr mit ihr aufrechtzuerhalten, bedurfte es daher eines Mannes, der überdurchschnittlich mit den klassischen englischen Gentleman-Tugenden Höflichkeit und Haltung ausgestattet war. Die »London Bloodstock Agency« hatte in Dave McCall solch einen Mann. McCall schrieb der Creme-de-la-creme-Lady einen begeisternden Bericht von der gewinnträchtigen Erbmasse und der erfolgsverdächtigen Renntüchtigkeit der Lady Angela.

Wie so oft, konnte sich auch diesmal Elisabeth Graham-Arden bis zur Auktion nicht festlegen, ob McCall für sie um Lady Angela mitbieten sollte. »Und so war es mit ziemlicher Sicherheit ein Segen für die Rennwelt, daß sie schließlich Lady Angela nicht erwarb«, schlußfolgerte später der englische Pferde-Journalist Richard Baerlein. Denn um Dave McCall herum gelangte Lady Angela dann schließlich, wie bereits beschrieben, nach Kanada zu E. P. Taylor, wo sie zur Urgroßmutter von Nijinsky werden sollte.

Und nun, sechs Jahre danach, verknüpften sich Dave McCalls und Charles Engelhards Spuren zu einem gemeinsamen Weg.

Beim Abendessen mit Dave McCall breitete Engelhard dem Vollblut-Agenten seine Rennpläne aus. Und wie meistens, wenn Engelhard eine Erfolgsstrategie entwickelte, geriet sie auch gleich in weltweite Dimensionen.

Gefaßt, doch ungläubig, folgte McCall den Visionen, mit denen Engelhard die Umrisse seines neuen Interessengebietes aufzeichnete: Rennställe in Amerika, Europa und Südafrika, Klassepferde aus den wertvollsten Blutlinien, die erfahrensten Trainer, die erfolgreichsten Jockeys – wie immer, so sollte auch hier für ein Engelhardsches Unternehmen das Beste in Bewegung gesetzt werden, was für gutes Geld zu kaufen war.

»Mein Gott«, dachte McCall damals, wie er sich heute noch erinnert, »dieser Mann wird am Ende mehr Pferde besitzen als der Aga Khan. Wenn das wirklich wahr wird, was er vorhat, stehen wir schließlich mit einem ganzen Renn-Imperium da . . .«

Natürlich mußte McCall unverzüglich – darauf bestand Engelhard – seinen Job bei der »London Bloodstock Agency« aufgeben. Am liebsten hätte Engelhard den erfahrenen Berater vom Fleck weg exklusiv engagiert. Aber so hundertprozentig mochte sich Dave McCall auf der soeben startenden Rakete nun doch nicht festschnallen lassen.

Statt dessen schlug McCall vor, eine eigene kleine Management-Agentur zu gründen, die zwar ausschließlich für Engelhard arbeitete, aber doch im Prinzip ihre Eigenständigkeit behalten sollte.

Engelhard war einverstanden, und mit seinem charakteristischen »Sie-werden-schon-sehen-daß-ich-recht-behalte«-Lächeln sagte er: »Ich habe nichts dagegen, aber vermutlich wird Ihnen nicht viel Gelegenheit bleiben, für andere Kunden zu arbeiten.«

McCall kam in der Tat nicht dazu. Er begann seine Tätigkeit mit einem kleinen Büro und einer einzigen Sekretärin. Heute, in erweiterten Geschäftsräumen – in der Conduit Street, nahe der Oxford Street, mit Blick über die Dächer der Londoner City – muß er noch einen Assistenten beschäftigen, außerdem noch seinen Sohn in die Firma nehmen. Und ist doch nie dazu gekommen, andere Kundschaft zu bedienen. Engelhards ehrgeizige Pferde-Politik nahm ihn voll in Anspruch. In neun Jahren gab Engelhard rund sieben Millionen Dollar allein für den Kauf von Pferden aus. Bald besaß er 240 Vollblüter – auf drei Kontinenten. Ein Auktionator schätzt, daß Engelhard allein 25 v. H. der angebotenen teuersten Jährlinge kaufte. Und im Jahr 1970 wird er allein auf den Versteigerungen von Saratoga und Keeneland in Kentucky zwanzig neue Jährlinge erwerben – für insgesamt 1,5 Millionen Dollar.

»Wir fingen natürlich mit einem einzigen Pferd an. Das erste Pferd, das ich für Engelhard kaufte, hieß ›Ticklish‹, allerdings keine besonders bemerkenswerte Erwerbung, wie ich gestehen muß«, berichtet McCall. »Aber dann ging es steil aufwärts.«

McCall fuhr in Engelhards Auftrag nach Amerika, wählte dort für seinen Chef Pferde und Trainer aus, arbeitete gleichzeitig auf derselben Linie in England, beriet mit Engelhard, welche Pferde besser in Amerika und welche besser in England an den Start zu schicken seien.

»Da gibt es interessante Unterschiede«, doziert David McCall. »Amerikanische Pferde sind eher auf Geschwindigkeit trainiert, englische mehr auf Durchhaltevermögen. Amerikanische Pferde haben meist nur einen Pfeil zu verschießen, europäische dagegen haben fast immer mehrere Pfeile im Köcher. Das hängt damit zusammen, daß Rennen in Amerika hauptsächlich auf Sandbahnen gelaufen werden. Wer da nicht gleich die Spitze gewinnt, bekommt von den Hufen der Vorausläufer den Dreck ins Gesicht geschleudert. Das vermindert die Chancen, aus dem Feld heraus den Spitzenreiter einzuholen. In England dagegen, wo auf Gras, auf dem Turf, gelaufen wird, kann man eher mit Pferden arbeiten, die mit komplizierterer Taktik geführt werden wollen – da kann man ein Pferd lange Zeit im Mittelfeld führen, wodurch man Kraft und Atem spart, um dann vielleicht in der Zielgerade vorzustürmen. Folglich sind europäische, vor allem englische Trainer, eher bereit, mit Pferden zu arbeiten, die einen eigenwilligen Charakter an den Tag legen. Dagegen sind amerikanische Trainer nicht so leicht willens, es mit Pferden aufzunehmen, die von stärkerer Individualität geprägt sind.«

Leicht abschätzig befindet McCall auch: »Den amerikanischen Trainern ist ihre Arbeit ›just another job‹ – ein Job wie jeder andere. Europäische Trainer dagegen sehen in ihrer Arbeit mit einem Pferd eine Lebensaufgabe.«

McCall hat auch Beispiele dafür: »Wenn ein amerikanischer Trainer mit einem seiner Pferde Schwierigkeiten hat, schickt er es zu einem Spezialisten auf eine andere Farm. Ein englischer Trainer wird immer versuchen, das Pferd, das ihm nun einmal anvertraut ist, in allen seinen körperlichen und seelischen Regungen zu verstehen – und aus diesem Verständnis heraus zu bestmöglichen Leistungen kommen.«

Und dann, findet McCall, gibt es in Amerika auch bei den Trainern nicht so viele gute Bereiter. »Bei uns sind die Bereiter meistens ehemalige Jockeys, und schon ihre Väter waren Jockeys. Dagegen in Amerika«, und hier wiederholt sich das Urteil, das er schon über die amerikanischen Trainer gefällt hat, »it's just another job.«

Und in der Tat – ob es nun an David McCalls intensiverer Aufsicht gelegen hat, oder ob nun hier die Trainer, die Bereiter und die Jockeys wirklich bessere Qualitäten hatten – in Europa erzielte Engelhard seine größten Erfolge.

Dazu kam freilich auch, daß Engelhard sich bei seiner plötzlich entdeckten Liebe zu Pferden von einer fixen Idee leiten ließ. Diese fixe Idee trug den Namen eines halbvergessenen Malers der Renaissance: Ribot.

Der braune Hengst Ribot war das Wunderpferd der fünfziger Jahre. Aber die Abkömmlinge Ribots, mit ihrer englisch-italienischen Abstammung, waren auch sehr europäische Pferde.

»Amerikanische Trainer«, so meint Dave McCall, »wußten nie so recht viel mit Ribots anzufangen. Sie waren ihnen zu temperamentvoll, zu eigenwillig. Ein Ribot wird ein Rennen immer auf seine eigene Weise laufen, er ist einfach nicht wie jedes andere Pferd. Und es gibt wohl auch nur wenige Jockeys, die richtig mit einem Ribot umzugehen verstehen. Unser Lester Piggott ist ein solcher Jockey, ein Mann mit einem komplizierten Pferdeverstand, der vielleicht sogar in der Launenhaftigkeit eines Ribot Züge entdeckt, die seinem eigenen Wesen verwandt sind. Lester Piggott hat von einem Ribot niemals mehr verlangt, als er im Augenblick zu geben bereit war. Und er wußte immer, daß man einem Ribot seine Freiheit lassen muß. Aber wenn ein Ribot erst einmal herausgefordert ist – dann ist er nicht mehr zu halten . . .«

So bildete sich für Engelhards neuen Rennstall bald die erste glückliche, erfolgsträchtige Kombination heraus – Lester Piggott und die Ribots.

Dies alles bedeutet natürlich nicht, daß Engelhard mit seinen amerikanischen Pferden glückloser gewesen wäre. Ganz im Gegenteil. Die Namen von Engelhards großen Pferden wie Assagai, Hawaii und Alley Fighter haben heute ihren festen Platz in der Renngeschichte Amerikas. Engelhards amerikanische Jockeys, unverkennbar in ihren grünen Blusen mit dem roten Diagonalstreifen, haben in den USA vierzehn der wichtigsten Rennen gewonnen. Und abgesehen von diesen »Stakes«-Siegen haben ihm auch seine amerikanischen Pferde beträchtliche finanzielle Gewinne eingebracht.

Habitat, für 105 000 Dollar erworben, holte sich fast seinen Kaufpreis an Siegerprämien und erzielte einen Verkaufserlös von 1,2 Millionen Dollar.

Larceny Kid, für 40 000 erworben, errang sogar das Zweieinhalbfache an Siegergeldern und ist heute das Dreifache seines Kaufpreises wert.

Mr. Leader, der zwar 110 000 Dollar kostete, verdiente sich auf den Rennplätzen fast 240 000 Dollar und ist heute 300 000 Dollar wert.

Selbst Engelhards billigste Erwerbung der letzten Jahre, Fougasse, hat ihren, wenn auch bescheidenen Platz auf der Haben-Seite der Engelhardschen Gestütsbuchhaltung: Kaufpreis 5500 Dollar, Siegerprämien 8215 Dollar, Verkaufspreis immerhin 15 000 Dollar.

Man sieht: bei Engelhard macht sogar das – vierbeinige – »Kleinvieh« noch goldenen Mist . . .

So kann also Charles W. Engelhard an diesem sonnendurchfluteten Winternachmittag am Swimming-pool seiner Villa Pampelmousse auf der Insel Boca Grande feststellen, daß alle seine Äcker, so verschiedenartig sie auch sind, wohlbestellt sind.

Und während die fast tropische Sonne sich anschickt, in das blaue Wasser des Golfs von Mexiko hineinzutauchen, nimmt er die sechs farbigen Plastikkarten zur Hand, die ihm sein liebstes Spielzeug sind.

Diese Plastikkarten hat Dave McCall für seinen Chef erfunden. Alle wichtigen Daten seiner Pferde sind darauf registriert. Auf der ersten die Pferde, die sich im Training befinden, und bei welchem Trainer. Auf der zweiten die trächtigen Stuten. Auf der dritten die Jährlinge. Auf den übrigen sind noch einmal alle Pferde nach ihren Standorten aufgeführt: Amerika, England und Frankreich. Einen Satz Karten hat Engelhard immer in der Tasche, einen zweiten Satz verwahrt Engelhards Sekretärin, die blonde Pat Dunphy, einen dritten Satz hat Engelhards Kammerdiener, der immer dafür sorgen muß, daß Engelhard zu jeder Nachtzeit neben seinem Bett zu diesen Karten greifen kann. Und dann befindet sich noch ein Satz Karten an Bord seines Flugzeugs.

Wo Engelhard geht und steht und sitzt, hat er diese Karten zur Hand wie einen Rosenkranz. Sogar in Direktoriumssitzungen sieht man ihn oft, wie er – während seine Experten und seine Ressortchefs Vortrag halten – diese Karten wie ein Pokerspiel immer wieder neu mischt. In seinen Karten sieht er die großen Rennplätze der westlichen Welt, wo seine Pferde mit den grünrotgekleideten Jockeys um den Sieg kämpfen, er sieht die Gestüte in England und Amerika, wo seine Stuten auf den weiten Koppeln spielen. Er macht sich sein Bild, wie sie am glücklichsten gepaart werden müßten. Und er sieht die putzigen jungen Fohlen, die dann vielleicht diesen Verbindungen entspringen. Eine ganze Welt voller Pferde tut sich ihm auf, wenn er die Karten durch seine Hände gleiten läßt.

Im Anfang war es nur eine einzelne Karte. Dave McCall ließ sie drucken, als das erste Jahr ihrer Zusammenarbeit zu Ende ging. Nur sechs Pferde standen auf ihr vermerkt, ein Hengst, drei Stuten und zwei Füllen, der Kern des Engelhard-Stalles an der Jahreswende 1958/59.

Diese erste Karte schickte McCall als Weihnachtsgeschenk. Seitdem bekommt Engelhard solche Karten zu jeder Jahreswende, und fast jedes zweite Mal mußte ihre Zahl vergrößert werden. Wahrscheinlich hat Engelhard sich kaum jemals über ein Geschenk mehr gefreut.

Auch jetzt, in dieser Stunde vor Sonnenuntergang auf Boca Grande, schiebt Engelhard seine neuen, soeben eingetroffenen Pferdekarten von einer Hand in die andere. Und wie jedesmal regen sie ihn zu neuen Plänen, zu neuen Visionen an.

Engelhard greift zu der Mappe mit den Presseberichten über das erste Rennjahr Nijinskys. McCall hatte sie ihm zusammen mit den neuen Plastikkarten geschickt. Was Engelhard da liest, erfüllt ihn mit mehr Freude als jemals eine Aktienhausse an der Börse. Doch am meisten freut er sich über eine fast hymnische Würdigung seines Lieblingspferdes in der doch sonst so kritischen Jahresfachschrift »Racehorses of 1969«:

»Nur ein Pferd der allerobersten Kategorie konnte in der Lage sein, mit seinen Konkurrenten in dieser überlegenen Weise umzuspringen. Und davon sind wir überzeugt, wenn es um Nijinsky geht: daß er ein Pferd von höchster Klasse ist. An Nijinsky beeindruckt einfach alles: sein äußeres Bild – er ist ein schönes, wohlgewachsenes Individuum von höchster Tüchtigkeit; seine Leistung – er bewegt sich kraftvoll und flüssig; seine Form – er hat alle fünf Rennen gewonnen und ist nur einmal gefordert worden. Und natürlich seine Abstammung. Kein Wunder, daß man ihn als aufregende Hoffnung für die klassischen Rennen betrachtet. In diesen Tagen geschieht es nur noch selten, daß ein Zweijähriger, der Anspruch auf einen bleibenden Platz erhebt, eine Serie von wichtigen Rennen ohne einen Flecken des Tadels auf seinem Schild durchsteht. Allein aufgrund seiner Aufzucht läßt sich noch nicht sagen, auf welcher Distanz Nijinskys größte Stärke wahrscheinlich liegen wird. Es spricht jedoch zu seinen Gunsten, daß er allem Anschein nach das vollkommene Renn-Temperament auf die Bahn bringt, und wir rechnen damit, daß er die Kraftprobe in Epsom durchsteht, besonders, wenn er unter nicht allzu schwierigen Bedingungen antreten muß. Bei den ›Dewhurst Stakes‹ gab er sich schon ganz wie ein reifer Dreijähriger. Wie immer sein Los im Derby fallen wird – Nijinsky scheint hervorragende Chancen für die ›Two Thousand Guineas Stakes‹ zu haben . . .«

Charles Engelhard legt nachdenklich das Blatt zur Seite. Zufrieden und gleichzeitig gespannt blickt er in den Abend, der aus dem Golf von Mexiko heranzieht. Das wird ein aufregendes Jahr werden. In England zweifelt niemand daran, daß sein Pferd im kommenden Jahr das Geschehen bei den großen klassischen Rennen in England bestimmen wird – das Derby in Epsom, die »Zweitausend Guineas« in Newmarket, das »St.-Leger-Rennen« in Doncaster, die »King George and Queen Elizabeth Stakes« in Ascot: Das alles liegt nun vor ihm, die ausgebreitete Landkarte der traditionsreichen englischen Rennlandschaft. Wird er seinen Weg machen? Wird Nijinsky ihm die Triumphe bringen, von denen jeder Rennstallbesitzer träumt – und die doch nur ein einziger gewinnen kann?

Mühsam erhebt sich Charles Engelhard aus seinem Sessel. Der Schmerz in der Hüfte erreicht die Grenze des Erträglichen. Sein Herz hämmert einen rasenden Takt, der purpurne Abendhimmel flimmert vor seinen Augen. Es darf nicht zu lange dauern: Nur mit Nijinsky hat er noch die Chance, das Ziel zu erreichen – das einzige Ziel, an dem sein Herz jetzt noch hängt. Vom Golf her weht die Abendbrise heran. Es wird kühl in Boca Grande. Zu kühl für den sommerlichen Dezembertag.

Nijinsky will kein Pferd mehr wie die andern sein

Viertausend Kilometer von Boca Grande entfernt sprüht der Schnee unter Nijinskys Hufen auf, die Eiskristalle in seinem dichten, braunen Winterfell glitzern in der Dezembersonne; Atemfahnen wehen ihm aus den Nüstern, wenn er im Galopp über das winterlich weiße Gelände von Ballydoyle prescht. Nijinsky liebt diese Morgenritte übers weite Land.

Nijinsky ist in diesem Winter Zoll für Zoll der Kronprinz von Ballydoyle – und er weiß es.

Von seiner ersten Rennsaison als Zweijähriger ist Nijinsky nicht nur mit einem großen Geld von insgesamt über 20000 Pfund heimgekehrt. Er hat seinem Trainer auch die Gewißheit mitgebracht, daß er als Dreijähriger ebenfalls zu den allerhöchsten Hoffnungen berechtigt.

Nijinsky und Vincent haben viel aus ihrem ersten gemeinsamen Rennsommer gemacht. O'Brien weiß jetzt, daß er von der Kraft und vom Format her kein besseres Pferd im Stall hat – und wahrscheinlich auch sonst niemand im ganzen Land. Das Zauberwort »Derby« flackert immer häufiger vor seinen Augen, wenn er den stolzen Hengst bei der Trainingsarbeit sieht.

Nijinsky scheint genau zu spüren, um wieviel stärker er als alle anderen ist. Und schneller. Und ausdauernder. Und wieviel Verblüffung er immer wieder mit seinem Lieblingsspiel erzeugt – erst zurückzubleiben, im Hinterhalt zu liegen, dann vorzupreschen, an allen anderen vorbei, die Spitze zu erreichen und zu halten. Und auch dies: wie schön das ist, mit brausendem Applaus gelobt zu werden. Sicher weiß ein Hengst nicht, was ein Star ist – aber die Vibrationen des Applaus durchdringen möglicherweise seine dünne, sensible Haut und prickeln lustvoll um seine feinen Nerven.

Kein Trainingsgalopp auf dem jetzt hart und federnd festgefrorenen Boden der Übungsbahnen von Ballydoyle, bei dem Nijinsky dieses Lieblingsspiel nicht immer wieder spielt. Und genauso wie den schnaubend-angestrengt vorwärtsdonnernden Konkurrenten auf der Rennbahn, so gibt er nun auch beim täglichen Training, den verspielt-entschlossen mit ihm um die Wette jagenden

Stallgefährten immer wieder erst einmal das trügerische Gefühl, sie hätten die Bahn für sich allein – bis er seine fliegenden Hufe unaufhaltsam und uneinholbar ausgreifen und den anderen Pferden den aufgepeitschten Schnee um die Nüstern stieben lassen.

Nijinskys Eifer, immer schon drängend, ist in diesen Winterwochen kaum noch zu bändigen. Es ist offensichtlich, er vermißt die Spannung der »echten« Rennen, ihm fehlt die Herausforderung des Alles oder Nichts, die er im letzten Jahr auf den Rennplätzen mit jeder Pore genossen hat.

Wenn er morgens um halb sieben hört, wie die Stallburschen zum Frühdienst an die Boxen treten, wenn er sieht, wie die ersten Pferde in den noch dunkelgrauen Wintermorgen hinausgeführt werden, dann stampft und scharrt er schon unruhig in seinem Quartier. Kein Zweifel, er hadert um jede Minute, die an ihm vergeudet wird. Jede Minute, in der er gehindert wird, seine geballte Energie zu entladen – und stärkere Energien aufzuspeichern.

Mit sanfter, aber konsequenter Gewalt zwingt Nijinsky seinen Trainer, die Trainings-Strategie umzustellen. Bisher ist Nijinsky immer mit den anderen Pferden zusammen trainiert worden, wie es auf Ballydoyle üblich ist. Allerdings können Trainer und Bereiter dabei nicht alle Pferde gleichzeitig im Auge behalten, nicht alle Pferde ständig beschäftigen. So ergeben sich für jedes immer einmal wieder Ruhepausen. Und die meisten wissen es auch zu genießen, wenn sie immer einmal wieder aus der Anstrengung entlassen werden.

Nicht so Nijinsky. Wenn er auch nur für kurze Augenblicke unbeschäftigt ist, zeigt er sich ärgerlich. Die Ungeduld des Musterschülers, der einfach sauer wird, wenn er Rücksicht auf Begriffsstutzige nehmen muß. So entwickelt sich im Lauf dieser Winterwochen in Nijinsky die Leistungsarroganz des Überbegabten.

Da von einem Superklassehengst keine Solidarität mit Unterprivilegierten, keine demokratische Rücksichtnahme auf die Schwachen erwartet werden kann, wird Nijinsky aus dem Gruppentraining herausgenommen.

O'Brien arbeitet von nun an mit Nijinsky allein in einer abseitsgelegenen großen Halle. Nur ein Begleitpferd ist noch mit dabei. Nijinsky ist damit offenbar höchst einverstanden. Nun kann er selbst das Tempo und den Rhythmus der Übungen bestimmen. Nun ist seine eigene Leistungsfähigkeit das Maß. Und es ist ein hochgestecktes Maß. Aber genau das ist ganz nach Nijinskys Geschmack. Die Anzeichen von Überheblichkeit und Frustration, die O'Brien einige Zeit lang beunruhigt hatten, verlieren sich langsam wieder. Nijinsky hat deutlich gemacht, in welche Klasse er sich selbst einstuft.

Aber dann, bei den Trainingsrennen, wenn das ganze Feld mit fliegenden Mähnen über die Bahn von Ballydoyle donnert, dann zeigt Nijinsky erst, was er sich für das kommende Jahr vorgenommen hat! Kein Rennen, in dem er nicht weit vor den anderen durchs Ziel geht.

Die Männer von Ballydoyle erinnern sich kopfschüttelnd an den nun allmählich verblassenden Stern ihres Trainingsgestüts, an Sir Ivor, der vor drei Jahren das Derby gewonnen hatte. Nein, soviel Kraft und Temperament hatte Sir Ivor nie auf die Bahn gebracht. Ein starkes Pferd, gewiß, ein schnelles Pferd, ein Hengst mit gewaltiger Lunge, auch er. Doch Sir Ivor hatte niemals mehr gezeigt, als unbedingt von ihm gefragt wurde. Ihm hatte es völlig gereicht, wenn er sich eine halbe Länge vor das Führungspferd setzte – ein Siegerpferd, sicherlich, doch keine Siegernatur wie Nijinsky.

Für diesen Hengst jedoch ist der Spitzenplatz wenig mehr als ein Katapult. Dann stellt er seine nervösen Ohren auf und schießt davon, um das Feld weit hinter sich zu lassen – ein Rennen im Rennen.

»Das«, sagt Vincent O'Brien, als der Winter zu Ende geht, in seiner trockenen, untertreibenden Art, »ist sehr bemerkenswert und höchst ungewöhnlich.«

Und das – so läßt sich zu dieser Zeit schon mit Blick auf den kommenden Sommer sagen – bedeutet eine fast hundertprozentige Gewißheit für den Sieg im Derby und in den anderen klassischen Rennen.

Und wenn sich dann Nijinsky nach einer solchen Kraftprobe mit schwitzendem Leib und fliegenden Pulsen im Gestütshof herumführen läßt, scheinen seine klugen Augen zu sagen: »Ich weiß, was ich kann, ich weiß, was ich wert bin – wartet's nur ab . . .!«

Trotz seiner großzügig vorgeführten Leistungen zeigt Nijinsky nie eine Spur von Überanstrengung. Nur sein Pulsschlag und der Schweiß lassen erkennen, daß er auch bei diesem Spiel mit seinen Reserven nicht geizt. Da läßt er seinen Puls von den normalen rund 36 Schlägen auf 250 hochjagen. Für einen erfahrenen Trainer wie O'Brien ist diese Pulsdifferenz keineswegs ein Zeichen von Überanstrengung. Es ist vielmehr ein Beweis für die außerordentliche Kraftreserve, die ein hochwertiges Pferd auszeichnet. Nur ein Pferd, das in der Spannung des Rennens über dieses vergrößerte Herzschlagvolumen verfügt und die geforderte, gesteigerte Blutausschüttung pro Herzschlag bewältigt, hat alle Aussicht, die harten Prüfungen der englischen Classics durchzustehen.

Und so, wie sich die Trainingsleistungen Nijinskys von Woche zu Woche immer dichter den Rekordmarken der bisherigen Classic-Sieger nähern – so wächst Nijinsky in diesen Monaten auch in Gestalt und Charakter immer mehr zum Idealbild des edlen, aristokratischen Hengstes heran, das Generationen von Malern und Bildhauern geschaffen haben.

Diesen Adel des Pferdes hat der wohl bedeutendste deutsche Pferdekenner Wilhelm Blendinger in unvergleichlich treffender Weise beschrieben – und jedes Wort scheint auf Nijinsky gemünzt zu sein. Das Pferd verfüge, so beginnt Blendinger in seinem Buch *Psychologie und Verhaltensweise des Pferdes,* über viele Eigenschaften, die beim Menschen als Attribute edlen Wesens gelten. »Schon die äußere Erscheinung vermittelt den Eindruck des Erhabenen und Ästhetischen.« Eigenschaften, die dem Begriff vom »edlen Wesen« zugerechnet werden – wie Sensibilität, Aktivität und Initiative –, finden sich im ganzen Tierreich im Zusammenhang mit vermehrter Beweglichkeit. Und wie der Mensch habe sich auch das Pferd »durch den Zwang der Bewegung in der kontinentalen Waldsteppe zum edlen Wesen entwickelt«, sagt Blendinger.

»Die durch den weiten Lebensraum erzwungene große Beweglichkeit bedingte bestimmte auch körperliche und seelische Veränderungen, die einer

Höherentwicklung entsprechen. Es ist einleuchtend, daß ein beweglicheres und lebhafteres Wesen vieler anderer, gesteigerter körperlicher und seelischer Eigenschaften bedarf, um den Bedingungen einer schnelleren Bewegung gerecht zu werden. Die Anpassung an den mit der Schnelligkeit zusammenhängenden raschen Wechsel der äußeren Eindrücke erfordert schärfere Sinnestätigkeit und größere Reaktionsbereitschaft, mit denen wiederum größere Sensibilität auf körperlichem und psychischem Gebiet zusammenhängt . . .

Man vergegenwärtige sich das edle, leichte, feurige Rassepferd. Eine plumpe, grobe Körperverfassung kann nicht edel sein. Sie würde die Beweglichkeit hemmen. Ein anderes Merkmal der Eleganz, der Feingliedrigkeit und somit des edlen Pferdes ist die Schmalhüftigkeit, die sogenannte melonenförmige Kruppe im Gegensatz zur eckigen, plumpen Kruppe vulgärer Typen.

In psychischer und psychophysiologischer Hinsicht bedingt Beweglichkeit eine lebhafte und reaktionsbereite Sinnestätigkeit. Dies wiederum erfordert hohe und differenzierte Entwicklung der Sinnesorgane, besonders ein großes, lebhaftes Auge und eine dünne, zarte und sensible Haut.

Die feine Haut ist, mehr als die derbe, ein deutliches Zeichen für Sensibilität und seelische Aktivität. Das ›blaue Blut‹, das Durchschimmern des venösen Blutes durch die zarte Haut, galt seit jeher als Zeichen edler Veranlagung. Bei edlen Pferdetypen sieht man gelegentlich, besonders in der Erregung, die Konturen der einzelnen Adern durch die Haut hindurchtreten. Das edle Pferd gerät auch schneller in den Schweiß der Erregung als das vulgäre. Beweglichkeit, Wärmehaushalt, Hautaktivität, Nervensystem und Psyche stehen also in der engsten gegenseitigen Beziehung. Ein edles Pferd ist nicht nur beweglich, feurig, gefühlsstark, lebhaften Sinnes und aufmerksam, sondern auch intelligent. Intelligenz gehört zum Wesen des Edlen, damit die erhöhte Sinnestätigkeit, welche infolge der Bewegungssteigerung erforderlich wurde, verarbeitet werden kann. Die Intelligenz äußert sich auch sichtbar in bestimmten Körperformen, die auf einem differenzierten und hochentwickelten Nervensystem beruhen. Das kommt deutlich in der Entwicklung eines großen Gehirnschädels zum Ausdruck. Die große, breite Stirn ist ein klassisches Merkmal des edlen Pferdes . . .« Soweit der kluge deutsche Pferdephilosoph Wilhelm Blendinger.

Nijinsky, der Hengst mit allen klassischen Merkmalen des edlen Pferdes, mit seinem feurigen Sinn und seinen intelligenten Augen begeistert im Winter- und Frühjahrstraining auch den irischen Meisterjockey Liam Ward wieder aufs neue. Ward, der Nijinskys erstes Rennen so erfolgreich geritten hatte – und danach alle irischen Rennen des Vorjahres –, besucht Ballydoyle, bevor die neue Saison beginnt. O'Brien hat Ward eingeladen, weil er sich von dem Profi ein ehrliches, abschließendes Urteil über die Winterarbeit verspricht.

»Geh' mit ihm auf die Bahn«, sagt O'Brien. »Und dann sag' mir, ob er seine Speed gehalten hat und ob er seine Charakterstärken, die er als Zweijähriger hatte, ausbauen konnte.«

Liam Ward reitet Nijinsky an einem knackigen Frühjahrsmorgen, als die Bahn in Ballydoyle noch hart und spröde vom langen Winter ist.

Nijinsky begrüßt den Jockey, mit dem er im letzten Sommer vier großartige

Rennerlebnisse geteilt hat, mit freudigem Schnauben. Die Wiedersehensfreude leuchtet aus seinen großen braunen Augen. Erregt reibt er seinen schönen langen Kopf an der Schulter des Reiters. Es ist genauso, wie wenn zwei alte Freunde sich nach langer Zeit wiedersehen – und der eine sagt immerfort: »Mensch, weißt du noch . . .« und: »Wir müssen unbedingt mal wieder zusammen so ein Ding drehen . . .«

Liam Ward tätschelt ihm gerührt den Hals: »Schau dir das an, Vincent«, sagt er zu O'Brien. »Schau dir das an, wie er mich wiedererkennt! Hättest du das gedacht, daß er so sehr ein Freund sein kann?«

O'Brien nickte. »Bei Nijinsky wundert mich nichts mehr. Dieses Pferd ist einer der besten Menschen, die ich kenne.«

Für den Renntest auf der Ballydoyle-Bahn holt O'Brien einige seiner besttrainierten Pferde zusammen, auch die älteren. Als die Hengste sich am Start versammeln und die Bereiter aufsitzen, läßt Nijinsky seinen Blick über die Gruppe schweifen. Dann sieht er Liam Ward an, als wollte er sagen: »Na, denen werden wir's mal zeigen!«

Und los geht die wilde Jagd. Diesmal braucht Liam Ward nicht an Taktik zu denken, er kann Nijinsky ganz die Initiative überlassen. Da Nijinsky sich infolgedessen nicht gebremst fühlt, hält er sich auch gar nicht erst lange – wie sonst auf der Rennbahn – im Mittelfeld auf. Er setzt sich vom Start weg an die Spitze und zieht dann weiter mit stolz-verspielter, selbstbewußter Überlegenheit davon.

Als Liam Ward mit Vincent O'Brien zum Gestüt zurückgeht, sagt er: »Da brauchst du dir keine Sorgen zu machen, Vince. Der Kerl hat seit dem letzten Jahr kein Jota an Speed und Kraft verloren. Im Gegenteil. Ich glaube, er hat jetzt sogar noch mehr Dampf drauf. Und vor allem: ich glaube, er weiß jetzt auch, wozu. Ich weiß nicht, wie ich es sagen soll – aber Nijinsky ist ein so bewußtes Pferd geworden . . .«

O'Brien nickt. »Ich glaube, ich verstehe, was du meinst. Manchmal habe ich das Gefühl, daß er sich richtig Gedanken macht. Über alles. Jedenfalls viel mehr als jedes andere Pferd. Und vielleicht ist das auch der Grund, daß er eine Zeitlang so eingebildet war.«

»Warum auch nicht«, sagt Liam Ward. »Ich halte das für ein gutes Zeichen. Wenn er wirklich weiß, was er will – und wenn er auch versteht, es sich zu holen . . .«

Nach einer langen Pause sagt Vincent O'Brien: »Wenn er die Welt kennen würde, wie wir Menschen sie kennen – dann würde er sich das Derby holen wollen.«

»Bist du ganz sicher«, überlegt Ward laut, »daß er nicht doch das Gefühl hat, daß es so was wie ein Derby geben muß? Alles, was er tut, soll doch nur eins zum Ausdruck bringen: ›Ich zeige immer wieder, was ich kann – aber nun müßt ihr mir auch mal zeigen, wo ein Pferd wie ich sich den höchsten Triumph holen kann, den es auf dieser Pferdewelt gibt!‹«

»Tja«, sagt O'Brien. »Manchmal glaube ich selbst schon daran, daß er sich in seinem großen Schädel so was vorstellt.«

»Ich schwöre dir, Vince«, nickt Liam Ward, »wenn ich jemals einen Derbysieger ein halbes Jahr vorm Derby gesehen habe – dann heute morgen!«

Sie betreten das Büro, das sich in dem zweistöckigen Verwaltungsgebäude quer vor den beiden niedrigen, weißgetünchten Stallgebäuden befindet. Die Stalljungen und die Bereiter führen die Pferde in den Innenhof, nachdem sie ihre Schützlinge vorher noch ein wenig im Kreis herumgeführt haben, damit sie sich von dem scharfen Morgengalopp erholen. Nijinsky kommt erst, nachdem die anderen schon ihre Quartiere erreicht haben. Majestätisch schreitet er über den Hof auf seine Box zu. Es ist wie ein richtiges kleines Hofzeremoniell: Der Ranghöchste erscheint erst, nachdem der niedrige Adel seine Plätze eingenommen hat.

»Ein wahrer Kronprinz«, sagt Ward. »Jeder Zoll ein Kronprinz.«

Vincent O'Brien lächelt. »Wenn du mir auch ein Zitat von Shakespeare gestattest«, sagt er. »Hier ist meins: Dies ist das Pferd, das ein Königreich wert ist . . .«

Aber dann nimmt sein Gesicht auch gleich wieder den gewohnten ernsten, nachdenklichen Ausdruck an. »Also gut«, sagt er und ruft nach seiner Sekretärin. »Dann wollen wir mal die Anmeldung fürs Derby abschicken . . .«

Lobeshymnen für das Wunderpferd: »Wie ein Cassius Clay ... !«

Das Jahr, das Nijinskys Jahr werden sollte, begann mit dem Frühlings-Rennen um die »Gladness Stakes« auf der Bahn von Curragh. Es war nur ein Auftakt, ein Aufgalopp, aber auch als Auftakt schon so grandios wie alles an Nijinsky. Vincent O'Brien, Charles Engelhard, David McCall, E. P. Taylor, Liam Ward, Lester Piggott, die Stallburschen und die Bereiter, alle, die mit Nijinsky zu tun hatten, die mit Nijinsky hofften und bangten (die »Connections«, wie es im englischen Renn-Jargon heißt), betrachteten die »Gladness-Stakes«, wo Pferde aller Altersklassen zugelassen sind, als entscheidende öffentliche Generalprobe, als den großen, letzten Teststart vor dem Sternenflug. Während der Winterausbildung hatte Vincent O'Brien den Hengst nur auf Ausdauer, auf Durchhaltevermögen trainiert und nie bis an die Grenzen seiner Kraft gefordert – diese Prüfung hatte er sich für das Curragh-Rennen vorbehalten. Sozusagen als Manöver unter echten Kampfbedingungen auf dem irischen Exerzierplatz – vor der Invasion Englands und der Eroberung seiner klassischen Rennsport-Hochburgen.

Der Boden war schwer auf der Curragh-Bahn an diesem Samstagnachmittag des 4. April 1970. Der Frühling hatte noch nicht viel Sonne gebracht, und an den letzten Tagen hatte es viel geregnet. Jockey Liam Ward machte ein bedenkliches Gesicht, als er Nijinsky vom Führring weg zur Startmaschine ritt. Das waren, wieder einmal, nicht die idealen Bedingungen, die er sich für Nijinskys große Prüfung gewünscht hatte. Aber die anderen Jockeys machten zweimal so bedenkliche Mienen, als sie auf das Kommando des Starters warteten – sie hatten nicht nur den feuchten Boden gegen sich, sie hatten auch noch gegen Nijinsky anzukämpfen. Daß Nijinsky eins der jüngsten Pferde war, daß dies überhaupt sein erstes Rennen als Dreijähriger war – das vermittelte ihnen nur eine schwache Zuversicht.

Nur Jockey Miller, der aufmunternd seinem Prince Tenderfoot auf den Hals klopfte, schien sich ein paar Chancen auszurechnen: Prince Tenderfoot hatte im Vorjahr das Rennen von Ascot gewonnen. Nun machte er sich offenbar

Hoffnungen, den hochfavorisierten Aufsteiger Nijinsky in seine Grenzen verweisen zu können. Liam Ward nahm sich vor, ein wachsames Auge auf den ehrgeizigen Ascot-Sieger zu haben.

Auf den ersten sechs Achteln der Sieben-Achtelmeilen-Strecke blieb das Feld ziemlich dicht zusammen. Geringe Verschiebungen zeigten sich nur in der Spitzengruppe, wo Prince Tenderfoot sich mehrmals mit Deep Run um die besseren Positionen stritt.

Pianissimo, der im Vorjahr schon einmal gegen Nijinsky hätte antreten sollen, dann aber im letzten Augenblick vom Start zurückgezogen worden war, versuchte sich dicht an dicht an den Favoriten zu halten – womöglich wollte er davon profitieren, wenn Nijinsky sich in gewohnter, nun schon fast berüchtigter Weise, seine Durchbruchsöffnung nach vorn suchte.

Auf der Tribüne verfolgte das Publikum die minimalen Verschiebungen im Feld mit atemloser, stummer Spannung. Jede Änderung in den Positionen konnte die Einleitung eines dramatischen Finales bedeuten. Aber ein Furlong-Pfosten nach dem anderen flog an der Kavalkade vorbei, ohne daß sich in dem rasenden Dutzend auch nur das geringste Anzeichen für einen Ausbruchsversuch erkennen ließ.

Noch zweieinhalb Furlongs bis zum Ziel: Liam Ward spürte unter sich, wie Nijinsky kraftvoll danach drängte, endlich die Herausforderung annehmen zu dürfen. Doch Liam Ward gab die Strecke noch nicht frei.

Kurz bevor die Pferde in die letzte Achtelmeile auf der Zielgerade eintraten, schien die Spannung unerträglich. Liam Ward hielt Nijinsky noch immer stramm am Zügel zurück, und Nijinsky lehnte sich, ohne jedoch diese Taktik in Frage zu stellen, fest an die Tempobremse an, als wollte er sagen: »Mach's nur, wie du es für richtig hältst – du spürst ja, daß meine volle Kraft da ist: du mußt nur sagen, wann es richtig losgehen soll . . .!«

Als der letzte Furlong-Pfosten hinter dem Feld lag, und das Ziel deutlich und fast schon zu nah, nur noch zweihundert Meter, vor aller Augen winkte, ließ Ward die Zügel lockerer. Im Bruchteil einer Sekunde schaltete Nijinsky alle Reaktionen auf »volle Kraft voraus«. In der nächsten Sekunde schob sich Nijinskys vorgereckter Kopf an Deep Run und Prince Tenderfoot vorbei, seine Hufe trommelten plötzlich ohne sichtbaren Übergang den doppelten Rhythmus auf den schweren Turf.

Vor der Tribüne brauste ein vieltausendfacher Aufschrei der Erlösung über die Bahn – und da hatte sich Nijinsky auch schon ganz aus dem Feld gelöst. Und während die elf anderen Pferde auf diesen letzten zweihundert Metern alles ins Rennen warfen, was Lungen, Herz und Hufe geben konnten – und doch nicht von der Stelle zu kommen schienen –, vergrößerte Nijinsky mit wehender Mähne und fröhlich-überlegen aufgestellten Ohren den Abstand immer weiter: zwei Längen, drei Längen.

In der Hitze der Verfolgung verlor Prince Tenderfoot sogar seinen beständig gehaltenen zweiten Platz an Deep Run.

Nijinsky war nicht mehr einzuholen. Mit vier Längen Vorsprung preschte er durchs Ziel – überlegen, unschlagbar – und keineswegs überanstrengt.

Auf Nijinsky traf jetzt die Parole zu, die früher einmal für den großen Ribot gegolten hatte. Damals hieß es von dem Hengst, der in sechzehn Rennen sechzehnmal gesiegt hatte: »Ribot ist der erste – und der Rest nirgendwo!«

Im Vorjahr hatte Nijinsky sich noch damit begnügt – bei seinem ersten Rennen mit einer halben Länge und beim dritten Rennen mit einer Dreiviertellänge – seine Gegner auszureizen oder sie, wie bei den drei anderen Rennen, mit jeweils drei Längen Vorsprung zu demütigen. Diesmal jedoch, beim Aufgalopp zu seinem Derby-Jahr, wollte er unmißverständlich beweisen: In Zukunft soll sich nur noch das Aufgebot der Superklasse mit mir messen dürfen.

Und während Johnny Brabston, Nijinskys bester Freund, eine wärmende Decke über die schwitzenden Flanken des Siegers warf und ihn stolz vor den Boxen im Kreis herumführte, bis sich seine immer noch erregten Pulse beruhigten – währenddessen schrien die Turf-Reporter übers Telefon ihren Redaktionen überschwengliche Kommentare zu.

»Nijinskys Kraft ist eine verheerende Wucht!« lautete eine Schlagzeile. Und: »Nijinskys Antwort auf alle Herausforderungen ist so deutlich wie Cassius Clays Faustschlag gegen alle Meisterschaftsansprüche Sonny Listons!« Die »Sunday Press« formulierte überwältigt: ». . . eine Vorführung extravaganter Beschleunigung wie bei einem Rolls Royce!« Und sogar die vornehme »Times« ließ sich zu sarkastischem Spott für Nijinskys Gegner hinreißen: »Es sah aus, als wollten ein paar Dackel einen Windhund jagen!«

Nur Vincent O'Brien, verhalten wie immer, faßte den atemberaubenden Triumph seines Derby-Kandidaten bei dieser öffentlichen Generalprobe in einen schlichteren Kommentar-Rahmen: »Nun«, meinte er mit seinem undurchschaubaren Gesicht, »wir haben Nijinsky ja zu Hause nicht so hart 'rangenommen – und wie es scheint, brauchte er einfach einmal ein schärferes Rennen . . .«

Jedenfalls hielt er Nijinsky nun für stark genug, sich vor dem Derby auch noch den Preis des mit 28 295 Pfund dotierten »Two-Thousand-Guineas-Stakes«-Rennen in Newmarket zu holen, gut eine Viertelmillion Mark. Das Manöver hatte alle Siegeschancen bestätigt – der Countdown für die Invasion hatte an diesem Nachmittag begonnen. Nur noch drei Wochen bis Newmarket.

Lester Piggott: das seltsame Leben eines Meister-Jockeys

In der Wohnküche einer blumenberankten Villa etwas außerhalb von Newmarket sitzt ein kleiner, schmaler Mann beim Frühstück. Es ist halb sieben und das Frühstück ist bescheiden: ein Ei, eine Scheibe Toast (Kalorienwert: 220). Mehr gibt es nicht. Nur noch die Börsenspalten der »Financial Times«.

Der Teller ist leer, die Eierschalen ausgelöffelt. Der Hunger nagt weiter. Der kleine Mann steckt sich eine Zigarre an: Das muß reichen. Er greift nach einer Rennfachzeitung. Wieder Zahlenspalten: Leistungsformeln, Gewichtsklassen, Rennergebnisse im Prozentschlüssel.

Später, am Nachmittag, wird er sich noch einmal ein Sandwich leisten und ein Glas Wasser. Am Abend vielleicht Leber, gegrillt, oder ein Steak, halbroh. Ohne Beilagen. Wird der Hunger bis dahin zu arg, müssen drei, vier Zigarren helfen. Wenn seine Frau es erlaubt, darf er ein, zwei Gläser Sekt zu sich nehmen. Aber höchstens eine halbe Flasche am Tag.

Wer ist der kleine Mann? Ein armer Schlucker, der sich im Kopf aus Aktienkursen und Renntips ein papiernes Luftschloß baut, während der Magen grollt?

Der kleine Mann ist Englands berühmtester Jockey, das Idol von Millionen, Freund von Millionären: Lester Piggott.

In diesem Frühjahr 1970 ist Lester Piggott 35 Jahre alt. Er ist seit zehn Jahren verheiratet, hat zwei Töchter, Tracy und Maureen, und hält seit sechs Jahren den Titel des »Champion Jockey«. Sein Jahreseinkommen wird zwischen 50000 und 100000 Pfund geschätzt, fast eine Million Mark.

Es kann auch mehr sein: Piggott lebt nicht allein von den 7,5 Prozent der Siegerprämien, die ihm nach dem Jockey-Tarif zustehen. Da er ein Mann von bescheidenen Bedürfnissen ist, legt er den größten Teil seiner Renngelder in Aktien an.

Er ist sicher vermögender als etliche Rennpferd-Besitzer, für die er reitet.

Piggott ist ziemlich groß für einen Jockey: einen Meter siebzig. Er muß einen täglichen Kampf gegen sein Gewicht kämpfen. Er gehört nicht zu den Begnadeten, die ohne Hungern das Jockey-Idealgewicht von 51,7 bis 52,5 Kilo halten. Der ehrgeizige Piggott fordert seiner Natur ein hohes Opfer ab: Er muß ständig fast zehn Kilo unter dem seiner Größe entsprechenden Normalgewicht leben.

Wahrscheinlich ist die selbstverfügte Eßdisziplin schuld an Piggotts charakteristischem Pokergesicht, das kaum ein Lächeln kennt (er strahle die Fröhlichkeit eines wohlgepflegten Grabes aus, meinen Kollegen). Dazu kommt: Englands Champion-Jockey ist auch schwerhörig und mit einem Sprechfehler behaftet. Er wurde mit einem gespaltenen Gaumen und verminderter Hörfähigkeit geboren.

Er behauptet, das mache ihm nichts aus. Er sagt: »Die Pferde verstehen mich auch so.« Er sagt: »Was Menschen sagen, ist meistens nicht hörenswert.« Er sagt: »Schon als Kind habe ich mir beigebracht, von den Lippen abzulesen, was sie sprechen, und von Gesichtern, was sie meinen.«

Und er sagt auch: »Menschengesichter sind ausdrucksvoller als Pferdegesichter, aber auf Pferdegesichter kann man sich verlassen.«

Das also ist der Mann, der im Frühjahr 1970 den Auftrag bekommt, Engelhards Nijinsky in den großen, klassischen Rennen Englands zu reiten.

Der Auftrag entspricht Engelhards bewährtem Motto: »Für den wichtigsten Job nimmt man den besten Spezialisten.«

Lester Piggott ist von Kind an daraufhin erzogen worden, der »beste Spezialist« zu werden.

Raketen und Feuerwerk begleiteten die Geburt des kleinen Lester: Es war der 5. November, »Guy Fawkes' Day«, der Tag, an dem sich England alljährlich mit brennenden Scheiterhaufen und Böllerschüssen auf den Straßen an den – mißglückten – Versuch des Rebellen Guy Fawkes erinnert, 1605 das Parlamentsgebäude in London in die Luft zu sprengen, mitsamt König James I. und seinen Lords.

Lesters Geburtsjahr stand im Zeichen des größten Pferdes der ersten Jahrhunderthälfte. Es war das Jahr, in dem der Hengst Bahram, aus dem Stall des Aga Khan, nacheinander das »2000-Guineas-Rennen« in Newmarket, das Derby in Epsom und das »St. Leger« in Doncaster gewann – und damit die »Triple Crown«, die »Dreifache Krone«, die höchste Auszeichnung, die ein Rennpferd erringen kann.

Mit vier Jahren saß Lester zum erstenmal im Sattel. Mit zwölf ritt er, als Jokkey-Lehrling, seinen ersten Sieg. Mit vierzehn war er der erfolgreichste Jokkeylehrling des Jahres: Er konnte vierzig Siege verzeichnen – eine Bilanz, die seit Frank Wotton, dem Wunderkind der Jahrhundertwende, nicht mehr erreicht worden war. Mit achtzehn gewann er – auf dem Außenseiter Never Say Die – sein erstes Derby: der jüngste Derbysieger in der Geschichte.

Sein strenger Vater sagte dazu nur, er habe es nicht anders erwartet.

Lester war in eine Familie berühmter Rennreiter hineingeboren worden. Zu seinen Vorfahren zählten die Days, ein Clan von Trainern und Jockeys, die im vorigen Jahrhundert – mit nicht immer unanfechtbaren Methoden – die Rennplätze beherrschten. Sam Day, das weiße Schaf der Familie, gewann dreimal das Derby, Großvater Keith Piggott gewann dreimal das »Grand National« und heiratete dann eine Miss Cannon, wodurch er noch zwei Schwager mit je einem Derby-Sieg in die Familie einbrachte (Mornington und Kempton Cannon). Lesters Mutter Iris war eine Rickaby, und auch das war ein guter Reitername: Fred Rickaby hatte die Pferde des Lord Derby geritten.

Für Vater Keith Piggott, erst Jockey, dann Trainer, gab es nie einen Zweifel, daß Lester für den Sattel geboren war. Seinen einzigen Jungen nahm er hart an die Kandare. »Wenn ich nachlässig im Sattel saß oder die Hände zu hoch hielt, das Pferd zu schnell laufen ließ, dann ging ein fürchterliches Donnerwetter auf mich nieder«, erinnert sich Lester. »Auf Pferden war ich nicht meines Vaters Sohn, sondern sein Schüler. Nur: mit einem Schüler hätte er sich nicht so viel Mühe gegeben.«

Dieser Vater, der Fehlern mehr Aufmerksamkeit widmete als Leistungen, war auch dann nicht zufrieden, als Lester zum erstenmal den Titel des »Champion-Jockey« errang. Das war 1960, und Lester hatte 170 Rennen gewonnen. Statt eines Glückwunsches sagte Vater Keith: »Und was ist mit den Rennen, die du nicht gewonnen hast?«

Daß Lester in der St.-Alfreds-Schule seines Geburtsortes Wantage nur mäßige Leistungen erzielte, störte den Vater wenig. »Schule«, erzählt Lester, »war für mich Zeitverschwendung. Mich interessierten nur Pferde.«

Lester Piggott ist überzeugt, daß er seine Erfolge nur dem harten, fachmännischen Drill seines Vaters verdankt. Der Außenseiter-Sieg auf Never Say Die war für ihn kein Grund, sich auf dem grünen Lorbeer auszuruhen. Zuverlässig landete er alle zwei, drei Jahre einen neuen Derby-Sieg: 1954 mit Never Say Die, 1957 mit Crepello, 1960 mit St. Paddy, dann 1968 wieder mit Sir Ivor. Gleichzeitig etablierte er sich als Spitzenreiter auf dem englischen Turf. Den Titel des »Champion-Jockey«, 1960 zum erstenmal erworben, hält er seit 1964 ununterbrochen, von Jahr zu Jahr, bis auf den heutigen Tag.

Jeder Meister braucht gutes Material, um seine Kunst beweisen zu können. Das beste Pferdematerial stand, in den fünfziger und sechziger Jahren, im Renngestüt des Trainers Noel Murless. Glück für den ehrgeizigen jungen Jokkey-Star: Noel Murless verpflichtete ihn für seinen Stall.

Murless, hochgewachsen, schlank, Typ eines Kavalleriegenerals, früher Hürdenreiter, hatte sich in fünfzehn Jahren aus kleinsten Anfängen das bedeutendste Rennunternehmen Englands aufgebaut. In »Warren Place« bei Newmarket bildete er nicht nur die besten Renner für die englischen Blut- und Geldaristokraten aus, sondern auch die Vollblüter von Königin Elizabeth. Dieses hochentwickelte Zuchtmaterial stand nun auch dem 20jährigen Lester Piggott zur Verfügung. Damit stieg seine Karriere steil aufwärts.

Ein Blick auf Piggotts jährliche Erfolgszahlen macht das deutlich: 1953 hatte er 41 Siege erzielt, 1954 war er auf 42 gekommen. Aber 1955, gleich im ersten Jahr als Chef-Jockey von »Warren Place«, erreichte er 103, ein Jahr später schon 129.

Mit den Erfolgen kam die Popularität. Beliebt war Lester beim Publikum immer gewesen. Von Anfang an liebten die Turfgänger das schwerhörige, sprachgestörte Wunderkind, das mit verbissener Zähigkeit gegen die eigenen Behinderungen und die älteren Profis antrat und zwischen den Rennen Eiswaffeln lutschte. Als er dann in den Stallfarben der Königin über die Zielgerade raste, kannte der Beifallstaumel seiner vielen tausend Fans keine Grenzen mehr.

Lester Piggott in der purpurnen Bluse mit goldener Litze und scharlachroten Ärmeln, dazu die schwarze Samtmütze mit dem goldenen Mittelstück, auf einem königlichen Renner, von der freudestrahlenden jungen Königin mit Handschlag beglückwünscht – das war das glanzvolle Symbol-Bild auf den Rennplätzen der fünfziger und sechziger Jahre.

Die Königin wußte, was sie an Lester Piggott hatte. Er bescherte dem königlichen Rennstall die größten Erfolge seit 1913.

Damals hatte der Hengst Minoru für Edward VII. das Derby gewonnen. Doch von da an schienen königliche Pferde, sobald sie Epsom betraten, vom Pech verfolgt; selbst bei kleineren Rennen.

Lester Piggott brach den Bann. Mit Elizabeths Stute Carozza siegte er 1957 nicht nur im »Oaks« von Epsom (ein Rennen, das so alt wie das Derby ist), sondern auch in den »Princess Elizabeth Stakes« in Ascot.

Auch dieses Bild aus Lester Piggotts Album ist typisch für jene Zeit: Die Königin bedankt sich mit einem Besuch in »Warren Place«. Lester Piggott führt die Monarchin durch die Stallungen. Die Königin lächelt huldvoll. Piggott, für den Lächeln schon damals eine unzumutbare Gesichtsmuskelanstrengung war, gibt ernsthafte Erklärungen ab. Und neben Piggott und der Königin, einen Schritt im Hintergrund, steht Piggotts Stallkamerad, der gleichaltrige Geoff Lewis, damals »nur« für die leichtgewichtigeren Vollblüter zuständig, und schmollt ein wenig – das Bild einer Rivalität, die bis auf den heutigen Tag nicht zur Ruhe gekommen ist . . .

Noel Murless wurde mehrfach »Champion Trainer« von England – aber niemand zweifelte daran, daß er seinen Ehrentitel zu einem großen Teil Lester Piggott verdankte. Lesters Arbeit für Murless basierte auf einem »gentleman's agreement«. Einen schriftlichen Vertrag gab es nicht. Es war klar, daß Lester in erster Linie für »Warren Place« zur Verfügung stand. Aber er durfte, nach Absprache, auch Pferde anderer Trainer reiten. Murless führte zwar sein Unternehmen wie eine preußische Kadettenanstalt, aber eifersüchtig war er nicht. »Aus den Fehlern anderer Trainer können wir nur lernen«, sagte er mit mokantem Lächeln.

Das Lächeln gefror ihm, als Lester 1966 beim »Oaks« in Epsom mit dem Hengst Valiris antrat. Valiris gehörte dem Trainings-Gestüt von Vincent O'Brien.

Auch Murless hatte Piggott für das »Oaks«-Rennen eingeplant: Er sollte für ihn die Stute Varinia reiten. Der Jockey mußte ablehnen: Die Absprache mit O'Brien war schon mehrere Wochen alt.

Prompt geschah das Unglück: Lester gewann mit dem fremden Pferd.

Es kam zum Krach. Champion-Jockey und Champion-Trainer trennten sich (aber in seinem Treppenhaus hat Murless immer noch ein Bild hängen, das, auf schwarzem Samt gemalt, Lester Piggott mit Prinz Ali Khans »Petite Etoile« zeigt).

Piggott beschloß, sich künftig nicht mehr fest an einen Rennstall zu binden, sondern nur noch als freier Jockey zu reiten. Für jeden, der ihm einen Job und ein Pferd gab.

Das war keine leichte Entscheidung. Lester war noch nicht allzulange verheiratet. Als er (am 22. Februar 1960) die Trainer-Tochter Susan Armstrong unter dem Jubel seiner Fans und etlichen Zentnern Konfetti in der St. Mark's Kirche in London vor den Altar führte, hatte er ihr ein sorgloses Leben versprechen können. Nun waren zwei kleine Kinder im Haus – und er stand ohne Vertrag da. Überdies: freie Jockeys gab es selten. Das fing eigentlich erst mit Piggott an.

Immerhin, aus einer Trainer-Familie stammend, war Susan an die Wechselfälle des Turflebens gewöhnt. Unverdrossen übernahm sie neben ihren Haushalts- und Mutterpflichten auch noch die Aufgabe eines Managers für ihren Mann. Sie führte seine Telefongespräche, arrangierte seine Termine. Mit einem Job als Einkäuferin bei einer Vollblut-Handelsagentur (»Pegasus Bloodstock Agency«) half sie, zusätzliches Haushaltsgeld herbeizuschaffen.

Für Lester ließ sich die neue Selbständigkeit nur schwer an. Seine Erfolgsquote sank. Nicht, weil er nun schlechter geritten wäre, sondern weil ihm nun nicht mehr so viele Klassepferde zur Verfügung standen.

In seinem letzten Jahr bei Murless hatte er noch 191 Sieger über die Ziellinien geritten (die höchste Zahl in seiner Karriere überhaupt). Insgesamt hatte er 28 v. H. seiner Rennen erfolgreich bestritten (auch das eine Prozentzahl, die er nie wieder erreichte). Doch in seinem ersten Jahr als freier Jockey kam er nur auf 117 Siege (und eine Erfolgsquote von 21 Prozent).

Erst zwei Jahre später hatte er sich wieder gefangen: 1969 kam er wieder auf 163 Siege (27,16 Prozent). Er hatte die Durststrecke überwunden. Allerdings hatte er im Vorjahr wieder ein Derby gewonnen – auf Vincent O'Briens Sir Ivor.

Ehrenvoller Trost: den Titel »Champion-Jockey« hatte er auch in den beiden Jahren der Umstellung nicht verloren – es gab keinen besseren Jockey.

Mit vier Derby-Siegen konnte er nun sein größtes, heimliches Ziel in Angriff nehmen: die legendären Jockeys früherer Generationen zu übertreffen ...

Lester Piggott ist von den Turfhistorikern oft mit dem berühmtesten Jockey des 19. Jahrhunderts, Fred Archer, verglichen worden.

Wie Lester Piggott kam auch Archer aus einer Reiterfamilie. Wie Piggott war Archer ziemlich groß für einen Jockey (sogar 1,75). Wie Piggott lag Archer ständig im Kampf mit seinem Gewicht. Auch er war der Liebling des Publikums. Mit fünf Derby-Siegen war er schon zu Lebzeiten sein eigenes Denkmal.

Doch da enden die Vergleiche. Im Gegensatz zu Piggott war Archer den Freuden des Lebens sehr zugetan. Und er träumte immer davon, seinen sportlichen Ruhm mit gesellschaftlichem Glanz zu krönen. Eine Zeitlang machte er der Witwe des Herzogs von Montrose den Hof. Das war eine exzentrische, alte

Dame mit stark geschminktem Gesicht und goldgefärbten Haaren. In ihrer Jugend hatte sie unter dem Decknamen »Mr. Manton« auch selbst Rennen geritten. Ein Musical mit dem Titel »The Sporting Duchess« verbreitete den Ruhm ihrer verrückten Launen von den Londoner Bühnen.

Als Archer erfuhr, daß er durch eine Heirat mit der Herzogin keineswegs Herzog würde, kühlte sich seine Leidenschaft ab. Die Pferde der Herzogin wollte er jedoch weiterhin reiten.

Inzwischen war er fast 59 Kilo schwer geworden. Um den Hengst St. Mirin reiten zu können, mußte er auf 53,5 Kilo herunter. Trotz Hungerkuren kam er nur auf 54 Kilo. Das letzte Pfund wollte einfach nicht vom Fleisch. Das Rennen verlor er um eine Kopflänge.

Von der Schlankheitskur entkräftet, vom Schwitzen beim Reiten erkältet, erkrankte er an Typhus. Im Fieberdelirium erschoß er sich. Er hinterließ 60 000 Pfund. Und die Herzogin, siebzig Jahre alt, heiratete einen jungen Pferdefreund von 24 Jahren . . .

Steve Donoghue war der Jockey mit dem höchsten Derby-Rekord. Er hatte Englands geheiligtstes Rennen sogar sechsmal gewonnen. Donoghue wurde 1884, zwei Jahre vor Archers Selbstmord, als Arbeiterkind in Lancashire geboren. Als Zwölfjähriger arbeitete er schon in einer Eisengießerei. Mit verbissener Zähigkeit schuftete er sich in der starren Rennstall-Hierarchie vom Stalljungen zum Star-Jockey hoch. Von den amerikanischen Jockeys, die um die Jahrhundertwende über die englischen Rennbahnen hereinbrachen, übernahm er den neuen Stil, weit vorgebeugt auf dem Hals der Pferde zu reiten.

Bis dahin hatten die englischen Jockeys sehr gentleman-like auf dem Rücken der Pferde gesessen, mit langem Bein und langem Zügel. Als Amerikaner wie Tod Sloan, Skeets Martin und die Gebrüder Reiff, schließlich auch Sam Donoghue mit ihrer Stromlinienhaltung antraten, begegneten sie schallendem Gelächter. Doch die »Affen auf dem Ast« entführten einen Sieg nach dem anderen. Da mußten sich auch die konservativeren englischen Jockeys der neuen Mode und dem Tempo anpassen.

Von da an hagelte es Sensationen. 1901, 1905 und 1906 wurden im Derby immer neue Rekorde aufgestellt. Der Hengst Mahmoud legte 1936 die Derby-Strecke um 27 Sekunden schneller zurück als Flying Dutchman im Jahr 1849 . . .

Den letzten großen Gentleman des Turfs lernte Lester Piggott in »Warren Place« kennen: Sir Gordon Richards. Mit 26 Jahresbestleistungen als »Champion-Jockey«, wenn auch nur einem Derby-Sieg, war Sir Gordon der König der Rennbahnen, als Lester Piggott seine Karriere begann. Richards, klein, stämmig, mit Zangenbeinen und ohne Gewichtsprobleme, besaß die ideale Jockey-Kondition.

Als Lester Piggott seine ersten Lehrlings-Rennen gewann, war Richards der größte Matador von »Warren Place«. Er schien das Geheimnis der ewigen Jugend gepachtet zu haben. Mit 49 Jahren holte er sich noch – endlich – seinen ersten Derby-Triumph (auf Pinza). Ein Jahr später setzte eine Hüftverletzung, nach einem Sturz in einem Rennen, seiner Karriere ein Ende. Das war 1954

– zwei Jahre, nachdem er von der Königin geadelt worden war – und nun war der Weg frei für Lester Piggott.

Allerdings: der junge Aufsteiger hatte sich nie von der Denkmalsaura Richards' beeindrucken lassen. Vom ersten Hufschlag an war Lester Piggott von seinem eigenen Wert überzeugt. »Es zahlt sich nicht aus, Vorbildern zu folgen«, erklärt er. Und: »Wenn man so groß ist wie ich, muß man sich seinen eigenen Stil suchen.«

Zu Lesters Stil gehören auch Frechheit und Waghalsigkeit. War Richards ein vornehmer, regelbewußter Reiter, so ist Lester ein halsbrecherischer Draufgänger. Verwarnungen, Bestrafungen und Sperrungen begleiten seine Karriere seit der Lehrlingszeit.

»Piggott kämpft wie Cassius Clay, um zu siegen«, sagen seine Kritiker. Das Publikum liebt ihn um so mehr dafür: Die Leute vor den Wettschaltern wissen, daß sie für ihren Wetteinsatz den vollen körperlichen Einsatz ihres Lieblings-Jockeys bekommen.

Schon als 15jähriger ließ Lester keinen Zweifel, daß große Namen ihm keine Angst machen. Mit respektloser Bravour ritt er scharf gegen Gordon Richards und Scopie Breasley an (der ebenfalls viermal Champion-Jockey war). Die Folge dieser Rempelei: Sperre für den Rest der Saison.

Vier Jahre später mußte er abermals eine halbe Saison lang zwangspausieren. Bei den »King Edward Stakes« in Ascot hatte er sich mit seinem Hengst Never Say Die (auf dem er vierzehn Tage vorher das Derby gewonnen hatte) aus einem Pulk freigekeilt, der ihn in die Zange genommen hatte.

Das Schiedsgericht begründete sein Urteil mit den Worten: ». . . und haben wir, sowohl in dieser Saison wie auch in früheren, von Ihrer gefährlichen und störenden Reitweise Feststellung machen müssen, sowie auch von der Tatsache, daß Sie, trotz wiederholter Warnungen, die Rennregeln und die Sicherheit anderer Jockeys völlig außer acht lassen . . .«

Der Jockey Club verwarnte und sperrte vergebens. Bei einem späteren Rennen, wieder in Ascot, fühlte sich Geoff Lewis von Piggott behindert (Lewis war inzwischen Piggotts Nachfolger als Chef-Jockey von »Warren Place« geworden und hatte in einem Interview voreilig erklärt: »Nun habe ich die besten Pferde, damit werde ich Lester schlagen!«). Piggott erschien – als erster Jockey – mit einem Rechtsanwalt vor dem Sportgericht. Er kam mit einem blauen Auge davon. Geoff Lewis wurde wegen einer falschen Aussage streng verwarnt.

In Frankreich wurde Piggott ebenfalls mehrfach für kurze Zeit gesperrt – und Urteile eines Rennsportgerichts gelten international.

Der Rauhreiter nimmt allerdings auf sich selbst ebensowenig Rücksicht wie auf andere: Zweimal hat er sich das Schlüsselbein gebrochen, einmal ein Bein und dreimal die Nase.

Auch außerhalb der Rennbahnen lebt Piggott gefährlich. Nach eigenem Eingeständnis hätte er, wenn er nicht Rennreiter geworden wäre, am liebsten als Rennfahrer Karriere gemacht. Entsprechend ist sein Fahrstil. Mit seinem Sportwagen hat er sich unzählige Strafmandate wegen Geschwindigkeits-Überschreitungen errast.

Einmal nahm Piggott in seinem Jaguar den Kollegen Harry Carr zu einem Rennen mit. Auf halbem Weg sah Carr sich veranlaßt, ein Ultimatum zu stellen: »Entweder ich fahre den Wagen, oder ich steige auf der Stelle aus. Wie du fährst, komme ich völlig entnervt am Rennplatz an . . .«

Auf Bitten seiner Frau Susan läßt sich Lester nun von einem Chauffeur kutschieren. Den Jaguar hat er inzwischen gegen einen Mercedes umgetauscht.

Bleibt die Frage, ob Lester Piggott ein ausgeglichener, fröhlicher Mensch wäre, wenn er nicht ständig zehn Kilo unter seinem Normalgewicht leben müßte. Der Champion erklärt dazu: »Ich habe auf mein Gewicht achten müssen, seit ich erwachsen bin. Ich kenne also nichts anderes. Ich weiß deshalb auch nicht, ob ich einen anderen Charakter hätte, wenn ich wie normale Menschen leben – und essen – würde.« Ihn juckt auch nicht der Ehrgeiz, von der Königin den Adelstitel »Sir« verliehen zu bekommen – wie andere große Sportler vor ihm (Sir Gordon Richards zum Beispiel, sein Kollege, oder Sir Alf Ramsay, der Fußballtrainer). Piggott, noch nicht vierzig, sagt dazu: »Ich finde es lächerlich, wenn ein Mann vor seinem fünfundsechzigsten Lebensjahr geadelt wird. Aber dann muß er auch immer noch etwas leisten in seinem Beruf.« Piggott will allerdings nur noch bis zu seinem fünfundvierzigsten Lebensjahr Rennen reiten.

Sicher ist: Lester Piggott hat keine Lust auf den Luxus, den er sich für sein Geld leisten könnte. »Die meisten Menschen«, sagt er, »arbeiten angestrengt, um viel Geld zu verdienen, damit sie sich ihren Spaß leisten können. Bei mir ist das anders. Ich habe meinen Spaß beim Rennen.« Und er fügt hinzu: »Ich würde auch reiten, wenn ich dafür bezahlen müßte.«

Andere Jockeys reiten, um in der »toten« Saison das heiße, süße Leben von Filmstars führen zu können. Kommt der Frühling, müssen sie sich ihr angelastertes Übergewicht in Gummianzügen und Saunas herunterschwitzen und mit Abführ- und Entwässerungspillen aus dem Leib stoßen. Das Bild vom Jockey, der sich auf der Toilette neben den Wiegeräumen den Finger in den Hals steckt, um möglicherweise noch ein paar Gramm Galle loszuwerden, ist keine Karikatur. Die Rennärzte nennen das den »Albatros-Trick«: Albatrosse können sich manchmal, nach üppigen Fischmahlzeiten, nicht mehr vom Boden erheben. Die großen Vögel würgen dann solange, bis sie das richtige Startgewicht haben. Der Dubliner Arzt Dr. Austin Durragh weiß: »Die meisten Jockeys verbringen die Hälfte ihres Lebens zwischen Sauna und Toilette.«

Für Lester Piggott besteht diese Gefahr nicht. Dank seines Temperaments sind ihm nicht einmal Siegesfeiern ein Anlaß, über die Stränge zu schlagen. Außerdem gesteht er sich keine »tote Saison« zu. Wenn die englischen Rennbahnen still unterm Schnee liegen, reitet Piggott in sonnigeren Erdteilen, in Südafrika, Südamerika, Indien oder Australien. Urlaub langweilt ihn. »Als ob er«, sagt Engelhards Renn-Manager David McCall, »ein schlechtes Gewissen hätte, wenn er nichts tut.«

Alles spricht dafür: Dieser kommunikationsarme, geschwindigkeitsbesessene, rauflustige und ungesellige Mann lebt nur dann richtig auf, wenn er auf einem Pferd sitzt. Pferde verstehen ihn, was Pferde sagen, hört er immer.

Dieser Mann, von strenger Disziplin gegen sich selbst und zielbewußter Rücksichtslosigkeit gegen Konkurrenten – das mußte ein Mann nach Charles Engelhards Herzen sein.

Als Charles Engelhard sein erstes Pferd in England kaufte – die vierjährige Stute Ticklish – war Lester Piggott sein erster Jockey. Engelhard erkannte die Qualitäten des damals 24jährigen, zweimaligen Derby-Siegers mit einem Blick. Auch Lester fand, der kontroverse Mr. Engelhard sei »a nice man«, ein »netter Mensch« – aus dem Munde eines Wortkargen, der mit Komplimenten sorgsamer umgeht als Preziosensammler mit seltenen Steinen, eine überschwengliche Anerkennung.

Piggott holte auch prompt bei seinem ersten Rennen auf Ticklish – im »Testout Handicap« in Sandown, über zwei Meilen, am 12. August 1959 – den ersten Platz für Engelhard.

Engelhard verdankt Piggott fast alle Rennerfolge in England. Piggott verstand sich vor allem auf den Umgang mit den launischen, von Engelhard so hochgeschätzten Ribot-Sprößlingen. (»Bei einem Ribot muß man immer den entscheidenden Augenblick abwarten, wo er Lust aufs Rennen bekommt. Wer ihn vorher zu treiben versucht, verliert ihn aus der Hand«, weiß Piggott.)

Als Engelhard erkannte, was für ein Erfolgspotential ihm mit Nijinsky in die Hand geraten war, gab es keine Sekunde des Zögerns: Piggott mußte Nijinsky reiten.

In den »Dewhurst Stakes« hatten Jockey und Pferd einander getestet. Nun aber, vor den »2000 Guineas«, dem ersten klassischen Rennen der Saison, wußte Lester Piggott, daß er vor der entscheidenden Herausforderung seiner Karriere stand . . .

Newmarket: Tummelplatz für Pferde, Könige und Räuber

Als Nijinsky zum »2000-Guinea«-Rennen in Newmarket eintraf und, von Johnny Brabston und Danny Sullivan geführt, mit steifen Gelenken aus dem Transportwagen stapfte, um in den Stallungen unweit der Rennbahn Quartier zu beziehen, bewegte er sich auf historischem Boden.

Hier hatten sich schon fast vierhundert Jahre zuvor edle – nein, nicht ganz so edle – Rennpferde getummelt. Alte Chroniken vermelden, daß sich bereits im Jahr 1605 der rauhbauzige König Jakob I. mit seinen Freunden beim Pferderennen verlustierte. So darf sich Newmarket als der Geburtsort der Pferderennen rühmen – und verdient deshalb zweifelsohne eingehendere Betrachtung.

Damals freilich war Newmarket noch ein bescheidenes Dorf mit windschiefen Holzhütten. Und da, verständlicherweise, selbst das beste Gasthaus am Platze, »The Griffin«, den königlichen Ansprüchen nicht zu genügen vermochte, ließ König Jakob sich hier einen weitläufigen Palace erbauen. Zwar nahmen die Stallungen den größeren Teil des Schloßgeländes ein, doch war auch an die Installierung einer eigenen Brauerei gedacht worden, denn Rennen machen durstig. Finanzen waren für ihn zwar immer ein Problem, denn das Parlament hielt ihn knapp, aber er beschaffte sich Geld, indem er großspurig Adelstitel verkaufte. Daß er die stolzen Fregatten der Königlichen Marine als Pferdetransporter mißbrauchte, um windschnelle Araberpferde zu importieren, betrübte derweil die Admiralität aufs tiefste.

König Jakobs Bemühungen um den Pferdesport sind den Historikern nie ganz verständlich geworden, denn der Monarch machte zu Pferde eine ziemlich miserable Figur, und er saß wohl auch nicht immer fest im Sattel. Einmal stürzte er in den Fluß, und nur noch seine himmelwärts gerichteten Stiefel markierten den Ort seiner königlichen Gegenwärtigkeit. Glücklicherweise konnte er von sattelfesteren Kumpanen aus dieser unmajestätischen Situation gerettet werden. Dem Aufstieg Newmarkets zum Mekka des Pferdesports stand nun nichts weiter im Wege.

Seinen aristokratischen Freunden zu Gefallen, denen Pferderennen, damals zumeist noch über vier Meilen, der liebste Zeitvertreib waren, stiftete König Jakob als Siegerpreis eine silberne Glocke. Die demzufolge »Bell Courses« genannten Rennen figurieren bis in die jüngste Zeit der Renngeschichte von Newmarket als bedeutsame Turf-Ereignisse.

Jakobs Nachfolger Charles baute das königliche Gestüt weiter aus, er holte temperamentvolles Vollblut nach Newmarket, so zum Beispiel für 154 Pfund den berühmten »Markham Arabian«. Er beschäftigte zeitweise rund 170 Domestiken allein zur Pflege seiner Pferde, 139 an der Zahl (er holte übrigens auch die Maler Rubens und Van Dyck nach Newmarket, von denen er sich in erhabenen Positionen porträtieren ließ).

Unter Cromwells Bürgerkriegs-Regime verwaisten die damals schon vorbildlichen Rennanlagen eine Zeitlang.

Nicht, daß Cromwell etwas gegen Pferde gehabt hätte. Im Gegenteil, auch der Volksführer legte sich, sobald er sein eigenes Establishment geschaffen hatte, einen teuren Rennstall zu (schließlich war er ein *englischer* Revolutionär), und das Prachtstück seiner Kollektion war der angesehene Hengst »White Turk«.

Nein, Cromwell fürchtete nur, Rennveranstaltungen könnten sich zu politisch brisanten Versammlungen des verhaßten Adels entwickeln.

Was ihm dennoch nicht viel half: Der Adel wußte auch anderswo zu konspirieren – und vielleicht verstärkte das Verbot der allseits beliebten Rennen noch den wachsenden Widerstand gegen Cromwell.

Bald hatte England seinen König wieder – und auch die Rennen.

Wie Adel und Volk war auch König William III. keineswegs immun gegen den stärksten Nebeneffekt der Rennleidenschaft: das Wettfieber. Ja, offenbar glaubte er, auch darin der Erste seines Landes sein zu müssen. Im Jahr 1698 setzte er über zweitausend Pfund, die damals noch ihr ganzes Gewicht in Gold wert waren, auf eins seiner Pferde. Er gewann natürlich.

Im Lauf der Zeit machte sich die Notwendigkeit immer stärker fühlbar, zur Aufstellung von Renn- und Wettregeln wie zur Schlichtung von Streitfällen eine allgemein anerkannte Autorität zu schaffen. Diese »Aktion saubere Rennbahn« führte zur Gründung des »Jockey Clubs«.

Dabei ist anzumerken, daß man damals unter »Jockey« keineswegs einen professionellen Lohnreiter verstand. Ein »Jockey« war vielmehr ein Gentleman, der aus Lust an Ruhm und Wettbewerb seine eigenen Pferde ritt. So ist auch heute der »Jockey Club« keineswegs eine Reitergewerkschaft, sondern vielmehr eine exklusive Gesellschaft vornehmlich aristokratischer Pferdeliebhaber.

Das genaue Gründungsdatum des Jockey Clubs ist nicht festzustellen – es muß so um 1750 gewesen sein –, aber seinen Hauptsitz nahm er natürlich in Newmarket. Die Herrenreiter tagten zuerst im »Red Lion«, im Gasthaus zum Roten Löwen, der auf der heutigen »Old Station Road« gelegen war. Später zogen sie in eigene Baulichkeiten um, die sie in feiner Untertreibung »Coffee Room« nannten, obwohl Kaffee nicht das meist ausgeschenkte Getränk war.

Die Lords aus dem »Coffee Room« erfüllten die einst so stille, kleine Welt von Newmarket fortan mit einem funkensprühenden gesellschaftlichen Leben voller burschikoser Ausgelassenheit. Geschichten von den Gentlemen aus dem alten »Jockey Club« zu erzählen und zu hören, ist heute noch ein abendfüllendes Vergnügen, wenn sich nach heißen Renntagen die Pferdefreunde aller Kreise in den Pubs von Newmarket zum Ale- und Porter-Bier treffen und der Whisky-Krug die Runde macht.

Unsterblich sind die Geschichten der höchst skurrilen Wetten, die hier in Newmarket ausgetragen wurden. Ein Mr. Jenison Shafto zum Beispiel gewann die Kleinigkeit von 16000 Pfund, als er wettete, er könne eine Strecke von fünfzig Meilen zu Pferde in zwei Stunden zurücklegen. Er schaffte die unglaubliche Distanz sogar in 109 Minuten und 17 Sekunden. Allerdings benutzte er dafür eine Staffette von zehn Pferden. Aber er hatte ja nicht gesagt »auf einem Pferd«, sondern nur: »zu Pferde«.

So hochwohlgeboren die meisten Herren waren, die auf dem Turf von Newmarket den Ton angaben – es waren nicht immer die ganz feinen Damen, die rund um den Turf von Newmarket ihren Liebreiz erblühen ließen. Doch selbst die großzügigsten Gemüter fühlten sich erschüttert, als eines Samstagsnachmittags der dritte Herzog von Grafton, seinerzeit Premierminister, auf der Rennbahn erschien – Arm in Arm mit einer gewissen Mrs. Horton, die in dem Ruf stand, keinen guten Ruf zu besitzen, jedenfalls gesellschaftlich nicht.

Die schlimmste Sünde gegen den guten Ton des »Jockey Clubs« bestand wohl eher darin, durch Wettverluste Bankrott zu machen. Unzählig sind die Fälle reichgeborener Aristokraten, die bei mißglückten Pferdewetten ihr ganzes Familienvermögen verloren. Die Chronik ist voll von jungen Grafen, Lords und Herzögen, die es verstanden, in wenigen Jahren, vom Zeitpunkt ihrer Großjährigkeit an gerechnet, mit etlichen hunderttausend Pfund unter die Hufe etwas zu langsam laufender Pferde zu geraten und noch vor der Erreichung ihres dreißigsten Lebensjahres ihrem Leben mit einer schnellen Kugel ein Ende zu machen.

Da sich unter den verarmten Hinterbliebenen dann meist auch eine große Anzahl von Buchmachern und Geldverleihern befand, versuchten diese oft mit kriminellen Manipulationen sich anderweitig schadlos zu halten. So kam es immer wieder zu Rennbetrügereien. Falsche Pferde wurden untergeschoben, richtige Pferde an Sieg oder Niederlage gehindert – je nachdem wie die Wetten lagen – und ab und zu wurden auch Pferde verletzt oder vergiftet. Nicht nur alles Glück, sondern auch alle Laster dieser Erde lagen auf dem Rücken der Pferde.

Hier hat der Jockey Club unzweifelhaft unschätzbare Dienste geleistet, um die Pferde-Society vor schlimmer Zügellosigkeit zu bewahren. Eins muß man da den Reitherren lassen: So freizügig sie in der privaten Auslegung von Moral und Disziplin waren, so beinhart sorgten sie auf der Rennbahn für Recht und Ordnung. Da wichen sie auch vor gekrönten Häuptern keinen Fingerbreit von ihren selbstverfügten Regeln ab. König George IV., damals noch Kronprinz (Prince of Wales), bekam es 1791 zu spüren.

Es war ein umstrittener Fall, und eigentlich ging es auch gar nicht um George, sondern um seinen Jockey Sam Chifney und seinen Hengst Escape.

An einem Renntag im Oktober ging das Pferd des Prince of Wales als letzter durchs Ziel – obwohl es stark favorisiert und hoch gewettet worden war. Die Enttäuschung war gewaltig und die Wettverluste waren enorm.

Am nächsten Tag trat Escape wieder an den Start, wieder unter Jockey Chifney. Nach den Erfahrungen des Vortages standen die Wetten nunmehr fünf zu eins gegen Escape. Doch diesmal gewann der Hengst. Die Enttäuschung steigerte sich zum Skandal. Um so mehr, als bekannt wurde, daß Jockey Chifney beim ersten Rennen *gegen*, beim zweiten Rennen *auf* Escape gesetzt hatte (damals durften Jockeys noch auf ihre eigenen Rennen wetten).

Beim ersten Rennen soll Chifney siebenhundert Pfund, beim zweiten noch einmal hundert Pfund gewonnen haben – so wollten es die Gerüchtemacher wissen.

Es folgte eine hochnotpeinliche Untersuchung vor dem Jockey Club. Sam Chifney schwor seinem Herrn, dem Prinzen, hoch und heilig, nichts Unrechtes getan zu haben. Das wechselhafte Rennglück sei einzig auf die Launen von Escape zurückzuführen. Der Jockey Club glaubte dem Jockey nicht, der Prinz schwor auf die Ehrlichkeit seines Jockeys. Sam Chifney wurde des Turfs verwiesen – und der Prince of Wales löste seinen Stall in Newmarket auf und setzte nie mehr wieder einen Fuß in den Jockey Club.

Ein stolzes Beispiel für die Prinzipienstärke des »Jockey Clubs«, ein rührendes Beispiel aber auch für den Treuebegriff eines königlichen Gentleman!

Es war auch im Jockey Club von Newmarket, wo im Lauf der Zeit die meisten Regeln und Vorschriften entwickelt wurden, die bis auf den heutigen Tag auf allen Rennplätzen der Welt gültig sind. Zum Beispiel, daß jeder Jockey (oder Pferdebesitzer) seine Pferde unter einer bestimmten, eingetragenen Farbe reiten müsse, damit der Rennverlauf auch bei größeren Entfernungen deutlich zu beobachten sei. Das war 1762.

Um die Wende zum 20. Jahrhundert setzte sich Lord Dunham, prominentes Jockey-Club-Mitglied, für die Einführung der Startmaschine auf den Rennbahnen ein. Wie immer, wenn Neuerungen vorgeschlagen werden, war auch hier die Opposition zuerst recht stark. Es wurde befürchtet, Pferde könnten sich an dem Gerät verletzen. Zum erstenmal wurde die Startmaschine 1898 ausprobiert. Der Test verlief zufriedenstellend, von 1902 an war die Startmaschine allgemein in Gebrauch.

Das Rennen um die »2000 Guineas« (1 Guinea = 1 Pfund + 1 Schilling) wurde 1809 zum erstenmal ausgetragen.

Newmarket blieb auch dann noch die Metropole des englischen Rennsports, als gegen Ende des 19. Jahrhunderts die Zahl der Rennen in England so stark anwuchs, daß sie kaum noch zu überblicken war.

Der Jockey Club, inzwischen zur höchsten Schiedsgerichts-Institution in England herangewachsen, verkündete, daß die Genehmigung für neue Rennen nur noch in ganz besonderen Fällen erteilt würde. Seiner gesteigerten Bedeutung entsprechend, hatte der Jockey Club auch seine Räumlichkeiten vergrößert. 1882 wurde ein Gebäude errichtet, das auch 56 Wohnschlafzimmer enthielt, die auswärtigen Mitgliedern des Jockey Clubs an Renntagen zur Verfügung standen. König Edward ließ sich im Jockey Club sogar eine eigene Suite reservieren. Als der berühmte Londoner Pferdehändler Tattersall anfing, auch in Newmarket alljährlich eine große Jährlings-Versteigerung abzuhalten (immer im Dezember), gab es auch im Winter für das Provinzstädtchen keine tote Saison mehr. Lords bauten sich Landhäuser in Newmarket, Millionäre Herrenhäuser und Könige Lustschlösser. Leopold de Rothschilds Residenz ist hier ebenso eine Sehenswürdigkeit wie der Pavillon, den Charles II. für seine Favoritin Nell Gwynne baute. Und zu den historischen Kuriositäten von Newmarket zählt auch die Geschwindigkeitsbegrenzung für Autos auf 15 Kilometer, die 1905 verfügt wurde (Pferde freilich durften mit 50 Sachen durch die Stadt galoppieren). Wichtigster Wallfahrtsort aber ist, zehn Kilometer östlich, abseits der Landstraße nach Bury St. Edmunds, das Grab eines kleinen Jungen, der vor vielen Generationen wegen Schafdiebstahls gehängt wurde. Zigeuner pflegen dieses Grab, und die Sage will wissen: Wenn Blumen auf dem Grab blühen, dann gewinnt ein Pferd aus Newmarket das nächste Derby.

Der Erste Weltkrieg beeinträchtigte den Rennsport einigermaßen. Es fanden nur einige wenige Rennen statt, um die hohe Zucht- und Leistungsqualität des englischen Vollblüters in einem notwendigen Mindestmaß aufrechtzuerhalten. Viel gefährlicher für den Rennsport war, nach dem Krieg, der Einbruch des Gangstertums in die englischen Rennbahnen. Bewaffnete Banden erpreßten Buchmacher, Trainer und Pferdebesitzer; wie Gerüchte immer wieder wahrhaben wollten, auch sogar Jockeys. Taschendiebe und Betrüger machten sich breit. Schließlich kämpften rivalisierende Verbrecherbanden aus London und Birmingham sogar mit Rasierklingen, Messern, Flaschen und Revolvern um die Kontrolle über die schmutzigen Geschäfte auf der Rennbahn.

Die Polizei schien machtlos. Um die Rennplätze wieder zu einem Ort ungestörten Volksvergnügens zu machen, stellte der Jockey Club schließlich seine eigene Ordnungstruppe auf. Unter der Führung eines Majors nahm ein privates Kommando von ehemaligen und abgeworbenen Polizisten erfolgreich den Kampf gegen die Unterwelt auf.

Auch der Zweite Weltkrieg brachte dem englischen Rennsport drastische Einschränkungen. Der Jockey Club empfahl, nur eine Mindestzahl von hochqualifizierten Pferden im Training zu halten. Pferdefutter wurde rationiert. In Newmarket kamen 196 Morgen Land des Renngeländes unter den Pflug. 1668 Morgen wurden von der Armee beschlagnahmt. Nur in ganz bescheidenem Rahmen fanden jetzt noch Rennen statt. Immerhin wurden die »2000-Guineas-Stakes« im Kriegsjahr 1942 von einem Pferd König Georgs VI. gewonnen, von Big Game. Im Vorjahr hatten Bomben das Haus des »Marlborough Clubs« zerstört und sogar das »White Hart Hotel«, in dem seit hundert Jahren die Prominenz abzusteigen pflegte. Kurz darauf starb dann, 71jährig, der aus Deutschland eingewanderte Otto Madden, der 1898 das Derby gewonnen hatte, viermal Champion-Jockey war und zuletzt seinen Lebensunterhalt als Küster in der Pfarrkirche von St. Agnes verdiente.

Derby-Tag in Epsom. 250000 Besucher feiern ein Volksfest

Glanz und Glorie in Epsom: Königin Elizabeth und Prinz Philip

Die Militärkapelle der Bärenmützen spielt in den Rennpausen

Rund um die Rennbahn: Zylinder und Jahrmarkt, Volksfest und Vollblüter

Das Rennen ist gelaufen. Ein Buchmacher trägt sein »Geschäft« nach Hause

Newmarket erholte sich schnell vom Krieg. 1953 feierte Newmarket die »2000 Guineas« glanzvoll wie in alten Zeiten: Königin Elizabeth kam zum Rennen – es war der erste Besuch einer regierenden englischen Königin seit 250 Jahren. Leider regnete es, und Elizabeths Pferd lief erst zehn Längen hinter dem Sieger durchs Ziel.

Newmarket ist, wie seit fast vierhundert Jahren, die Metropole des englischen Pferderennsports. Andere Rennplätze mögen mehr spektakulären Glanz um sich verbreiten: Epsom als Austragungsort des berühmtesten aller englischen Rennen, des Derbys mit Volksfestatmosphäre; Ascot als bunter Jahrmarkt der Eitelkeiten, Treffpunkt der modischen Eleganz und aristokratischer Traditionen.

Wenn dies die Schmuckstücke des englischen Rennlebens sind, dann ist Newmarket eher ein Industrie-Diamant: Steht dort alles im Zeichen des Vergnügens an edlen Rennpferden, dann hier alles im Zeichen der Arbeit für den Vollblüter.

Das beginnt mit den Trainings-Gestüten in der unmittelbaren Nachbarschaft, wo zur Zeit über zweitausend Galopper auf Erfolg programmiert werden, und hört mit den großen Versteigerungen, die am Ende eines jeden Jahres stattfinden, wenn die Saison vorüber ist, noch lange nicht auf. Und wie im deutschen Wolfsburg alle Welt für den Volkswagen, im südafrikanischen Kimberley alle Welt fürs Gold arbeitet und davon lebt, so steht in Newmarket jede Familie im Dienst und im Lohn des Rennpferdes.

Das Rennen um die »2000-Guineas-Stakes« ist, kein Wunder, der höchste Feiertag in Newmarket. Und so trat also Nijinsky an jenem Aprilnachmittag auf der Heide von Newmarket vor dem wohl sachverständigsten und kritischsten Publikum der englischen Rennbahnen an.

Der Buchmacherkönig von England zweifelt an Nijinsky

Als Lester Piggott mit Nijinsky in der Startmaschine stand – unbewegten Gesichts, wie immer, nur die beiden Falten links und rechts von seinem Mund schienen sich tiefer eingegraben zu haben als sonst –, glitt sein Blick unwillkürlich zur Seite. Dort saß, klein, schwarzhaarig, der Franzose Yves Saint-Martin weit vornübergebeugt auf seinem Pferd, auf dem amerikanischen, in Frankreich trainierten Hengst Ambarama: Yves Saint-Martin, der Meisterjockey aus Paris, den man zuhause den »französischen Lester Piggott« nennt. So, wie die französischen Zeitungen, wenn sie ihren Lesern die Meisterschaft Piggotts deutlich machen wollen, Lester den »englischen Yves Saint-Martin« nennen.

Wenn Lester Piggott auf Yves Saint-Martin trifft – der erfolgreiche in sich gekehrte Schweigsame mit dem Ledergesicht auf den sieggewohnten Star-Jokkey mit dem Playboylächeln –, dann ist immer ein wenig persönliche Eifersucht dabei . . .

Zwei weitere Pferde französischer Trainer waren am Start: Roi Soleil und Without Fear. Bei seinem ersten Rennen in einem englischen »Classic« mußte Nijinsky also auch gegen eine starke internationale Konkurrenz antreten.

Während der Starter sich noch mühte, den nervösen Shiny Tenth in seine Startbox zu lancieren – Shiny Tenth, der kurz vorher in eindrucksvoller Form das »Free Handicap« gewonnen hatte, war am Morgen von einem unachtsamen Stallburschen leicht am Fuß verletzt worden, nur ein Kratzer, aber vielleicht doch Ursache einer leichten Unbequemlichkeit –, währenddessen mußte Piggott sich überlegen, daß ein Mann wie Saint-Martin immer eine Bedrohung bedeutet.

Als das Kommando des Starters ertönte, brach das gesamte Feld in Sekundenschnelle kraftvoll nach vorn. Ambarama schoß vor allen anderen pfeilschnell voraus und setzte sich so selbstsicher an die Spitze, daß es im ersten Augenblick zweifelhaft schien, ob Saint-Martin jemals wieder einzuholen war.

Hinter Ambarama, dicht aufgeschlossen, Huntercombe und Interceptor.

Dann Without Fear, der Franzose. Dann, ganz auf der Außenseite, Yellow God unter dem erfahrenen Jockey Bill Williamson. Vor Nijinsky kam noch Malvasia, hinter ihm kämpfte Tamil, der sich an den Wettschaltern als zweitstärkster Favorit erwiesen hatte, um einen ausbaufähigen Platz im Mittelfeld. Double Cream, der schlecht vom Start weggekommen war, Joshua, Saintly Song, Walkie Talkie und Shiny Tenth mit seinem zerkratzten Fuß hielten angestrengt Fühlung.

So war Nijinsky wieder einmal, wie bisher bei jedem Rennen, auf den ersten ein- oder zweihundert Metern, unauffällig aber lauernd, im Mittelfeld plaziert.

Als die Kavalkade in die zweite Hälfte der Meile hineindonnerte, lag Yves Saint-Martin mit Ambarama immer noch vorn. Yellow God hielt sich weiterhin auf der Außenseite, dicht am Zaun. Huntercombe und Without Fear waren auch bei diesem rasenden Tempo noch nicht abzuschütteln. Shiny Tenth hatte sogar Boden gutgemacht. Nijinsky segelte, nach wie vor, im Windschatten der Spitzengruppe.

Auf der Tribüne herrschte gefaßte Spannung, denn inzwischen war es ja kein Geheimnis mehr, daß Nijinsky immer erst auf den letzten Achtelmeilen seine sagenhafte Beschleunigung ausspielte. Nur hier und da stöhnte ein Zweifler mit schwächeren Nerven auf: Würde er es auch diesmal schaffen, wo Ambarama so gut in Front lag, wo Lester Piggott gegen einen Meister anzukämpfen hatte, der mindestens so viele Tricks kannte wie er selbst?

Auf der für die Mitglieder des »Jockey Clubs« reservierten Etage der Tribüne reichte Vincent O'Brien seinem Ehrengast den Feldstecher. E. P. Taylor war aus Kanada herübergekommen, um sein Wunderpferd bei seinem ersten Duell in einem klassischen englischen Rennen zu erleben.

Das Feld stürmte nun auf den fünften Furlong-Pfosten zu, an den Büschen vorbei, die dort auf der Heide von Newmarket bis dicht an die Bahn heran wachsen. Und noch immer lag Nijinsky in Wartestellung hinter der Speerspitze. Aber war es auch bei dieser scharfen Konkurrenz weise, so lange zu warten?

Das Mittelfeld und die Nachhut hatte inzwischen alle Hoffnungen auf einen Führungsplatz fahrengelassen. Saintly Song und Double Cream hatten nie den Anschluß an die Spitzengruppe gewinnen können, Walkie Talkie hatte sich nie gefährlich gemacht, und Malvasia war wohl nach der halben Meile die Luft ausgegangen. Auch bei Interceptor hatte die Kraft nur für die Hälfte der Distanz gereicht. Shiny Tenth hatte zwar trotz seiner Behinderung bis zum fünften Furlong die Fühlung halten können, aber nun mußte er, neben dem so ehrgeizig gestarteten Without Fear, den Kampf aufgeben. Joshua hielt auch noch die sechste Achtelmeile durch, und auch Roi Soleil schien Schwäche nicht zu kennen und gewann immer noch Boden. Doch was sich an der Spitze tat, konnte er nur als ferner Beobachter registrieren.

Vorn war es inzwischen zu einem erbitterten Zweikampf um den ersten Platz gekommen. Der brillante Schrittmacher Ambarama hatte sich offenbar in seiner wahnwitzigen tour de force völlig verausgabt. So sehr sich Yves Saint-Martin mühte, Tempo und Vorsprung zu halten – sein stämmiger Amerikaner fand plötzlich, zwei Achtelmeilen vor dem Ziel, keine Reserven mehr. Immer noch an der Außenseite, zwang jetzt Bill Williamson seinen Yellow God, das letzte Kräfteangebot in den Kampf zu werfen. Zäh zog er an dem ausgepowerten Spitzenreiter vorbei.

Das war die Sekunde Nijinskys. Ohne seine Geschwindigkeit merklich zu steigern, steuerte Lester Piggott, nun fast vor den Tribünen, seinen in prachtvoller Haltung dahinbrausenden Hengst über die Bahn. Unangefochten gewann er das Vorfeld.

Das war auch die Sekunde, auf die Nijinskys Publikum gewartet hatte. Ein paar zehntausend Lungen ließen den bangend aufgestauten Atem entweichen; der vieltausendfache Seufzer der Erleichterung schien das Pferd nun wie ein freundlicher Rückenwind zu tragen. Aber noch immer warteten alle darauf, daß Nijinsky seinen vielbeschriebenen Endspurt demonstrierte. Alle – nur Vincent O'Brien nicht.

Tatsächlich hatte Nijinsky bis jetzt kaum etwas von seiner berühmten, schwerkraftüberwindenden Beschleunigung auf die Bahn gebracht.

Piggott hatte sich streng an die Strategie gehalten, die er vor dem Rennen mit O'Brien ausgearbeitet hatte. Die Parole lautete: »Keine Zurückhaltung auf der ersten Hälfte der Meile – keine Überanstrengung auf der zweiten Halbmeile. Nijinsky soll selbst das Tempo bestimmen – und alle Kraft für das Derby aufsparen.« So hatte Vincent O'Brien es vorgeschlagen.

Und so hatte Lester Piggott – in seinem unbeweglichen Gesicht die nur für langjährige Freunde entzifferbare Andeutung eines Lächelns – die Abmachung bestätigt: »Also keine Schaustücke. Wir wollen nur das Rennen gewinnen. Hoffen wir, daß Nijinsky sich auch daran hält . . .«

Nijinsky hatte sich daran natürlich auf seine Weise gehalten.

Als er spürte, daß er von seinem Jockey nicht gebremst wurde, hatte er schon früh – zu früh nach Lesters Geschmack – angefangen, zu drängen und nach vorne vorzupreschen.

Und vielleicht hatte Nijinsky damit sogar – obwohl Ambarama den Schrittmacher spielte – während des ganzen Rennens, vom Start an, das Tempo bestimmt. Ein Tempo, dem, zumindest auf der letzten halben Meile, kein anderes Pferd mehr gewachsen war.

Die unterschiedlichen Eindrücke, die Lester Piggott und die Beobachter auf der Tribüne von dem Rennen hatten, schienen das zu bestätigen. Wer das Rennen von der Tribüne aus verfolgte – wie Vincent O'Brien, E. P. Taylor oder Liam Ward –, war fasziniert von der Rasanz, mit der das Rennen gelaufen wurde. Piggott meinte allerdings später, er habe nicht das Gefühl von besonders hinreißender Geschwindigkeit gehabt. Im Gegenteil.

Als er Yellow God und Ambarama überholt hatte, lagen die letzten zweihundert Meter der »Rowley-Meile« unanfechtbar vor ihm.

Die »Rowley-Meile« ist die älteste Bahn auf der Heide von Newmarket – und damit wahrscheinlich wohl eine der ältesten Rennstrecken der Welt. König Charles war darauf schon seine Rennen geritten, vor gut dreihundert Jahren. Ihm zu Ehren trägt sie diesen Namen, denn »Old Rowley« war, bei seinen

Freunden, der Spitzname des Königs. Er verdankte ihn seinem Lieblingspferd, das »Rowley« hieß.

So früh, wie hier auf dieser historischen Distanz, hatte Nijinsky sich noch nie vor das Feld gesetzt. Und offenbar hatte Nijinsky nun den Eindruck, das Rennen sei damit für ihn vorbei.

Hinter ihm, weit hinter ihm, mußte derweil der anfänglich so gefürchtete Yves Saint-Martin mit seinem nun völlig abgeschlafften Ambarama auch den dritten Platz aufgeben und Roi Soleil vorbeiziehen lassen.

Nijinsky strebte, nunmehr fast allein auf der Bahn, von der auf den letzten hundert Metern leicht bergabwärts führenden Strecke begünstigt, im Paradegalopp das Ziel an. Aber da weit und breit keine Gefahr mehr drohte, ließ er nun, wie es schien, im Tempo nach. Mit leichter Hand- und Beinarbeit mußte Lester Piggott seinen Hengst erinnern, daß doch noch eine kleine Formalität zu erledigen war: durchs Ziel zu laufen.

Auch Lester Piggott schien erstaunt, daß der Sieg jetzt schon so unanfechtbar ihm gehören sollte. Da tat er, was er noch nie getan hatte, und er tat es sogar zweimal: Er drehte sich um.

Er schaute nach, wo die anderen blieben.

Diese beiden Blicke zurück im Erstaunen zündeten zweimal Applaus auf den Tribünen: Bestätigung dafür, daß der Meisterjockey und sein Wunderpferd in diesem Augenblick von unangreifbarer Überlegenheit waren.

So hatte Nijinsky es doch noch geschafft, wenigstens einen kleinen Show-Akzent ins Rennen zu bringen.

Yves Saint-Martin, so brisant gestartet und nun so weit abgeschlagen, mußte diese Rückwärtsblicke und den Jubel dafür als peinliche Demütigung empfinden. Piggott und Nijinsky ahnten in diesem Augenblick ihres Triumphes nicht, daß Yves Saint-Martin sich dafür an ihnen, nur zwei Monate später, bitter rächen würde . . .

Nijinsky gehorchte der Hand seines Jockeys. Er entschloß sich, das frühere Tempo noch einmal aufzunehmen.

Der Applaus steigerte sich zu einem ohrenbetäubenden Crescendo, als er nun endlich souverän über die Ziellinie galoppierte.

Die einstmalige Spitzengruppe, die vorher jeden Zoll Boden so erbittert verteidigt hatte, folgte frustriert, abgezehrt – und weit auseinandergerissen.

Zweieinhalb Längen nach Nijinsky erreichte Yellow God das Ziel. Mit wiederum zweieinhalb Längen Abstand kam Roi Soleil an. Noch einmal anderthalb Längen hatte Ambarama abgeben müssen, Yves Saint-Martin hatte nur einen enttäuschenden vierten Platz halten können.

Dann kam ganze vier Längen nichts: Erst zwölf Längen hinter dem überlegenen Sieger traf, von Joshua geführt, das völlig erschöpfte Mittelfeld ein.

Shiny Tenth, dessen Fußverletzung auch durch die erfahrene Reitkunst von Altmeister Geoff Lewis nicht hatte wettgemacht werden können, bildete das Schlußlicht.

Aber da war der begeisterte Beifall für Nijinsky schon fast verebbt . . .

Mit stolz aufgerichteten Ohren betrat Nijinsky den Sattelplatz. Eine dichte

Menschenmenge drängte sich um das kleine, holzumzäunte Rund, während Lester Piggott aus den Steigbügeln sprang und John Brabston eine weitmaschige Decke über Nijinskys schwitzenden Rücken warf.

Der Jubel war laut wie bei einem Volksfest. Obwohl es Mittwoch war, hatten einige hundert Schlachtenbummler den Flug von Irland nicht gescheut, um den Triumph ihres Wunderpferdes zu erleben. Nun begrüßten sie Nijinsky und Piggott, Liam Ward und Vincent O'Brien, E. P. Taylor und Johnny Brabston mit einer Lautstärke, wie man sie sonst nach dem Sieg einer heißgeliebten Fußballmannschaft kennt.

Die »Mannschaft« jedoch konnte sich dem Jubel nicht ganz anschließen.

Liam Ward schüttelte noch immer den Kopf, weil er nicht ganz begriffen hatte, warum sein Kollege den Hengst so vorzeitig, wie ihm schien, in Führung gebracht hatte.

Auch Vincent O'Brien war verwirrt. Eben erst war William Hill, der einflußreiche Wettmanager aus London, an ihn herangetreten und hatte so laut, daß es alle Schlachtenbummler am Sattelplatz hören konnten, seiner Enttäuschung Ausdruck gegeben. Auch er hatte den berühmten Endspurt Nijinskys vermißt. »Damit kommen Sie beim Derby nicht durch, mein lieber O'Brien«, tönte er. »Der Kerl hat ja überhaupt kein Stehvermögen. Am Schluß waren keine Reserven mehr drin, das hat doch jeder gesehen!«

O'Brien blickte prüfend auf seinen Hengst. Sollte er sich so sehr in Nijinsky geirrt haben? William Hill war ein erfahrener Fachmann und seit Jahren auf den Rennplätzen zuhause. Vielleicht sah er tatsächlich mit seinen unvoreingenommenen Augen Dinge, die ihm, O'Brien, aus persönlicher Anteilnahme entgangen waren. Vielleicht sah er, O'Brien, tatsächlich in Nijinsky mehr, als der Hengst bieten konnte?

Sicher war die Meile, die Nijinsky eben mit Erfolg hinter sich gebracht hatte, eine kritische Grenze. Aber konnte man wirklich daraus schon schließen, daß er auch die anderthalb Meilen, die das Derby forderte, durchstehen würde?

Und über anderthalb Meilen war Nijinsky ja noch nie gefordert worden, nicht einmal zu Hause auf den Trainingsbahnen in Ballydoyle.

William Hill jedenfalls war fest überzeugt, daß Nijinsky kein Erfolgskandidat fürs Derby war. Und kurzentschlossen, wie es seine Natur war, bot William noch auf dem Sattelplatz eine Wette an, die seiner Meinung nach einzig und allein dem Kampfwert Nijinskys entsprach.

»Ich sage es Ihnen hier in aller Öffentlichkeit, mein lieber O'Brien«, bekräftigte Hill. »Für Nijinsky gebe ich fünf zu zwei, nicht mehr, nicht weniger!«

Die »Mannschaft« tauschte fragende Blicke aus. Aber das Publikum hatte in diesem Punkt eine feste Meinung, die auch durch keinen William Hill umzustoßen war.

»Allright, Hill!« schrie ein Mann aus der Menge. »Sie haben es laut genug gesagt! Ich kaufe Ihre Wette!«

In Sekundenschnelle war Hill in der Menge eingekeilt. Fünf zu zwei für Nijinsky war eine Chance, die – so meinten die Wettbegeisterten – für Nijinsky so schnell nicht wieder geboten würde.

William Hill, von seinem Sachverstand überzeugt, wiederholte zwar auch am nächsten Morgen noch mit großen Inseraten in den Zeitungen sein Angebot. Die Konkurrenz freilich, der große Buchmacher-Konzern Ladbrokes, ließ sich dadurch nicht zu Konzessionen hinreißen.

Ladbrokes setzte, offenbar vom Sieg stärker beeindruckt als von der Manier, die Quote auf neun zu vier fest.

Aber auch damit war natürlich das letzte Wort noch nicht gesprochen. Das letzte Wort würden, wie immer, die Rennplatzbesucher haben, die am Derby-Tag an den Wettschaltern in der letzten Stunde vor dem Rennen ihre Einsätze machten.

Aber bis dahin waren es noch zwei Wochen.

Vincent O'Brien nahm die Bedenken William Hills nicht auf die leichte Schulter. »Hill ist ein erfahrener Mann«, gab er zu. »Jetzt mache ich mir Sorgen.«

Die Sorgen waren nicht unberechtigt. Wenn die Leistungen eines Rennpferdes beurteilt werden sollen, fallen die Leistungen seiner Vorfahren ins Gewicht. Schnelligkeit und Standvermögen sind die wichtigsten Erbanlagen. Auf diese Qualitäten hin werden Rennpferde gezüchtet. Also war die Frage: »Was hat Nijinsky geerbt?«

Hatte Nijinsky von seinem Vater Nothern Dancer genug Durchhaltevermögen mit auf den Weg bekommen?

Dahinter mußte ein Fragezeichen stehen: Im Rennen um die »Belmont Stakes« war Northern Dancer geschlagen worden. Die Distanz war die gleiche wie beim bevorstehenden Derby gewesen: anderthalb Meilen.

Und Nearco, sein berühmter italienischer Urgroßvater?

Zugegeben, er hatte alle seine vierzehn großen Rennen gewonnen, das Italienische Derby, dann Frankreichs schwierigstes Rennen, den »Preis des Arc de Triomphe«. Doch sein Züchter, das italienische Pferde-Genie Federico Tesio, hatte in seinem Gestütbuch vermerkt: »Herrlich ausbalanciert, großartige Qualitäten – dennoch kein echter Steher, wenn er auch bis zu dreitausend Meter immer Sieger blieb. Diese längeren Rennen hat er dank seiner überlegenen Klasse und seiner brillanten Geschwindigkeit gewonnen.«

All das stimmte auch für Nijinsky: überlegene Klasse und brillante Geschwindigkeit.

Aber war auch Nijinsky vielleicht kein echter Steher?

Die Spur des Zweifels blieb.

Die Zweifel verdichten sich, und die Gegner werden immer stärker

Die Spur des Zweifels blieb auch noch, als Vincent O'Brien wieder mit Nijinsky daheim in Ballydoyle war.

Der Frühsommer war schön in Irland in diesem Jahr. Zwar regnete es auch im Mai hier mehr als anderswo in Europa. Aber wer in Irland die Pferde liebt, nimmt den Regen in Kauf. »Davon«, so sagen die Iren, »wird unser Gras so satt und grün wie nirgendwo sonst, und von unserem guten Gras werden die Pferde so stark.«

Die Ruine von Cashel wirkte gar nicht mehr gespenstisch grau, und die riesigen, fünfmannshohen Steinkreuze auf dem Burgberg schienen beinahe heiter ins Land zu winken.

Auf Ballydoyle stand das tägliche Leben im Zeichen der Derby-Vorbereitungen.

Alles drehte sich um Nijinsky.

Im Büro, in den Stallungen, in den Wohngebäuden gab es nur ein Thema: Wird Nijinsky es schaffen?

Jeder Schritt, jede Regung Nijinskys wurde daraufhin diskutiert: Was bedeutet das für das Derby?

Wenn die Männer von Ballydoyle nach Feierabend ein Glas Bier trinken gingen, wurden sie von neugierigen Nachbarn umringt: »Was gibt's Neues von Nijinsky?«

Wenn die Frauen der Männer von Ballydoyle zum Einkaufen ins Dorf kamen, wurden sie auf der Straße angehalten: »Ist Nijinsky auch gesund?«

Vincent O'Brien ermahnte die Nachtwachen zu besonderer Aufmerksamkeit: Ein Kaufangebot für Nijinsky in Höhe von einer Million Pfund – fast zehn Millionen Mark – war eingegangen. Im ganzen Land wurde jetzt so viel von Nijinsky gesprochen und geschrieben – wie leicht konnte sich ein Wahnsinniger zu einer Irrsinnstat hinreißen lassen.

Vincent O'Brien baute in Nijinskys Stall ein Mikrophon ein; der Lautsprecher befand sich neben seinem Bett.

Nachts wachte er auf, wenn Nijinsky sich im Stroh auch nur bewegte.

Als ein amerikanischer Millionär, der mit einer Düsenmaschine in Shannon gelandet und dann auf einen Hubschrauber umgestiegen war, ein paar Runden lang über Ballydoyle kreiste, weil er seinen Freunden die Gegend zeigen wollte, wo seine Pferde zum Training standen (man vergaß ganz, daß Vincent O'Brien auch noch andere Rennpferde ausbildete), verbreitete sich sogleich das Gerücht, Übeltäter hätten sich auf das Gelände von Ballydoyle geschlichen und seien mit einem Polizeihubschrauber gejagt worden.

Dennoch behielt O'Brien seine Ruhe. Er trainierte Nijinsky weiter mit einer ebenso eisernen wie feinfühligen Hand.

Da Nijinsky in Newmarket bewiesen hatte, daß er die Meile durchstehen konnte, trainierte O'Brien nun Nijinsky auf die Meile – aber nicht mehr.

Und das auch nur ein- oder zweimal, um seine Form auszubauen.

Er blieb bei seinem Entschluß, den Hengst nicht über die anderthalb Derby-Meilen zu jagen. Nijinskys Reserven mußten geschont werden. Entweder nahm er im Derby die Herausforderung an und gab dann sein Letztes – oder . . .

Oder? Die Spur des Zweifels, den William Hill gesät hatte, blieb weiterhin.

Vincent O'Brien rief seinen geliebten Shakespeare zu Hilfe: »Seitdem komme ich mir vor wie Othello, nachdem Jago ihm das Gift des Zweifels ins Ohr geträufelt hat. Aber ich werde mich hüten, meine Desdemona Nijinsky dadurch zu ermorden, daß ich das Pferd deshalb in eine Prüfung treibe, die alles zerstören könnte«.

Währenddessen wurden auf allen Rennplätzen Englands und Frankreichs die Pferde, die im Derby gegen Nijinsky antreten sollten, auf jedes Zeichen von Kraft oder Schwäche studiert. Alle Derby-Kandidaten wurden nur noch daran gemessen, wie sie mit ihren Leistungen vor Nijinsky bestehen könnten.

Als aussichtsreichster Konkurrent gegen Nijinsky galt zunächst Approval. Dieser großgewachsene, harmonisch proportionierte Hengst aus dem Stall von Sir Humphrey de Trafford war im vergangenen Jahr von der englischen Wochenzeitung »Observer« zum »Pferd des Jahres« gewählt worden. Beim Rennen um den Goldpokal des »Observer« im Oktober des Vorjahres war er mit einem überzeugenden Finish über die Ziellinie gestürmt. Wenn Approval über den Winter seine Form behalten hatte, dann würde er wohl Nijinsky zu schaffen machen. So dachte man.

Dann aber kam das Rennen von Sandown. Es war, obwohl nicht besonders hochdotiert, in diesen Wochen ein Brennpunkt des Renninteresses. Denn hier gingen neben Approval auch noch zwei weitere Pferde an den Start, die fürs Derby angemeldet worden waren: Cry Baby und Long Till.

Ein aufschlußreicher Vortest also, wenn es auch nicht über die ganze Derbydistanz, sondern nur fünf Viertelmeilen ging. Favorit war selbstverständlich Approval.

Dann geschah das Verwirrende: Approval wurde Vierter. Cry Baby holte sich den ersten Platz, auch Long Till ging noch vor Approval durchs Ziel.

In den Wettbüros stürzten Approvals Chancen auf hundert zu sieben.

Mußten jetzt Cry Baby oder Long Till als Geheimtip gegen Nijinsky gelten?

Wenige Tage später wendete sich das Blatt wieder. Approval kämpfte in York um den Dante-Pokal. Das Ergebnis: Approval gewann überlegen mit vier Längen Vorsprung. Prompt pegelten sich seine Wettchancen wieder auf sechs zu eins ein.

Aber man war trotzdem nicht klüger als zuvor.

Auf der Suche nach Klarheit richteten Englands Rennfans ihre Blicke nun nach Frankreich. Aus der Pferdehochburg Chantilly bei Paris – dem französischen Newmarket – war eine sensationelle Nachricht gekommen.

Etienne Pollet, einer der letzten großen Trainer der alten französischen Schule, hatte bereits zu Ende des vergangenen Jahres angekündigt, er werde sich ins Privatleben zurückziehen.

Nun aber griff Altmeister Pollet wieder zu den Zügeln.

Pollet, jahrzehntelang eine vertraute Figur auf den großen französischen Rennplätzen, in Auteuil und Longchamps, der vor jedem Rennen seine Jokkeys mit einem ungebremsten Schwall von letzten Anweisungen zu überschütten pflegte und dabei mit Händen und Füßen gestikulierte wie ein Operettenregisseur, dieser Pollet hatte plötzlich ein Pferd in die Hand bekommen, das im höchsten Grade derby-verdächtig war.

Gyr, ein brauner Hengst aus dem Gestüt des Millionärs W. F. Guest, seines Zeichens amerikanischer Botschafter in Irland, war ein Sohn des Siegers in Frankreichs erschöpfendstem Rennen, im »Arc de Triomphe«: Sea Bird.

Gyr hatte im vergangenen Jahr noch nicht viel von sich reden gemacht. Pferdekennern war er wie ein »großes zurückgebliebenes Baby« vorgekommen. So jedenfalls hatte es der »Observer«-Reporter Richard Baerlein formuliert. Über den Winter aber mußte Gyr seine wahre Form gefunden haben. Denn wegen Gyr verschob Pollet seinen Rücktritt – und wegen Gyr schickte der »Observer« auch seinen Rennexperten zum »Prix Daru« nach Longchamps.

Was Baerlein dort sah, verschlug ihm fast die Sprache: »Gyr ist ein gewaltiger, übermächtiger Bulldozer, der außer Kontrolle geraten ist!« telefonierte er seiner Redaktion, nachdem Gyr das Rennen mit Bravour gewonnen hatte. »Das eindrucksvollste Element seines Sieges«, meldete Baerlein weiter, »war seine Beschleunigung auf der letzten Achtelmeile. Für ein Pferd seiner Größe war das ziemlich unglaublich . . .«

Das, freilich, war der Punkt, wo Nijinsky verwundbar war: die Beschleunigung im Endspurt.

Trat hier ein Gegner an, der Nijinsky mit seiner eigenen Waffe zu schlagen versuchte?

Und Stehvermögen schien Gyr auch zu haben. Denn wenig später gewann er überlegen im »Prix Hocquart« – auf Derby-Distanz: anderthalb Meilen.

Am 23. Mai, elf Tage vor dem Derby, profilierte sich ein weiterer ernstzunehmender Gegner im »Prix Lupin« in Paris: Stintino, ein ziemlich häßliches Pferd, das sich ebenfalls durch einen rasanten Endspurt auszeichnete. In seinen bisher vier Rennen war er nie besiegt worden.

Auch Stintino schien sich beunruhigend gut auf Nijinskys Trick zu verstehen.

Bis kurz vor dem Ziel hatte Stintino sich im Hintergrund gehalten, dann, plötzlich, hatte er, wie aus der Pistole geschossen, an der Außenseite sein Rennen gemacht.

Hier freilich blieb noch eine Frage offen: Stintino hatte seine Spurtstärke bisher nur auf Fünf-Viertelmeilen-Strecken beweisen können – fehlte ihm vielleicht eine Viertelmeile zum Sieg im Derby?

William Hill, der Buchmacher, billigte ihm jedenfalls diese Viertelmeile zu. Er favorisierte Stintino mit einer Chance von vier zu eins.

In Ballydoyle wurden jeden Tag mit größter Spannung die neuesten Rennberichte erwartet.

Das Telefon stand keine Minute still. Mit wachsender Nervosität diskutierten alle, vom ersten bis zum letzten Mann, von Vincent O'Brien bis zum Stalljungen Stoney Burke, die täglich eingehenden Meldungen über Form und Leistung der Gegner.

In einem Punkt waren sich auf Ballydoyle und in Cashel alle einig: Gegen eine so starke und entschlossene Konkurrenz hatte Ballydoyles letzter Derby-Sieger Sir Ivor jedenfalls nicht antreten müssen.

Zehn Tage vor dem Derby holte Vincent O'Brien noch einmal seinen Jockey nach Ballydoyle. Lester Piggott ritt seinen Hengst im scharfen Galopp über die Trainingsbahn. Das beste Aufgebot aus O'Briens Stall hatte Anweisung, Nijinsky die Hölle heiß zu machen.

Es war ein Testritt unter härtesten Wettkampfbedingungen. Mit der Verläßlichkeit eines Präzisionsuhrwerks setzte sich Nijinsky an die Spitze und hielt seinen Vorsprung.

Als Lester Piggott aus dem Sattel sprang, schüttelte er den Kopf: »Ich begreife nicht, wie man sich um Nijinsky Sorgen machen kann«, sagte er. »Ich finde, er war heute noch besser als bei den ›2000 Guineas‹. Für mich ist Nijinsky der sichere Sieger!«

O'Brien war auch bei dieser letzten Prüfung seinem Grundsatz treu geblieben. Die Meile war nicht überschritten worden. So blieb die Frage, ob Nijinsky die Derby-Distanz schaffen konnte, weiterhin offen.

Diese Frage konnte und durfte nur das Derby klären.

Eins freilich hatte die Nijinsky-Mannschaft ihren Gegnern voraus: einen Jockey, der jeden Grashalm auf den Epsom Downs kannte, der seine Derby-Prüfung bereits erfolgreich bestanden hatte.

Nicht nur einmal. Viermal.

Mit sensibler Vorsicht und konspirativer Geheimhaltung wurde Nijinsky schon sechs Tage vor dem Derby aus Irland ausgeflogen, bei Nacht und Nebel.

Spät am Abend verließ ein mit Spezialausstattung versehenes Transportflugzeug den Düsenhafen Shannon, überquerte die irische Insel und landete zu einer Zwischenlandung in Dublin.

Hier wurde Nijinsky, der mit seinem Pferdetransporter über die abendstille Landstraße T 36 heranchauffiert worden war, an Bord gebracht.

Die Dunkelheit war bereits angebrochen, als die Maschine zum Flug über die Irische See zur englischen Insel abhob. Kurz vor Mitternacht ging der Cargo-Clipper auf dem kleinen, weniger benutzten Flughafen Gatwick, weit außerhalb Londons, nieder.

Im Morgengrauen des Samstags bezog Nijinsky auf einem befreundeten, jedoch geheimgehaltenen Gestüt in der Nähe der Derby-Stadt Epsom Quartier.

Vincent O'Brien hatte sich zu dieser frühzeitigen Reise entschlossen, um dem Hengst genügend Zeit zu geben, bis zum Rennen das Reisefieber zu vergessen.

Vor den Reportern und Rennfreunden, die noch bis zum Dienstag in Ballydoyle anriefen, um letzte Meldungen über Nijinskys Form abzufragen, erweckte O'Brien den Eindruck, als stände der Hengst noch bei ihm im Stall. Auch seine Mitarbeiter, auf strengste Geheimhaltung eingeschworen, gaben keinerlei anderslautende Auskünfte.

Wenige Stunden, nachdem Nijinsky an seinem neuen Standort eingetroffen war, wußten Beobachter in Newmarket der Renngemeinde dennoch eine Schreckensnachricht zu vermelden.

Auf der Koppel von Newmarket, dicht bei der Rennbahn, war Lester Piggott von einem plötzlichen Unwohlsein befallen worden. Er mußte sich in die Behandlung des diensttuenden Rennbahnarztes begeben.

Die Nachricht verbreitete sich wie ein Lauffeuer unter den Zuschauern, die zu den – weniger bedeutungsvollen – Rennveranstaltungen am Samstagnachmittag eingetroffen waren. Aber die Hintergründe von Piggotts Schwächeanfall wurden nur umrißhaft bekannt. Offenbar hatte sich Piggott, um sein für das Derby am Mittwoch vorgeschriebenes Körpergewicht von 52,2 Kilo zu erreichen, einer ungewohnt strengen Diät unterzogen. Das war seinem ohnehin stark reglementierten Stoffwechselsystem nicht bekommen.

Wie es hieß, hatte Piggott es versäumt, sein gewohntes Glas Wasser zwischen den einzelnen Rennen zu sich zu nehmen.

Ob er freiwillig oder durch ein Versäumnis um dieses Glas Wasser gekommen war, war an diesem Nachmittag nicht festzustellen. Jedenfalls ließ Piggott wissen, daß er in den verbleibenden drei Tagen bis zum Derby kein weiteres Rennen mehr reiten würde.

Am Montag und Dienstag trafen die letzten Mitglieder der Nijinsky-Mannschaft in Epsom ein. Vincent O'Brien, Charles Engelhard und eine Handvoll Freunde bezogen ihre lange vorbestellten Zimmer im »White-Elephant«-Hotel.

Charles Engelhard hatte seinen Aberglauben bezwungen – er war noch immer der Ansicht, daß es seinen Pferden Pech brachte, wenn er ihnen beim Rennen zusah – und war mit seiner privaten Düsenmaschine, der BAC 1-11, eingetroffen.

Am Mittwoch hatte Engelhard in London, im Cavendish Hotel, die Witwe des russischen Ballettänzers Nijinsky abgeholt. Romola Nijinsky sollte beim Derby sein persönlicher Gast sein. Und sein Talisman.

Aus London und anderen großen Städten Englands dampften bereits die ersten Sonderzüge ein. Die sonst kaum befahrene Nebenstrecke nach Epsom endet in einem Kopfbahnhof hinter einem baumbestandenen Hügel dicht bei der Tottenham Corner, ist jedoch vom Renngelände aus nicht einzusehen und stört deshalb auch das Landschaftsbild nicht. Die vielen hundert Frühankömmlinge verstreuten sich schnell in der Umgebung, nur die zahlreichen Lagerfeuer, die Laternen vor den Zelten und der Klang von Gitarren, Mundharmonikas und Transistorradios in der Nacht zeigte an, daß auf den »Epsom Downs« das Derby-Fest bereits begonnen hatte.

Derweil wurde in der königlichen Loge, in der »Royal Box« auf der Tribüne, zum letzten Mal Staub gewischt. Auch Königin Elizabeth hatte beschlossen, sich dieses Derby, das zum spannendsten Derby des Jahrzehnts zu werden versprach, anzusehen.

Jetzt kam es eigentlich nur noch auf das Wetter an.

Nijinskys Ahnenreihe – und ein Dankgebet für Mohammed

Die Anderthalb-Meilen-Rennbahn des Derbys ist nicht nur die berühmteste Rennstrecke der Welt, sie ist auch eine der schwierigsten.

Sie hat die Form eines Hufeisens: Start ist am oberen rechten Ende.

Zunächst verläuft die Strecke eine halbe Meile lang fast geradeaus, wenn auch mit einem leichten Rechtszug.

Dabei ist jedoch eine unregelmäßige Steigung von gut fünfzig Metern zu bewältigen: der »Hill«, der Hügel.

Darauf folgt eine weitgeschwungene Rechtskurve, die bis zur »Tattenham Corner« reicht.

An dieser »Ecke von Tattenham«, die wiederum fünfzehn Meter unter dem Scheitelpunkt der Steigung liegt, biegt die Bahn ziemlich scharf in die Zielgerade ein: knapp drei Achtelmeilen bis zum Finish.

Die letzte Achtelmeile ist die schwerste. Die meisten Pferde haben bis dahin, womöglich von scharfen Schrittmachern gezerrt, die Grenzen ihrer Leistungsfähigkeit erreicht. Doch nun steigt die Bahn, nach dem siebten Furlong-Pfosten, fünfzig Yards vor der Ziellinie, genau vor den Tribünen, noch einmal um zehn Meter an.

So also verläuft der teuflische Kurs. Viele gute Pferde sind auf dieser gekurvten, gehügelten Bahn gescheitert. »Die Derby-Bahn hat mehr Pferde ruiniert als jede andere Bahn«, urteilt Lester Piggott. Nur die allerbesten, die stärksten und die wendigsten haben die harte Derby-Probe bestehen können.

Es sind jedoch nicht nur die Tücken der Bahn, die das Derby zu einer abenteuerlichen Exkursion machen. Auch das Wetter ist ein unberechenbarer Faktor. Das Derby-Datum, Anfang Juni, ist keine Garantie für sommerliche Milde. Nicht in England.

Manchmal machen tropische Gewitter mit schnellen, grellen Blitzen und unaufhörlichem Donner das Derby zum Alptraum, dann jagen Wirbelstürme die Buden der Händler und die Zelte der Gaukler übers Gelände wie alte Zeitungen. Manchmal verwandeln Frost am Morgen und Schnee am Nachmittag das

Derby in eine sibirische Winterszene, scharfer Ostwind fegt schneidend über die Epsom Downs.

Herrscht jedoch Festtagswetter, so ist das Derby ein gigantisches Volksfest.

Hunderte von Buden, Zelten, Volksbelustigungen und Jahrmarktsattraktionen – Kälber mit zwei Köpfen, zersägte Damen, Riesenweiber aus Uganda, Feuerschlucker aus Indien, Karussells und Schiffsschaukeln, dazwischen Horden von wilden Buchmachern, Tipverkäufern, dazu die endlosen Schlangen vor den regulären Wettschaltern – lassen das Derby als eine Kombination von Oktoberfest und Las Vegas erscheinen. Um die Jahrhundertwende richtete sich zwischen Tattenham Corner und Tribüne sogar Amerikas größter Zirkus, Barnum und Bayley, ein.

Oft durchbrach die Menschenmenge den Zaun und ergoß sich über die Rennbahn. Einmal ereignete sich ein tödlicher Zwischenfall: 1913 sprang eine Frauenrechtlerin an der Tattenham Corner zwischen die heranbrausende Kavalkade und riß das Pferd des Königs zu Boden. Die wahnwitzige Protestaktion kostete sie das Leben.

Der infernalische Lärm, der am Derby-Tag das Renngelände erfüllt – seit Jahren liegt die Zahl der Epsom-Besucher bei einer Viertelmillion – kann eigentlich nur Feuerwehrpferde ungerührt lassen.

Trotz allem: das Derby wird gelaufen. Jahr um Jahr.

Der Derby-Sieg ist der Ritterschlag für einen edlen Vollblüter – und so sind Derby-Sieger die wahren Aristokraten unter den großen Rennpferden der Welt. Ihre Abkömmlinge werden wie Prinzen und Prinzessinnen behandelt und gehandelt. Jedes Gestüt ist glücklich, wenn es eine seiner jungen, hoffnungsvollen Stuten mit einem solchen Edelpferd aus königlichem Derby-Geblüt »verheiraten« kann – um einen hohen Preis natürlich.

Je mehr Derby-Sieger sich in der Zuchtlinie eines jungen Vollblüters finden, je stärker sich Geschwindigkeit und Stehvermögen in seiner Erbmasse gekreuzt und potenziert haben, um so erfolgversprechender – und wertvoller – muß das Endprodukt sein. Das jedenfalls behauptet das kleine Einmaleins des Vollblutkenners.

So kommt es, daß fast alle Derby-Sieger über viele Generationen hinweg miteinander verwandt sind.

Und da es ein Vermögen an Geld, Zeit und Erfahrung kostet, einen Vollblüter auf den Derby-Sieg zu züchten und zu trainieren, entstammen die Besitzer zumeist auch den vornehmsten, reichsten Familien und, jedenfalls in früheren Zeiten, fast immer der Aristokratie.

Es lohnt sich daher, einen Blick auf die Geschichte des Derbys zu werfen.

Vor allem auch deshalb, weil die Blutlinien von Nijinskys Vorfahren sich immer wieder an diesem Brennpunkt der Renngeschichte kreuzten . . .

Alle Vollblüter dieser Erde gehen auf drei edle Araberhengste zurück.

Diese drei edlen Stammväter waren der Darley Arabian, der Byerley Turk und der Godolphin Arabian.

In Nijinskys Adern fließt das Blut aller dreier Begründer der englischen Vollblutzucht. Auf oftmals abenteuerlichen Wegen, durch manchmal kuriose

Verstrickungen von Pferde- und Menschenschicksalen, hat es sich bis zu Nijinsky erhalten.

So edlen Geblüts die drei Ur-Araber waren – die Art und Weise, wie sie nach England gelangten, war nicht in allen Fällen die edelste.

Der Godolphin Arabian kam im hochherrschaftlichen Gestüt des Kaisers von Marokko zur Welt, so um 1724. Der Kaiser machte diese Perle Arabiens etwa drei Jahre später König Ludwig XIV. von Frankreich zum Geschenk. Der Sonnenkönig erfreute sich nicht lange dieses kostbaren Besitzes. Der Hengst wurde gestohlen und mußte sich seinen Hafer als Zugpferd für einen Wasserkarren auf den Straßen von Paris verdienen. So wurde er eines Tages von einem englischen Pferdezüchter gefunden. Edward Coke fand den Hengst viel zu schön für einen Wasserkutscher und erwarb ihn für lumpige drei Pfund. Er verkaufte ihn weiter an den Earl von Godolphin, wo der Hengst seinen Namen und eine angemessene Beschäftigung fand – als Zuchthengst. Er starb mit knapp dreißig Jahren, angeblich, weil er nicht darüber hinwegkam, daß er ungewollt seine Lieblingskatze umgebracht hatte. Der Earl von Godolphin setzte seinem Pferd einen Stein aufs Grab und verteilte Kuchen und Bier bei der Beerdigung.

Der »Byerley Turk« stammt, wie sein Name richtig sagt, aus der Türkei. Unter einem türkischen General kam er nach Österreich. Dort, bei der Belagerung von Wien, verlor er seinen General und lief einem englischen Captain namens Robert Byerley zu. Der führte ihn gleich in den nächsten Krieg, nämlich nach Irland. Erst danach durfte er sich seiner endgültigen Bestimmung, der Zucht, zuwenden.

Der Darley Arabian war, wenn man den alten Kupferstechern glauben darf, der schönste aus dem arabischen Dreigestirn. Er war im März 1702, im arabischen Hochland, im Nedjd, geboren und hatte schon eine stattliche Ahnenreihe, als er von dem damaligen englischen Konsul in Aleppo, Thomas Darley, erworben wurde. 1704 kam der Darley Arabian nach England, nach Yorkshire, und ins Gestüt von Leonard Childers. Dort zeugte er eins der schnellsten Pferde der Geschichte, das nach seinem Besitzer Flying Childer benannt wurde. Der Wert dieses Pferdes wurde offenbar stark unterschätzt. Einige Zeit lang mißbrauchte Mr. Childers den jungen Hengst, um die Post von seinem Gestüt nach Doncaster bringen zu lassen. Als Rennpferd hält Flying Childers jedoch einen einsamen Rekord: Er soll auf dem »Round Course« in Newmarket die Meile in einer Minute bewältigt haben. Diese Glanzleistung ist zwar bis heute nie wieder erreicht worden, aber die Herzöge von Devonshire und von Rutland sollen sich dafür verbürgt haben.

Bleiben wir zunächst bei der Darley-Arabian-Linie, die ohne Zweifel die interessantesten Figuren – vierbeinig wie zweibeinig – in und um Nijinskys Ahnenreihe aufweist.

Flying Childers Bruder Bartlett's Childers vererbte die hohen Qualitäten seiner Familie an Squirt und dessen Sohn Marske, aus dem dann das heute noch unvergessene Wunderpferd Eclipse hervorging.

Eclipse war kein schönes Pferd. Der helle Fuchs hatte einen häßlichen, kleinen Kopf mit einer riesigen Blesse, ein weißes rechtes Hinterbein und war überhaupt viel zu groß. Er wurde während einer Sonnenfinsternis (englisch: »eclipse«) am 1. April 1764 geboren, und sein Züchter, der Herzog von Cumberland, verkaufte das unansehnliche Tier alsbald an einen Schlachtviehhändler namens Wildman, der immerhin achtzig Pfund dafür zahlte.

Eclipses erster Sieg (Gewinn: 50 Guineas) war so überwältigend, daß ein Glücksspieler namens Captain O'Kelly sich auf der Stelle bereitfand, jeden Betrag für diesen Hengst zu zahlen. Schlachtviehhändler Wildman machte das Geschäft seines Lebens. Er forderte jetzt für seine 80-Pfund-Investition 1750 Guineas.

O'Kelly schien indessen genau zu wissen, wofür er sein immer leicht verdientes Geld ausgab. Achtzehn Rennen Eclipses verzeichnet die Chronik – wahrscheinlich waren es mehr – und niemals wurde er geschlagen. Im Gegenteil. Immer war er seinen Konkurrenten um viele Längen weit voraus. Er trieb seine Gegner zu derartigen Kraftanstrengungen an, daß sie danach noch wochenlang erschöpft waren. Ein Pferd, das gegen ihn antrat, Bucephalus, war nach einem Rennen so entkräftet, daß es nie mehr wieder auf eine Rennbahn geschickt werden konnte.

Captain O'Kelly – der gelegentlich beim Wetten auch soviel Geld verlor, daß er im Schuldturm landete, woraus er von einer übelbeleumundeten Dame gerettet wurde, mit der er dann zeitlebens in wilder Ehe zusammenlebte – ließ Eclipse nur zwei ruhmreiche Jahre rennen.

Als Deckhengst erwarb sich Eclipse jedoch anschließend noch größeren Ruhm. In den 23 Jahren, die ihm noch beschieden waren, zeugte er 344 Siegerpferde – die Minderplazierten nicht gerechnet. Seinem Herrn brachte Eclipse runde 25 000 Pfund ein.

Auch heute noch ist Eclipse – oder was von ihm übrigblieb – zu besichtigen. Sein Skelett steht im Britischen Museum zu London. Ob es wirklich sein Skelett ist, bleibt freilich fraglich. Der englische Pferdehistoriker Sir Thomas Cook hat bei Reliquienverehrern insgesamt sechs »authentische« Eclipse-Skelette und neun Hufe gefunden sowie »genügend Haare, um den größten Lehnsessel im Jockey Club damit auszustopfen«.

Nichtsdestotrotz wallfahren alljährlich viele tausend Pferdefreunde ins Britische Museum und versenken sich dort andächtig in den Anblick des Skeletts. Und jedes Jahr im Sommer wird in England immer noch das »Eclipse-Gedächtnis-Rennen« ausgetragen.

Einer von Eclipses zahllosen Söhnen trug den seltsamen Namen »Pot-8-o's«. Eigentlich sollte der von dem Earl of Abington erworbene Hengst den Namen »Potatos« (zu deutsch: »Kartoffeln«) tragen. Aber sein Stallbursche war, als er den Namen an die Stalltür schreiben sollte, mit dieser neuartigen Feldfrucht, die dazumal nur auf hochherrschaftlichen Tellern serviert wurde, nicht vertraut. Also schrieb er hin, was er verstanden hatte, und das war »Pot eight o's« – nämlich: »Pot acht o's«. Deshalb findet man in frühen Chroniken auch die Schreibweise »Pot-oooooooo«. Da indessen damals weniger geschrieben wurde, entwickelte sich der Hengst mit den acht »O« so oder so zu einem geflügelten Wort auf den englischen Rennbahnen. In seiner kometenhaften Laufbahn errang er 35 Siege, die meisten auf der mörderischen, aber damals üblichen Distanz von vier Meilen. Er hinterließ einen wunderschönen Sohn, der viel Aufsehen erregte, als er im Jahre 1793 nach einem dramatischen Zweikampf das Derby gewann. Sein Name war Waxy.

Mit Waxy tritt also der erste Derby-Sieger in Nijinskys Ahnenreihe auf. Es kann jedoch kein Zweifel bestehen, daß auch Eclipse und Pot-8-o's überlegen ihre Derbys gewonnen hätten – wenn es zu ihrer Zeit dieses Kriterium schon gegeben hätte. Das erste Derby wurde 1780 gelaufen (am 4. Mai), und da waren Eclipse schon sechzehn und sein Sohn bereits sieben Jahre alt und nicht mehr im Rennen.

Der Vater des Derbys war – wie schon der Name vermuten läßt – der Lord Derby. Im Jahr 1773 pachtete er in Epsom ein prachtvolles, großes Landhaus (The Oaks, die Eichen) von seinem Onkel. Er war eben 21 geworden und veranstaltete gern aufwendige Feste mit seinen Freunden, vor allem aber Hahnenkämpfe in seinem Wohnzimmer. Sein Landhaus war der Treffpunkt der eleganten Welt.

Epsom war um diese Zeit schon als Badeort berühmt. Heiltätige Quellen, die ein verdauungsförderndes Wässerchen sprudeln ließen – das war in dieser Zeit der üppigen Festgelage ein Segen –, waren bereits 1618 entdeckt worden. Auf den »Epsom Downs« wurden schon 1632 Pferderennen veranstaltet, und zwar, in der Saison, jeden Nachmittag, ebenso Fuchs- und Falkenjagden, aber auch Ringkämpfe und ähnliche Belustigungen für das niedere Volk.

In dieser Zeit wurden Rennen meist von reiferen Pferden ausgetragen (Eclipse zum Beispiel war fünf Jahre alt, als er auf den Epsom Downs sein erstes Rennen lief), und so beschlossen Lord Derby und seine Freunde, auch eine Prüfung für Dreijährige einzurichten.

Wie das Rennen heißen sollte, bereitete zuerst Kopfzerbrechen. Lord Derby wollte es seinem Freund, Lord Bunburry, zu Ehren die »Bunburry Stakes« nennen; Lord Bunburry jedoch fand, die Ehre des Patronats gebühre dem Gastgeber. Lord Derby schlug daraufhin vor, den Zufall entscheiden zu lassen. Die beiden edlen Herren, von ihren Freunden umringt, warfen eine Münze – und Lord Derby gewann.

Lord Bunburry ging dennoch bei der Gründung des Derby nicht leer aus. Sein Hengst Diomed gewann das erste Rennen, das unter dem neuen Namen ausgetragen wurde, und die stattliche Siegerprämie von 1075 Guineen.

Am Rande sei vermerkt, daß andere Leute in England derweil ganz andere Sorgen hatten als die jungen Playboys von Epsom. In dieser Zeit tobte jenseits des Atlantiks der Unabhängigkeitskrieg. England kämpfte ebenso erbittert wie vergebens darum, seine Kolonialmacht in Amerika aufrechtzuerhalten. In England selbst herrschte tiefe Depression, die Staatsschulden erreichten schwindelnde Höhen und stiegen zwischen 1776 und 1801 von 120 Millionen auf 500 Millionen Pfund. In dem Jahr, da Waxy das Derby gewann, brannte Paris und Ludwig XVI. mußte seinen Hals unter die Guillotine legen.

Es dauerte zwanzig Jahre, bis Waxys prominentester Sohn seine Hufe auf die Derby-Bahn setzte. Sein unvergessener Name war Whalebone, und wie einstmals Eclipse hatte auch er von seinen Altvorderen nur Kraft, nicht Schönheit geerbt. Whalebone war klein und kurzhälsig, hatte häßliche Hufe und sah überhaupt »eher wie ein Türkenpony aus«, fanden Zeitgenossen. Im Rennen aber war Whalebone fast unschlagbar. Er holte sich zwanzig Siege.

Whalebones Besitzer war Lord Grafton – eben derselbe, der das Publikum von Newmarket durch seine öffentlich bekundete Zuneigung zu der vielgeliebten Mrs. Horton schockiert hatte. Als Premierminister hätte er sich eigentlich um andere Dinge kümmern müssen, denn in seiner Regierungszeit verhängte Napoleon die Kontinentalsperre, englische Blockadebrecher kämpften auf allen Weltmeeren, englische Truppen zerstörten Washington, und die Staatsschulden stiegen auf 800 Millionen Pfund. Doch Graftons Hauptinteresse galt der raffinierten Hin- und Herkreuzung von interessanten Vollblutlinien. Die Krönung seiner Bemühungen auf diesem Gebiet war schließlich Whalebone. Und so konnte dann Lord Grafton den Höhepunkt seines Lebenswerkes im Jahr 1810 erleben (zufällig das Jahr, in dem sein König George IV. dem Wahnsinn verfiel und abdanken mußte): Whalebone gewann das Derby. Ein Jahr später starb Lord Grafton – mit seinem Lebenswerk zufrieden.

Graftons Zuchterfolge setzten sich in einer stattlichen Reihe von Whalebone-Nachfahren fort. Whalebones Erbe – über Sir Hercules, Birdcatcher, Xenophon und The Baron vermittelt – kam vor allem in der fünften Generation wieder mit der Gewalt eines Naturereignisses zum Durchbruch.

Stockwell hieß der großartige Hengst, der die starken Lungen und die mächtigen Knochen seiner Ahnen geerbt hatte. Er trat als Favorit 1852 zum Derby an (es war das Jahr, als in Manchester die Maschinenbauer streikten), wurde aber um den sicheren Sieg gebracht, weil er in der Zielgeraden gegen den Zaun gedrängt und schwer verletzt wurde. Was wirklich in ihm steckte, zeigte sich beim darauffolgenden St.-Leger-Rennen in Doncaster. Dort gewann er überlegen mit dem selten erlebten Vorsprung von zehn Längen.

Noch größere Leistungen erbrachte Stockwell als Zuchthengst. Beim Derby 1866 belegten Stockwell-Söhne die drei ersten Plätze und 1873 stellte ein Stockwell-Sohn abermals den Sieger. Er hieß Doncaster und war so massig, daß nicht einmal sein Besitzer an seine Geschwindigkeit glauben mochte.

Doncaster startete als Außenseiter. Die Wetten standen 45:1 gegen ihn. Nur sein Trainer und Jockey Robert Peck glaubten an Doncasters Sieg. Mit dieser Zuversicht gewann Peck ein kleines Vermögen. Für 10000 Pfund kaufte er seinem Chef, dem Bergwerksbesitzer Merry, den Hengst ab – und verkaufte ihn für 14000 Pfund an den Herzog von Westminster weiter, der damals der reichste Mann in England war. Da Merrys Einstandspreis ganze tausend Pfund betragen hatte, war Doncaster ein gutes Geschäft für alle Beteiligten gewesen. Später, nachdem Doncaster dem Herzog von Westminster seinen Kaufpreis durch hohe Deckgelder wieder eingebracht hatte, wurde er noch für 5000 Pfund nach Österreich verkauft. Dort starb er 1892. In der Zwischenzeit hatte in England auch sein Sohn Bend Or ein Derby gewonnen (1880), und sein Enkel Bona Vista ging 1896 hin und tat desgleichen.

Cyllene, Bona Vistas Sohn, trat zwar nicht zum Derby an; er war sehr spät im Jahr geboren worden und deshalb als Dreijähriger noch ziemlich klein und schwächlich. Aber dafür gewannen vier Söhne Cyllenes je ein Derby, und einer von ihnen, Minoru, sogar für König Edward VII.

Minoru erlebte ein tragisches, abenteuerliches Schicksal. Nachdem Minoru 1909 das Derby gewonnen hatte, wurde er für einen guten Preis nach Rußland verkauft. Kurz vor Ausbruch des Weltkrieges folgte ihm Aboyeur, der Derby-Sieger von 1913. In den Wirren der russischen Revolution verlor sich die Spur der beiden Hengste. Schon glaubte man, die aristokratischen Pferde hätten das Los ihrer adeligen Besitzer teilen müssen. Gerüchte wollten wahrhaben, die Vollblüter seien mitsamt ihren blaublütigen Gestütsherren von Revolutionären getötet worden.

Doch dann fuhr 1920 vor der Britischen Militärmission in Novorissysk, die soeben aufgelöst wurde, ein zweispänniges Panje-Wägelchen vor. Ein kleiner Mann in russischer Uniform meldete sich bei dem Missionschef, der gerade seine Akten zur Abreise packte, und sprach in breitestem Yorkshire-Dialekt: »Verzeihung, Sir, haben Sie noch Platz für meine beiden Pferde?«

Es war der englische Stalljunge, der mit Minoru ausgewandert war. Als das Gestüt in Brand gesetzt wurde, hatte er Minoru und Aboyeur vor einen Karren gespannt und war mit ihnen quer durch Rußland gezogen. Es dürfte unzweifelhaft das einzige Mal gewesen sein, daß zwei Derby-Sieger in doppeltem Geschirr einen Wagen gezogen haben . . .

Ein Cyllene-Sohn, der sich keine Derby-Ehren erwerben konnte, war Polymelus. Seine Qualitäten zeigten sich mehr auf den kürzeren Distanzen – und vor allem bei den Zuchtstuten. Fünfmal wurde ihm die Ehre als »Champion-Deckhengst des Jahres« zuerkannt. Sein Besitzer gehörte zu den jungen Business-Abenteurern, die um die Jahrhundertwende aufbrachen, um die Welt zu erobern. Solomon Joel erwarb sich im Goldland Südafrika so immense Reichtümer, daß er sich in England eines der größten Gestüte der Insel zulegen und für Polymelus den Preis von 4200 Guineen zahlen konnte. Und da Geld meist dorthin fällt, wo schon Geld ist, gewann er in einem Rennen, wo er auf seinen Polymelus wettete, runde 100000 Pfund.

Polymelus, auch er ein starker Zeuger vor dem Herrn, brachte in Phalaris einen ebenbürtigen Sohn zustande, der dem Gestüt des 17. Earl of Derby viel Ehre einbrachte.

Dieser Lord Derby, ein Nachfahre des Gründers von Englands berühmtestem Rennen, hielt den Vollblutzüchter-Ruhm seiner Ahnen besonders hoch. Und wie so viele Männer seines Standes, wußte er seine Interessen geschickt zwischen Pferden und Politik zu teilen. Er war Verteidigungsminister im Ersten Weltkrieg und Botschafter in Paris nach dem Krieg, und er hatte dreimal die Ehre, bei dem Renneregnis, das seinen Namen trägt, als Sieger gefeiert zu werden.

Phalaris zeugte in seinem Gestüt den Hengst Pharos, der sich im Derby 1923 nach einem erbitterten Duell – an das sich ältere Rennfans noch heute mit Genuß und Schauder erinnern – mit einem ehrenvollen zweiten Platz begnügen mußte. Seine größte Leistung war indessen die Zeugung eines Wunderhengstes namens Nearco.

Nearco bringt den Namen eines genialen Außenseiters in die Geschichte der Vollblutzucht – und in die Geschichte der Vorfahren Nijinskys: eines Italieners namens Federico Tesio.

Mit Tesio begann recht eigentlich die schwarze Zeit der englischen Vollblutzucht. So wie zur Zeit der englischen See- und Kolonialherrschaft die wahre Nationalhymne gelautet hatte: »Britannia rules the waves« (Britannien beherrscht die Wellen) – so hatte Britannia auch die Rennplätze der Welt beherrscht.

Nun plötzlich schnappten französische und amerikanische Pferde, Trainer und Jockeys den englischen die eindrucksvollsten Siege vor der Nase weg. Dank Tesio wurde auch Italien zur gefürchteten Konkurrenz.

Federico Tesio war als junger Mann ein Abenteurer. Seine Reisen führten ihn rund um die Welt. In Südamerika schloß er sich einer Expedition an, die das Innere Patagoniens erforschte. Er lebte unter Eingeborenen, er arbeitete als Gaucho in der Pampas, er ritt die wilden Broncos zu – und er jagte als Herrenreiter beim »Steeplechase« edles Vollblut über die Hürden.

Als der Globetrotter sich schließlich, allen elterlichen Voraussagen zum Trotz, mit ungebrochenem Hals wieder in der Heimat einfand, gründete er mit den sorgfältig registrierten Erfahrungen eines Reiterlebens am Lago Maggiore ein Gestüt, das ihm Weltruhm einbringen sollte.

Sein Hauptziel war, eine Theorie zu bestätigen, mit der er in England auf viel aristokratisches Kopfschütteln gestoßen war. Tesio behauptete: unter der warmen Sonne Italiens müsse sich das englische Vollblutmaterial noch viel besser entwickeln als in der neblig-verregneten Heimat England.

So kaufte er im Jahr 1915 in Newmarket für den lächerlichen Preis von 75 Guineen ein zartgebautes kleines Pferdchen mit mittelmäßigen Rennqualitäten, jedoch hervorragenden Erbanlagen. Diese Stute namens Catnip paarte er mit dem nicht minder durchschnittlichen italienischen Hengst Havresac II.

Das Erzeugnis dieser Ehe war die Stute Nogara, die immerhin zwei klassische Rennen in Italien gewann.

Mit Nogara zog Tesio nun auf das Gestüt des Lord Derby und ließ sie dort von Pharos decken.

Das Resultat war der Klassehengst Nearco – und die erste, große Bestätigung für Tesios Theorie.

Nearco war ein ungewöhnlich schönes Pferd – und es war Zoll für Zoll so gut, wie es aussah. Nearco, 1935 geboren, gewann als Zweijähriger alle seine sieben Rennen in Italien mit überlegener Souveränität. Als Dreijähriger holte er sich das italienische Derby mit mehreren Längen Vorsprung und im »Grand Prix« von Paris, der strengsten Prüfung Frankreichs über 3000 Meter, verwies er seine Konkurrenten, die vorher das englische und das französische Derby gewonnen hatten, verachtungsvoll auf die Plätze.

Ein englischer Buchmacher, M. R. Benson, erinnerte sich angesichts dieser Bedrohung aus Italien an das englische Sprichwort »If you can't beat them –

join them« (Wenn du sie nicht schlagen kannst, dann schlage dich auf ihre Seite) und machte Federico Tesio telefonisch ein Kaufangebot. Benson, der 1913 einmal in Monte Carlo die Bank gesprengt und 20000 Pfund davongetragen hatte, war ein Mann von schnellen Entschlüssen. Das Telefongespräch dauerte nur vier Minuten. Dann wechselte Nearco Besitzer und Heimat. Für den damals immensen Preis von 60000 Pfund (das waren damals umgerechnet rund 1,2 Millionen Mark) kam Tesios grandioser Zuchterfolg nach England.

Nearco enttäuschte seinen neuen Herrn nicht. Zweimal wurde Nearco zum Zucht-Champion des Jahres gekürt, fünfzehn Jahre lang stand er auf der Liste der acht besten Vererber. Er zeugte zwei Derby-Sieger, und zwei weitere Derby-Sieger gingen aus seinen Stuten hervor. Nearcos Abkömmlinge siegten und zeugten auch in Amerika erfolgreich (ihre Namen: Nasrullah, Mossborough, Bold Ruler, Royal Charger).

Nearcos Sohn Nearctic zeugte auch Kanadas größten Hengst Northern Dancer – den Vater Nijinskys.

Nearco war indessen kein Zufallserfolg Tesios. Dem Gestütsherrn vom Lago Maggiore gelang, neben vielen anderen bemerkenswerten Zuchtleistungen, auch noch ein zweiter Wurf von Nearco-Dimensionen. Und wieder war es ein Hengst, bei dem sich – was, wie wir nun wissen, selten ist – Rennleistung und Vererberstärke ebenbürtig die Waage hielten. Er hieß Ribot . . .

Die Stute, mit der Nearco Nearctic zeugte, war Lady Angela – die tapfere, unglückliche Pferdedame, die um Haaresbreite ihre Schiffsreise von Newmarket nach Montreal nicht überstanden hätte. Auch Lady Angela entstammt einer Blutlinie, die auf den Darley Arabian zurückgeht. Mit Nearco hat sie den Urahnen Whalebone gemeinsam. Doch während Nearco dem Whalebone-Sohn St. Hercules entstammt, führt Lady Angela ihre Ahnenreihe auf den Whalebone-Sohn Camel zurück.

Auch in dieser Erbfolge glänzen etliche legendäre Pferdenamen.

So zum Beispiel Touchstone, der 343 Sieger zeugte, die insgesamt 738 Rennen gewannen (darunter drei Derbys) und ihren Besitzern fast eine Viertelmillion Pfund Prämien einbrachten.

Touchstones Enkel Lord Clifden gewann das Derby 1863, dessen Sohn zeugte wiederum drei Derby-Sieger.

Sein Sohn Bay Ronald schaffte im Derby von 1896 zwar nur den sechsten Platz, aber in Dark Ronald hatte er einen Sohn, der Deutschlands Vollblutzucht ungemein befruchtete (die Rennstute Schwarz-Gold stammt von ihm ab, nach der heute noch die Galopp-Prüfung in Düsseldorf benannt ist).

Bay Ronalds Sohn Bayardo zeugte in Gainsborough einen Hengst, der zu den erfolgreichsten Vollblütern Englands gehört.

Gainsborough gewann 1918 die »Triple Crown«, die »Dreifache Krone«, den höchsten Triumph, den ein Pferd erringen kann. Die »Triple Crown« besteht aus drei Rennen: die »2000 Guineas« in Newmarket, das Derby in Epsom und das »St. Leger« in Doncaster.

Das Derby von 1918 war kein festliches Rennen. Der Krieg war im vierten Jahr. Seit drei Jahren war das Gelände von Epsom vom Militär beschlagnahmt und die Derbys mußten ersatzweise in Newmarket abgehalten werden. Auch die Pferde bekamen den Krieg zu spüren, denn Hafer war rationiert. Im Parlament wetterten Pferdefeinde gegen die Veranstaltung von Rennen, sie seien eine »Verhöhnung unserer Jungs, die an der Front im Dreck liegen«. Außerdem verursachte der Besuch von Pferderennen, so hieß es, eine »Verschwendung von Benzin und Transportmitteln«. (Gegen die Veranstaltung von Fußballspielen und Boxkämpfen wurden keine Einwände erhoben.) Das Publikum ließ sich indessen den Spaß an seinem Volkssport nicht nehmen und wallfahrtete wie eh und je zu seinem Derby – und erlebte eine Sensation: Zum ersten Mal gewann eine Frau das Derby.

Lady Douglas hatte ihren Gainsborough eigentlich als Jährling verkaufen wollen. Die Gebote, die für den Bayardo-Colt bei der Auktion in Newmarket abgegeben wurden, waren jedoch unter ihrem Mindestpreis von 2000 Guineen geblieben. So hatte sie ihn behalten und selbst trainiert.

Lady Douglas stammte aus Frankreich, aus der Weinbrenner-Stadt Cognac. Ihre Familie gehörte dort zu den namhaftesten Vertretern ansässigen Bürgeradels: Sie trug den Namen Hennessy. Und offenbar heiratete man auch dort, wie bei edlen Pferdegeschlechtern, nicht außerhalb der Familie. Ihr erster Mann war ebenfalls ein Hennessy. Nach seinem Tod wurde sie die Frau des 7. Marquis of Queensberry, Lord James Douglas. Ein vergilbtes Foto, das sie nach ihrem Derby-Sieg neben Gainsborough zeigt, erzählt die Geschichte einer Frau, die nichts von herrschenden Moden hielt: eine selbstbewußte Frau mit Gamaschenschuhen, einem streng geschnittenen Rock und einer maskulinen Querfliege über der Reiterjacke ...

Gainsborough, der dreißig Jahre alt wurde, verewigte seine besseren Qualitäten in einer ganzen Schwadron von Siegerpferden, die insgesamt 340000 Pfund Siegergelder einheimsten.

Gainsboroughs prominentester Sprößling sollte Hyperion werden – ein kaum vielversprechendes Pferdchen von fünfzehneinhalb Hand Widerristhöhe, das auch im Training keinerlei Aufsehen erregte. Als Hyperion zum ersten Mal öffentlich auftrat – übrigens unter den Stallfarben von Lord Derby –, machte er nur den Vierten, und sein Trainer hielt es nicht einmal für nötig oder nützlich, sich das Rennen anzusehen.

Das Rennpublikum verliebte sich jedoch augenblicklich in den kleinen, schmächtigen Kerl, der immer so aussichtslos gegen die gigantischen Rennmaschinen anzukämpfen schien. Hyperion enttäuschte seine Anhänger nicht. Er gewann zwar nicht immer, aber das Publikum, das wie die meisten Engländer immer eine starke Sympathie für den »underdog«, für den Unterschätzten hat, blieb ihm von Rennen zu Rennen treu.

Eine Woche vor dem Derby 1933 standen Hyperions Wettchancen bei den Buchmachern noch 125:1. Die seltsame Zuneigung des Publikums für den putzigen Bullenbeißer steigerte die Quote schließlich auf 6:1, aber man hatte schon heißere Favoriten gesehen. Mit vier Längen Vorsprung belohnte er die Zuversicht seiner Getreuen.

Von da an gewann Hyperion jedes Rennen in seinem Derby-Jahr. Und als

Zuchthengst übertraf er noch die Trefferliste fast aller seiner Vorfahren. Auf sechs Jahresbestlisten hielt er den ersten Platz als Champion-Vererber – bis in das Jahr 1954 hinein. Seine Kinder gewannen 752 Rennen im Wert von insgesamt 633 520 Pfund. Unzählige Künstler haben sein Bild gemalt und lebensgroße Skulpturen von ihm gegossen und gehauen.

Mit knapp zwanzig Jahren zeugte er Lady Angela, die – mit Nearco gepaart – den Nijinsky-Großvater Nearctic zur Welt brachte . . .

Auch die Blutlinie, die zu Nijinskys Großmutter Natalma führt, geht vom Darley Arabian aus. Sie nimmt jedoch bereits bei dem historischen Renner Eclipse, aus Vor-Derby-Zeiten, einen eigenen Verlauf.

Eclipse zeugte – wir erinnern uns – 344 Siegerpferde. Einer seiner Söhne, der nie eine Rennbahn sah, war der Hengst Meteor, auf dem General Wellington in die Schlacht von Waterloo ritt. Dieser Eclipse-Sohn darf wohl mit Recht als das meistabgebildete Pferd der Weltgeschichte gelten. Denn wo immer der Waterloo-General auf Leinwand, Papier oder in Stein abgebildet ist, sitzt er auf diesem Vollblut-Schlachtroß.

Ein anderer Eclipse-Sohn, der freilich seine Reiter auf friedlichere Kampfstätten trug, ist King Fergus. Von ihm stammt – über Hambletonian, Whitelock, Blacklock, Voltaire, Volitigeur (Derby-Sieger von 1850), Vedette und Galopin (Derby-Sieger von 1875) – der bemerkenswerte Hengst St. Simon ab. St. Simon ist zwar in keinem klassischen Rennen mitgelaufen, dennoch ist seine Geschichte erzählenswert.

St. Simons Besitzer war der Prinz Batthiany, Ungar von Geburt, der in den zwanziger Jahren des vorigen Jahrhunderts nach England kam und auch die englische Staatsbürgerschaft erwarb. Er legte sich einen Rennstall zu, aus dem, nach etlichen minderen Erfolgen, schließlich auch ein Derby-Sieger hervorging: Galopin.

Der Prinz führte sein Gestüt nach absolut fürstlichen Maßstäben. Seine Pferde trugen scharlachrote Decken, und seine Domestiken, bis zu den letzten Stallburschen, königsblaue Livree und Zylinderhüte. Als im Jahr 1884 einer seiner Hengste – Galliard, ein Galopin-Sohn – drohte, die »2000 Guineas« zu gewinnen, machte sein Herz einen tödlichen Freudensprung: Auf der Schwelle zum Speisesaal des Jockey Clubs brach er leblos zusammen.

Nach den damals herrschenden Regeln durften Pferde im Falle des Todes ihres Herrn zu keinem Rennen mehr antreten. So mußten auch alle Verpflichtungen für St. Simon, darunter das Derby, gestrichen werden.

Prinz Batthianys Gestüt kam zum Verkauf. Den Stern der Equipe, St. Simon, sicherte sich für den horrenden Preis von 1600 Guineen ein junger englischer Aristokrat, der Herzog von Portland, der gerade erst fünf Jahre zuvor sein Erbe angetreten hatte. Portland war eine ungewöhnliche Erscheinung in der Rennplatz-Aristokratie, denn er wettete kaum, und wenn doch, dann gab er seine Gewinne für wohltätige Zwecke aus.

St. Simon erwies sich, so hoch sein Kaufpreis war, als das beste Pferdegeschäft des vorigen Jahrhunderts. In keinem Rennen, das er unter Herzog Portlands Farben lief, wurde er je geschlagen. Und von allen Vererbern der englischen Vollblut-Chronik ist er der unbestritten erfolgreichste. Seine erfolgreichsten Nachkommen waren Persimmon und Diamond Jubilee, die für König Edward VII. die Derbys von 1896 und 1900 gewannen. Insgesamt zeugte er 423 Fohlen, die 571 Siege und Prämien im Wert von über einer halben Million Pfund erstritten. Damit hält er den Rekord seines Jahrhunderts.

Englands Züchter beklagen deshalb zurecht, daß sich St. Simons direkte Hengst-Linie nach einigen Generationen verloren hat.

St. Simons beste Qualitäten scheinen sich indessen in einer Erbreihe erhalten zu haben, die über Desmond (Fünfter im Derby von 1899) und Charles O'Malley (Dritter im Derby von 1910) zu der Stute Malva führt.

Malva, die immerhin auch drei Rennen gewann, paarte sich mit Blandford zu einer überaus glücklichen Ehe. Ihre beiden begabtesten Kinder hießen Blenheim und Bahram. Beide gehörten dem wohl erfolgreichsten Rennstall der ersten Hälfte dieses Jahrhunderts an: dem Stall des Aga Khan.

Mohammed Aga Hassan Khan, weltliches und geistliches Oberhaupt einer riesigen mohammedanischen Religionsgemeinschaft, galt als einer der reichsten Männer der Erde. Die Khans, die ihren Ursprung von Mohammed herleiten, beziehen von rund vierzig Millionen Ismaeliten, die in allen Ländern der Erde leben, vornehmlich im Nahen Osten, und die den jeweils regierenden Aga als leibhaftigen Gott verehren, eine Art Kirchensteuer. Der jährliche »Umsatz« der Khans, bestehend aus den Abgaben der Gemeinden sowie aus den Gewinnen ihrer riesigen Investitionen, wird auf eine gute Milliarde Mark geschätzt. Das ist ohne Zweifel eine sichere Grundlage, wenn man sich in den teuersten Sport der Welt einkaufen will.

Der alte Aga Khan, der auch eine – nicht besonders glückliche – Zeit lang Präsident des Völkerbundes war, ließ sich von Lord Wavertree zur Gründung eines Gestüts überreden.

Lord Wavertree, ein leidenschaftlicher Anhänger der Astrologie, pflegte seine Pferde so zu züchten und in die Rennen zu schicken, wie er sie sich nach seinen Horoskopen ausrechnete. Bei seinen eigenen Pferden mögen sich zwar öfter Fehler in seine Sternbild-Kalkulationen eingeschlichen haben – die Empfehlungen jedoch, die er dem mehrfach mit Gold und Diamanten aufgewogenen Nachfahren des Propheten gab, standen zweifelsohne unter einem guten Stern: Fünfmal gewann der Aga das Derby: 1930 mit Blenheim, 1935 mit Bahram, 1936 mit Mahmoud, 1948 mit My Love und 1952 mit Tulyar.

Bahram galt 35 Jahre lang als das größte Rennpferd des Jahrhunderts. Von Agas Trainer Frank Butters, einem gebürtigen Österreicher, wurde Bahram von klein an auf Sieg trainiert. Beim ersten Rennen wußte es das Publikum noch nicht. Wetten wurden nur zum Kurs von 20 zu 1 angenommen. Der schöne, kraftgeladene Braune, an dem nichts auszusetzen war – höchstens, daß sein Schweif ein wenig dünn wirkte –, gewann die »2000 Guineas« mit anderthalb Längen Vorsprung.

Wie so oft, erwies sich auch hier das »2000 Guineas« als sichere Vorausprojektion des Derbys. Wetten wurden nur noch zu dem heißen und deshalb wenig einträglichen Favoritenkurs von 5 zu 4 gehandelt. Schon auf dem Hügel vor der Tattenham Corner war das Rennen so gut wie gelaufen. Von Allahs Segen und Lord Wavertrees Sternen gut bestrahlt, durfte der leibhaftige Gott der Ismaeliten sein geflügeltes Pferd als Sieger in den Absattelring führen.

Beim »St.-Leger«-Rennen in Doncaster ging Bahram völlig überfavorisiert an den Start. Das Überangebot an Wettgeldern, die auf Bahram gesetzt wurden, trieb den Kurs auf 4 zu 11 – man mußte elf Pfund setzen, um vier Pfund zu gewinnen. Doch die geringen Aussichten, mit dem Favoriten viel Geld verdienen zu können, wurden durch die überschäumende Begeisterung wettgemacht, die Bahram über den gesamten Kurs begleitete.

Mit seinen Siegen im »2000 Guineas«, im Derby und im »St. Leger« hatte Bahram für sich und den Aga die höchste Krone des Triumphs errungen, die »Triple Crown«. Ganze 35 Jahre lang sollte Bahram – er starb 1956 in Argentinien – diesen Rekord halten.

Bis Nijinsky kam.

Bahrams Bruder Blenheim, zehn Jahre lang stärkster Vererber in England, Derby-Sieger von 1930, zeugte einen würdigen Sohn, Mahmoud, der sechs Jahre später wiederum Derby-Ruhm für den Aga Khan einheimste.

Mahmoud sorgte mit seinem Derby-Sieg gleich für drei Sensationen.

Der Blenheim-Sohn war im französischen Gestüt des Aga Khan, in Chantilly, gezeugt worden. Er war klein und wirkte schwach, Herr und Trainer hielten nicht viel von ihm und schickten ihn zur Versteigerung nach Deauville, wo aber kein annehmbarer Preis für ihn zu erzielen war. Widerwillig nahm Trainer Butters sich seiner an. Er gewann ein paar Rennen, verlor ein paar Rennen, bekam den Husten und wollte auch in seinem zweiten Winter kaum wachsen. Beim Derby startete er als Außenseiter mit einem Wettkurs von 100 zu 8.

Es war ein nervöses Rennen. Beim Start kam es zu Zwischenfällen. Ein Pferd wurde von einem anderen ins Knie getreten, ein Jockey bekam von einem Pferd einen Schlag ins Gesicht. Als das Feld dann endlich unterwegs war, legten die Schrittmacher ein solches Tempo vor, daß im Publikum niemand mehr auch nur einen Penny für den kleinen Außenseiter gegeben hätte.

Vierhundert Meter vor dem Ziel geschah das Wunder: der Außenseiter lag an der Spitze. Mahmouds Jockey Charley Smirke erschrak sich fast zu Tode: das war viel zu früh. Diesen Vorsprung über eine Viertelmeile zu halten, schien ihm mit dem unausgeglichenen kleinen Colt, den er unter sich hatte, völlig unmöglich. Doch er versuchte sein Bestes. Mahmoud zeigte keine Spur von Schwäche – ja, er konnte sogar sein Tempo noch steigern. Unangefochten erreichte er mit unglaublichen drei Längen Vorsprung das Ziel.

Der Hundert-zu-acht-Außenseiter hatte gewonnen. Das war die erste Sensation.

Aber das erste Mal in der Geschichte des Derbys hatte ein graues Pferd gesiegt – grau scheint keine »echte« Farbe für einen Derby-Sieger zu sein – und nun war es doch geschehen. Das war die zweite Sensation.

Die dritte Sensation ergab sich, als die Zielrichter ihre Uhren verglichen: Dies war das schnellste Derby, das je gelaufen worden war. Mahmoud hatte die anderthalb Meilen in 2,33:48 Minuten geschafft.

Dieser Rekord sollte 34 Jahre lang ungebrochen bleiben – bis Nijinsky kam.

Das Rekord-Vollblut Mahmoud zeugte die Stute Almahmoud. Sie wurde mit Native Dancer gepaart und brachte die Stute Natalma zur Welt. Von Nearctic gedeckt, ging aus ihr Northern Dancer hervor – der Vater Nijinskys.

So gelangte über Mahmoud das Blut des Ur-Vollbluts Darley Arabian bis auf Nijinsky . . .

Der Byerley Turk, bei der Belagerung Wiens den Türken entlaufen und von Rittmeister Byerley nach England verbracht, gilt als der älteste der drei Stammväter aller Vollblüter.

In seiner Blutlinie finden sich zwar fleißige Renner und Vererber, aber nur wenige große Namen.

In der sechsten Generation taucht Herod auf, der an Zuchtleistung sogar den großen Eclipse übertraf, wiederum sechs Generationen später Thormanby.

Das allerdings war wieder einmal ein Hengst, der mit seiner Kraft und seiner Schönheit die Zeitgenossen zu lyrischen Schwärmereien hinriß. »Sein Fell ist wie ein Spiegel«, dichtete ein Chronist und verglich ihn dann mit einem legendären englischen Volkshelden: »Seine Muskeln sind gewaltig wie die Muskeln von Heenan in der Schlacht von Farnborogh.«

Thormanby lief für den Erzbergwerkbesitzer James Merry, der auf den Rennbahnen wenig beliebt war, weil er nie ohne seine Leibgarde auftrat, die aus einem Weinhändler und einem abgehalfterten Preisboxer bestand. Der Preisboxer hatte vor allem die Aufgabe, jeden Neugierigen zusammenzuschlagen, der bei Trainingsrennen die Leistungen von Merrys Pferden auszuspionieren versuchte.

Thormanby, der Hengst mit den Muskeln des Volkshelden Heenan, gewann das Derby von 1860 – und ein Beobachter schrieb, nie habe er eine widerwärtigere Szene vor Augen bekommen als an dem Abend, da Merry und seine Clique nach dem Abkassieren der Siegerprämien und der Wettgelder gierig und geizig ihre Geldhaufen zählten. Es waren 85000 Pfund. Seinen Jockey belohnte Merry sparsam mit ganzen hundert Pfund.

Immerhin gelangte Thormanbys Sohn Atlantic in standesgemäßere Gesellschaft: in das Gestüt des Lords Falmouth. Für ihn erkämpfte Atlantic im Derby von 1874 den dritten Platz.

Atlantics Nachfahren Le Sancy und Roi Herode wuchsen in Frankreich auf. Diese Auswanderung ließ den irischen Züchter Kennedy nicht ruhen, er holte (1910) Roi Herode ins Heimatland der Vollblüter zurück, um die Byerley-Herod-Dynastie zu erhalten und aufzufrischen.

Der Erfolg war überwältigend. In Kennedys Gestüt Straffan im irischen Kildare zeugte Roi Herode den spurtstarken Hengst The Tetrarch, der heute noch als »eins der schnellsten Pferde auf dem englischen Turf« gerühmt wird.

Als Zweijähriger wurde The Tetrarch bei einem Unfall verletzt. Er bekam deshalb nie die Chance, seine Qualitäten im Derby-Test zu beweisen.

Die Kraft, die er in seinem Byerley-Blut hatte, vererbte er jedoch unverwässert weiter. Seine Tochter Mumtaz Mahal (genannt: das »fliegende Füllen«), wurde mit dem »Triple-Crown«-Sieger Gainsborough gepaart, zeugte Mah Mahal, die – ihrerseits mit Blenheim gepaart – Aga Khans Rekord-Renner Mahmoud zur Welt brachte.

So ergab es sich also, im Sommer 1967 auf der Winfields-Farm in Ontario, als der Züchter E. P. Taylor den Hengst Nearctic und die Stute Natalma zu ihrer leidenschaftlichen Fünfminuten-Romanze zusammenführte, daß die Blutlinien des Darley Arabian und des Byerley Turk nach rund dreihundert Jahren zusammengeschmolzen wurden.

In Northern Dancer.

Sieben Jahre später, als Northern Dancer die Stute Flaming Page deckte, stieß dazu endlich die Blutlinie des dritten Urvaters der Vollblutzucht: des Godolphin Arabian.

Sie hatte einen langen Umweg hinter sich . . .

Im Sonnenglast der Sandwüsten auf der arabischen Halbinsel: das Reich der Beduinen.

Sie sind die Nachfahren Ismaels, der ein Sohn Abrahams war und der Hagar, einer Magd von Abrahams Weib.

Eines Tages begegnete Ismael einem Pferd, das wilder war als alle Pferde, die er je gesehen hatte. Dieses Pferd fing er ein. Es war eine Stute, die mit einem Fohlen schwanger war. Das Fohlen wurde ein Hengst.

Ismael paarte diesen Hengst mit der Stute, die des Hengstes Mutter war.

Und er wurde auch mit den Stuten gepaart, die seine Töchter und seine Schwestern waren.

Nichts von der Kraft und der Herrlichkeit seiner Mutter, die auch seine Kraft und seine Herrlichkeit war, sollte verlorengehen.

So wurden die edelsten Pferde der Wüste gezeugt.

Ismaels Kinder und Kindeskinder, die Beduinen, gaben der Stute, die so die Urmutter ihrer Pferde geworden war, den Namen »Kuhaylan« – die schwarzhäutige Antilope. Und diesen Namen tragen auch die hundert Familien arabischer Pferde aus dem Stamm der wilden, schönen Stute Ismaels.

Seitdem durchziehen die Beduinen das Land Ismaels – mit ihren Pferden und ihren Legenden.

Tagelang sind sie oft unterwegs auf der Suche nach einer Oase. Gerippe von Pferden und Menschen, vom Durst gefällt, von der Sonne ausgedörrt, zeichnen die Spur. Nur die Starken erreichen das Ziel, die das Leben mehr lieben als die trügerische Rast; nur die Klugen, die mit ihren Kräften hauszuhalten wissen. So entsteht die Auswahl der Edelsten. Über die Jahrhunderte hinweg.

In der Mittagshitze eines mörderischen Wüstentages erreicht Mohammed, der einst Karawanenführer war, bevor Allah ihn zum Propheten bestimmte, den qualvoll ersehnten Brunnen einer Oase. Er ist auf der Flucht. Fanatiker, die nicht an die Stimme Allahs glauben wollen, die aus ihm spricht, haben ihn aus Mekka vertrieben. Nur seine Getreuen sind mit ihm geritten. Nun ziehen sie ihre erschöpften Pferde hinter sich her, die das Gewicht ihrer Reiter nicht mehr tragen können.

Seit Tagen haben sie keinen Tropfen Wasser mehr auf ihren rissigen Lippen gespürt. Weder Mann noch Pferd.

Die Quelle sprudelt und glitzert und lockt. Die Erlösung.

Die Pferde galoppieren zum Wasser. Mohammed ruft sie zurück. Fünf Stuten wenden die Köpfe, ohne einen Schluck getrunken zu haben. Sie drängen sich gehorsam und treu um Mohammed, den Propheten.

Mohammed streichelt ihre staubbedeckten Mähnen. Er segnet sie. Er nennt sie »Khamsa al-Rasul Allah«, die »Fünf des Propheten Allahs«. So gehen aus den hundert Familien der Stute Kuhaylan die fünf stärksten Stämme der Pferde Arabiens hervor . . .

Das war vor dreizehnhundert Jahren. Tausend Jahre später werden dann, so scheint es, wiederum drei Pferde für einen hohen Zuchtzweck auserwählt (vielleicht auch diesmal von Allah, der ja – der Koran erzählt es – die Pferde des Orients als eine seiner edelsten Kreaturen ansah). Diesmal waren es drei Hengste.

Wir kennen sie schon: der Darley Arabian, der Byerley Turk und der Godolphin Arabian – und mit ihnen kommt auch die von Ismael geheiligte Tradition der Zuchtpotenzierung durch Inzucht in die Welt der »Ungläubigen«.

Der Godolphin Arabian, Geschenk des Kaisers von Marokko an den König von Frankreich, durch wunderliche Verwicklungen des Schicksals – oder war auch das Allahs Fügung? – nach Cambridgeshire in das Gestüt des Lord Godolphin gelangt, begründete die dritte arabische Linie der Vollblutzucht.

Von seinem Sohn Cade ist weniger bekannt, von seinem Enkel Match'em dafür um so mehr: Er pumpte das temperamentgeladene Blut seiner orientalischen Vorfahren in mindestens 354 Siegerpferde, die sich über 150000 altenglische Pfund an Gewinnen errannten.

Die Talentspäher, die damals, für Buchmacher und andere Interessierte, auf den Gestüten die Trainingsleistungen aller erfolgsverdächtigen »Stakes«-Kandidaten ausspionierten (was lange Zeit als strafwürdiger Hausfriedensbruch geahndet wurde), waren fest überzeugt: »Match'em-Pferde erkennt man – sogar in finsterer Nacht – ganz einfach daran, wie ihre wuchtigen Hufe die Erde erschüttern . . .!«

Über Trumpator, Conductor und Melbourne führte die Godolphin-Zucht in dem Hengst West-Australian zu einem bemerkenswerten Höhepunkt.

Der West-Australian war ein fast goldfarbener Brauner mit einem langgestreckten Körper. Selbst im Galopp wirkten seine Bewegungen langsam, doch das war eine Täuschung: Mit gewaltigen, raumgreifenden Sprüngen ließ er fast jeden Gegner, der gegen ihn antrat, als Zwergpony erscheinen.

»The West«, wie er genannt wurde, herrschte unangefochten das ganze Rennjahr 1853. Während England gegen Rußland auf der Krim Krieg führte, gewann er hintereinander die »2000 Guineas«, das Derby und das »St. Leger«. Diese Siegesserie, »The Triple Crown«, war bis dahin noch keinem Pferd gelungen. Seitdem ist die »Triple Crown«, die »dreifache Krone«, der höchste Triumph, den ein Vollblut auf dieser Welt erleben kann. West-Australian aber steht stolz als erster Gewinner der »Triple Crown« im Vollblut-Wallhall.

Sein Besitzer, ein Mr. Bowes, war von der Unschlagbarkeit des West-Australian so überzeugt, daß er beim Derby sein ganzes Vermögen – und noch etwas mehr – auf ihn setzte. Zu Recht.

Aus dem West-Australian ging eine Dynastie hervor, die wie ein Tornado vor allem über Amerikas Rennplätze hereinbrach.

West-Australians berühmtester Abkömmling war – in der achten Generation – Man o'War, ein Pferd, das heute noch, ein halbes Jahrhundert nach seiner fast ununterbrochenen Siegesserie, unvergessen ist. In Kentucky, dem Pferdezüchterstaat, wo sich ein Vollblut-Gestüt an das andere reiht, und jedes fast so groß wie einst ein deutsches – oder englisches – Herzogtum, ist Man o'War auf einem imposanten Denkmal verewigt.

Man o'War, der gleich sein erstes Rennen als Zweijähriger, 1919, mit sechs Längen Vorsprung gewann, ist in seiner ganzen Karriere nur ein einziges Mal geschlagen worden, und auch das nur, weil ein mißverständliches Startkommando gegeben wurde. Sein Gegner, Upset, durfte sich nicht lange seines zweifelhaften Sieges erfreuen: in einem späteren Rennen verwies Man o'War ihn unter »ferner liefen«.

Insgesamt gewann Man o'War in 21 Rennen zwanzigmal – und sein Rekord als das schnellste Pferd Amerikas blieb lange unangetastet.

Als Deckhengst erwies sich Man o'War ebenso stark wie als Renner. Seine Deckgebühr betrug die damals unerhörte Summe von 5000 Dollar, genausoviel wie er einst als Jährling auf der Versteigerung gekostet hatte.

Man o'War, von seinen Millionen Freunden auf den Rennbahnen liebevoll »Big Red«, der »große Rote« genannt, hatte ein wahrhaft königliches Begräbnis: Tausende folgten seinem Leichenwagen, kaum weniger als bei der Bestattung von Präsident Lincoln.

Man o'War war, rechnet man seine Umsätze zusammen, das erste Millionenpferd dieses Jahrhunderts. Er holte sich eine Viertelmillion Dollar an Gewinngeldern, er zeugte 62 Siegerpferde, die bis zu seinem Tode wiederum 3,5 Millionen Dollar einbrachten.

Und Man o'Wars Urenkelin, zwölf Jahre nach seinem »Staatsbegräbnis« geboren, war Flaming Page – die Mutter Nijinskys.

Das also sind das Blut, die Kraft und das Temperament, die in Nijinsky pulsen – das Erbe der drei großen Araber, hoch und höher gezüchtet im Lauf der Generationen; ausgelesen und aufgebaut, konzentriert und komprimiert in fast zweihundert scharfen Derby-Prüfungen.

Und nun also, zur traditionsbestimmten Derby-Zeit, am Nachmittag des ersten Mittwochs im Juni, unter dem besten, rücksichtslosesten, erfolgreichsten Jockey, den England jemals sah, tritt Nijinsky auf der Kampfbahn an, auf der hufeisenförmigen Anderthalbmeile von Epsom, auf der so viele Vorfahren siegten.

Kann da auch nur die Spur eines Zweifels bleiben?

Es ist 15.30 Uhr am Mittwoch, dem 3. Juni 1970.

Die Witwe des Tänzers soll Nijinsky beim Derby Glück bringen

Eine unenglische Junihitze liegt flirrend und flimmernd über dem weitläufigen Rennbahngelände von Epsom. Fast hundertfünfzigtausend Menschen sind zum 190. Derby gekommen. Die Eisverkäufer haben alle Hände voll zu tun, Kinder schreien, Cliquen singen, Familien sitzen im Gras der Parklandschaft und machen Picknick, an den Bierständen fließt das Ale und der Porter aus vollem Rohr. Männer, die aus Pappbechern Whisky ohne Eis trinken, rechnen sich am Rand ihrer Rennprogramme und ihrer Sportzeitungen letzte Wettchancen aus, Hippies spielen Gitarre und schottische Clubs Dudelsack, Pärchen flirten. Vor den Totalisatorschaltern stehen diszipliniert lange, nervöse Schlangen, um ein lockeres oder letztes Pfund auf Favoriten oder Außenseiter zu setzen. Schlitzohrige Tipverkäufer, mit lauernden Blicken auf der Suche nach leichtsinnigen Dummen, wieseln durch das Gedränge, bieten flüsternd ihr vorgebliches Wissen an, während ihr Äußeres die Todsicherheit ihrer Tips Lügen straft.

Und alle schwitzen. Die vollbesetzte Zuschauertribüne, noch im verliebt verrankten Gußeisenstil des vorigen Jahrhunderts erbaut und einer längs in der Mitte durchgeschnittenen Bahnhofshalle ähnlicher als einer Kathedrale für Vollblutanbeter, spendet nur Schatten, kaum Kühlung.

In der Hofloge, in der »Royal Box«, hat Königin Elizabeth mit ihrem Gefolge Platz genommen – Prinzessin Anne, Military-Reiterin mit Olympia-Ambitionen, ist dabei, Prinz Philip befindet sich zur Zeit auf einer Reise durch Australien –, mit einem weißseidenen Tüchlein tupft die Königin sich Stirn und Wangen, trotz Klimaanlage. Lord Norfolk, der oberste Steward des Jockey Clubs und seit Jahrzehnten auf den großen Rennplätzen so sehr zuhause, daß er sich in seinen leutseligeren Augenblicken gern selbst »ein altes Pferd« nennt, hat seine hohen Gäste in das rundum verglaste Aussichtsappartement – ein klassisch möblierter Salon mit moderner kleiner Küche im Hintergrund – hineinbegleitet. Für Elizabeth ist der Derby-Besuch keine Amtshandlung, etwa zur Förderung ihrer Volkstümlichkeit. Die Königin teilt voll die Begeisterung ihrer Landeskinder für schnelles Vollblut, sie verfügt auch über einen beachtlichen, wenn auch nur durchwachsen erfolgreichen Rennstall; ihr erstes öffentliches Erscheinen nach dem Krieg galt dem Derby, damals kam sie noch in der khakibraunen Uniform eines Offiziers der weiblichen Hilfstruppen. Ihr schönstes Hochzeitsgeschenk war ein Fohlen aus dem Gestüt des Aga Khan.

Obwohl heute kein Jockey mit den Farben der Königin antritt – violette Blusen mit roten Ärmeln –, sieht sie dennoch, wie die 150000 anderen Derby-Besucher, dem Rennen mit Spannung entgegen.

Vor der Tribüne hebt der Dirigent der Regimentskapelle der »Welsh Guards« den Stab. Mit Zimtara und Tschingbum intonieren die schwarz und rot uniformierten Waliser eine schmissige Version von »When the Saints go marching in«.

Die Pferde kommen, mit ihren Jockeys im Sattel, über den sandigen Weg vom Führring heran, um vor dem Start noch einmal vor der Tribüne zu paradieren.

Nijinsky schreitet an der Spitze. Auf ihm, in den Stallfarben Engelhards – grüne Bluse mit roten Diagonalstreifen – Lester Piggott, die langen Beine in den kurzgeschnallten Steigbügeln steil angewinkelt, kein Muskel zuckt in seinem statuarischen Gesicht.

Nijinskys braunes Fell mit dem dunkleren Schwanz, den hellen »Stiefeln« hinten und vorn rechts und dem weißen, herzförmigen Stern auf der Stirn, glänzt warm und stolz in der Nachmittagssonne. Die großen, braunen Augen scheinen über die vielen tausend Menschen hinwegzublicken, nicht hochmütig, eher gespannt, ganz auf ein fernes Ziel gerichtet, vielleicht auf den baum- und buschbestandenen Hügel auf der fernen Seite des Geläufs, als müsse er schon jetzt all seinen Atem, jeden Herzschlag, auf die Biegung der Bahn dort hinten konzentrieren. Als wisse er jetzt schon, daß er dort die Entscheidung erzwingen müsse.

Nijinsky geht ruhig seinen Weg an der von brodelndem Stimmgewirr erfüllten Tribüne vorbei. Neben ihm Vincent O'Brien, der ihn jetzt noch am Zügel führt. Vor ihm fallen die Fotografen auf die Knie, recken ihm die Kameras entgegen, um diesen schmalen Kopf über den schlanken, hochragenden Säulen seiner Beine und seines fein geäderten Halses in einer sich in den blauen Himmel türmenden Perspektive zu erfassen.

Nijinsky, wie so oft, wenn er fotografiert wird, hebt seinen Kopf mit einer kraftvollen, wie zufällig erscheinenden Bewegung noch etwas höher, als wisse er genau, wie morgen in den Zeitungen die Bildunterschriften lauten: »Das Pferd des Jahrhunderts!« oder so ähnlich – und als wolle er die Fotografen nicht mit einer unsicheren Pose Lügen strafen.

Vor Nijinsky marschieren, ganz erfüllt von seiner starken Ausstrahlung, Stallburschen in historischen Derby-Kostümen aus dem vorigen Jahrhundert – graue Zylinder, rote Jacken, dunkelgestreifte Hosen, weiße Gamaschen über den schwarz glänzenden Schuhen – und halten ihre zusammengerollten Schirme wie Vasallen-Zepter und wedeln hoffärtig und verantwortungsbewußt dem vierbeinigen Aristokraten den Weg frei.

Nijinsky vor seinem größten Erfolg: mit Piggott auf dem Weg zum Start

Jeder Zoll ein Sieger: Nijinsky und Piggott sind sich des Sieges sicher

Tattenham Corner, die kritische Derby-Kurve. Nijinsky liegt günstig im Mittelfeld. Gleich spurtet er zum Sieg . . .

Derby-Sieger! Engelhard strahlt. Vorn: Trainer Vincent O'Brien

Szenen aus Nijinskys großer Karriere: Endspurt beim »St. Leger« in Doncaster

Unschlagbar allen voraus: Nijinsky und Piggott gewinnen die »2000 Guineas«

Die Vision des Tänzers Nijinsky:
»Ich werde wiederkommen als ein wildes schönes Pferd . . .«

Piggott in typischer Haltung (hinten hoch) beim »King George« in Ascot

Nijinsky (links, mit Jockey Ward) schlägt Piggott (rechts) beim »Irish Derby«

Am Ende der Parade reicht O'Brien den Zügel zu Piggott hoch. Die Pferde machen sich im leichten Lockerungstrab auf den Weg zur Startmaschine am oberen Ende der hufeisenförmigen Bahn.

Bei der Auslosung der Startnummern ist Nijinsky ein günstiger Platz zugefallen.

Die besten Positionen in der Startmaschine sind die Boxen vier bis sieben. Wer ganz innen starten muß, auf Platz eins oder zwei, wie etwa Approval, der Hengst mit dem »Observer«-Pokal aus dem Vorjahr, oder Gyr, die französische Herausforderung, läuft Gefahr, auf dem linksgekurvten Kurs gegen den Zaun abgedrängt zu werden. Wer ganz außen starten müßte, aus der Box 21, hätte die größere Umlaufbahn. Da heute nur elf Pferde am Start sind, ist die Startmaschine nur bis zur Mitte besetzt. Nijinsky wird auf Platz neun starten. Das ist nicht schlecht.

Nijinsky, vor einem Rennen immer gefaßt und diszipliniert, steht fast als erster in den gepolsterten Boxen. Lester Piggott zieht sich die Schutzbrille über die Augen.

Gyr, der offensichtlich unter Startfieber leidet, gebärdet sich nervös und schwitzt übermäßig. Er hat eine unangenehme Reise hinter sich, war auch während der Nacht sehr unruhig und hatte ziemlich lustlos gefressen. Zwei Helfer müssen ihn in die Maschine drängen, einer muß sich vorn neben ihn stellen und seinen Zügel halten. Jockey Bill Williamson spricht beruhigend auf Gyr ein.

Der Starter, auch er im traditionellen Dreß, mit Zylinder, Cut und roter Flagge, wartet geduldig.

Über die Lautsprecher kommt die Durchsage: »Derby-Besucher, die ihre Hunde in verschlossenen Autos auf den Parkplätzen zurückgelassen haben, werden höflich daran erinnert, daß die starke Hitze den Tieren zu schaffen macht!«

Auf der Tribüne, in den für gewöhnliche Sterbliche unzugänglichen hochklimatisierten Räumen für die Mitglieder des Jockey Clubs und ihre Freunde, beobachtet der Nijinsky-Clan durch Ferngläser die Vorbereitungen zum Start. Die Herren, der Festlichkeit des historischen Ereignisses angemessen, im Cut; die Damen in eleganter Toilette meist von Pariser Couture.

Charles Engelhard, schwergewichtiger als je zuvor, hat in dem Privat-Jet, mit dem er vor zwei Tagen aus Newark eingetroffen ist, eine Reihe von Freunden mitgebracht. Aus Kanada ist E. P. Taylor dabei, auf dessen Windfields-Farm Nijinsky geboren wurde, und George Scott, der Nijinsky für Engelhard ersteigert hat. Auch McKenzie Miller, der Engelhards amerikanischen Rennstall (»Cragwood Stables«) in Saratoga leitet, ist anwesend. Ebenso der Pferdemillionär A. B. Hancock aus Kentucky, in dessen Gestüt Engelhard ein halbes hundert Zuchtpferde stehen hat. Und natürlich auch Engelhards Rennmanager für England, Dave McCall.

Engelhards Ehrengast ist eine weißhaarige, zartgliedrige alte Dame: Romola Nijinsky, die Witwe des Tänzers, dessen Namen Engelhards Lieblingspferd trägt. Engelhard hat sie zum Derby eingeladen, er hat sie am Morgen aus dem hundert Jahre alten Cavendish-Hotel abgeholt, in dem die auch mit

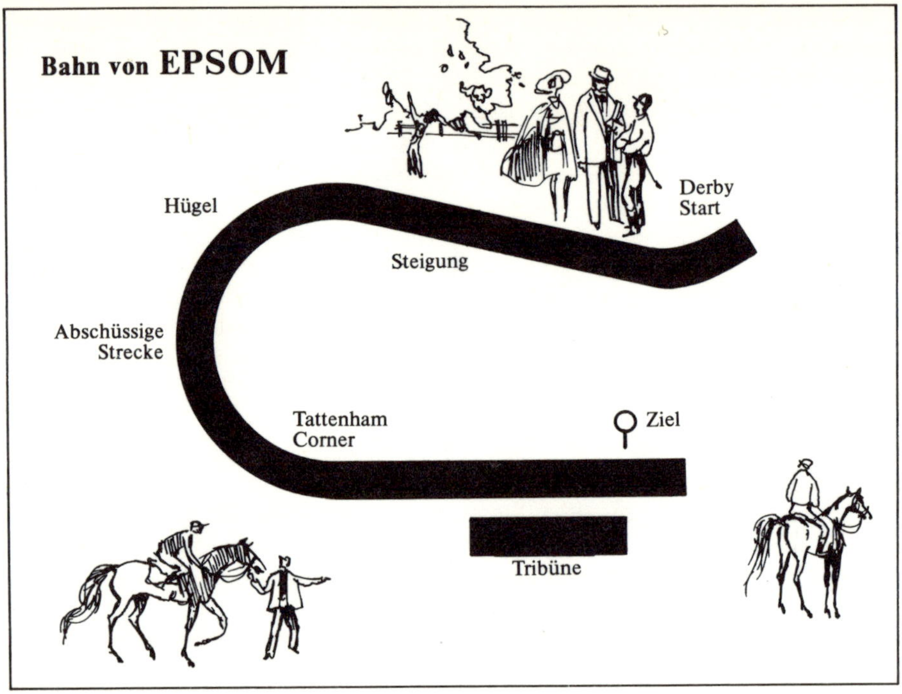

achtzig Jahren ungebrochen rüstige Globetrotterin immer wohnt, wenn sie London besucht.

Vincent O'Brien, der von der Parade heraufgekommen war, sagte mit einem trockenen Lächeln zu Engelhard: »Nun werden wir sehen, ob an Ihrem Aberglauben wirklich etwas dran ist.«

»Erinnern Sie mich bloß nicht daran, sonst verschwinde ich auf der Stelle. Bis jetzt hat noch nie eins meiner Pferde gewonnen, wenn ich dabei war! Im vorigen Jahr war ich beim ›2000 Guineas‹ und mein Ribofilio wurde letzter. Und dann, als Indiana und später Ribocco im Derby liefen, 1964 und 1967, haben sie auch nur den zweiten Platz geschafft.«

»Aber diesmal«, wandte Dave McCall ein, »ist es das siebente Rennen von Nijinsky. Vielleicht bringt uns die Sieben Glück.«

»Wenn das Glück so tüchtig ist, wie Vincent es als Trainer war«, sagte McKenzie Miller, »dann kann uns eigentlich nichts passieren.«

»Und danach dann«, rechnete George Scott, dessen Beruf die Gewinnmaximierung ist, weiter vor, »danach dann acht und dann neun und dann zehn. Ascot und Doncaster, das ›St. Leger‹. Vielleicht gewinnen wir die ›Triple Crown‹, die ›dreifache Krone‹ . . .«

»Ein Wunder ist geschehen!« sagte Engelhard. »Mr. Scott versteht auf einmal etwas von Pferderennen!«

»Nun«, sagt Scott. »Seit der Versteigerung habe ich Bildung nachgeholt.«

»Nun wollen wir erst mal das Derby gewinnen«, sagt Vincent O'Brien mit dem Fernglas vor den Augen. Die Pferde stehen jetzt sprungbereit in der Startmaschine.

»Ihr Wort in Nijinskys Ohr«, sagt Engelhard und gießt sich sein viertes Cola über die Eiswürfel.

Der Aufschrei der Hundertfünfzigtausend übertönt die dröhnende Stimme des Lautsprechers, der die ersten Positionen im davongaloppierenden Feld aufzählt.

Das 190. Derby ist gestartet. Es ist 15.35 Uhr.

Lester Piggott hat sofort seine günstige Startposition ausgemauert und steuert Nijinsky auf den sechsten Platz.

Cry Baby und Long Till, die aus Box eins und zwei gestartet sind, haben auf der Innenseite die Führung übernommen. Mon Plaisir, mit der günstigen Startnummer sechs, reckt den Kopf auf den dritten Platz. Dicht neben ihm Approval, der sonst ein schlechter Starter ist, aber diesmal zu wissen scheint, daß es auf jede Sekunde ankommt. Meadowville, unter dem Jockey Geoff Lewis, der in den »2000 Guineas« so schlecht abgeschnitten hatte, versucht sich an Approval heranzuschieben.

Great Wall, der am weitesten außen starten mußte, steuert zur Mitte hinüber, bildet aber zunächst noch das Schlußlicht. Vor ihm liegt Tambourine Man. Der kleine Stintino, unter dem französischen Jockey Thibœuf, ist am schlechtesten vom Start weggekommen. Nun versucht er, vorläufig noch als Drittletzter, das Feld auf der Außenseite zu überholen. Dicht vor ihm liegt Gyr, seine Nervosität hat sich in zielbewußte Energie verwandelt, Jockey Bill Williamson, mit 47 Jahren der älteste Reiter in diesem Derby, versucht seinen Hengst nicht allzu früh in den Kampf um die Spitze zu schicken. Aus drei Jahrzehnte langer Erfahrung weiß er, daß in Epsom die Entscheidung immer erst in der Zielgeraden fällt, bis dahin müssen die Kräfte gespart werden.

Mitten in diesem Feld liegt Nijinsky. Fünf Pferde sind vor ihm und fünf Pferde hinter ihm.

Von den Tribünen aus ist er nicht zu sehen. Aber Piggotts weißbehoster Hintern, immer ein wenig höher, immer ein wenig gestreckter als alle andern, leuchtet weithin sichtbar über den braunen Pferdeleibern und den buntgekleideten, weit vorgereckten Jockeykörpern hervor.

So kämpft sich das Feld die steigende und fallende Bahn zu dem grünen Hügel empor, bevor es in die weitgeschwungene Kurve hinunter zur »Tattenham Corner« geht.

In der Jockey-Club-Etage auf der Tribüne setzt Charles Engelhard sein Fernglas ab. »Ich kann das einfach nicht mit ansehen«, sagt er. »Mich macht das wahnsinnig. McCall, sagen Sie mir Bescheid, wenn was passiert. Aber schonen Sie meine Nerven!«

Romola Nijinsky lächelt still vor sich hin. »Wissen Sie«, sagt sie zu Engelhard. »Ich muß die ganze Zeit an eine komische Geschichte denken, die mir vor langer Zeit einmal Billy Wilder, der Regisseur von ›Manche mögen's heiß‹, erzählt hat. Billy Wilder wollte einmal einen Film über das Leben meines Mannes drehen. Wir führten lange Gespräche über sein Leben. Dann, mit einem

Drehbuchentwurf unterm Arm, fuhr Billy Wilder nach Hollywood zu seinem Produzenten.

›Ich möchte einen Film über diesen Tänzer Nijinsky drehen‹, sagte Billy Wilder, ›ich sehe das schon richtig vor mir – zuerst die herrlichen Ballettszenen, und dann die letzten Tage Nijinskys, wie er sich in seinem verwirrten Geist immer vorstellt, daß er ein Pferd ist . . .‹

›Aber Mr. Wilder, das ist doch nichts für Hollywood, das wird ja ein ganz trauriger Film!‹ rief der Produzent aus.

›Schade‹, sagte Billy Wilder und packte seinen Entwurf wieder zusammen. Doch als er schon in der Tür stand, drehte er sich noch einmal um.

›Zu dumm‹, sagte Billy Wilder. ›Dabei könnte der Film tatsächlich trotz allem ein Happy-End haben. Wir könnten doch immerhin zeigen, wie Nijinsky schließlich das Derby gewinnt . . .‹

Sehen Sie, Mr. Engelhard, deshalb muß ich jetzt lächeln. Ich stelle mir gerade vor, wie Billy Wilder sich wundern wird, wenn unser Nijinsky – Ihrer und meiner – nun tatsächlich das Rennen gewinnt . . .«

»Um Gottes Willen, Mrs. Nijinsky!« sagt Engelhard. »Fordern Sie bloß nicht das Schicksal heraus! Bis zum Ziel ist es noch eine ganze Meile!«

Noch eine Meile bis zum Ziel: Bill Williamson hat jetzt seinen Gyr neben Nijinsky in Stellung gebracht und setzt zum Überholen an.

Cry Baby führt immer noch vor Long Till und Meadowville.

Nur Approval scheint die Grenzen seiner Kraft erreicht zu haben. Jockey Starkey arbeitet wie wild mit der Peitsche, bekommt aber keine Antwort mehr.

Auf der Tribüne werden die ersten Schreie der Enttäuschung laut. Die Anhänger von Approval erkennen, daß ihr Favorit keine Chance mehr hat.

Aber Stintino, der kleine Hengst mit der gewaltigen Lunge, der bisher noch nie geschlagen wurde, macht weiterhin auf der Außenseite Boden gut.

Im scharfen Galopp auf der Bergab-Strecke zur Tatenham Corner gerät Gyr für einige Sekunden aus dem Takt. In diesem Augenblick stürmt Stintino weiter vor und läßt Nijinsky hinter sich.

Lester Piggott registriert, daß das Feld jetzt zwei Drittel der Strecke hinter sich hat. Eine Meile ist zurückgelegt. Bis hierhin zählte Geschwindigkeit – von nun an kommt es auch auf das Durchhaltevermögen an. Das Ende der Meile, für die Nijinsky sicher war, ist erreicht. Nun muß sich zeigen, was noch nie erprobt wurde: ob Nijinskys Kraft über die Meile hinausreicht. Der Punkt, wo Zweifel und Zuversicht sich decken, ist überschritten. Hier beginnt die halbe Meile der Entscheidung . . .

Mit wirbelnden Hufen, die kaum noch den Boden zu berühren scheinen, geht das Feld nun in die gefährliche Kurve an der Tattenham Corner. Die Jokkeys, weit vorgestreckt in den Steigbügeln stehend, über den Hälsen der Pferde schwebend, Arme und Rumpf aus dem Schultergelenk heraus mit dem Rhythmus ihrer Pferde vor und zurück schwingend, den Rhythmus noch steigernd, noch treibend, legen sich zur Seite, um die Kurve auszubalancieren. Die Pferde, tausend Pfund geballte, explodierende Energie auf dünnen, porzellanfeinen

Röhrenknochen, schleudern mit ihren handtellergroßen Hufen Rasenstücke hinter sich.

Die Menschen auf den Tribünen, vor den Tribünen, entlang der Bahn und im Innenfeld beugen sich vor, drängen sich aufeinander, um das Feld, das jetzt ganz links, ganz weit hinten in die drei Achtelmeilen lange Zielgerade hineinrast, sehen zu können.

Das Feld ist nun weit auseinandergerissen, aber auf diese Entfernung, in dieser Perspektive sind die Positionen nicht klar zu erkennen, die halben Längen, die Kopf- und Nasenlängen, auf die es von diesem Augenblick an ankommt.

Lester Piggott sieht, die Augen unter der Schutzbrille bis auf einen Spalt zusammengekniffen, wie die Spitze zerbröckelt.

Long Till hat Cry Baby überflügelt, aber Cry Baby wird von Meadowville gefordert.

Mon Plaisir zeigt die ersten Ermüdungserscheinungen.

Da schießt links auf der Innenseite, in einem phantastischen Spurt, Great Wall nach vorn.

Rechts arbeiten sich die beiden Franzosen, Gyr und Stintino, immer wieder neue Reserven nachschiebend, auf die Spitze zu.

Eiskalt hält Nijinsky seinen Rhythmus. Piggott hält sich immer noch zurück, läßt sich überholen, läßt sich nicht fordern, läßt seinem Pferd noch Wind in den Lungen, noch Kraft in den Muskeln, läßt Engelhards Poren Schweiß ausschütten, O'Briens Bauchspeicheldrüse Adrenalin ausstoßen, das Herz der Königin schneller schlagen, läßt Gyr vorbei.

Stintino hat jetzt längsseits gezogen.

Vorn hat Long Till das Rennen aufgeben müssen. Great Wall hat ihm den Schneid abgekauft, Great Wall, der beim Start das Schlußlicht war und sich mit einer gewaltigen Kraftanstrengung an der Innenseite Länge um Länge nach vorn geschoben hat, Great Wall, der am Totalisator mit 80 zu 1 gewettet wurde, er hat es geschafft, er ist vorn, er hält die Spitze.

Der Augenblick seines Triumphes dauert nur Bruchteile einer Sekunde. Gyr donnert heran, rauscht an Great Wall vorbei, verläßt jetzt die Außenbahn, und reißt vor dem tapferen, erschöpften Great Wall die Führung an sich.

Hart auf den Hufen folgt ihm Stintino.

Zwei Achtelmeilen vor dem Ziel: die beiden Franzosen liegen vorn. Gleich ist die Tribüne erreicht. Dort springen jetzt Zehntausende auf und schreien und gestikulieren.

Reichen jetzt noch zwei Achtelmeilen, zwei Furlongs für Nijinsky, für Piggott? Reicht das, um die beiden gefährlichen Franzosen zu schlagen?

Bill Williamson hängt über Gyrs Hals und treibt mit Händen und Füßen seinen Hengst auf die greifbar nahe vor ihm liegende Ziellinie zu. Renn', Gyr, renn'! Renn' wie dein Vater, wie Sea Bird, der hier an dieser Stelle vor vier Jahren das Derby gewann. Nur noch eine Achtelmeile, nur noch an dem Hexenkessel der Tribüne vorbei, nur noch die kleine, die letzte Steigung hoch!

Gerard Thibœuf, der französische Jockey, keucht über Stintinos vorgereckten Ohren. Der letzte Furlong, Stintino! Da ist das Ziel! So nah hat es Yves Saint-Martin vor sechs Jahren vor sich gesehen, als er mit einem gewaltigen Endspurt das Derby gewann, damals wurde im Parlament in London eine Debatte unterbrochen, um die niederschmetternde Meldung bekanntzugeben, daß Franzosen Englands größte Trophäe entführt hatten. Jetzt will Thibœuf den Erfolg Saint-Martins wiederholen. Nur noch zweihundert Meter. Nur noch diese kleine, diese letzte Steigung hoch!

Zwischen Gyr und Stintino weitet sich eine Lücke. Piggott visiert die Öffnung an und gibt Nijinsky ein Zeichen mit der Peitsche.

Keinen Schlag, beileibe nicht, nie ist Nijinsky geschlagen worden, nur ein Zeichen.

Nijinsky, bisher noch nie über eine Meile hinaus gefordert, nun schon über eine und eine Viertelmeile im Rennen, aber immer noch mit Zurückhaltung geführt, nimmt das Zeichen dankbar an.

Was bis zu diesem Punkt ein mörderischer Galopp gewesen war, der acht der besten Pferde ihres Jahrgangs die letzten Reserven gekostet hatte, was die zwei sieggewohnten Hengste aus Frankreich nur unter Anstrengung aller Kräfte bewältigt hatten – das wirkt nun, als sei es nur ein Trab gewesen. Und als sähe man Gyr und Stintino nur unter der Zeitlupe weiterlaufen, Nijinsky aber im Zeitraffer – so bewegten sich diese Pferde nun in den längsten zwei Sekunden, die das Derby je erlebt hat, auf die Ziellinie zu.

In der Hofloge erhebt sich Königin Elizabeth mit unköniglicher Hast von ihrem Sessel. Im Jockey Club reißt Charles Engelhard die Hand hoch, um E. P. Taylor auf die Schulter zu schlagen, Romola Nijinskys Augen beginnen unter den heraufquellenden Tränen feucht zu schimmern. Auf den Tribünen und rund um die Bahn holen hundertfünfzigtausend Menschen Luft, um Schreie der Freude, der Überraschung und der Erleichterung auszustoßen. Der Lautsprecher schweigt verblüfft. Vincent O'Brien zieht eine Augenbraue hoch.

Mit einer unerklärlichen Beschleunigung, die allem Anschein nach nicht die gesteigerte Fortsetzung der bisherigen Geschwindigkeit, sondern ein absolut neuer, erst in diesem Augenblick einsetzender Übergalopp ist, schießt Nijinsky zwischen Gyr und Stintino hindurch.

Scheinbar schwerelos fliegt Nijinsky die letzten hundert Meter der Steigung hoch auf die Ziellinie zu.

Gyr und Stintino bleiben ausgepowert zurück, wie zwei Brennkammern, die von einer himmelan stürmenden Rakete abgesprengt worden sind. Sie trappeln, so scheint es, mit beinahe lächerlich wirkendem Kraftaufwand auf der Stelle.

Hundert Meter vor dem Ziel entwickelt Nijinsky offensichtlich mühelos die Energie, noch zweieinhalb Längen Vorsprung zwischen sich und seinen nächsten Verfolger zu legen.

Als Nijinsky die Ziellinie überfliegt, liegt Stintino sogar um fünf Längen zurück.

In der Royal Box steht Königin Elizabeth hinter den schußsicheren Glasscheiben und applaudiert. Im Jockey Club prallt Charles Engelhards Hand auf

E. P. Taylors Schulter. Über Romola Nijinskys Wangen laufen zwei Tränen. Die hundertfünfzigtausend Menschen auf den Epsom Downs brechen in ein orkanartiges Jubelgeschrei aus. Vincent O'Brien räuspert sich.

Im Schiedsrichterraum, in der Tribüne, gegenüber der Ziellinie betrachten die vereidigten Stewards die elektronische Zeitnehmeruhr. Sie ist auf der Marke 2 Minuten 34 Sekunden 68 Hundertstel stehengeblieben.

Das sind nur 88 Hundertstel unter dem Bahnrekord, den beim Derby 1936 Nijinskys Ururgroßvater Mahmoud aufgestellt hat.

Da die elektronische Watesta-Uhr mit Sicherheit unvergleichlich präziser ist als die mit Daumendruck bediente Stoppuhr aus Ururgroßvaters Zeiten, ist als höchstwahrscheinlich anzunehmen, daß Nijinsky das schnellste Rennen gelaufen ist, das die Derby-Bahn je erlebt hat . . .

Während die Totalisator-Kassierer in Epsom und die Buchmacher überall im Land sich widerwillig daran machen, ihrer Kundschaft runde sechzehn Millionen Mark Wettgewinne auszubezahlen, begibt sich die Nijinsky-Mannschaft, weihnachtlichen Glanz in den Augen und kindliches Lächeln um die Geschäftsmannslippen, auf den Absattelplatz.

Die Epsom-Downs sind ein kribbelnder Ameisenhaufen. Auf der hügeligen Parklandschaft mit dem liebevoll gepflegten – nein: coiffierten – Rasen, bestreut mit proportionierten Büschen und Baumfamilien (wie eine Ballettdekoration mit pantomimischen Gruppen), betupft mit bunten Blumenwannen, stehen die Menschen um- und voreinander und bemühen sich in Halb- und Ausrufesätzen auszusagen, was sie eben gesehen haben, als ob sie es nicht alle eben selbst miterlebt hätten, und was sie nicht in Worte fassen können, versuchen sie einander mit Gestikulationen, mit Berührungen und Betastungen mitzuteilen – wie Ameisen.

Nijinskys brauner Leib ist mit weißem Schweiß bedeckt, als er den Sattelplatz betritt, die hundert feinen Adern unten an seinem Hals, vorn an seinem Rumpf treten prall und plastisch aus der dünnen Haut hervor. Den Kopf hält er hochgereckt, die Ohren aufgestellt; die Augen, die einen viel weiteren, runderen Horizont erfassen als Menschenaugen, fangen rundum die Blicke auf, die ihm entgegen- und hinterhergerichtet sind, klare, unverhangene Blicke voller Bewunderung, Verwunderung, Zuneigung, Freundschaft und Mitgefühl. Das sind die Blicke, die Augenblicke, die er liebt, die er kennt, nach den wilden Rennen. Das ist der Seelenzucker, schönste Belohnung für erbrachte Leistung, der ihm nun mit vollen Händen dargeboten wird.

Auf dem Absattelplatz, dicht umringt von begeisterten Rennfans, erwarten die »Angehörigen« der Derby-Pferde ihre mehr oder weniger erfolgreichen Helden. Als Nijinsky in das Areal hineinschreitet – er als einziges Pferd noch mit seinem Reiter im Sattel, Symbol des Sieges –, brandet ihm abermals Applaus entgegen. Charles Engelhard, das massige Gesicht vom Stolz gerötet, zieht seinen Zylinder vor Roß und Reiter. Lester Piggott, entgegen seiner Art, fühlt sich zu einem verständnisvollen Lächeln hingerissen. Er sagt: »Es war ein großartiger Ritt auf einem großartigen Pferd.«

Er hat seinen vierten Derbysieg geschafft.

Charles Engelhard lädt seinen Freund, Nijinskys Ziehvater E. P. Taylor, ein, die Zügel des Siegers in die Hand zu nehmen.

Vincent O'Brien läßt endlich einmal seinem Temperament die Zügel schießen und kommentiert den Sieg mit einem Lächeln.

Eddie Brabston und John Sullivan, Nijinskys untrennbare Begleiter, kommen mit Schwamm und Decke, sie wischen Nijinsky den Schweiß ab, sie werfen ihm – nachdem Piggott abgestiegen ist – die weitmaschige, schwarzweiße Decke über, die ihn vor Erkältung schützen soll und führen ihn im Kreis herum, damit sich seine immer noch flatternden Nerven beruhigen.

Derweil umschreibt Gyrs Jockey Bill Williamson seine Niederlage mit einem fairen Anerkenntnis: »Eine Viertelmeile vor dem Ziel konnte ich noch glauben, daß wir gewinnen würden, aber auf die Herausforderung Nijinskys wußte Gyr keine Antwort.«

Gyrs Trainer Etienne Pollet immerhin findet, er habe seine Rückkehr ins Privatleben nicht umsonst um eine Saison verschoben. »Man darf, trotz allem, wohl sagen, daß Gyr sich als der beste Dreijährige seines Landes erwiesen hat.«

Gyrs Besitzer, Winston Guest, läßt es sich nicht nehmen, nach dem Rennen die Party zu feiern, die er vor dem Rennen, etwas zu leichtfertig vielleicht, versprochen hatte. Sein Ehrengast ist Lord Derby, der Nachfahre jenes Mannes, dem Englands größtes Rennen seinen Namen verdankt. Lord Derby erhebt sein Glas und sagt: »Von den letzten zwanzig Derbys würde Gyr ohne Zweifel neunzehn gewonnen haben . . .«

Der Earl of Roseberry, mit 87 Jahren noch immer ein leidenschaftlicher Derby-Gänger (sein Blue Peter gewann das letzte Vorkriegs-Derby), erklärt mit der Autorität seines Alters, so etwas habe er noch nicht gesehen. Und er habe schon viel gesehen. Zum Beispiel auch, daß ein Pferd, das vorher noch nie zu einem Rennen angetreten war, ein Derby gewann. Das freilich sei 1887 gewesen. Der Lord war damals fünf Jahre alt. Seitdem habe ihn nie wieder ein Pferd so aufgeregt wie Nijinsky. Freilich, wenn er damit rechnen müßte, daß in Zukunft mehr solcher Superpferde im Derby laufen würden, dann müsse er wohl in den nächsten Jahren auf seinen geliebten Derby-Besuch verzichten. Aus Gesundheitsgründen.

William Hill, der ungläubige Buchmacher, dessen Firma am stärksten bluten mußte, weil er in seinem Wettbuch Nijinskys Chancen nicht so hoch einschätzen wollte wie seine Kollegen, meinte nun endlich auch: »Der Hengst hat mich sehr beeindruckt . . .«

Trotzdem kauft Hill, wie um zu zeigen, daß er nicht der Mann ist, der sich leicht von einer einmal gefaßten Überzeugung abbringen läßt, zu einem enormen Preis Gyr als Zuchthengst für sein Gestüt.

Charles Engelhard hat an diesem Nachmittag mehr gewonnen als 62311 englische Pfund an Sieger-Geld (rund eine halbe Million Mark) und einen Pokal mit einem Goldwert von 500 Pfund. Nijinsky hat ihm etwas eingebracht, das für all seine Millionen, sein Gold, sein Platin und sein Rhodium allein nicht käuflich gewesen wäre: Eine Einladung zum Tee bei der englischen Königin.

Während die Hundertfünfzigtausend auf dem Gelände von Epsom noch das Rennereignis diskutieren und analysieren, werden Charles Engelhard, Vincent O'Brien und Lester Piggott von Lord Norfolk in die Royal Box geleitet.

Als Charles Engelhard sich verbeugt, sagt Elizabeth, die sich immer gern vorzeitig über liebenswerte Schwächen ihrer Gesprächspartner informiert: »Mr. Engelhard, ich freue mich sehr für Sie, daß Sie von nun an Ihren alten Aberglauben abschreiben können. Ich hoffe sehr, daß Sie sich künftig keine Gelegenheit entgehen lassen werden, Ihre bemerkenswerten Pferde in England rennen und siegen zu sehen!«

»Majestät«, sagte Engelhard. »Dies ist der schönste Tag in meinem Leben. Ich habe immer nur davon geträumt, ein solches Derby zu erleben – seit 21 Jahren: seit ich 1948 als junger Mann in England arbeitete und zum ersten Mal ein Derby sah. Aber ich hätte nie gedacht, daß ich es schaffen würde.«

»Aber Mr. Engelhard«, lächelt die Königin, »Sie stehen doch in dem Ruf, ein Mann zu sein, der alles erreicht, was er sich zum Ziel setzt . . .?«

»Ach, wissen Sie, Majestät«, Engelhard schüttelt den Kopf, »für einen jungen Mann aus einer kleinen amerikanischen Industriestadt war das Derby eine so verwirrende Welt . . . Ich erinnere mich noch, als ob es gestern gewesen wäre. Den ersten und den dritten Platz belegte der Aga Khan mit zwei seiner hervorragendsten Pferde, mit My Love und mit Noor. Und den vierten Platz holte sich der Maharadscha von Baroda mit seinem Hengst My Babu. Ich war fasziniert und frustriert zugleich. Dagegen, habe ich mir gedacht, kommst du nie an . . .«

»Ich darf Ihnen ein kleines Geheimnis verraten, Mr. Engelhard. Genau das haben damals auch viele Leute in England gedacht. Sogar Leute, die selbst oder durch ihre Familien seit vielen Jahren in der Welt des Rennens zu Hause sind. Denn es war eine schreckliche Zeit für die englische Vollblutzucht. In diesen Jahren sahen wir kaum englische Pferde auf den ersten Plätzen. Denn der zweite Sieger war ein Franzose. Und ähnlich war es, wenn ich mich nicht irre, auch schon im Jahr zuvor gewesen. Schon da holten sich Seine Hoheit der Aga Khan und der Maharadscha die besten Plätze. Ich bin sehr glücklich, daß wir Männern wie Vincent O'Brien und Lester Piggott verdanken dürfen, daß unser Derby wieder ein englisches Derby geworden ist . . .«

Charles Engelhard nimmt sich die Freiheit, eine einschränkende Bemerkung zu machen: »Auch dann, Majestät, wenn der heutige Sieger aus einem kanadischen Gestüt kommt, von einem Iren trainiert wird und unter den Farben eines Amerikaners gelaufen ist?«

Elizabeth schüttelt lachend den Kopf: »Ich glaube, Mr. Engelhard, in solchen Dingen sind die meisten Engländer äußerst großzügig und rechnen jeden, der englisch spricht, immer noch mit zur Familie. Auf jeden Fall gratuliere ich Ihnen zu so hervorragenden Alliierten wie Vincent O'Brien und Lester Piggott. Sie haben uns allen ein wunderbares Rennerlebnis geschenkt. Und ich muß gestehen, ich bin nicht einmal auch nur ein bißchen neidisch, daß Mr. O'Brien bedauerlicherweise niemals meine Pferde trainiert hat – und daß Lester Piggott mit meinen Pferden nicht ganz so erfolgreich war . . .«

Vincent O'Brien nimmt das Kompliment mit einer Verbeugung an. Lester Piggott scheint sogar ein wenig rot zu werden.

»Majestät«, sagte Charles Engelhard, »ich darf Ihnen versichern, daß diese englisch-irisch-kanadisch-amerikanische Allianz sich auch weiterhin bemühen wird, dieses gelungene Ergebnis der englischen Vollblutzucht, das wir in Nijinsky haben, so erfolgreich weiterzuführen, wie bis zu diesem Tag . . .«

An diesem Abend wurden die Wachen vor Nijinskys Stall verdoppelt. Nach den Kaufangeboten, die in diesen Stunden für den Derbysieger eingingen, war Nijinsky mindestens drei Millionen Dollar wert.

In ihrem Zimmer im Cavendish-Hotel saß Romola Nijinsky noch lange nach Mitternacht wach. Sie blätterte in dem Album mit den vergilbten Fotos, von denen sie sich niemals trennt. Und sie erinnerte sich wieder an ihren Mann, und wie er in den letzten Minuten seines Lebens, auf dem Sterbebett gesagt hatte: »Ich werde wiederkommen – als ein schöner, wilder Hengst . . .«

Hatte sie ihn wiedergesehen?

Ein Pferd wird zur Aktien-Gesellschaft: Wer kauft Nijinsky?

Der Hengst, der nach seinem Rückflug von Epsom wieder sein gewohntes Quartier in den Stallungen von Ballydoyle bezog, war nicht mehr ganz dasselbe Wesen, das knapp eine Woche vorher ausgezogen war, das Derby zu gewinnen.

Vor einer Woche war er eine Hoffnung gewesen. Ein hochgezüchtetes Tier von ungewöhnlicher Schönheit, dem sogar menschliche Eigenschaften nachgesagt wurden, dessen Wohl und Laune etliche Millionen Menschen in Spannung hielten, so hatte ihn sein Publikum gesehen: ein gewagtes Versprechen. Doch immerhin ein Pferd.

Nun aber war Nijinsky eine Sicherheit, ein Kapital, ein gewinnträchtiges Unternehmen, eine todsichere Aktie.

Und die Aktie Nijinsky wurde hoch gehandelt.

Ein neues Nijinsky-Rennen hatte begonnen. Ein Rennen, das nicht auf Rennbahnen ausgetragen wurde, das vielmehr über Schreibtische lief, über Telefonleitungen, durch Konferenzen und Besprechungen, und dessen Ausgangschancen nicht in Wettbüros hochgerechnet wurden, sondern an einer weniger überschaubareren Börse.

Nijinsky hatte das Derby gewonnen, nun mußte seine Zukunft bestimmt wegden: seine Zukunft als Deckhengst, als potentieller Vererber aller jener Eigenschaften, die ihm – über drei Jahrhunderte hinweg – von seinen Vorfahren überkommen waren. Nach allen Regeln der Vollblutzucht mußten nun auch seine Sprößlinge außergewöhnlich werden.

Und wertvoll.

Um diesen Wert ging es bei dem größten Pferdehandel in der Geschichte der Huftiere, der nun eingeleitet wurde.

Neue Schlagworte verbanden sich mit dem Namen Nijinsky: da war nicht mehr von Spurt, Beschleunigung und Stehvermögen die Rede, sondern von Investition, Umsatz, Amortisation und Gewinn.

Neue Männer traten auf, deren Beziehungen zu Nijinsky sich weniger durch

Stallgeruch, Sattelfestigkeit und Kenntnisse in Pferdepsychologie manifestierten als durch Kontostand, Kreditfähigkeit und Spekulationssicherheit.

Wer würde sich ein Anrecht auf Nijinskys Sprößlinge erkaufen? Wer würde Nijinsky kaufen – ganz oder zu Anteilen? War Nijinsky überhaupt zu verkaufen?

Die Nijinsky-Börse wurde mit einem Angebot von einer Million englischer Pfund eröffnet, rund achteinhalb Millionen Mark.

Diese Summe wurde, übrigens schon vor dem Derby, von dem Vollblutzüchter Philip Solomon geboten.

Solomon, einer der jüngsten Aufsteiger in die englische Geld-Aristokratie, der Mann, der den Piratensender »Radio Caroline« zum Singen gebracht hatte, fand auf sein Signal ein nur unliebsames Echo.

Sein Millionen-Angebot war für Englands Pferdejournalisten nur Anlaß für ein höhnisches Gelächter.

»Genausogut könnte man versuchen«, schrieb der »Observer«-Reporter Richard Baerlein, »einen Mann zu überreden, eine Pfundnote für zehn Pennies herzugeben.«

Solomon pokerte, nach Nijinskys Derby-Sieg, höher und legte noch eine Viertelmillion Pfund zu. Vergebens.

Vom anderen Ufer des Atlantiks winkte ein Konsortium amerikanischer Pferdezüchter seinerseits mit Millionen-Dollar-Schecks.

Der Gedanke, Nijinsky aus dem Lande zu verlieren, schreckte daraufhin Englands Renngesellschaft auf.

Irgendwie schien es selbstverständlich, daß Nijinsky in England bleiben und in England vererben müsse, im Land seiner größten Erfolge und seiner Vorfahren, in der Heimat des Renn-Vollbluts. Und irgendwie wurde auch der Tag schon vorausgesehen, an dem, vielleicht auf der traditionellen Dezember-Versteigerung in Newmarket – unweit der Rowley-Meile, wo Nijinsky die »2000 Guineas« gewonnen hatte – Nijinskys erste Generation von Jährlingen ersteigert werden könnte.

In England jedenfalls war nichts anderes denkbar.

Englands Pferdezüchter, angeführt von Lord Wigg, verbündeten sich in einer konzertierten Aktion mit Engelhards Renn-Manager David McCall. Sie machten den Versuch, Nijinsky in England zu halten, zu einer Staatsaktion: Sie schlugen vor, Nijinsky im Britischen Staatsgestüt (»National Stud«) Quartier zu geben – wo auch die Zuchtstuten der Königin stehen.

Lord Wigg tat noch ein übriges, um dem schwachen englischen Pfund, das ihm zur Verfügung stand, Überzeugungskraft gegenüber dem – damals noch – starken amerikanischen Dollar zu geben: Vom britischen Schatzamt erwirkte er die Erlaubnis, den Preis – im Falle eines Abschlusses – in Dollar bezahlen zu dürfen.

Das Finanzministerium – dem in England ein Pferd immer noch, wenn auch nicht ein ganzes Königreich, so doch viel königliches Prestige wert ist – erteilte eine Sondergenehmigung für eine Devisenausfuhr bis zur Höhe von zwei Millionen Pfund.

Lord Wigg bot zunächst einmal anderthalb Millionen.

Dave McCall formulierte die Wünsche der englischen Pferdezüchter in einem herzergreifenden Brief an Charles Engelhard. In leuchtenden Farben schilderte er die Vorzüge des Staatsgestütes, die Prominenz der dort residierenden Hengste, die Tüchtigkeit des Personals und der Ärzte, und schloß:

». . . und die Dollars würden fließen und Sie würden das Land sehr glücklich stimmen und auch die neue Regierung ebenso wie die eben aus dem Amt scheidende. George Wigg möchte das Pferd gern zur Hälfte kaufen, und wenn das nicht geht, dann vielleicht doch wenigstens einen kleineren Anteil, und auch wenn er nichts von dem Pferd erwerben kann, möchte er trotzdem gerne, daß es auf jeden Fall ins Staatsgestüt kommt . . .«

Lord Wigg hatte indessen, bei aller Pferdeliebe, nicht die Absicht, sich in unvertretbarer Weise auf eine heiße Versteigerung einzulassen. Bis zur vollen Grenze seiner vom Schatzamt erteilten Devisenausfuhrgenehmigung wollte er jedenfalls nicht gehen.

Denn inzwischen war auch der Irische Vollblutzüchterverband, vertreten durch Captain Tim Rogers, in den Run auf Nijinsky gestartet. Captain Rogers versuchte, durch ein knallhartes Angebot alle Konkurrenz für Irland – die englische und die amerikanische – gleichzeitig aus dem Feld zu schlagen: Er steigerte auf zwei Millionen Pfund . . .

Die Nijinsky-Börse war noch – mit wachsendem Aufwärts-Trend – in Bewegung, als Nijinsky zu seinem nächsten Rennen startete.

Nijinsky war seit dem Derby nicht nur eine millionenträchtige Aktie – seit er die härteste Prüfung im englischen Karriere-Kalender bestanden hatte, mußte er auch als gewinnsichere Rennmaschine, als todsicherer Einheimser von Sieg-Geldern angesehen – und eingesetzt – werden.

Die ungeheuren Kosten, die der Aufbau und der Unterhalt eines Rennstalls verursachen – bei Engelhards Gestüt »Cragwood Stables« sind es runde drei Millionen Dollar im Jahr – lassen sich nur auffangen, wenn ein erfolgsstarkes Pferd auf jedes einigermaßen gutdotierte Rennen angesetzt wird. Da muß es dann für alle Stallkameraden mitverdienen, die ihr Soll nicht erfüllen.

Die Pferdebuchhalter haben ausgerechnet, daß von allen Turfkandidaten nur zehn Prozent jemals wirklich stark genug werden, um in die Startmaschine treten zu können. Und davon schaffen es nur fünf Prozent, wenigstens einmal, wie die Fachleute sagen, »ins Geld zu laufen«. Wer aber ohne Lorbeer bleibt, kann später auch in der Zucht keine hohen Deckgelder erwarten, und auch für seine Abkömmlinge keine hohen Versteigerungs-Erlöse.

Der Aga Khan hat einmal gesagt, er müsse mindestens jedes zweite Jahr das Derby gewinnen, wenn er mit seinem Rennstall auch nur ein Pfund verdienen wolle (er gewann es übrigens nur fünfmal in 23 Jahren). Amerikas Rennstallbesitzer stehen unter besonders starkem Leistungsdruck: wenn sie die Kosten für ihren Renn-Betrieb von der Steuer absetzen wollen, müssen sie in mindestens drei von fünf Jahren Gewinn nachweisen, andernfalls gilt das Rennen und Rennenlassen nur als persönliches Hobby, dafür aber sind keine steuerlichen Vergünstigungen zu erwarten.

Nijinsky hatte sich im englischen Derby goldene Hufe erworben – nun mußten sie in so vielen Rennen wie möglich weiterpoliert werden.

Das »Irish Sweeps Derby«, mit 57012 Pfund nur um etwa fünftausend Pfund geringer ausgestattet als das englische Derby – also immer noch mit der Aussicht auf eine knappe halbe Million Mark für den Sieger versehen –, war also auf jeden Fall das nächste Startgeld wert.

Derby in Irland: Lester Piggott rennt gegen Nijinsky

Das Wetter war feucht an jenem Nachmittag des 27. Juni, als Nijinsky in den Führring der »Curragh«-Bahn trat. Der Rennplatz zwischen Cashel und Dublin war nur mit Mühe dem überwältigenden Publikumsansturm gewachsen, es war Samstagnachmittag und auch der leichte Regen am Morgen hatte keinen pferdeliebenden Iren abhalten können, sich auf die schmale Landstraße T 36 zu begeben oder sich in einen der zahlreichen Sonderzüge zu pferchen.

An Nijinskys Sieg schien kaum jemand zu zweifeln. Die Buchmacher boten für den Sieger des englischen Derbys wieder einmal nur schmale Chancen an, und zwar zum Kurs von 40:85 – wer auf Nijinsky setzen wollte, mußte also 85 Pfund bieten, um 40 zu gewinnen, mehr als das Doppelte für die Hälfte.

Dennoch stand eine prickelnde Sensation zu erwarten: ein eifersüchtiges Duell zwischen den beiden besten und ehrgeizigsten Jockeys von Irland und England – zwischen Liam Ward und Lester Piggott.

Nach dem »gentleman's agreement«, das Vincent O'Brien mit Ward geschlossen hatte, stand dem irischen Jockey das Vorrecht zu, Nijinsky auf allen irischen Bahnen zu reiten.

Aber Lester Piggott trat ebenfalls zum Irischen Derby an – auf Meadowville, dem kastanienbraunen Hengst, der sich im englischen Derby so hervorragend geschlagen hatte.

Nun mußte sich zeigen, ob Lester Piggott der bessere Jockey oder Nijinsky das bessere Pferd war.

Außerdem hatte Ward mit Piggott – wenn diese Formulierung bei einem Pferderennen erlaubt ist – noch ein persönliches Hühnchen zu rupfen: Vor zwei Jahren hatte Ward im Irischen Derby den vormaligen Stolz von Ballydoyle geritten, Sir Ivor. Auch damals hatte Piggott zuvor in England mit Sir Ivor das Derby gewonnen – und hatte für Curragh auf ein anderes Pferd umwechseln müssen (auf Ribero, einen Ribot-Sohn). Und trotz Sir Ivor war Ward von Piggott geschlagen worden. Hier war also eine Scharte auszuwetzen.

Und um noch Öl in das schwelende Feuer zwischen den beiden Champions zu gießen – unfreiwillig aber wirkungsvoll –, hatte O'Brien vor dem Irischen Derby an Liam die Frage gestellt: »Wie du weißt, haben wir in Nijinsky und Piggott ein fast unschlagbares Team, und in den drei großen Rennen in England sind die beiden ein Herz und eine Seele geworden . . .«

»Du brauchst nicht weiterzureden, Vince«, sagte Liam Ward. »Die Antwort ist nein.«

O'Brien nickte nachdenklich. Es war nicht seine Idee gewesen, von seinem »gentleman's agreement« abzurücken. Auch im Publikum, das ja ein irisches Publikum war, gab es sicherlich eine Mehrheit, die einen irischen Jockey auf dem in Irland aufgewachsenen Pferd im Irischen Derby siegen sehen wollte.

Andererseits war die Kombination Nijinsky und Piggott eine Garantie für den Erfolg geworden – für den Sieg und den 57000-Pfund-Gewinn.

Dann aber wieder: ein Mißerfolg war immer möglich – so oder so. Und wenn, dann war auf jeden Fall seine, O'Briens, Entscheidung schuld.

Von all diesen Überlegungen sagte O'Brien nichts. Da er immer mehr denkt als er spricht, sagte er nur: »Okay, Liam, du reitest . . .«

Und so saß also Liam Ward in Engelhards Farben, grün mit roter Diagonale, im Sattel, als Nijinsky im Führring seine Parade ging.

Dem Publikum schien die Entscheidung sehr zu gefallen, es grüßte mit Beifall. Auch der Präsident der Irischen Republik erhob sich von seinem Platz und applaudierte.

Lester Piggott, in trotzig-lässiger Haltung auf Meadowville, verzog in seinem wie immer undurchschaubaren Gesicht keine Miene.

Zufall am Rande: die Bluse, die er angelegt hatte, unterschied sich nur wenig von seinen gewohnten Engelhard-Farben. Auch er trug grün und rot, nur hatte er diesmal keine rote Diagonale auf dem Rücken, diesmal hatte er rote Ärmel.

Vom englischen Derby war auch Approval nach Irland gekommen, der Prachthengst, dem allerdings auf halbem Weg die Luft ausgegangen war. Hier, in Curragh, ohne die entnervende französische Konkurrenz, hoffte er wohl auf günstigere Chancen.

Und noch ein alter Rennkamerad befand sich im Angebot: Illa Laudo, der in Nijinskys drittem Rennen im vergangenen Jahr, bei den »Anglesey Stakes«, auf dem vierten Platz gelandet war. Übers Jahr hatte er beträchtlich an Format gewonnen.

Der irische Derby-Tag, ein Rennereignis, bei dem, ähnlich wie beim Epsom-Derby, mehr Bier als Champagner fließt, hat sein besonderes Zeremoniell. Während sonst die Pferde gleich vom Führring zur Startmaschine trotten, wird beim Derby vorher noch eine stolze Parade vor den Tribünen zelebriert. Da hat dann auch das breite Publikum, das sonst nicht offiziell zum Führring zugelassen ist, noch eine Chance, seine Favoriten einer letzten Augeninspektion zu unterziehen. Und vielleicht auch noch eine letzte, korrigierende Wette zu plazieren.

Nijinsky, der es gewohnt ist, vom Führring direkt in die Startmaschine geritten zu werden – wie Johnny Brabston sagt: »Er kann's dann gar nicht mehr erwarten, bis es endlich losgeht« – nahm die Änderung des Rituals mit Mißbilligung auf.

In Unkenntnis der triftigen Hintergründe entwickelte Nijinsky eine ungewohnt starke Nervosität vor der Tribüne. Schweiß brach ihm am ganzen Körper aus, die hochgebauten Flanken bedeckten sich mit einem weißen Schaumfilm.

Charles Engelhard, der seit dem Derby-Sieg, den er mit eigenen Augen wahrgenommen hatte, den Bann gebrochen glaubte, der seine Pferde immer dann um den Sieg gebracht hatte, wenn er selbst anwesend war, ergriff Schlimmes ahnend den Arm von Dave McCall. War das, was Nijinsky da zeigte, wirklich nur eine natürliche Unruhe, weil heute alles so anders war als sonst vor jedem Rennen? Oder zeigte sich jetzt – heute erst – daß Nijinsky trotz allem die nervenaufreibenden Derby-Strapazen und die Erinnerung daran doch nicht so elegant überstanden hatte wie es schien?

Engelhardsche Pferde hatten schon zweimal das »Irish Sweeps Derby« gewonnen: Ribero 1967 und Ribocco 1968, und Ribofilio war 1969 immerhin Zweiter geworden (alle drei übrigens Ribot-Söhne). Aber erst einmal war es einem Pferd gelungen, hintereinander das englische und das irische Derby zu gewinnen (Santa Claus 1964). War Nijinsky heute wirklich in der Verfassung, diese Doublette zu wiederholen?

Das wäre ja nicht das erste Mal in der Renngeschichte, daß ein brillantes, hochsensibles Pferd nach einem mörderischen Sieg allen Schneid für die nächsten Rennen verloren hätte!

Der Regen vom Vormittag setzte wieder ein, als die Pferde sich auf den Weg zur Startmaschine machten. Engelhard und O'Brien, die den ganzen Mittag über ebenso prüfende wie bittende Blicke zum Himmel hinaufgeschickt hatten, tauschten vielsagende Blicke aus. Sie wußten beide, daß Nijinskys federnde Kraft, die plötzliche Beschleunigung, mit der er vor allem in den Zielgeraden, aus dem Hinterhalt herauskommend, die Führung an sich riß, nur bei trockenem Boden am besten wirksam wurde. Was aber, wenn der südirische Regen nun das Geläuf in einen Sumpf verwandelte?

Über die Platzlautsprecher kam die Bitte an die privaten Buchmacher vor der Tribüne, höflichst die Schirme über sich und ihren Bauchläden zusammenzuklappen, trotz des Regens, um dem Publikum in den unteren Tribünenreihen die Sicht nicht zu versperren.

»Mir wäre wohler«, sagte ein Freund aus Engelhards amerikanischem Gefolge, »wenn wir Lester Piggott nun doch auf Nijinsky und nicht auf einem fremden Pferd sitzen hätten.«

Vincent O'Brien tat, als habe er nichts gehört. Das Startsignal enthob ihn einer Antwort.

Nijinsky hatte erst in der Startbox seine Nervenüberspannung verloren. Das war endlich wieder die vertraute Situation, nun fühlte er sich wieder – trotz des Regens – auf vertrautem Boden.

Liam Ward, der sich ganz auf die Stimmung seines Hengstes einstellte, vermittelte Nijinsky noch ein verstärktes Gefühl der Beruhigung, indem er ihn auf der ersten halben Meile überhaupt nicht forderte. Scheinbar sorglos, wie bei einem Spaziergalopp, kreuzte Liam Ward mit Nijinsky im Rhythmus des Feldes dahin.

Auf der ersten halben Meile übernahmen die Außenseiter Ringsend und Double Dick die Führung. Approval, der alte Gegner vom englischen Derby, lag vor Nijinsky; auch Lester Piggott, der Herausforderer auf Meadowville.

Liam Ward fühlte sich auch noch, als das Feld in die Hufeisen-Kurve einbog, seiner Sache sehr sicher. Er führte Nijinsky weiter im Regen spazieren, machte sich nichts aus den Diadochenkämpfen, die sich im Mittelfeld abspielten, und hielt die vorletzte Position auf einem Pferd wie Nijinsky bedenkenlos für einen siegessicheren Platz.

Vorn hatte inzwischen Double Dick, der unterschätzte Außenseiter, Ringsend die Spitze abgekauft. Andere Pferde wie Illa Laudo, Nor, Noble Life, Dubrava, Honest Crook, Nip and Tuck und Oh Brother wurden zwar immer wieder von den Derby-Veteranen Meadowville und Approval durcheinandergewürfelt, aber Nijinsky übte auch noch beim Einbiegen in die Zielgerade keinen Druck aus.

Einigen Zehntausend Menschen auf und vor der Tribüne schlugen allmählich die Herzen langsamer, als ihr Favorit immer noch keine Anstalten machte, das Tempo zu steigern.

Der Präsident der Irischen Republik begann an der Sachkenntnis seiner Berater zu zweifeln, die ihm ein Nijinsky-Feuerwerk versprochen hatten.

O'Brien rekapitulierte noch einmal, ob Nijinsky nicht doch in den vier Wochen seit Epsom Anzeichen einer unheilsamen Erschöpfung gezeigt hatte.

Dave McCall fragte sich, ob er nicht doch stärkere Argumente ins Feld hätte führen können, um Lester Piggott auf Nijinsky zu behalten.

Charles Engelhard warf sich vor, daß er sich doch hatte überreden lassen, den Trip nach Curragh zu machen, anstatt das Rennen vor einem – für sein Lieblingspferd – sicheren Fernsehschirm zu verfolgen.

Nur die Buchmacher lachten sich lautlos ins Fäustchen. Endlich, so schien es, würde Nijinsky auch ihnen einmal Geld bringen; endlich würde der Name Nijinsky nicht bedeuten, daß sie zur Kasse gebeten würden.

Eine halbe Meile vor dem Ziel war Nijinsky immer noch gute zwölf Längen von der Spitze entfernt, und Liam Ward machte immer noch keine Anstalten, das Feld zu fordern. Er saß auf Nijinsky wie eine Maus auf einem Elefanten.

Piggott flog im Windschatten der Schrittmacher dahin: wenn dies das Rennen der Jockeys – und nicht der Pferde – war, dann hatte er schon wichtige Punkte gewonnen.

Es war Master Guy, das einzige französische Pferd im Aufgebot – ein Sohn des großen Relko, der 1963 unter Yves Saint-Martin das englische Derby gewonnen hatte –, der plötzlich mit einem Spurt, der wie ein Knall beim Öffnen einer Champagnerflasche wirkte, Leben in die Turfparty brachte. Beim Einbiegen in die Zielgerade war Master Guy noch das Schlußlicht gewesen. Nun überflügelte er das Feld auf der Außenseite und stampfte sich mit einem wilden Can-Can seiner Hufe bis zum dritten Platz vor, wo er freilich an Lester Piggotts Meadowville auf eine unsichtbare Barriere stieß.

Nun wurde Nor von Approval bedrängt, der es dennoch nicht schaffte, aus dem Mittelfeld herauszubrechen.

Nor hielt tapfer weiterhin den zweiten Platz hinter Illa Laudo, während Nijinsky nun auf der Innenseite, dicht beim Zaun Boden gut machte, aber eigentlich nur deshalb, weil einige Pferde plötzlich im Lauf stehenzubleiben schienen.

Es war wie so oft bei Anderthalbmeilen-Rennen: zwei Furlongs vom Ziel verloren die meisten Pferde Luft und Rhythmus.

Doch das schien in diesem Augenblick Nijinsky und seinem Jockey wenig zu nützen.

Da Liam Ward sich seinen Platz auf der Innenseite gesucht hatte, war er nun, kurz hinter der Spitzengruppe, in einen Kessel zurückfallender Pferde geraten, die ihm die Öffnung nach vorn, auf die er wohl gezählt hatte, nicht bieten konnten oder wollten.

Währenddessen raste Lester Piggott auf Meadowville auf der freien Außenseite am Feld vorbei, wie es seiner gewohnten Taktik entsprach. Das Manöver, das er so oft mit Nijinsky exerziert hatte, mußte nun auch gegen Nijinsky zum Erfolg führen.

Master Guy setzte ihm hart auf den Hufen nach – der Plan seines Jockeys Jean Payot wurde jetzt durchsichtig: Er hatte sich von Anfang an darauf verlassen, daß Piggott es irgendwie schaffen würde. Und um dem Sieg nahe zu kommen, brauchte er sich nur, mit genügend Luft in den Lungen, an den gerissenen Taktiker heften.

Als nun jedoch, die freie Bahn vor Augen, Piggott seinen Meadowville zur Hergabe der letzten Reserven trieb, mußte sich Jean Payot mit wütenden Peitschenhieben eingestehen, daß er sich für diesen Plan das falsche Pferd ausgesucht hatte: Mit Master Guy war an Meadowville einfach nicht vorbeizukommen.

Zwischen Nijinsky und der Ziellinie stand jetzt nur noch eine Entfernung von etwa der Länge der Tribüne, aber er steckte immer noch, hautnah am Zaun, in der Blase, die vor ihm Nor fest verschlossen hielt.

»Mir ist fast das Herz gebrochen, als ich mitansehen mußte, wie Nijinsky am Zaun eingekeilt war«, bekannte Charles Engelhard später. Inzwischen hatte das Feld die Tribüne erreicht. In der Tat war, für einen Favoriten, eine unglücklichere Situation kaum denkbar. Wenn das Pferd unter Piggott doch nur Nijinsky hieße!

In diesem Augenblick rührte das Glück, das so häufig auf der Seite derjenigen steht, die den längeren Atem haben, einen kleinen Finger und schob Nor einen halben Meter zur Seite – offenbar weil Jockey Simpson im letzten Augenblick den verzweifelten Versuch machen wollte, sein Pferd auf der anderen Seite an Illa Laudo vorbeizuschieben.

Auf diesen Spalt einer Öffnung hatte Liam Ward gewartet – in aller Ruhe, wie er später behauptete.

Nur noch eine Achtelmeile bis zum Finish – und Nijinsky befand sich nach wie vor zwei Längen hinter dem Spitzenreiter.

Meadowville, weiter zur Bahnmitte steuernd und wie ein Ertrinkender dicht vor dem rettenden Ufer um jeden Atemzug kämpfend, war noch eine halbe Länge vor Nijinsky.

Da gab Liam Ward seinem Hengst das Zeichen.

Auf der Tribüne schrien ein paar hundert Menschen mit schwächeren Nerven auf – aus ihrer Perspektive konnte es gar nicht anders aussehen: Nijinsky mußte sich, wenn er sich durch den schmalen, von Nor freigegebenen Spalt keilen wollte, am Zaun den Leib aufreißen. Warf nicht schon fast die weiße Farbe des Zauns kochende Blasen unter der zischenden Reibungshitze?

»Bei einem Autorennen würden wir jetzt das Kreischen gequälter Reifen hören, den Gestank verbrannten Gummis riechen!« schrie ein Rundfunkreporter in sein Mikrofon.

Der von niemandem mehr erwarteten Beschleunigung Nijinskys war Illa Laudo nicht gewachsen.

Lester Piggott, der gleichzeitig den Feldführer auf der anderen Seite umsegelt und eine Zehntelsekunde lang die Spitze an sich gerissen hatte, sah plötzlich links neben seinem Knie einen nur allzu bekannten, allzu geliebten Kopf auftauchen.

Im nächsten Augenblick hatte Nijinsky sich Luft geschaffen. Liam Ward hatte nur noch den Regen vor sich.

Rechts hinter ihm drosch Piggott auf seinen Hengst ein. Doch Meadowville gab auch so, was er hergeben konnte, mehr hatte er einfach nicht mehr in sich.

Zum ersten Mal sah Lester in einem Rennen die Hinterflanken seines Nijinsky.

Nein, dachte Ward, diesmal wiederholte sich das Curragh-Rennen von vor zwei Jahren nicht – diesmal konnte ihm Piggott den Sieg auf seinem eigenen, Piggotts, Derbysieger nicht mehr streitig machen. Diesmal war es sein Sieg, ein irischer Sieg.

Hunderttausend rauhe, biergetränkte irische Kehlen gröhlten ihm den Sieg entgegen, als er noch, um auch nicht den geringsten Zweifel aufkommen zu lassen, drei weitere Längen zwischen sich und seinen bewunderten, gefürchteten Gegner legte. Dann raste er über die Ziellinie hinweg . . .

Wie hart Piggott seinen Meadowville getrieben hatte, ergab sich bei der Einlaufs-Ausrechnung: auch Piggott hatte im Endspurt noch einmal dreieinhalb Längen vor dem vorherigen Spitzenreiter Nor gutgemacht – was freilich aber auch bedeutete, daß Nijinskys Bodengewinn auf der letzten Achtelmeile, nachdem er endlich Nor hinter sich lassen konnte, sechseinhalb Längen betrug. Ein unglaublicher Endspurt!

Master Guy, im Finish noch an Meadowvilles Hinterhufen, wurde immerhin noch Dritter.

Approval freilich hatte sich auch in diesem Rennen nicht qualifizieren können: er erreichte auch diesmal nur als Siebter, noch hinter Nor, Illa Laudo und Dubrava erst das Ziel . . .

Mit strahlendem Lachen und hochaufgerichtet ritt Liam Ward in den Absattelring. Lester Piggott, als Nichtsieger, kam mißmutig zu Fuß hinter ihm her.

Die Nijinsky-Mannschaft begrüßte ihren Helden mit verkrampften Gesichtern, der Schrecken stand ihnen noch in den Augen.

»Mann«, sagte Dave McCall, »haben Sie ein gefährliches Spiel getrieben!«

»Ach was«, sagte Liam Ward von oben herab mit einem Seitenblick, der wohl Lester Piggott gelten sollte. »Sogar meine Großmutter hätte dieses Pferd zum Sieg reiten können!«

Multimillionär Engelhard, wieder einmal um fünfzigtausend Pfund schwerer, klopfte Nijinsky auf den verschwitzten Hals; mit der überschwenglichen Heiterkeit eines Mannes, der mit knapper Not noch einmal davongekommen ist, antwortete er auf die Fragen der Reporter.

»Mr. Engelhard, ist Pferderennen für Sie ein lohnendes Geschäft?« wollte ein Korrespondent wissen.

»Heute hat es sich gelohnt«, sagte er. »Gleich werde ich Telegramme an alle meine Stallmeister schicken, mit dem Text: ›Heute könnt ihr mal wieder allen meinen Pferden Futter geben . . .‹«

Es war ein großer Tag auf der »Curragh«-Bahn gewesen. Zwei lange Autoschlangen auf der T 36, eine nach Westen, eine nach Osten, kündeten noch Stunden später davon, daß Curragh einen Rekordbesuch erlebt hatte.

In einem unauffälligen Wagen älteren Baujahres, ohne Hoheitsständer und Motorradeskorte, immer wieder in Stockungen eingekeilt, fuhr der Präsident der Republik Irland heim nach Dublin und sagte: »Es wäre natürlich sehr schön, wenn dieses herrliche Pferd nach Abschluß seiner Rennzeit auf einem irischen Gestüt leben würde . . .«

In entgegengesetzter Richtung, auf Cashel mit seinen von alten Glaubenskämpfen zeugenden Ruinen und Kreuzen zu, bewegte sich derweil der Convoy mit dem Nijinsky-Clan. Auch in diesen Autos wurde Nijinskys Zukunft diskutiert. »Wenn Sie mich fragen«, sagte Engelhard, während er die sechs Plastikkarten mit seinen Pferden mischte, »ich sähe es natürlich nicht ungern, wenn ich Nijinsky in einem amerikanischen Gestüt mit meinen eigenen Zuchtstuten paaren könnte. Und zwar schon im nächsten Jahr . . .«

Aber noch war die Entscheidung nicht gereift.

Eine Entscheidung ganz anderer Art fiel in dieser Stunde hundert Kilometer weiter nördlich, in Belfast: da wurden an diesem späten Nachmittag, nach einer langen, von Steinwürfen und Benzinkanister-Explosionen erfüllten Zeit der Spannung, die ersten scharfen Schüsse abgefeuert; Irlands jüngster Glaubenskrieg trat in sein blutiges Stadium.

Als an diesem Abend die seßhaftesten Besucher in Paddy Leahys Kneipe gegenüber dem Tribüneneingang von Curragh ihr letztes Bier austranken, hatte das Thema Bürgerkrieg schon die Diskussionen über Nijinskys Zukunft verdunkelt . . .

Renntag in Ascot: Die besten Pferde Europas machen Nijinsky die Hölle heiß

Nijinsky, der Hengst mit den goldenen Hufen, ein König Midas unter den Vollblütern, der jedes Rennen, das er in Angriff nahm, zu barer Münze verwandelte, und nun schon mit zwei Millionen Pfund nicht mehr aufzuwiegen, machte sich Ende Juli auf den Weg, die dritte Hochburg des englischen Turfs zu erobern – und eine weitere Viertelmillion Mark: nach Newmarket und Epsom nun Ascot.

Ascot, die edel gefaßte Perle der englischen Rennbahnen, war in hochsommerlicher Ferienstimmung. Die mit 31 993 Pfund für den Sieger ausgestatteten »King George VI. and the Queen Elizabeth Stakes« an diesem 27. Juli versprachen ein funkensprühendes Match rennerprobter Matadore.

Zum ersten Mal sollte Nijinsky auf ältere und erfahrenere Gegner treffen.

Und wieder sollte es um die anderthalbe Meile gehen – aber um Nijinskys Stehvermögen gab es nun keine Diskussionen mehr. Im Englischen und im Irischen Derby hatte Nijinsky sich überzeugend für diese klassische Distanz legitimiert.

Charles Engelhard, der sich aus geschäftlichen Gründen in Kanada aufhielt, hatte mit einem Freund, der in der Nähe von Ascot lebt, eine Methode ausgetüftelt, wie er trotzdem am Rennen teilnehmen konnte: Peter Marshall sollte von seinem Haus in Copham aus Engelhard in Toronto anrufen und dann den Telefonhörer vor den Fernseher legen.

Das »King-George-and-Queen-Elizabeth«-Rennen hat nicht den ganz großen gesellschaftlichen Glanz des berühmten »Royal Ascot«, des königlichen Rennens, das in jedem Juni mit allem Pomp und Zeremoniell vergangener Jahrhunderte abgehalten wird.

Man kennt die Bilder: mit fünf Staatskarossen zieht die Königin ein, vier schöne graue Pferde (die »Windsor Greys«) ziehen die königliche Kutsche, die Lakaien der Begleitmannschaft bewegen sich streif in scharlachroter, goldverzierter Livree, mit Perücken und Zylinder.

Man kennt auch die strenge Etikette für die hochwohlgeborenen oder sonstwie verdienstvollen Herrschaften, die als persönliche Gäste des Hofes die »Royal Enclosure« betreten dürfen, den für die königliche Familie reservierten Westteil der Tribüne und das Areal davor, gleich gegenüber der Ziellinie: Gala-Kleidung für die Damen und die Herren.

Immerhin ist seit 1953 auch Geschiedenen der Zutritt erlaubt. Von einer Lockerung der Kleidervorschrift, die 1968 genehmigt wurde, machten die Gentlemen jedoch keinen Gebrauch: nur vier Herren erschienen in zwangloser Kleidung, woraufhin die Liberalisierung wieder aufgehoben wurde. Lediglich die Ladies nutzen die Erlaubnis, in – freilich hocheleganten – Hosenanzügen zu erscheinen.

Die königliche Vorliebe für die Rennen in Ascot ist fast dreihundert Jahre alt: im Jahr 1711 besuchte Queen Anne zum ersten Mal ein Rennen in dem nahe Windsor gelegenen Provinzstädtchen.

Heutzutage ist das königliche Interesse an Ascot gesetzmäßig verankert. Der »Ascot-Authority-Act« ermächtigt den Souverän, einen persönlichen Vertreter zu bestimmen, der »den Erfolg, die Wohlfahrt und das Gedeihen« der Ascot-Rennen »nach den ganz persönlichen Wünschen des Herrschers« fördern soll. Seit 1945 ist Lord Norfolk dieser, wenn man so will, »Königliche Hofminister für Ascot«.

Stadt und Renngelände haben von diesem königlichen Privileg profitiert. 1946 legte König George VI. großzügige Pläne vor, denen Ascot seine ebenso geschmackvolle wie funktionelle Modernisierung verdankt. Ein Hügel wurde abgetragen, der Verlauf der Rennbahn neu festgelegt. Holländische Bewässerungsexperten installierten ein Sprinkler-System, das bei Trockenperioden das Geläuf enthärtet. In Regenzeiten hält ein Drainage-System von 28 Kilometer Gesamtlänge den Kurs trocken. Mit einem Aufwand von rund zehn Millionen Mark wurde eine neue Tribüne für 8000 Besucher errichtet. Nun stehen neben der »Royal Box« (mit Tea-Room) auch 280 private Boxen (vornehmlich für Jockey-Club-Mitglieder und deren Gefolge) zur Verfügung. Diese Zuschaueranlage ist mit allen modernen technischen Finessen ausgestattet – Aufzüge und Fußbodenheizung, Kindergarten und Krankenstation – und wird von fünfzig Mann festem Personal unterhalten. Für das leibliche Wohl der »Royal-Ascot«-Besucher wird mit 6500 Pfund Lachs, 3500 Pfund Hummer, 10000 Pfund Erdbeeren und 10000 Flaschen Champagner gesorgt. An jedem Renntag werden – natürlich – auch 50000 Tassen Tee konsumiert.

Bei diesen Kapazitäten mußte es als Verschwendung erscheinen, die ganze Ascot-Maschinerie für nur vier Renntage im Jahr – wie es bis 1946 der Fall war – in Betrieb zu halten. Inzwischen ist die Zahl der Ascot-Tage auf 23 erhöht worden.

1951 wurden, als einer der interessantesten Prüfungen für internationale Champion-Pferde verschiedener Altersklassen, die »Festival-of-Britain«-Stakes eingeführt, die dann später, zu Ehren der tatkräftigen Förderer von Ascot, in »King George VI. and the Queen Elizabeth Stakes« umbenannt wurden.

In Ascot hatte bereits Nijinskys amerikanischer Urgroßvater Omaha einen denkwürdigen Auftritt gefeiert. Omaha, aus der gleichen Generation wie der

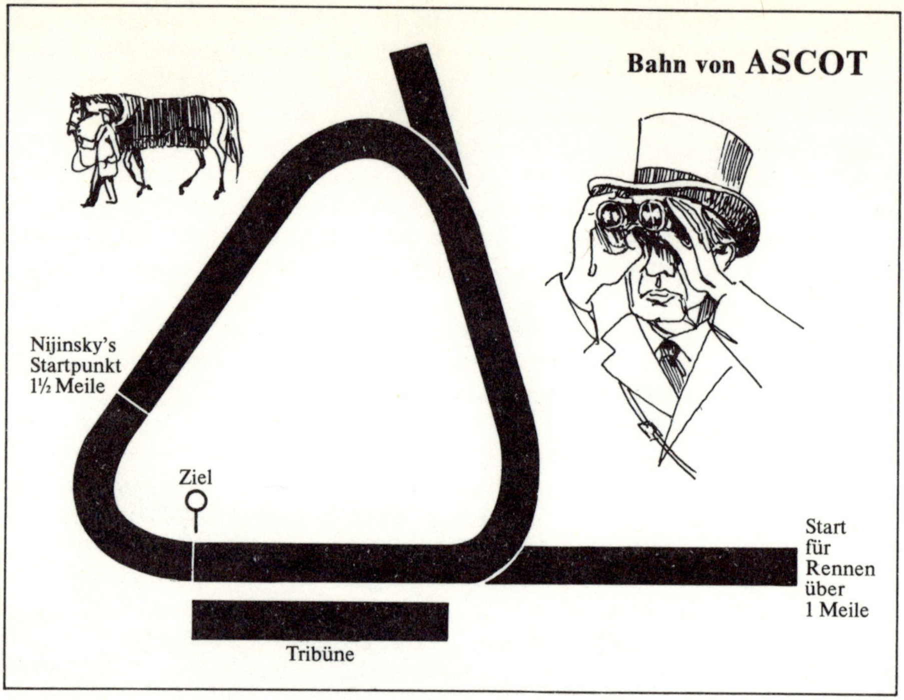

Derby-Geschwindigkeitsrekordhalter Mahmoud, hatte 1935, als Dreijähriger, alles gewonnen, was es in Amerika zu gewinnen gab: das »Kentucky Derby«, die »Preakness Stakes« und die »Belmont Stakes«. Im Januar 1936 wurde Omaha an Bord des Ozeanriesen »Aquitania« nach England verschifft, eigens um in Ascot zu rennen. In einem dramatischen Zweikampf wurde er nur um eine Nasenlänge geschlagen.

Ein Höhepunkt in der Geschichte der »King George VI. and the Queen Elizabeth Stakes« war sicherlich 1956 der Sieg des legendären Ribot. Der italienische Vierjährige aus der Zucht Federico Tesios hatte bis dahin alle seine dreizehn Rennen in Europa gewonnen. In Ascot nun sollte er gegen den englischen Favoriten, den ebenfalls Vierjährigen High Veldt aus dem Rennstall der Königin antreten. Beinahe wäre es zur ersten Niederlage des bulligen italienischen Wunderpferdes gekommen: auf einem Flecken aufgeweichten Bodens geriet Ribot ins Schleudern. Er fing sich noch rechtzeitig, holte verlorene Sekunden auf und siegte – zum vierzehnten Mal – mit zwei Längen Vorsprung vor dem Hengst der Königin.

Elizabeth schüttelte Ribots Herrn, dem Marchese Incisa della Rochetta, neidlos die Hand und sagte: »Wie wunderbar muß es sein, solch ein Pferd zu besitzen . . .«

Nun, am letzten Juli-Samstag des Jahres 1970, erwartete das Publikum eine neue Sternstunde für Ascot. Fast hunderttausend Menschen hatten sich auf den Weg in das kleine Städtchen mit den alten Backsteinhäusern, 35 Kilometer vor

London, aufgemacht, in Omnibussen, Autos und einer ununterbrochenen Folge von Sonderzügen vom Londoner Waterloo-Bahnhof aus: 25 Prozent mehr als im Vorjahr.

Sie alle wollten Nijinsky siegen sehen – gegen die Phalanx der besten Drei- und Vierjährigen Englands und des Kontinents.

Da war Blakeney, der im Vorjahr das englische Derby gewonnen hatte, sein Jockey Geoff Lewis trat nun zum dritten Mal gegen Piggott auf Nijinsky an.

Da war Hogarth, der soeben das italienische Derby gewonnen hatte.

Da war Crepellana, die Tochter von Crepello (mit dem Piggott im Derby 1957 gesiegt hatte), eine bullige Fuchsstute mit aufsehenerregenden Erfolgen in Longchamps und Chantilly aus dem Stall des französischen Textilmillionärs Marcel Boussac (dem auch das Haus Dior gehört).

Und da war Karabas aus Amerika, sogar schon fünf Jahre alt, Sieger im »Washington International«, der von Jockey Bill Williamson geritten wurde; auch er versuchte zum drittenmal, mit seinem dritten Klassepferd, gegen das Team Nijinsky-Piggott anzulaufen.

Und da war Caliban, ein Vierjähriger, mit noch frischen Lorbeeren vom »Coronation Cup«, ebenfalls einem Ascot-Rennen, und deshalb mit der Bahn gut vertraut.

Nijinsky war noch ruhig und gefaßt, als er von seinem Pfleger und Bereiter Johnny Brabston auf den Sattelplatz geführt wurde, seine Haut war trocken, er gab sich souverän, kein Zeichen von Erregung. Dann jedoch, als die Jockeys aus dem Wiegeraum kamen und Lester Piggott sich in den Sattel schwang und seine Füße in die kurzgeschnallten Bügel steckte, brachen auf Nijinskys braunem Fell die feuchten Schweißflecken durch.

Piggott bemerkte, daß es den Hengst mit den unter Hochspannung stehenden Nerven immer wieder zu der Stute Crepellana trieb; er gab sich alle Mühe, möglichst viel Distanz zu der Rennstute zu halten.

In diesem Augenblick klingelte bei Peter Marshall, der in seinem Haus in Copham neben dem Fernseher saß, das Telefon. Das vorangemeldete Überseegespräch mit Charles Engelhard in Toronto war geschaltet worden.

In Toronto war es jetzt sieben Uhr früh. Charles Engelhard ließ sich ein Frühstück auf sein Hotelzimmer bringen – kanadische Spezialität: Weizenpfannkuchen mit Ahorn-Syrup – und einen Kasten Coca Cola, und preßte sich den Hörer ans Ohr.

Auf der ersten Achtelmeile von Ascot übernahm Hogarth, der Italiener, die Führung. Blakeney, Karabas und Caliban ordneten sich ein. Nijinsky legte sich in fünfter Position auf die Lauer. Crepellana, die Stute mit den muskulösen Schenkeln, die sich erst als letzte in die Startmaschine verfügt hatte, segelte im Windschatten von Nijinsky.

Caliban spurtete als erster. An dem kleinen, rasend dahinstiebenden Feld zog er wie von einem Katapult geschossen vorbei und setzte sich an die Spitze.

Nijinsky und Piggott verfolgten den Kleinkrieg vor ihnen ungerührt.

Auch Crepellana zeigte sich nicht gewillt, vorzeitig Kräfte zu vergeuden.

So erreichten die großen Sechs, dicht aufgeschlossen, noch ohne ausbaufähige Bodengewinne, die Meilenmarke. Nur Caliban mußte jetzt schon getrieben werden, da war wohl wenig Aussicht, daß sich sein »Coronation-Cup«-Sieg hier und heute wiederholen ließ.

Das Tempo steigerte sich jetzt, die Hufe donnerten schneller, die Mähnen flogen wilder, die Schweife wehten fast waagerecht hinter den Pferden, die Jokkeys rutschten ihren Rennern noch weiter vor auf den Hals, Piggotts berühmter Hintern steilte sich höher aufwärts. Die Zielgerade flog ihnen entgegen, die Tribüne wuchs gewaltig vor ihnen auf.

Caliban hielt noch die Spitze, aber Hogarth und Karabas setzten zum Angriff an. Blakeney fiel zurück auf den vorletzten Platz.

In diesem Augenblick – nun nur noch zwei Furlongs bis zum Ziel – wachte Crepellana, immer noch ganz im Hintergrund, endlich auf. Auch Blakeney faßte wieder neuen Mut und erinnerte sich, was er letztes Jahr im Derby gezeigt hatte.

Ein paar Sekunden lang drohte Gefahr für Nijinsky. Aber dann steuerte Lester Piggott seinen Hengst kurzentschlossen aus dem Feld heraus und ohne sichtbare Anstrengung überflügelte er die Dreiergruppe Caliban, Hogarth und Karabas, die immer noch um eine Führung kämpften, die sie in diesem Augenblick bereits verloren hatten.

Blakeney und Crepellana setzten dem davonziehenden Nijinsky nach, ließen im Spurt ebenfalls die drei von der früheren Spitze stehen, vermochten aber dennoch nicht mehr, sich an Nijinskys Hufe zu hängen.

Nijinsky hatte auf einer Strecke von knapp zwanzig Metern vom vorletzten auf den ersten Platz aufgeholt. Nun war er nicht mehr zu bremsen.

Als Piggott für sich und Nijinsky die freie Bahn gewonnen hatte, blickte er sich nach seinen Verfolgern um. Er sah den hellwach gerüttelten Blakeney unter Geoff Lewis ein paar Längen hinter sich, zwar immer noch beschleunigend – aber Lewis war auch diesmal, bei ihrem dritten Match, nicht in der Lage, Piggott den Sieg streitig zu machen.

Als Nijinsky an der Tribüne vorbeiraste, dröhnte ihm schon der Applaus in den Ohren. Für das Publikum war das Rennen bereits entschieden. Die Ziellinie zu überfliegen war nur noch eine Formalität.

Blakeney kam zwei Längen hinter ihm an. Wer ihn beim Derby im Vorjahr gesehen hatte, gab gern zu, daß er hier und heute das Rennen seines Lebens gelaufen war, in zehnmal besserer Form als in Epsom. Aber nicht gut genug für Nijinsky.

Erst vier Längen später kam die Derbysieger-Tochter Crepellana. Sie hatte mit ihrem verspäteten Endspurt den Durchbruch nicht mehr geschafft.

Bill Williamson, der bei den früheren Duellen mit Piggott jedesmal immerhin noch einen ehrenvollen zweiten Platz hatte, kam nun erst als vierter.

Hogarth, der italienische Derby-Sieger, hatte die Anderthalbmeile erst zwölf Längen nach dem Sieger hinter sich gebracht. Caliban, der so lange Schrittmacher gewesen war, kam als Schlußlicht.

In Toronto legte Charles Engelhard zufrieden den Hörer auf die Gabel.

In London zahlten die Buchmacher wieder einmal zähneknirschend Millionenbeträge aus – einer höhnte: »Die einzige Rennbahn, wo man für Nijinsky noch anständige Quoten herausholen könnte, wäre wohl die Autopiste von Brands Hedge.«

Und in Ascot sagte der greise Lord Roseberry, der Veteran unter den Rennplatz-Besuchern: »Nijinsky ist das beste Pferd, das ich seit dem Krieg gesehen habe!«

Woraufhin ein junger Spötter bemerkte: »Seit welchem Krieg – er meint wohl die Kreuzzüge . . .«

Vincent O'Brien erklärte mit gewohnter Zurückhaltung: »Ein schönes Rennen. Sauberer Rhythmus. Nicht einmal halbe Geschwindigkeit.«

Damit hatte er zweifellos recht: die Zeit des Siegers – 2,36:16 Minuten – lag fast sechs Sekunden hinter dem Bahnrekord. Der Rennverlauf entsprach vollkommen O'Briens Rennstrategie: niemals von Nijinsky mehr zu verlangen als unbedingt notwendig war.

»Ich habe fast nichts zu tun brauchen«, sagte Lester Piggott, als er aus dem Sattel stieg. »Nijinsky ist ohne Zweifel das beste Pferd, das ich je geritten habe.«

Wer freilich meint, diese Feststellung müsse nun endlich einmal ein Grund für Piggott sein, ein strahlendes Lächeln zu zeigen, sah sich getäuscht. Ein Mann wie Piggott vergißt möglicherweise auch in solchen Augenblicken nicht, daß es nur einen Nijinsky auf der Welt gibt, daß er bei rund fünfhundert Ritten im Jahr höchstens ein halbes Dutzendmal auf ein Pferd wie Nijinsky kommt – Grund genug für Kummerfalten.

Nijinskys jüngster Sieg – der zehnte in zehn Rennen – beeinflußte indessen auch die Verkaufsverhandlungen, die seit dem Derby im Gange waren.

Die englischen und irischen Bewerber, die den zukünftigen Zuchthengst Nijinsky im Lande halten wollten, blieben dabei auf der Strecke. Vor einer finanzstarken Käufergruppe, die Nijinsky um jeden Preis nach Amerika holen wollte, mußten sie kapitulieren.

Im Verlauf der letzten Wochen war, im Spiel der Angebote und Gegenangebote, Nijinskys Marktwert in schwindelnde Höhen hinaufgetrieben worden. Dazu kam, daß Charles Engelhard sein Lieblingspferd unbedingt in seiner Nähe wissen wollte. Er fühlte den Tag kommen, an dem seine Ärzte ihm endgültig weite Reisen verbieten würden. Schon jetzt mußte er immer längere Stunden im Rollstuhl verbringen. Die Zeiten des Wohlbefindens, in denen er gehen, fahren und fliegen konnte, wurden immer seltener. Er ließ sich da nicht täuschen: Solche Zwischenzeiten waren keine Vorboten einer Besserung – nur Atempausen. Deshalb stellte er sich vor den Kaufangeboten aus England und Irland, so rührend sie waren, taub – und sah sich statt dessen nach Angeboten hauptsächlich in Amerika um. Was in Europa auf ebenso komplizierte wie eigentlich nebensächliche Schwierigkeiten gestoßen war, erwies sich in Amerika als reibungslos: Hier war es möglich, jeden geforderten Preis zu erzielen.

Nijinskys Vater Northern Dancer war am Ende seiner Rennkarriere zum damaligen Rekordpreis von 2,4 Millionen Dollar ins Gestüt gegangen.

Andere große Vererber hatten sich in Amerika sogar für das doppelte verkaufen können: Vaguely Noble, Europas stärkstes Rennpferd von 1968, Sieger im »Arc de Triomphe« in Paris, war auf 4,8 Millionen Dollar gekommen.

Buckpasser, auch eine Züchtung von E. P. Taylor auf der Windfields-Farm in Toronto, erzielte sogar glatte fünf Millionen.

Nijinsky aber holte sich den Rekord: Mit 5 440 000 Dollar ist er das teuerste Pferd der Welt. Mehr noch: das teuerste Lebewesen. Denn vom Aga Khan war immer berichtet worden, er habe sich von den Gläubigen seiner Sekte sein Körpergewicht in Gold aufwiegen lassen. Wahr oder erfunden – das hatte stets als frivole Sensation gegolten. Nijinsky aber, 558 Kilo schwer, war damit nun ungefähr das Neunfache seines Gewichts in Gold wert . . .

Genaugenommen ist Nijinsky seit dem 14. August 1970 eine Aktiengesellschaft. Er besteht aus 32 Aktien zu je 170 000 Dollar. Zwanzig Aktien behielt Charles Engelhard. Der Rest wurde von einer Gruppe potenter amerikanischer Pferdezüchter erworben (und von einem Kanadier: Mr. E. P. Taylor natürlich).

Schon im folgenden Jahr, 1971 also, sollte Nijinsky, so war es vereinbart, im Pferdeland Kentucky die ersten Stuten decken.

Somit schien nun also, Mitte August 1970, Nijinskys Zukunft endgültig klar vorgezeichnet. Noch einige Rennen, noch einige, möglichst hohe, Siegerprämien, dann würde er, ungeschlagen, unschlagbar, das Leben eines Pferde-Maharadschas führen, umgeben von einem Harem schönster, edelster Stuten.

Als nächste Rennziele, die des teuersten, stärksten Pferdes der Welt würdig waren, kamen eigentlich nur noch zwei Turf-Ereignisse in Frage: das »St. Leger« – die dritte Prüfung für die »Triple Crown«, die seit 35 Jahren kein Pferd mehr gewonnen hatte – und der »Arc de Triomphe« in Paris, die heißeste Feuerprobe Europas.

Und weit und breit, so schien es, war kein lebendiges Wesen zu sehen, das Nijinsky, hier wie dort, den Sieg streitig machen könnte.

Nein, einen sichtbaren Gegner gab es nicht.

Aber es gab einen unsichtbaren Gegner.

Er war nur dreitausendstel Millimeter groß.

Ein winziger Pilz zwingt Nijinsky in die Knie

Wo es wirklich geschehen war, wußte niemand zu sagen. Vielleicht schon unmittelbar nach dem Rennen in Ascot, als die abgekämpften, schwitzenden Pferde in ihre Stallungen westlich der Tribüne zurückgebracht wurden. Vielleicht beim Verladen zum Rücktransport. Vielleicht in dem Transportflugzeug, das Nijinsky heim nach Irland brachte.

Der mikroskopisch winzige Pilz findet tausend Möglichkeiten, ein Pferd anzufallen. Dann setzt er sich in der Haut fest, in den Poren, dort, wo das glänzende, braune Haar aus der Epidermis hervorsprießt. Eine Woche lang, zehn Tage lang, ist Nijinsky nichts anzumerken.

Aber der Pilz lebt. Er schmarotzt. Er pflanzt sich fort. Mit unfaßbarer, unheimlicher Eilfertigkeit schickt das gesichtslose, geschlechtslose Wesen seine Sporen über Nijinskys Haut . . .

Nach einer kurzen Weile wohlverdienter Ruhe wird Nijinsky wieder über die sommerlich grünen Koppeln von Ballydoyle geritten. Johnny Brabston und Danny Sullivan legen ihm allmorgendlich den Sattel auf, lassen ihn über die Trainingsbahnen traben und galoppieren.

Und immerfort breitet sich der Pilz aus, genau unter dem Sattel.

Stoney Burke wäscht und striegelt und wienert seinen Hengst. Sorgfältige Sauberkeit umgibt Nijinsky, wo er geht und steht.

Dennoch wandern die Sporen. Sie bilden unsichtbare Ketten, verfilzen sich zu Schuppen, verkrusten zu Schorf, klammern sich in die Haut, nagen an den Haarstämmen und springen über zum nächsten Pferd.

Nijinskys Bruder Minsky, auf der Auktion doppelt so teuer (Engelhards Kaufpreis: 140000 Dollar), doch auf der Rennbahn nicht halb so erfolgreich, seit einem Jahr ebenfalls in Ballydoyle beheimatet, wird das nächste Opfer.

Der Pilz gründet einen neuen Staat. Niemand merkt es.

Nur unter einem starken Mikroskop hätte man sehen können, wie sich von Tag zu Tag mehr Haare spalten, wie sich über Nacht immer mehr Schuppen bilden, wie sich die befallenen Stellen, zuerst stecknadelkopfgroß, weiter ausbreiten. Immer neue Sporen schießt der Pilz, in immer neuen Ketten, neuen Kreisen erobert der Parasit die weiten Hautflächen seines Wirtes.

Als Stoney Burke es eines Morgens sieht, ist es schon zu spät. Stumm stehen John Brabston und Danny Sullivan, dann auch der atemlos alarmierte Vincent O'Brien, vor Nijinsky.

Jetzt sind die Knötchen schon linsengroß, die kreisrunden Borkenstellen mit den abgebrochenen Haarstummeln sind deutlich erkennbar.

Aus dem Nachbarort Clonmel kommt der Tierarzt Dr. Freeman und zupft mit der Pinzette Haarproben aus, verpackt sie in Papiertüten und bringt sie ins Labor nach Dublin. Unterm Mikroskop, im Deckglas-Präparat (zehnprozentige Kalilauge), angefärbt mit Parker-Tinte, wird der unheimliche Angreifer endgültig identifiziert: Trichophyten.

In den Gestüten der englischsprachigen Welt nennt man den Parasiten »Ringworm«, weil er – wiewohl er kein Wurm ist – auf den Hautflächen, die er verwüstet, ringförmige Kahlschläge zurückläßt: wie Hexenringe aus Pilzen auf ungepflegtem Rasen.

Vier Wochen lang ist Nijinsky ein Bild des Jammers. Überall an seinem schönen, stolzen Leib, zwischen Hals und Flanken, sind ihm die Haare ausgefallen. Die Krankheitsherde, wie makabre Scherze eines irren Tonsurenfriseurs, gehen ineinander über, formen sich zu bizarren Mustern. Ein König mit einem lächerlich verschandelten Hermelin, so steht er in seiner Box, ein junger Gott, dessen Schönheit die Blattern verstümmelt haben.

Mit dem Parasitenbefall ist kein Juckreiz verbunden, weder Temperaturanstieg noch Gewichtsverlust – Nijinsky spürt dennoch, was ihm da angetan wird. Er darf nicht mehr mit seinen Stallgenossen spielen, nicht mehr mit ihnen um die Wette laufen, sich nicht mehr auf der Koppel balgen. Die Ansteckungsgefahr ist zu groß. Nijinsky muß das Leben eines einsamen Aussätzigen führen.

Dr. Freeman kommt jeden Tag. Er zieht zwei Kollegen mit zu Rate. Die Tierärzte bringen Salben und Öle, Antifungusmittel wie Neguvon und Asuntol. Täglich tragen die gummibehandschuhten Betreuer mit Pinsel und Spatel die Emulsionen auf. Aber gegen die Trychophyten gibt es kein Wundermittel. Der Pilz muß verschwinden wie er gekommen ist – über Nacht. Aber das dauert vier Wochen.

In diesem August kann Nijinsky nicht geritten, nicht trainiert, nicht auf sein nächstes Rennen im September vorbereitet werden.

Renn-Manager Dave McCall und Trainer O'Brien haben den Sieger von Epsom und Ascot für das »St. Leger« in Doncaster angemeldet. Da gäbe es wieder 37082 Pfund zu gewinnen. Aber nicht nur deshalb ist das »St. Leger« wichtig: In Doncaster könnte der Hengst, der nun schon fast 200000 Pfund heimgaloppiert hat, die höchste Auszeichnung des Turfs erringen, die glanzvolle Krönung einer Pferdekarriere: die »Triple Crown«.

Seit 35 Jahren – seit Aga Khans Bahram – war keinem Pferd mehr dieser triumphale Dreisprung Epsom–Ascot–Doncaster gelungen. Seit 35 Jahren, seit vier Vollblutgenerationen – und wenn es heute auf der Welt ein Pferd gibt, das wieder die Kraft, das Format und das Stehvermögen besitzt, sich die »Triple Crown« zu holen – dann ist es Nijinsky. Wo wäre ein Gegner, der ihm den letzten Zacken zur »dreifachen Krone« streitig machen könnte?

Höchstens das Dreitausendstelmillimeter große Ungeheuer, das ihm im Rücken sitzt.

Die Nijinsky-Mannschaft will es trotzdem wagen.

Erst knapp drei Wochen vor dem »St.-Leger«-Tag kann Nijinsky wieder einen Sattel auf seiner geschundenen Haut ertragen. Der erste Flaum junger, gesunder Haare ist nachgewachsen.

An einem Morgen Anfang September arbeitet Liam Ward mit einigen Pferden in Ballydoyle. Johnny Brabston führt Nijinsky zu leichter Trainingsarbeit auf die Koppel. Zum ersten Mal seit dem Ringwurm-Überfall sieht Liam Ward den Hengst wieder. »Ein erbärmlicher Anblick«, stellt er fest. »Dieses herrliche Tier sieht immer noch wie ein geflecktes Wunder aus, mit seinem ungleich nachgewachsenen Fell. Es wird sicher nicht leicht sein, ihn wieder vollkommen fit zu machen.«

Lester Piggott, der Nijinsky im »St. Leger« reiten sollte, ist pessimistisch, als er den Hengst sieht: »Ich weiß von Pferden, die sich von dieser Krankheit nie wieder erholt haben . . .«

Sechzig Stunden vor dem »St. Leger« ist immer noch unentschieden, ob Nijinsky in Doncaster starten soll.

Seit vierzehn Tagen hat es über ganz England ununterbrochen geregnet. Der Hitzewelle im Juni war eine Sintflut gefolgt.

»Wie das Geläuf von Doncaster jetzt aussieht, kann ich mir vorstellen«, sagt Vincent O'Brien. »Weicher Boden wird für Nijinsky eine zusätzliche Behinderung sein.«

Vorsichtshalber meldet er den Hengst für ein Rennen zwei Tage später im französischen Longchamps an. Das würde weder so viel Ehre noch so viel Geld wie das »St. Leger« bringen – aber Nijinsky braucht jetzt einfach einen Kampf, wenn er wieder richtig Tritt fassen soll.

Am Donnerstagmorgen holt O'Brien noch einmal die Voraussagen der englischen Wetterstationen für den Samstag ein. Die Meteorologen sind überzeugt, daß sich über Mittelengland ein Aufklärungsgebiet bilden wird – etwa dreihundert Kilometer nördlich von London.

Regen über ganz England, Sonne nur über Doncaster? Das kann ein gutes Zeichen sein. Das erste seit Wochen.

Am Nachmittag, genau 48 Stunden vor dem Rennen, startet in Dublin das Charterflugzeug mit Nijinsky zum Flug über die Irische See. Johnny Brabston steht während der ganzen Reise neben seinem Hengst im Cargo-Raum. Wenn die Regenböen die Maschine zu sehr beuteln, klopft er dem Pferd beruhigend aufs Fell, das nun wieder braun und glänzend schimmert.

»Wenn du es nicht schaffst«, sagt Johnny in seinem knorrigen irischen Dialekt, »dann bist du der letzte, der daran schuld ist . . .«

Es geht
um die »Dreifache Krone«:
Duell der Jockeys

Der »St.-Leger«-Tag begann für Johnny Brabston um sechs Uhr früh. Da rieb er sich in seinem behelfsmäßigen Nachtlager in einem Klassenzimmer einer Mädchenschule den Schlaf aus den Augen. Eine Viertelstunde später marschierte er durch leere, graue Straßen zu den Stallungen hinter einem Altersheim für alleinstehende Damen. Mit einem Eimer voll Hafer und einer Bürste begrüßte er Nijinsky.

Es war schon heller Morgen über Doncaster, als er Nijinsky dann, an den übernächtigten Wachmännern der Spezialfirma Securocor vorbei, die in der Box nebenan die Nacht verbracht hatten, auf eine benachbarte Koppel führte, um mit dem Hengst eine leichte Morgengymnastik zu machen.

Um zehn Uhr servierte Johnny Brabston Nijinsky noch einmal zwanzig Pfund Grasfutter, zehn Pfund Heu, ein paar Möhren, ein paar Mineralpräparate, drei rohe Eier und eine Flasche Guinness-Bier.

Das mußte bis zum Rennen reichen, Pferde sollen nicht mit vollem Magen in den Kampf gehen.

Doncaster erwachte zum Leben. Aus London rollten, mit beschlagenen Fenstern, die ersten Omnibusse an. In der »Tatt's Bar« gegenüber der Rennbahn versammelten sich die ersten Durstigen zum Frühschoppen. Auch sie bei Guinness-Bier. In der pastellfarbig dekorierten Hypericon-Bar mit den altertümlichen Plüschmöbeln wurden zwei Dutzend Cola-Flaschen für Charles Engelhard kaltgestellt.

Doncaster ist eine triste Industriestadt im Bergbau-Gebiet von Yorkshire. Eine feine Kohlenstaubwolke hängt das ganze Jahr über in der Luft. Das Gras der Rennbahn ist hier nie so grün wie in Irland. Im Jahr gehen rund drei Tonnen Industrieruß auf das Renngelände nieder.

Rennen wurden hier schon gelaufen, ehe das industrielle Zeitalter begann, Luft und Land zu ändern, etwa vor 250 Jahren. Doncasters wichtigstes Rennen verdankt seinen Namen einem englischen General, der, wie etliche seiner Kollegen, auf dem Turf mehr Siege erfocht als auf dem sogenannten Felde der

Die Rennbahn von Longchamp bei Paris:
Hier erlebte Nijinsky seine dramatische Niederlage

So verlor Nijinsky sein Rennen: zuerst hoffnungslos eingekesselt (Nummer 9)

. . . versucht er außen das Feld zu überholen . . .

Nijinsky holt auf. Doch zu spät . . .

. . . stößt Nijinsky zur Spitze vor. Die Niederlage ist nicht mehr abzuwenden

Charles Engelhard ist tief erschüttert. Der Goldmillionär weint, aber . . .

. . . Yves Saint-Martin, der Sieger (links), feiert mit Freunden seinen Erfolg

Ehre. Der hieß Anthony St. Leger, und das nach ihm benannte Rennen ist sicher eins der schönsten, weil unblutigsten Denkmäler, mit dem je ein Heerführer verewigt wurde.

Die Heerscharen nordenglischer Rennfreunde, die General St. Leger seit 1776 in jedem September mobilisiert, treten mit der festen Überzeugung an, daß das »St. Leger« das wichtigste Rennen in England ist. Schließlich sind die »2000 Guineas« von Newmarket und das Derby von Epsom nur die »Vorprüfungen« für das »St. Leger«.

Lokalpatriotische Rennfreunde, wie man sie zum Beispiel beim Frühschoppen in der »Tatt's Bar« findet, erklären jedem Fremden gern: »Das tüchtigste Pferd gewinnt die ›Guineas‹, das glücklichste Pferd gewinnt das Derby, aber nur das beste das ›St. Leger‹ . . .«

Natürlich haben sich auch einige Vorfahren Nijinskys im »St. Leger« bemerkenswerte Lorbeeren erworben – Hambletonian zum Beispiel, und The Baron, Stockwell, Voltigeur, West Australian, Hyperion und Bahram.

Den überraschendsten Sieg in der – an Merkwürdigkeiten gewiß nicht armen – Geschichte des »St. Leger« errang indessen ein Hengst namens Elis aus dem Stall des Lord Bentinck.

Lord William George Frederick Cavendish Bentinck, 1802 als dritter Sohn des vierten Herzogs von Portland geboren, zeitweilig Präsident des allmächtigen Jockey Clubs von Newmarket, bekam von seinen Brüdern die Kleinigkeit von 300000 Pfund, um sich einen Rennstall aufzubauen. Bentincks Wettglück war wechselhaft; als 24jähriger setzte er einmal 27000 Pfund auf ein Pferd im »St. Leger« – und verlor. Aber 1836 hatte er einen Renner im Stall, der ihm, wo er auch antrat, ein Vermögen an Siegerprämien und Wetten einbrachte: Elis.

Um die Buchmacher zu täuschen und höchstmögliche Wettchancen zu erzielen, meldete der Lord seinen Hengst zwar zum St. Leger an – aber eine Woche vor dem Start befand sich das Pferd noch daheim in Goodwood, in Sussex.

Zu dieser Zeit reisten Rennpferde noch zu Fuß, über die Landstraßen, von einem Rennplatz zum anderen.

Solche Reisen waren damals ein ebenso langwieriges wie gefährliches Unterfangen. Die Pferde waren Wind und Wetter ausgesetzt, und nicht selten machten die unterwegs eingefangenen Erkältungen und Verletzungen – von Wegelagerern ganz zu schweigen – die monatelangen Bemühungen der besten Trainer zunichte. Die Reise von Goodwood nach Doncaster dauerte gewöhnlich vierzehn Tage.

Lord Bentinck aber war ein erfindungsreicher Mann. Von seinem Dorfschmied ließ er sich ein Gefährt zusammenhämmern – eine »Maschine von seltsamem Anblick«, wie eine zeitgenössische Chronik versichert –, in dem zwei Pferde transportiert werden konnten. Die »Maschine« mußte von sechs Pferden gezogen werden, was nach damaligem Post-Tarif hundert Pfund kostete. Dafür war die Reise nach Doncaster nun in drei Tagen zu bewältigen.

Mit dieser Erfindung in seiner Remise konnte Lord Bentinck also leicht, zu guten Wettbedingungen, ein beträchtliches Vermögen auf Elis setzen – völlig konkurrenzlos, weil ja Elis, wie die Buchmacher in Doncaster meinten, gewiß nicht mehr rechtzeitig zum Rennen eintreffen würde.

Eine Stunde vor dem Start brauste Bentincks seltsame, sechsspännige »Maschine« mit Elis an Bord durch Doncaster zum Rennplatz. Und natürlich gewann Elis das St. Leger.

So hatte Lord Bentinck den Pferdetransporter erfunden – und den Rennsport um ein Hilfsmittel bereichert, das nun jedem Pferdebesitzer die Möglichkeit gab, ohne Zeitverlust und Risiko an allen wichtigen Rennen der Saison teilzunehmen. Heute, da Rennpferde in Düsenflugzeugen von Land zu Land, von Kontinent zu Kontinent fliegen, mag Lord Bentincks »Erfindung« komisch wirken – 1836 sorgte sie für die geisterhafte Sensation . . .

Die Rennbahn von Doncaster aber, auf dem flachen Ausläufer eines Moorgeländes vor der Stadt gelegen, verlangt immer noch, damals wie heute, selbst den stärksten Rennern die letzten Kräfte ab. Auf der »St.-Leger«-Strecke sind eine Meile, sechs Furlongs und 127 Yards zu bewältigen, gut zweieinhalb Achtelmeilen mehr als beim Derby, insgesamt 2816,30 Meter. Für ein von Krankheit geschwächtes Pferd wie Nijinsky, das dazu noch auf einem vom wochenlangen Regen durchweichten Boden arbeiten mußte, eine harte Prüfung.

Als Johnny Brabston den Hengst von den Stallungen über die Bawtry Road zum Sattelplatz führte, blieben die Leute auf der Straße stehen, klatschten Beifall und drängten sich in ihrer Begeisterung beängstigend nah um den Favoriten. Polizisten mußten einschreiten und Nijinsky eine Gasse bahnen, wie einem regierenden Fürsten auf Staatsbesuch, der sich unters Volk begibt. Die ambulanten Händler, die prächtig bunte Porträts von Nijinsky verkauften, für ein Pfund das Stück, machten Rekordumsätze, ebenso wie die Eis- und Luftballonverkäufer. Bei den Buchmachern wurde Nijinsky wieder einmal mit schmalsten Chancen notiert, und zwar zwei zu sieben, wieder einmal mußte man also sieben Pfund setzen, um zwei dazuzugewinnen. Die Wettbegeisterten jedenfalls waren nicht der Meinung, daß Nijinsky eine Gefahr drohen könnte – weder von den Sporenpilzen noch vom Wetter noch von der Konkurrenz.

Nur Lester Piggott schien an diesem Tag ein unsicherer Faktor in der Rechnung zu sein. Dieser »St.-Leger«-Samstag war offenkundig nicht einer von seinen allerglücklichsten Tagen. In den ersten beiden Rennen des Tages, den Ouvertüren vor dem großen Höhepunkt, wurde er vom Pech verfolgt.

Das erste Rennen um 13.45 Uhr verlor er um eine Halslänge – und beim zweiten Rennen, bei den »September-Stakes«, eine halbe Stunde später, brach er sich fast den Hals.

Vincent O'Brien stand auf einer Holzkiste auf den Treppenstufen zum Wiegeraum der Jockeys und beobachtete durch seinen Feldstecher den Rennverlauf, als das Unglück geschah.

Lester Piggott ritt einen ziemlich launischen Hengst namens Leander, der ebenfalls aus dem Engelhard-Stall stammte. Kurz nach dem Start funktionierte Leander die »September-Stakes« zu einem Rodeo um, bockte hinten hoch und schleuderte Lester Piggott mit einem gewaltigen Schwung auf den Turf. Dann rannte er weiter.

Piggott, der mit einer Aufprallgeschwindigkeit von 56 Stundenkilometern auf seinem Steißbein gelandet war, brauchte eine endlos lange Minute, bis er wieder, wenn auch mühsam, auf den Beinen war.

O'Brien schickte sofort einen Wagen anderthalb Kilometer um die Rennbahn, um seinen Jockey heimzuholen. Spöttisches Gelächter und boshafte Bemerkungen begleiteten den Champion, der nicht zum ersten Mal in seiner Karriere statt auf einem Sieger in einem Auto zum Absattelplatz heimkehrte.

Die Pferde, die zum Hauptrennen des Tages antreten sollten, gingen schon im Führring Parade, als Piggott noch immer nicht startbereit war: Leander war mit Piggotts Lieblingssattel durchgebrannt.

Hinter Leander her jagte, über das stumpfgrüne Weideland jenseits des Turfs, ein berittener Polizist. Aber Sergeant Paul Hales – übrigens der Sohn von Piggotts Assistent Ernie – hatte es auf seinem schwerfälligeren Polizeipferd nicht leicht, den ungebärdigen Vollblüter einzuholen. Leander war nicht gewillt, so bald seine Entdeckungsreise in die entfernten Bezirke der Heide von Doncaster aufzugeben . . .

Auf dem Startplatz drehten derweil die »St.-Leger«-Kandidaten ungeduldig ihre Runden: Meadowville, der heute zum dritten Mal gegen Nijinsky antrat; Politico, aus dem Rennstall des amerikanischen Millionärs Ogden Phipps, der übrigens auch einen 170000-Dollar-Anteil an Nijinsky erworben hatte; und Charlton, eine starke Hoffnung aus dem Gestüt von Königin Elizabeth. Außerdem Whindamus und King of the Castle.

Die Jockeys beobachteten verdrossen ihre Pferde. Verzögerungen vor einem Start wirken sich oft nachteilig auf das sensible Nervensystem der Vollblüter aus. Vier Jockeys hatten sich besonders gute Chancen fürs »St. Leger« ausgerechnet. Sie waren seit langem bittere Rivalen Lester Piggotts.

Geoff Lewis zum Beispiel, der alte Kollege aus der Lehrlingszeit in Newmarket. In der Erfolgsstatistik des Jahres war er bisher Piggott am nächsten gekommen. Er war der diesjährige Vizeanwärter auf den Titel des »Champion Jockey«. Aber überall, wo Piggott ritt, verlor er Punkte. Beim »2000 Guineas« war er auf dem vierzehnten, beim Derby auf dem fünften und beim »King George« auf dem zweiten Platz gelandet.

Bill Williamson, der Wahl-Engländer aus Australien, fünfzehn Jahre älter als Piggott, hatte dem Champion, seitdem dieser auf Nijinsky ritt, keinen Sieg mehr abjagen können. Bei den »Dewhurst Stakes«, bei den »2000 Guineas« und beim Derby war er immer haarscharf auf dem zweiten Platz gelandet; beim »King George« gar nur auf dem vierten.

Alexander (»Sandy«) Barclay trat heute sogar schon zum fünften Mal gegen das irritierende Erfolgsgespann Piggott-Nijinsky an.

Und dann war da noch – last, not least – Yves Saint-Martin, der Champion aus Frankreich. Er hatte nicht vergessen, wie Piggott ihn beim »2000 Guineas« deklassiert hatte. Der hochmütige Blick, mit dem sich Piggott da – in der Zielgeraden, aus der sicheren Vorspungs-Situation heraus – nach dem hoffnungslos hinter ihm herpreschenden Jungen aus der Gascogne umgedreht hatte, verlangte nach Revanche.

Lewis auf Rock Roi, Williamson auf Melody Rock, Barclay auf Politico, Saint-Martin auf Rarity – heute wollten sie das Denkmal vom Sockel stürzen.

Im Augenblick freilich machte Piggott – ohne Sattel und mit grasgrünen Sturzflecken auf der Sitzfläche seiner weißen Hose – keinen übermäßig bedrohlichen Eindruck. Aber das Pokergesicht war nicht zu unterschätzen. Ein leichtes Rennen würde es nicht werden. Wenn es nur erst anfinge.

Im Publikum wurde Unruhe laut. Die Stewards, mit Melonen auf dem Kopf und Nelken in den Knopflöchern, die nun mithalfen, die dem Start entgegenfiebernden Pferde zu beruhigen, blickten ebenso verstohlen wie nervös auf ihre Armbanduhren.

Charles Engelhard, dem mit seinem Übergewicht und seinem immer stärker schmerzenden Hüftleiden das lange Stehen schwerfiel, ließ sich einen aufklappbaren Feldstuhl bringen.

»So geht es mir immer«, sagte er schwer atmend. »Wenn ich schon einmal bei einem Rennen dabei bin . . .«

»Aber das gilt nicht fürs ›St. Leger‹«, sagte David McCall beruhigend. »Doncaster hat Ihnen bisher immer Glück gebracht. Dreimal haben Sie hier gewonnen – mit Indiana, Ribero und Ribocco!«

»Aller guten Dinge sind drei«, sagte Engelhard. »Und jetzt, wo es um die ›Triple Crown‹ geht, jetzt ist das vierte Mal . . .«

Ein Aufatmen kam von der Tribüne. Paul Hales kam auf seinem Polizeipferd mit Piggotts Sattel angeritten. Piggott wieselte flink die Stufen zum Wiegeraum hoch, stellte sich mit Sattel und Peitsche auf die Waage, bekam sein Okay von der Rennleitung – endlich konnte es losgehen!

Nijinsky, der allein von der Ungeduld, die seit einer halben Stunde über Doncaster gelegen hatte, nichts gemerkt zu haben schien – er hatte nicht einmal, wie sonst, geschwitzt – ließ sich gefaßt und selbstbewußt zur Startmaschine reiten und war auch, wie immer, der erste in der Box.

Piggotts grüner Hintern leuchtete bis zur Tribüne hinüber.

Mit 25 Minuten Verspätung gab der Starter das Signal. Nijinsky, dem bei der Auslosung die Startposition 2 zugefallen war, richtete sich auf der Innenseite als Vorletzter auf die 2816-Meter-Strecke ein.

Yves Saint-Martin, fest zum Siegen entschlossen, legte von Anfang an mit Rarity ein ungebremstes Tempo vor, offenbar in der Absicht, Nijinsky zu vorzeitigem Kräfteverschleiß zu verführen. Als Whindamus sich an ihm vorbeischob, überließ er ihm, dennoch beständig weitertreibend, die Spitze – Saint-Martin war jedes Mittel recht, um seine Gegner bis zur jetzt noch in weiter Ferne liegenden Zielgerade zu erschöpfen.

King of the Castle hielt tapfer Fühlung mit der Spitze.

Das Feld zog sich weit auseinander, weil die anderen sich Saint-Martins Tempo nicht aufzwingen lassen wollten.

Geoff Lewis, der mit Rock Roi schlecht vom Start weggekommen war, bildete hinter Nijinsky das Schlußlicht, folgte jedoch genau seinem Plan, Nijinsky präzise unter Kontrolle zu halten.

Später freilich mußte Geoff Lewis zugeben, daß er beim Start drei Längen verschenkt hatte, die er nicht wieder einzubringen vermochte.

Doch er hatte noch ebensoviel Hoffnung wie Kraft. In einem trügerischen Geschwindigkeitsrausch zog er an Nijinsky vorbei, überholte Charlton, den Hengst der Königin, und plante einen weiteren Vormarsch ins Mittelfeld.

Auch Meadowville ließ sich noch nicht treiben, er fühlte sich stark genug, um sich auf Nijinskys bekannte Taktik einzulassen und mit dem gefährlichen Favoriten zusammen auf eine spätere Entscheidung zu warten.

Meadowville übernahm nun als Schlußlicht die Überwachung Nijinskys.

Vorn mußte sich derweil Whindamus eingestehen, daß er sich als Spitzenreiter doch zuviel zugetraut hatte. Politico, von Sandy Barclay umsichtig gesteuert, übernahm nun die Führung, ohne sich freilich allzuviel darauf einzubilden.

Charlton, vom Start weg scharf geritten, nistete sich gleich dahinter im Windschatten ein.

Noch immer hielt sich Yves Saint-Martin auf Rarity lauernd im Mittelfeld, noch immer hing Meadowville wachsam an Nijinskys Flanken. Und noch immer gab Nijinsky kein Zeichen, ob er den Kampf aufnehmen wollte.

Beim Einbiegen in die Zielgerade machte Geoff Lewis auf Rock Roi deutlich, daß er nun jeden Augenblick den Angriff Nijinskys erwartete. Vorsorglich legte er sich auf den zweiten Platz, um jederzeit seinen Vorsprung vor Nijinsky ausspielen zu können. Whindamus fiel weiter zurück, Bill Williamson holte neben Geoff Lewis auf.

So sehr sie alle auch vorgaben, ihr eigenes Rennen zu laufen – sie fühlten doch alle den Schatten Nijinskys, sie alle warteten auf Nijinskys Spurt: erst dann würde die Entscheidung fallen.

Lester Piggott, der heute vorsichtiger zu reiten schien als sonst, begann erst nach dem Einbiegen in die Zielgerade, zunächst unmerklich, das Tempo zu steigern. Nur dadurch, daß er seinen Renner auf die Außenseite lenkte, wurden seine Absichten deutlich.

Meadowville ließ sich nicht täuschen und drehte hinter Nijinsky auf.

Eine Sekunde später erwies sich schon, daß Meadowvilles Jockey richtig geschaltet hatte: das war der Angriff!

Lester Piggott hatte die Anderthalbmeile, die Nijinsky seit seinem Derby sicher im Griff hatte, in völliger Ruhe zurückgelegt – nun aber auf den letzten dreihundert Metern, die das »St. Leger« länger war als die Derby-Distanzen, nun erst forderte er seinen Hengst.

Darauf hatte Nijinsky gewartet. Und die Kraft war da, das Stehvermögen war vorhanden. Was immer Nijinsky hindern konnte, die Nachwehen seiner Krankheit, der schwere Boden, die überlange Strecke – alles war vergessen, nichts davon spielte jetzt eine Rolle. Nur eins zählte: die Herausforderung.

Pferd um Pferd fiel hinter ihm zurück, Jockey um Jockey blieb auf der Strecke. Bill Williamson sah wieder einmal Nijinskys kraftvoll gestreckte Hinterflanken unaufhaltsam davonstieben. Yves Saint-Martin mühte sich, verborgene Reserven aus Rarity herauszuholen. Geoff Lewis mußte kapitulieren.

Nur Meadowville, der immer mit verzweifelter Tapferkeit auch in aussichts-

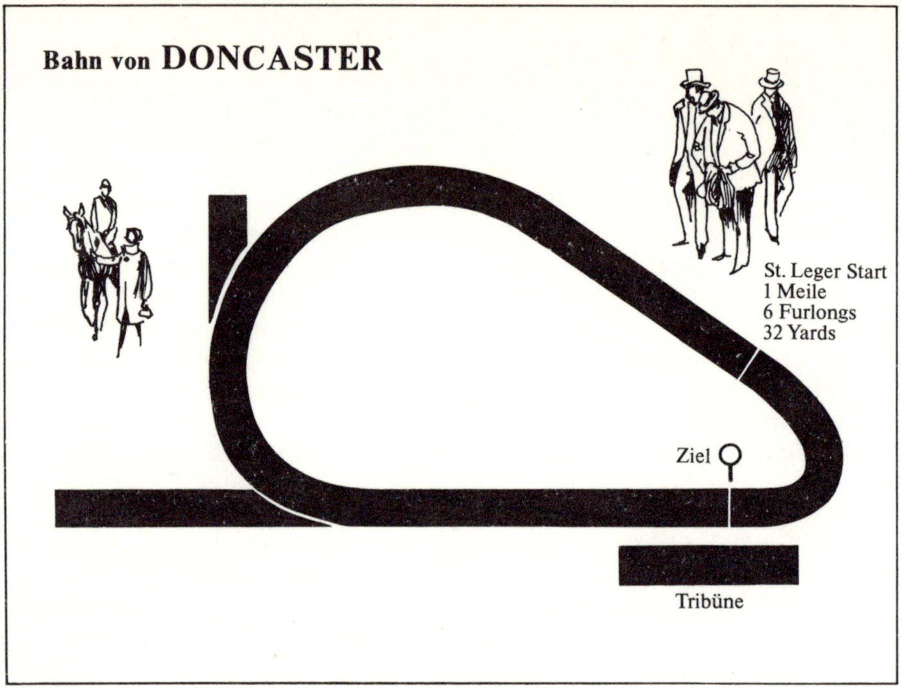

losen Rennen bis zum letzten Atemzug kämpfte – Meadowville senkte tief seinen sehnigen Kopf und rannte, als ginge es um sein Leben, und hielt, so sah es aus, Nijinskys Schweif fest zwischen den Zähnen und überholte alle Pferde, die Nijinsky hinter sich brachte, nur um Sekundenbruchteile später.

Nur noch zwei Pferde vor Nijinsky, beide in gleicher Höhe dahinstürmend: Politico, der Amerikaner links und Charlton, der Königliche rechts – und dazwischen, wie für Nijinsky nach Maß bemessen, die Öffnung nach vorn.

Als sei nicht eins der wichtigsten Rennen der Saison zu gewinnen, sondern kaum mehr als eine elegante Figur in einem Ballett zu vollführen, so galoppierte Nijinsky zwischen den beiden Hengsten hindurch.

Piggott blickte nach links und sah Politico mit wehender Mähne auf der Stelle trappeln. Er blickte nach rechts und sah die Hoffnung der Königin dahinschwinden.

Piggott blickte hinter sich und sah, daß allein nur noch Meadowville sein Tempo halten konnte – aber doch wohl keine Gefahr mehr für ihn bedeutete.

Als Meadowville dicht hinter Nijinsky an dem bisherigen Schrittmacher Politico vorbeischoß, flackerte in Jockey Seagrave der Gedanke auf, daß sein Meadowville ohne Zweifel eins der besten Pferde dieser Saison gewesen wäre, wenn es keinen Nijinsky gegeben hätte.

Aber es gab Nijinsky und er war vor ihm und Piggotts grüngefleckter Hintern tanzte und schaukelte hoch über Nijinskys Hals. Seagrave arbeitete wie ein Besessener, um die halbe Sekunde, die Meadowville wieder einmal fehlte, zu überspringen. Aber auch so hätte Meadowville alles ins Feuer geworfen; mehr als er jetzt gab, hatte der Gott der Pferde ihm nicht mitgegeben.

Einen Augenblick lang durfte Meadowville noch glauben, daß es trotz allem noch zu schaffen sein könnte: Piggott, ängstlich darauf bedacht, seinen Hengst nicht mehr zu strapazieren, als unbedingt nötig, ließ fünfzig Meter vor dem Ziel – die Ziellinie unverlierbar nah vor den Augen – Nijinsky langsamer laufen.

Meadowville konnte bis auf eine Länge herankommen: einen Augenblick unverhoffte Hoffnung, einen Augenblick unerwartete Erwartung – aber diese eine Länge war nicht zu schaffen, diese eine Länge lag unerreichbar fern.

Nijinsky war auch diesmal der Sieger.

Nijinsky hatte die »dreifache Krone« gewonnen.

Doncaster glich einem Hexenkessel. Das Publikum drängte und schob sich auf den Absattelplatz zu, wo nun der Sieger erwartet wurde.

Als Nijinsky in das umzäunte Rund trat, das sich wie vieles in Doncaster seit dem Jahre 1776 nicht verändert hat, brausten ihm Hochrufe entgegen. Eine kräftige Bergarbeiterstimme intonierte das Jubellied »Oh he's a jolly good fellow!« und hundert andere fielen ein.

Engelhard, der an der Ziellinie gestanden hatte, brauchte fast eine Viertelstunde, um sich durch das dichte, aufgeregte Menschengewimmel bis zum Absattelplatz vorzuarbeiten. Erst zehn Minuten nach seinem Pferd traf er dort ein. Er hatte unaufhörlich Autogramme geben müssen, auf Rennprogrammen, Wettscheinen und Pfundnoten. Er war schweißgebadet wie sein Hengst und sprudelte vor Erregung über wie eine Champagnerflasche. Völlig außer sich berichtete er Piggott, der zufrieden lächelte ohne seinen Mund zu verziehen: »Als Nijinsky über die Ziellinie lief, hat er die Ohren hochgestellt, als würde er am liebsten noch einen Furlong weiterrennen . . .!«

O'Brien sagte nur: »Ich bin sehr froh, daß er gewinnen konnte, ohne sich anstrengen zu müssen.«

Engelhard sagte: »Jetzt hat er seinen Stil gefunden. Er ist mit viel kürzeren, viel kontrollierteren Schritten galoppiert. Er ist wie ein erfahrener Golfspieler, der seinen Schwung verbessert hat, der nun mit mehr Selbstdisziplin schlägt und präziser trifft . . .«

Der »St.-Leger«-Sieg hatte Nijinskys Gewinnsumme um weitere 37082 Pfund auf 218700 Pfund erhöht, knappe zwei Millionen Mark. Doch Geld interessierte Engelhard in diesem Augenblick nicht. Was wirklich für ihn zählte, war nur eins: daß Nijinsky, daß sein Pferd die »Triple Crown« gewonnen hatte – die Trophäe, die seit Bahram 1935 keinem Vollblut mehr zugefallen war; daß er mit dem Aga Khan, den er seit seinem ersten Rennplatzbesuch in Epsom bewunderte und beneidete, nun endlich gleichgezogen hatte.

Für Engelhard war an diesem Samstagnachmittag in Doncaster der Traum seines Lebens in Erfüllung gegangen. Das einzige, was ihn noch mit Neugier und Spannung erfüllen konnte, was er sich nicht kaufen konnte, was nur zu gewinnen war – das hatte er nun gewonnen.

An diesem Nachmittag war er endlich, was er in seinem Leben nie hatte sein dürfen: ein glückliches Kind . . .

Nijinsky ist krank – aber er muß rennen, rennen, rennen . . .

Nijinsky kehrte im Triumphzug heim nach Ballydoyle. Auf der Straße nach Cashel standen die Bewohner der kleinen, sauberen irischen Dörfchen und Städtchen und winkten und applaudierten. In den engeren Ortsdurchfahrten wurde der Transporter gestoppt, vorwitzige Burschen und Mädchen enterten das Gefährt, Johnny Brabston mußte sie zurückweisen: Er fürchtete, sicher nicht zu Unrecht, daß die Kinder Nijinsky Haare auszupfen wollten – als Souvenirs.

Als der umjubelte Transportwagen unter der Burgruine von Cashel und ihren steinernen Riesenkreuzen vorbeisteuerte, notierte John Fogarty, der Lokalreporter: »Seit dem Besuch von Präsident Kennedy in Irland vor einigen Jahren hat keine Persönlichkeit des öffentlichen Lebens mehr so viele Menschen auf die Straßen gebracht wie Nijinsky – nur daß diesmal der bejubelte Volksliebling nicht aus dem Dach einer Luxuslimousine herauslächelte, sondern aus der Luftklappe einer fahrbaren Pferdebox . . .«

Die Ernüchterung kam am nächsten Morgen.

Wie immer nach einem Rennen untersuchten die Tierärzte den Turf-Gladiatoren auf Herz und Nieren, nahmen Blut- und Urinproben vor und führten ihn auf die Waage.

Die Skala zeigte 13,050 Kilo weniger an als vor dem Abflug nach Doncaster.

So viel Gewicht hatte Nijinsky bisher bei keinem Rennen verloren. Sollte der Kampf um den »St.-Leger«-Sieg doch mehr Kraft gekostet haben, als der Augenschein glauben machte?

Im Rennen schien ihn die 2816-Meter-Strecke keinerlei Anstrengungen gekostet zu haben. Ja, vor dem Start hatte er nicht einmal den gewohnten Schweißausbruch gehabt, der immer sein Lampenfieber anzeigte – war das nun vielleicht doch ein Zeichen dafür, daß er die Schärfe seines Schwungs, seiner Sensitivität verloren hatte: daß er nicht mehr mit Freude und Spannung ins Rennen ging, sondern unter Zwang, daß er von der Substanz zehrte?

In Ballydoyle machte man ernste Gesichter. Die Telefongespräche zwischen Ballydoyle und London, zwischen London und Newark, Newark und Ballydoyle hatten besorgte Untertöne. War die »Triple Crown« zu teuer erkauft?

Aus Kentucky meldete sich der Pferdezüchter A. B. Hancock zu Wort. In seinem Gestüt, einem der berühmtesten und erfolgreichsten Amerikas, sollte Nijinsky in Zukunft als Zuchthengst leben. So war es auf der Versammlung der Nijinsky-Aktionäre im August beschlossen worden.

»Am besten ist es«, schlug A. B. Hancock vor, »wenn Nijinsky unverzüglich nach Kentucky kommt. Wir können nicht wissen, ob weitere Rennen ihm jetzt schaden. Nijinsky muß jetzt alle Kraft auf seine Aufgabe richten können.«

Charles Engelhard mochte sich, so sehr Nijinskys Zustand ihn bekümmerte, mit dem Gedanken einer vorschnellen »Pensionierung« seines Lieblingshengstes nicht befreunden. Es waren noch Rennen geplant.

Es war ein Lauf in den »Belmont Stakes« oder im »Washington International« im Gespräch – denn einmal wenigstens sollte Nijinsky in Amerika laufen. Das amerikanische Rennpublikum verlangte seit einem halben Jahr immer dringender nach Nijinsky. Bisher hatten die Amerikaner sich an den Leistungen dieses legendären amerikanischen Wunderpferdes eines amerikanischen Millionärs immer nur in Zeitungs- und Fernsehberichten begeistern dürfen: sie glaubten, ein Recht darauf zu haben, dieses Pferd, das so viele Vorfahren in Amerika hatte, nun endlich »live« zu sehen.

Auf Nijinskys europäischem Programm stand noch ein Lauf im »Prix de l'Arc de Triomphe« in Paris, in der härtesten – und höchstdotierten – Prüfung in Europa.

Und dann noch ein Rennen in den »Champion Stakes« im englischen Newmarket.

Was also tun?

Eine Woche, zehn Tage lang, herrschte Ratlosigkeit. In diesen Tagen wurde Nijinsky peinlich genau beobachtet. O'Brien überwachte jeden Trainingsritt, die Tierärzte untersuchten Nijinsky jeden Tag.

Und jeden Tag konferierte die Nijinsky-Mannschaft telefonisch, jeden Tag wurde die Situation neu eingeschätzt.

Nijinsky schien von alldem nichts zu merken. Er genoß sein schönes Leben in Ballydoyle. Jeden Morgen begrüßte er seine Betreuer mit fröhlichem Wiehern und lebhaftem Kopfnicken, in seinen großen braunen Augen war keine Spur von Kummer oder Verdruß zu lesen. Mit spitz aufgestellten Ohren jagte er über die Trainingsbahnen, stolz und selbstbewußt kostete er seine täglichen kleinen Siege über die Stallkameraden aus.

Er gewann schnell sein gewohntes Gewicht zurück, die Tierärzte konnten keinen Hinweis auf irgendwelche Schäden oder Behinderungen feststellen.

Zwei Wochen nach dem »St. Leger« stand für alle, die Nijinsky täglich sahen, das Urteil fest: Nijinsky war und blieb die perfekteste Rennmaschine, die je einen Huf auf den englischen Turf gesetzt hatte. Nijinsky war fit, da gab es keinen Zweifel.

Nur David McCall, Engelhards getreuer Renn-Manager für England, wurde ein beunruhigendes Gefühl nicht los. Und was er empfand, sprach er auch aus, als er mit Charles Engelhard in Newark zusammentraf.

Der Charles Engelhard, mit dem er in der rustikalen Villa in Far Hills bei Newark bis in den frühen Morgen zusammensaß, war indessen nicht mehr der Mann, den er vor neun Jahren kennengelernt hatte.

Damals war Charles Engelhard eine geballte Ladung rastloser Energie gewesen. Ein Mann, der keine Minute auf einem Fleck sitzen konnte, weil es in seinem weltweiten Imperium so ungeheuer viel zu tun gab. Ein Mann, der wie einst Napoleon, vier oder fünf Gespräche gleichzeitig führen konnte – über chemische Entwicklungen, juristische Verwicklungen, wirtschaftspolitische Komplikationen, Pferdepsychologie und Vollblutkreuzungen.

Nun saß er schwer atmend in seinem Sessel, formulierte mit Mühe die Worte, die ihm nur rauh und rissig über die Lippen gingen, und verfiel immer wieder in langes Nachdenken und halblautes Sinnieren.

Ein Mann auch, der nachts nicht allein sein konnte.

»Mr. Engelhard, ich brauche ein paar Stunden Schlaf, ich muß sehr früh am Morgen zurückfliegen!«

»Ach verdammt noch mal, dann bleiben Sie eben noch einen Tag!«

Wie ein Schuljunge, der nicht ins Bett will, hielt er McCall mit immer neuen Fragen und Themen fest.

»Sie wissen doch, daß ich keinen Schlaf finden kann . . . ich lese dann stundenlang . . . schaue mir das Nachtprogramm im Fernsehen an . . . Aber da rede ich lieber mit Ihnen . . .«

»Sie brauchen auch Ihren Schlaf. Ich habe Ihren Terminkalender für morgen gesehen . . .«

»Was soll's, ich bekomme ohnehin nicht mehr alles geschafft, was ich noch zu tun hätte . . .«

»So sollten Sie nicht reden. Nicht ein Mann wie Sie. Krankheiten kommen und gehen.«

»Geben Sie sich keine Mühe, McCall, ich weiß, was mit mir los ist. Früher konnte ich nicht lange stehen. Ich mußte mich immer hinsetzen. Heute kann ich nicht mal mehr sitzen. Die Hüfte wird immer schlimmer.«

»Aber Ihre Ärzte . . .«

»Alles Quatsch. Das Zeug, das die Quacksalber mir verschreiben, nützt auch schon nichts mehr. Ich spüre es ganz deutlich, wie ich hier vor Ihnen sitze, daß alles aus mir herausgeht . . .«

Das Sprechen bereitete ihm Mühe. Schweißperlen bildeten sich auf seiner Stirn. Sein Gesicht wurde grau. Seine Augen waren blutunterlaufen. McCall sprach weiter, bis der Anfall, einer von vielen, vorüber war; tat, als merke er nichts.

»Wann fliegen Sie morgen früh, McCall?« fragte Engelhard mit tonloser Stimme.

»Die Maschine startet um sieben Uhr dreißig.«

»Also gut, McCall, dann frühstücken wir um sechs zusammen. Gehen Sie jetzt schlafen. Ich werde noch ein wenig lesen . . .«

Als McCall knapp zweieinhalb Stunden später aufstand und sich mit Engelhard zum Frühstück setzte, hatte Engelhard kaum ein Auge zugemacht. Die Schmerzen waren noch stärker.

»Ich habe es mir überlegt«, sagte McCall. »Daß Nijinsky die ›Triple Crown‹ gewonnen hat, ist doch ein fantastischer Erfolg. Und vielleicht sollte man in ein und demselben Jahr nicht mehr verlangen. Ich finde ja auch, daß Nijinsky den ›Arc de Triomphe‹ gewinnen soll und auch kann. Und warum sollte er das nicht genausogut im nächsten Jahr . . .«

Engelhard blickte ihn lange an.

»Wissen Sie«, sagte er leise, »ich weiß nicht genau, ob es für mich ein nächstes Jahr gibt . . .«

McCall sprach weiter, als habe er diesen Satz nicht gehört.

»Und es muß auch eine Möglichkeit geben, mit den Aktionären so zu verhandeln, daß Nijinsky erst ein Jahr später als Deckhengst . . .«

»Nein, nein«, Engelhard schüttelte den massigen Kopf. Dann sagte er mit tonloser Stimme: »Ich möchte doch so gern noch die Fohlen sehen . . . ich möchte so gern noch die kleinen Nijinskys sehen . . . vorher noch . . . bevor ich . . .«

McCall schwieg. Wortlos nahm er seine Reisetasche. Der Wagen, der ihn zum Flughafen bringen sollte, wartete unten vor dem Haus. Er gab Engelhard zum Abschied die Hand. Er sah, wie Engelhard sich mühte, Kraft in den Händedruck zu legen. Damit es so aussah, als sei sein Händedruck noch genau so fest wie früher.

»Nijinsky wird in Paris laufen«, sagte McCall: »Und er wird gewinnen. Und Sie werden auch die Fohlen sehen. Viele Fohlen. Jedes Jahr.«

Engelhard lächelte angestrengt. Sein Gesicht verzerrte sich unter den Schmerzen.

»Danke«, sagte er. »Tausend Dank dafür, daß Sie . . . dieses Frühstück . . . mit mir . . .«

»Wir sehen uns in Paris«, sagte McCall. »In zwei Wochen.«

David McCall erinnert sich heute wehmütig an dieses Gespräch in Newark. »Damals im September«, sagt McCall, »war Engelhard ein Mann, der alles auf einmal erledigen wollte. Ein Mann, der das Gefühl hatte, daß ihm die Zeit unter den Händen zerrann. Ein Mann in Eile . . .«

Das große Rennen von Paris: Nijinskys Gegner schmieden raffinierte Pläne

Zum zweiten Mal in diesem Jahrhundert stürzte der Name Nijinsky ganz Paris in einen Taumel der Begeisterung.

In der letzten vibrierenden Epoche vor dem ersten Weltkrieg, in der sogenannten »guten alten Zeit«, war der russische Bauernjunge Waslaw Nijinsky der Märchenprinz der französischen Metropole.

Das war die Zeit, in der das »Maxim« das eleganteste Restaurant der Welt war und das »Moulin Rouge« der Ingriff der Frivolität. Es war die Zeit, in der Pablo Picasso ein junger, hoffnungsvoller Maler mit verrückten Farben war, Strawinsky ein avantgardistischer Komponist mit schrillen Harmonien und der Eiffelturm das gewagteste Stück Architektur des noch in den Kinderschuhen steckenden Zwanzigsten Jahrhunderts: das alle Kirchtürme überragende (welche Herausforderung!) Symbol des neuen paradiesischen Zeitalters der Technologie und des menschlichen Erfindungsgeistes.

In dieser Zeit schockierte der Choreograph Serge Diaghilew, der sich mit doppelbödiger Selbstironie einen Scharlatan, Genius und Schnorrer nannte, die Welt der bürgerlichen Kunstfreunde mit seinem neuen Ballett.

In seinem »Ballet Russe«, das alsbald das Pariser »Théatre du Châtelet« zum Mekka der Avantgarde machte, schrieb der Harmonien-Zertrümmerer Igor Strawinsky die Ballett-Musik, malte der Perspektiven-Zerstörer Pablo Picasso die Bühnendekoration.

Diaghilews Star aber, das überirdische Wesen, das seine Vorstellung vom »Gesamtkunstwerk«, die Verschmelzung von Bild und Musik, von Idee und Bewegung, den Traum vom Ballett als lebende Kunst zur Krönung brachte – das war Waslaw Nijinsky.

Nijinsky war der göttliche Funke, der aus den physikalischen Schwingungen, die Strawinskys Orchester erzeugte, aus den chemischen Verbindungen, die Picasso auf die Kulissenwände brachte, aus den choreographischen Linien, die Diaghilew auf seinen Choreographie-Skizzen zeichnete, ein lebendiges Feuerwerk aus Farben, Gesten und Klängen zündete.

Waslaw Nijinsky, ein ungelenker Bauer mit schweigsamem, traurigem Gesicht, dessen Glieder und Sehnen erst zu elektrifiziertem, elektrisierendem Leben erwachten, wenn er auf der Bühne stand, schien alle Gesetze der Schwerkraft überwinden zu können, die andere Tänzer mit bleiernen Füßen am Boden festgehalten hatten – so wie Strawinsky die Gesetze der Harmonie und Pablo Picasso die Gesetze der Perspektive überwunden hatte.

In seinem Ballett »Le Spectre de la Rose« schwebte er, ohne den Boden zu berühren, aus den Kulissenseiten herein und flog durch ein Fenster in der Bühnenmitte wieder hinaus. In einem anderen Ballett, »Jeux«, einem Spiel mit zwei Mädchen und einem Tennisball, überquerte er, den hüpfenden, weißen Ball verfolgend, die riesige Bühne mit nur zwei Sprüngen. Abend für Abend erstarrte das Publikum in offenmündigem Staunen.

Ganz Paris schloß Wetten ab, ob Nijinsky sich an Fäden über die Bühne ziehen ließe – oder ob er »nur« ein Geist sei. Nachts drangen Skeptiker, die es genau wissen wollten, ins Theater ein und suchten nach verborgenen Maschinen und elektrischen Apparaten. Für gewöhnliche, erdenschwere Sterbliche war die Hexenmeisterei, die Nijinsky allabendlich im »Châtelet« vollführte, nicht denkbar.

Der Dichter Paul Claudel fahndete in einem mythischen Hymnus nach einer Erklärung des Phänomens Nijinsky. Er schrieb: »Nijinsky ist der Sieg des Atems über die Schwerkraft ... die Verwandlung des Tierhaften durch die Seele ...«

Die Premiere von Strawinskys »Sacre du Printemps«, zu der Nijinsky die Choreographie geschrieben hatte, endete in einem Tumult. In den Logen und im Parkett schlugen sich vornehme Herren mit ihren Spazierstöcken auf die Schädel, feine Damen zerrissen einander die Premierenkleider. Paris war in zwei feindliche Lager gespalten, für Nijinsky und gegen Nijinsky ...

Nun streitet sich Paris, genau sechzig Jahre nach dem Tänzer, wieder um einen Nijinsky.

Der Eiffelturm ist ein Fossil aus naiv zusammengeschraubtem Stahl, kurioses Denkmal einer irrtümlichen Hoffnung; das erwartete Paradies der Technologie, des menschlichen Ingenieurgeistes droht ein Alptraum zu werden, der die Erde zerstört. Das »Maxim«, das »Moulin Rouge« sind lustlos zelebrierte Pflichtübungen im Katalog des Massentourismus (Frivolität wird in Kopenhagen heißer serviert), Strawinsky, der Skandalöse, ist ein Klassiker; Picasso wird nur noch gehandelt, nicht mehr diskutiert, das »Théatre du Châtelet« ist ein Operettenschuppen, in dem Zigeunerschnulzen heruntergegeigt werden.

Aber wieder bringt ein Phänomen namens Nijinsky die Millionenstadt in Bewegung und Erregung.

War es damals der »Tänzer des Jahrhunderts«, der die Debatten in den Salons, in den Cafés und den Bistrots beherrschte, so ist es heute das »Pferd des Jahrhunderts«.

In der Woche vor dem großen Rennen um den »Prix de l'Arc de Triomphe« überschlagen sich die Zeitungen, in Erwartung des Genius der Vollblüter, mit diesen Schlagzeilen: »Nijinsky, das teuerste Pferd der Welt!« Und: »Nijinsky, das gewinnträchtigste Pferd der Geschichte!« Und: »Nijinsky, der unschlagbarste Renner aller Pisten!«

An den ersten beiden Behauptungen wissen auch die Gegner Nijinskys nichts zu deuteln: in der Tat hat nie zuvor ein Pferd einen höheren Verkaufswert erzielt. In der Tat hat kaum je zuvor ein Pferd so hohe Gewinnsummen heimgeritten wie Nijinsky.

Aber ob Nijinsky wirklich unschlagbar ist – das wollen die Konkurrenten, auch nach elf überzeugend gewonnenen Rennen, noch nicht als unumstößliche Tatsache hinnehmen.

Der »Prix de l'Arc de Triomphe« ist das höchstdotierte Rennen der Welt. Dem Sieger winkt ein Preis von 1,2 Millionen Franken, fast eine Million Mark.

Besitzer, Trainer und Jockeys mit potenten Rennern aller Altersklassen sind entschlossen, dem »Phänomen Nijinsky« diesen, auch für reichste Pferdebesitzer erstrebenswerten Gewinn vor den Nüstern wegzuschnappen.

Zwei Tage vor dem großen Rennen landet Nijinsky mit einem Spezialflugzeug auf dem alten Pariser Flughafen von Le Bourget. Wieder bei strengster Geheimhaltung: Dutzende von Reportern und Hunderte von Fans, die bei der Flughafenverwaltung anrufen, werden von Beamten, denen O'Brien falsche Vorausinformationen gab, zum Frachthafen von Orly dirigiert. Manager McCall hat alle Sicherheitsmaßnahmen nach dem Muster von Staatsbesuchen attentatsgefährdeter Ölscheichs ausgearbeitet. Zwanzig Wachtposten, die das französische Vollblutzüchter-Syndikat ausgesucht hat, sichern in Tag- und Nachtschichten die Stallungen in Longchamps, unweit der Rennbahn, wo Nijinsky Quartier bezieht. Nijinskys Verpflegung für 48 Stunden trifft in plombierten Behältern aus Ballydoyle ein: 20 Kilo Hafer, eine Ration Möhren, irisches Heu, zehn Kanister Wasser, ein Kanister Guinness-Bier. Die zuverlässigen Betreuer Johnny Brabston und Danny Sullivan sind angewiesen, kein fremdes Material zu verfüttern. Das Risiko einer Vergiftung oder eines Dopings soll ausgeschaltet werden.

Nijinsky, obwohl 5,4 Millionen Dollar wert, ist bis zu einer Schadenssumme von 3,6 Millionen Dollar versichert. Das ist, wenn auch für Nijinsky unzulänglich, die höchste Versicherung, die je für ein Pferd abgeschlossen wurde. Aber nicht einmal die Firma Lloyds, wegen ihrer Risikofreudigkeit berühmt, wollte die volle Deckung übernehmen. Teilversicherungen mußten sogar in Australier abgeschlossen werden. Die Prämie, üblicherweise 2,5 v.H. der Gesamtsumme, beträgt bei Nijinsky 4,5 Prozent . . .

Die Pariser Zeitungen setzen ihre gerissensten Reporter ein, um Nijinsky beim Training zu beobachten. Auch für sie bleiben die Absperrungen undurchdringlich. Nur einem Fotografen von »France Soir« gelingt mit einem 600-Millimeter-Teleobjektiv ein schlechtes Bild, auf dem wenig zu erkennen ist.

Andere Reporter stellen O'Brien im Hauptquartier des Nijinsky-Clans, im »Hotel Celtic«, in einer Nebenstraße der Champs-Elysées, zu einem widerwillig gegebenen Interview zwischen Tür und Angel. Die Pariser Luft hat O'Brien einen Halbton gesprächiger gemacht: »Nur ein Unglück kann Nijinsky am Sieg hindern«, erklärt er. »Weder die Beschaffenheit der Rennbahn noch die Kondition seiner Gegner bieten ihm ein Problem . . .«

Die Gegner trainieren auf sämtlichen Rennbahnen rund um Paris: in Longchamps, in Maison-Laffitte, in Fromainville und Aigles. In Chantilly bereitet Etienne Pollet, der seine Pensionierung um ein Jahr verschoben hat, Frankreichs stärkste Hoffnung, Gyr, auf den Kampf vor.

Gyr, im Derby um zweieinhalb Längen von Nijinsky geschlagen, soll nun, im zweiten Anlauf, auf heimatlichem Boden, dem »Pferd des Jahrhunderts« den Schneid abkaufen.

Etienne Pollet, der alte Fuchs, hat mit seinem Jockey Bill Williamson eine raffinierte, aufwendige Strategie ausgearbeitet.

Nach dem Derby, Anfang Juni, ist Gyr nur noch einmal eingesetzt worden: Anfang Juli, im »Prix de St. Cloud«, den er gewann (Nijinsky hat in der gleichen Zeit drei Rennen bestreiten müssen). Seit einem Monat wird Gyr auf der Bahn des Jockey Clubs nach einem strengen Aufbauplan für den »Arc de Triomphe« vorbereitet.

Trainer Pollet, dessen Pferde schon zweimal den »Prix de l'Arc de Triomphe« gewannen (1965 Sea Bird und 1968 Vaguely Noble), will nichts dem Zufall überlassen. Für die Trainingsläufe hat er zwei hochbegabte Schrittmacher engagiert: Crepellana, die Rennstute, die im »King George« in Ascot hinter Nijinsky Dritte wurde – und Golden Eagle, der noch im Juli in Chantilly den »Prix Ardan« gewann. Gyr trainiert also unter echten Kampfbedingungen.

Auch im »Arc« wird Golden Eagle als Schrittmacher für Gyr arbeiten. Der Hengst, der in kurzen Spurts brillant ist, wegen mangelnden Stehvermögens jedoch auf einer Anderthalb-Meilen-Strecke keine Gewinnchancen hat, soll Gyr über die erste Hälfte der Distanz ziehen und ihm dann in der Zielgerade freie Bahn schaffen. So soll Nijinsky mürbe gemacht werden. Diese Strategie ist Pollet das hohe Startgeld für Golden Eagle (10000 Francs) wert.

Als Jockey wird wieder Bill Williamson auf Gyr sitzen. Williamson, klein und stämmig, mit langem Gesicht und großer Nase, immer ein wenig müde wirkend – was aber täuscht – hat den »Arc« schon zweimal gewonnen, auf Vaguely Noble und auf Levmoss. Beide Male hat er Piggott auf den zweiten Platz verwiesen. Auf Levmoss, im Vorjahr, hat Williamson sogar den Bahnrekord gebrochen (mit 2,29 Minuten). Aber seit Piggott auf Nijinsky reitet, hat Williamson – in England – keine Chance mehr gegen seinen zwölf Jahre jüngeren Rivalen gehabt. Nun will er – auf der Bahn, auf der er sich zuhause fühlt – endlich seine Revanche haben . . .

Auf dem Geläuf von Aigles galoppiert Stintino seine Runden. Dieser Hengst, der im englischen Derby hinter Nijinsky und Gyr einen ehrenvollen dritten Platz belegte, hat erst vor zwei Wochen in Longchamps gezeigt, was er wirklich wert ist. Auf der gleichen Bahn, die nun Schauplatz des »Arc« sein wird, hat er den »Prix de Chantilly« und 100000 Francs gewonnen. Sein Trainer ist zuversichtlich: »Der Stintino, den Sie nun zu sehen bekommen, ist nicht derselbe, der im Derby nur Dritter wurde. In Epsom war das Wetter zu heiß und der Boden zu trocken. Aber heute ist er in Superform . . .«

Auf dem Kurs von Maison-Laffitte, auf der entgegengesetzten Seite von Paris, bereitet sich der Derby-Sieger Italiens, Ortis, auf seine große Stunde vor. Ortis hat in diesem Jahr noch kein Rennen verloren. Seine italienischen Anhänger halten ihn für einen würdigen Nachfolger des großen Ribot. Jockey Di Nardo ist überzeugt: »Der beste Hengst, den wir je hatten! Im Training hat er zwei Kilometer in zwei Minuten gemacht!«

Wenn Ortis diese Leistung im »Arc« wiederholen kann, stellt er den Bahnrekord ein.

Ortis ist ein Spätentwickler. Bei seiner Geburt war er ziemlich häßlich. Das trug ihm den Spitznamen »Entchen« ein. Die Mutter wurde verkauft. Als Ortis seine ersten Rennen gewann, ließ Besitzer Dr. Vittadini, der Präsident der italienischen Vollblutbesitzer-Union, nach ihr fahnden. Sie wurde in einer Kavallerie-Kaserne aufgestöbert.

Bevor Ortis zum »Arc« angemeldet wurde, fuhr Trainer Benetti zum »King George« nach Ascot, um seinen gefährlichsten Gegner in Augenschein zu nehmen. Benetti hielt Nijinsky für überragend, aber nicht unschlagbar. Daraufhin überwies er das Startgeld.

Nicht nur für Ortis. Auch der italienische Derby-Trainer arbeitet mit doppelten Sicherungen: Er bringt, wie Pollet, noch ein zweites Pferd zum Start. Auch Ortis wird seinen persönlichen Schrittmacher haben. Er heißt Lar und ist selbst ein Hengst von überdurchschnittlichen Qualitäten. Seine letzten drei Rennen in Italien hat er überzeugend gewonnen. Lar ist fast zu schade, um nur den Wegbereiter zu spielen. Aber auch dem Italiener ist gegen Nijinsky jedes Mittel recht.

Aus England trifft am Freitagnachmittag, 24 Stunden vor dem Rennen, der Derby-Sieger des Vorjahres ein, Blakeney. Der Vierjährige verfügt über ein enormes Stehvermögen. Rennen zwischen anderthalb und zweieinhalb Meilen (2400 bis 4000 Meter) haben seine Klasse bewiesen. Bei den »King George VI. and Queen Elizabeth II.«-Stakes in Ascot war nur Nijinsky ihm überlegen. Das zweite Treffen der beiden Derby-Sieger verspricht auch, wieder einmal, ein Turnier zwischen unversöhnlichen Jockeys zu werden: Geoff Lewis, Piggotts hartnäckiger Rivale seit der Lehrlingszeit, will nicht nur ein hochdotiertes Rennen gewinnen: Er will den Nimbus des »Champion Jockey« zerstören.

Auch Freddy Head, der Jockey des französischen Vierjährigen Beaugency, setzt seinen ganzen persönlichen Ehrgeiz in das große Rennen. Longchamps ist »seine« Bahn. Vor vier Jahren siegte er hier mit Bon Mot, und er war gerade erst 19 Jahre alt – der jüngste Sieger in der Geschichte dieses schwersten Rennens Europas. Freddy Heads Vater Alec Head, ein nach Paris ausgewanderter englischer Jockey, hat Beaugency trainiert. Beaugency hat gerade erst in Mailand den »Preis von San Siro« gewonnen (beim »Großen Preis von Westfalen« in Düsseldorf war ihm der deutsche Derby-Sieger Alpenkönig, aus dem Gestüt Schlenderhan, freilich überlegen). Nach dem letzten Testgalopp mit zwei Stallkameraden am Dienstagmorgen bei Tagesanbruch auf der Bahn von »Les Aigles« erklärten Vater und Sohn Head: »Das war einer der besten Trainingsläufe seines Lebens. Wir sind sehr optimistisch! Wir freuen uns auf Sonntag!«

Grandier, ein Fünfjähriger, wird der älteste Hengst am Start sein. Und der Platzerfahrenste. Beim »Arc« des Vorjahres sicherte er sich einen ehrenvollen dritten Platz – hinter dem Rekordbrecher Levmoss (unter Williamson) und dem Klasse-Renner Park Top (unter Piggott). Auf der gleichen Bahn hat Grandier im Mai den »Prix Ganay« entführen können – und 400000 Francs. Beim Training zeigt der Longchamps-Veteran, daß er sich seine Hochform und seine ehrgeizige Nervosität bewahrt hat. Auch bei seinem zweiten »Arc« wird er sich teuer verkaufen . . .

So trainieren und hoffen und galoppieren sie alle auf den Bahnen rund um Paris, rechnen sich teils Favoriten-, teils Platz-, teils Außenseiterchancen aus: Soyeux, der Sieger von Deauville, in Maison-Laffitte; A Chara, der Zweimeilen-Steher, in Chantilly; Quinquet, der ewige Zweite, in Fromainville. Und Miss Dan, die spurtschnelle Stute, die eben erst in St. Cloud 100000 Francs angeschafft hat und von ihrem Trainer in dem bevorstehenden Match der Giganten auf einem sechsten Platz kalkuliert wird.

Und da ist auch La Bijute, ein Mädchen aus der Provinz, dessen Nennung für den »Arc« den Experten nur ein müdes Lächeln entlockt. »Zehntausend Franc Startgeld – da braucht sie Monate, um sich das auf ihren Kleinstadt-Strichen zu verdienen, und nun verschwendet sie alles für drei Minuten in Paris!« mokiert sich ein ungalanter Kommentator. »Applaudieren wir diesem Beispiel bäuerlicher Courage«, spottet ein anderer. »La Bijute wird dieser Gala des mondänen Vollbluts einen Hauch des Folkloristischen verleihen!«

Aber die Experten haben sich schon oft geirrt – und der »Arc« war häufig das Rennen der Außenseiter. Topyo siegte 1967 mit einer Wettquote von 82 zu 1 vor Engelhards aristokratischem Favoriten Ribocco. Und Wettfanatiker, die an Wunder glauben, träumen jedes Jahr, daß sich der Gewinn von 62478 Francs für den Einsatz von drei Francs, der 1962 für die Kombination Soltikoff–Monade–Val de Loire gezahlt wurde, einmal wiederholt. Oder zumindest die Auszahlung von 14136 Francs wie für den Tip »Levmoss–Park Top–Grandier« im Vorjahr. Warum also soll La Bijute nicht ihr Glück versuchen – und das Glück der Wundergläubigen?

Für zwei Pferde wird der Schatten Nijinskys, der über dem »Arc« liegt, zu groß. Ihre Meldungen werden im letzten Augenblick zurückgezogen: Lorenzaccio, ein englisches Vollblut, wird gar nicht erst über den Kanal geschickt. Yelapa, ein Franzose, bleibt in seinem heimischen Stall, als am Renntag die Wolken aufreißen und der versprochene Regen ausbleibt – er braucht schweren Boden. Und Belbury muß verzichten, weil er sich beim Training einen Fuß verstaucht.

Belburys Besitzerin, Madame Volterra, die Witwe des einstigen Cabaret-Königs von Paris, vergießt bittere Tränen. Belbury war ein begnadeter Renner – fast so gut wie Phil Drake, mit dem Madame Volterra 1949 das englische Derby gewann (ihr Mann starb 1948, einen Tag, nachdem sein Hengst Amour

Drake im Derby um eine Halslänge geschlagen worden war). Aber nun ist für Belbury das Rennen aus, bevor es begonnen hat . . .

Das also ist die Situation vor dem »Arc« – eine merkwürdige Situation: es geht nicht um die Frage, wer das Rennen gewinnen wird. In den Bars und Bistrots, in den Clubs und in den Reitställen wird nur die Frage diskutiert: Welches Pferd hat das Zeug, Nijinsky zu schlagen? Welchen Platz kann dieses oder jenes Pferd hinter Nijinsky erreichen?

Nijinsky überschattet alles. Und alles wird in Relationen zu Nijinsky berechnet. Bei allen Spekulationen über die Gewinnkombinationen steht Nijinsky an erster Stelle. Am Vorabend des Rennens kristallisiert sich in allen Voraussagen diese Konstellation heraus: Nijinsky–Gyr–Stintino. So tippen die Experten in fast allen Pariser Tageszeitungen, so tippen Millionen Wettlustige bei den Buchmachern. Und auch die Orakelbefrager, die in Horoskopen, magischen Zahlenkombinationen, im Kaffeesatz und in Teeblättern oder durch Befragung von Medien in spiritistischen Sitzungen einen Blick in die Zukunft versuchen, sehen immer nur ein einziges Pferd allein als Sieger auf der Ziellinie: Nijinsky.

Fünfzehn Millionen Francs werden allein in Paris auf Nijinsky gesetzt.

Im Büro des Trainers François Mathet, in seinem Schloß »Clos du Rois« nahe der Rennbahn von Chantilly, ist die Stimmung bedrückt. Mathet hat hier, wie etliche andere Trainer, die ganze Woche über seinen »Arc«-Kandidaten Sassafras über die Koppeln und die Bahnen gejagt. Sassafras hat hervorragende Trainingsleistungen gezeigt. Doch kaum jemand spricht von Sassafras.

Nun sind die Besitzer dieses doch hervorragenden Dreijährigen gekommen, der Milliardär Arpad Plesch und seine Frau; sie haben eine Flasche Champagner mitgebracht, um mit Mathet auf ein gutes Rennen anzustoßen.

Mathet zieht drei Kristallgläser aus seinem Schreibtisch, der mit seinen Stallreports und den fett aufgemachten Rennbeilagen der Tageszeitungen bedeckt ist. Der feine Champagner perlt in den funkelnden Gläsern, aber Champagner-Stimmung will sich nicht einstellen: alles dreht sich um Nijinsky – warum gibt niemand Sassafras eine Chance?

Dabei hat kein Nijinsky-Konkurrent bisher soviel Siegerprämien gewonnen wie Sassafras. Sicher, knapp 1,8 Millionen Francs machen eben nur wenig über die Hälfte von Nijinskys Gewinnsumme von 3,1 Millionen Francs aus, aber nicht einmal die vielgelobten Favoriten für den zweiten und den dritten Platz haben auf ihren Konten die Millionengrenze überschreiten können. Das will doch etwas heißen!

Und hat nicht Sassafras in den letzten fünf Monaten sogar drei der wichtigsten Rennen Frankreichs gewonnen – darunter den »Preis der Jockey Clubs«, der in der Rangordnung dem französischen Derby gleichkommt?

Und wird nicht Sassafras den besten Jockey des Landes, den Champion Yves Saint-Martin, im Sattel haben!

Hat nicht Trainer Mathet schon zweimal den »Arc« gewonnen, 1950 und 1951, und beide Male mit demselben Pferd, Tantieme?

Madame Plesch nippt an ihrem Glas und schüttelt den Kopf. Sie hält Sassafras für den besten Zuchterfolg ihres Gestüts.

Madame Plesch entstammt einer alten Vollblutzüchter-Familie. Ihr Großvater war Aristide Baltazzi, der zusammen mit seinem Bruder Alexander im alten Österreich-Ungarn ein erfolgreiches Gestüt aufbaute.

Die Baltazzis, Söhne eines türkischen Millionärs, waren in einem der feinsten englischen Internate, in Rugby, erzogen worden, wo sie sich auch ihren Sinn für Britanniens vornehmsten Sport erwarben. Nachdem sie, ziemlich jung noch, das Erbe ihres Vaters angetreten hatten, gründeten sie im ungarischen Napajedla ihr Gestüt. Mit ihrem Hengst Kisber erfüllte sich der Traum ihrer Schülerzeit: Sie gewannen das englische Derby von 1876.

Um ein Haar wäre Kisber nicht zum Start gekommen. Die Gebrüder Baltazzi, kaum dreißig Jahre alt, waren kurz vor dem Rennen in finanzielle Schwierigkeiten geraten. Ein Wucherer, bei dem sie tief in der Kreide standen, drohte ihnen, das Pferd zu pfänden. Zum Glück half ihnen ein anderer Geldverleiher aus der Klemme. Er löste die Baltazzis und ihren Hengst aus und streckte ihnen auch noch 500 Pfund vor, damit sie Wetten abschließen konnten.

Nachdem die jungen Baltazzis mit Kisber um fünf Längen gegen die Pferde von zehn englischen Herzögen, Lords und Grafen gesiegt hatten, konnten sie runde 100000 Pfund einstreichen und endlich alle ihre Schulden bezahlen.

Die Baltazzis haben übrigens auch anders noch einen Platz in der Historie. Eine Nichte der Baltazzis war die unglückliche Marie Vetsera – die Geliebte des österreichischen Kronprinzen Rudolf, die in der sogenannten »Tragödie von Mayerling« ihr Leben verlor. Man erinnert sich aus den Geschichtsbüchern: Rudolf erschoß Marie, bevor er sich selbst den Tod gab. Diese Marie Vetsera also ist die Tante von Marie Plesch (»die Tochter der Schwester meines Großvaters«).

»Mein Großvater, Aristide Baltazzi, gründete das Gestüt Napajedla, das später vom tschechischen Staat enteignet wurde und heute Staatsgestüt ist«, erzählt Marie Plesch. »Ich bin also mit Pferden groß geworden . . .«

Marie Plesch, in erster Ehe eine Gräfin Esterhazy, besitzt heute ein Gestüt mit fünfunddreißig Pferden in Irland. Der Anfang, sagt sie, war »ein Märchen«: Bei einem Besuch auf dem Gestüt einer Freundin sah Marie Plesch eine Stute aus der Zucht des italienischen Vollblut-Zauberers Tesio. Sie kaufte die Stute, die Stute war tragend, das Fohlen hieß Psidium – und gewann 1961 das Derby. Es war ein Außenseitersieg: Psidium war mit einer Quote von 66 zu 1 gewettet worden. Das »Märchen« der Baltazzi-Enkelin bescherte freilich den Engländern einen schwarzen Tag.

Die englischen Epsom-Besucher hatten miterleben müssen, daß ihr Vollblut-Mekka an diesem Tag von ausländischen Hengsten beherrscht wurde. Die beiden ersten Plätze waren von Franzosen okkupiert worden. Besitzer der beiden Siegerpferde waren zwei Damen aus Paris: Madame Plesch und Madame Volterra.

Als Psidium auf den Absattelplatz geführt wurde (und hinter ihm Madame

Volterras Dicta Drake), starrten die Engländer in feindseligem Schweigen auf die Sieger-Clans. Keine Hand rührte sich zum Applaus. Das siegesfrohe Lächeln gefror den beiden Damen im Gesicht. Betreten verließen sie Epsom schnell mit ihrem Anhang. Für die Engländer hatte dieses Derby nicht stattgefunden.

Von da an kauften die Pleschs weitere Pferde und ließen sie in Chantilly trainieren. Von ihrer Turf-Freundin Volterra übernahmen sie den Trainer: François Mathet. Der ehemalige Kavallerie-Offizier bekam im September 1968 den Hengst Sassafras zur Ausbildung.

Sassafras, damals ein robuster, kräftiger Kerl mit einem verrückten Spieltrieb, hat in seiner Ahnenreihe ein paar Vorfahren, auf die er ziemlich stolz sein kann. In der väterlichen Linie taucht der große Nearco auf, in der mütterlichen Linie Gainsborough – so ist er also aus ähnlichem Holz geschnitzt wie Nijinsky. Auch Minoru, der Derby-Sieger König Edwards VII., den ein abenteuerliches Schicksal in das Rußland der Revolutionszeit verschlug, zählt zu seinen Altvorderen.

Zu Sassafras' Betreuer und Jockey bestimmte Mathet, vom ersten Trainingsgalopp an, einen jungen Mann aus der südfranzösischen Gascogne, den Sohn eines Kleinstadt-Gefängniswärters, der mit vierzehn Jahren nach Paris gekommen war, um auf dem Rücken der Pferde Karriere zu machen: Yves Saint-Martin.

Wie die meisten seiner Zunft, führt Mathet ein strenges Regiment. Von den frühen Erfolgen seines ehrgeizigen, zähen Lehrlings ließ Mathet sich wenig beeindrucken. Er hatte schon seine ersten Siege geritten, er hatte schon seine treue, begeisterte Gefolgschaft im sonst so kritischen Pariser Rennpublikum, da mußte er noch nach Mathets strengem Stundenplan Stalldienst machen, Pferde füttern und Boxen ausmisten.

Yves Saint-Martin erinnert sich nur ungern an seine Zeit bei Mathet: »Oft habe ich die Zähne zusammenbeißen müssen, um mich nicht in einer dunklen Stallecke ins Stroh zu werfen und loszuheulen. So bin ich von Mathet und seinem Futtermeister geschurigelt worden – schlimmer als ein Rekrut in seiner früheren Kavallerie-Schwadron. Tausendmal habe ich mir geschworen: ›Noch ein Anpfiff und du fährst wieder heim und wirst Beamter wie dein Vater . . .‹«

Rennplatzbesucher finden oft auf den Parkplätzen, nach dem Rennen, hinter den Scheibenwischern ihrer Autos, die hektografierten Flugblätter einer kleinen, aufmüpfigen Jockey-Lehrlingsgewerkschaft. Da werden die harten Lebens- und Arbeitsbedingungen angeprangert, die sich die Reiter-Eleven gefallen lassen müssen. Massenschlafsäle in alten Stallungen, die für die edlen Vollblüter nicht mehr gut genug sind, Wecken und Arbeitsbeginn im Morgengrauen, Feierabend erst am späten Abend, lächerlicher Lehrlingslohn. Solcherlei Proteste haben in Paris wenig Aussicht auf Erfolg. In den Trainingsgestüten regiert nur das Pferd, sein Tagesablauf, seine Bedürfnisse und Launen schreiben die Gesetze. Wer sich dem Pferd nicht unterordnet, um es eines Tages – vielleicht – beherrschen zu können, muß gehen. Vor den Toren stehen Jahr für Jahr nach Schulabschluß Hunderte von neuen vierzehnjährigen, kleinen, drahtigen Kerlchen, die nur darauf warten, die frei werdende Elevenstelle zu bekommen – um ein neuer Yves Saint-Martin, Alex Head, Bill Williamson, Sandy Barclay, Geoff Lewis oder Lester Piggott zu werden – Champions wie sie, Millionäre wie sie, umjubelt wie sie. Dafür nehmen sie, unter Tränen und Zähneknirschen, alles in Kauf, wie Yves Saint-Martin . . .

Yves Saint-Martins Name wird heute in den Zeitungen so groß gedruckt wie der Name François Mathets. Aber die beiden Männer sind keine Freunde geworden. Für Yves ist Mathet immer noch der »Kommandeur« – für Mathet bleibt Yves weiter der kleine Lehrling, der zu kuschen hat. Saint-Martin ist von Sieg zu Sieg geritten, er ist ein Star geworden wie Brigitte Bardot, aber zu Mathet führt für ihn keine Brücke. »Er behandelt mich immer noch wie ein kleines Kind, dabei bin ich schon Familienvater«, erklärt Yves.

Deshalb hat er jetzt, knapp vor dem »Arc de Triomphe«, gekündigt. Er wird in den Rennstall eines amerikanischen Millionärs überwechseln, der seine Pferde in Frankreich laufen läßt.

Morgen reitet er zum letzten Mal für Mathet. Auf Sassafras.

Ein Grund mehr für die triste Stimmung in François Mathets Büro in seinem Schloß vor Chantilly. Arpad Plesch leert die letzten Tropfen aus seiner Champagnerflasche in die drei Gläser.

»Ich fand unseren Yves immer sehr nett«, sagt Madame Plesch. »Meinen Sie, er wird gut reiten, morgen? Ich meine, wo es doch sein letztes Rennen für uns ist?«

»Madame«, sagt François Mathet und lächelt mit der Erfahrung eines Mannes, der seit einem Lebensalter Pferde und Menschen an seinem Zügel zu führen versteht, »wenn Yves erst im Sattel sitzt, vergißt er alles, was zwischen uns beiden steht. Dann zählt für ihn nur noch das Pferd und das Rennen. Und sein eigener Erfolg. Sie werden es sehen.«

Es wird Nacht über Paris. Eine lange Nacht. Bis in den grauen Sonntagmorgen hinein spielen die Menschen, wo immer sie zusammensitzen, das Nijinsky-Rennen durch, in immer neuen Kombinationen und Konstellationen. In den Tag- und Nacht-Restaurants, die niemals schließen, und in den Frühlokalen geht den Nachtschwärmern das Wort »Nijinsky« nur noch schwer über die Zunge, als auf den Flughäfen von Orly und Le Bourget schon die Sondermaschinen mit fünftausend Schlachtenbummlern eintreffen, die Studenten aus Cambridge, die Stahlkocher aus Leeds, Kumpels aus Birmingham, die Textilarbeiter aus Manchester, die mittleren Manager aus der Londoner City und ein gemischtes Expeditionscorps getreuer Iren aus Dublin.

Um diese Zeit läßt sich Nijinsky von Johnny Brabston durch das taunasse Gras einer abgesperrten Koppel von Longchamps zu einem ausgedehnten, Muskeln und Gelenke lockernden Spaziergang führen . . .

Die Sekunde, als Nijinski zum ersten Mal die Peitsche spürt

Spätsommerlicher Sonnenschein hatte am Wochenanfang noch über Paris gelegen, dann war das Wetter von Tag zu Tag herbstlicher geworden, zeitweise fiel Regen, Windböen jagten braune Blätter über die Koppeln vor der Stadt, wo die Pferde für das große Rennen trainierten. Die Bahnen von Longchamps blieben dennoch ziemlich fest. Die Bahn hat eine gute Drainage-Anlage, meistens genügen ein wenig Wind und ein paar Sonnenstrahlen und das Geläuf ist wieder trocken. Für den Sonntag sagten die Meteorologen Regen an, aber sie behielten, wie meistens, nur halb recht. Während die zweihunderttausend Rennbegeisterten in langen Auto- und Buskolonnen nach Longchamps hinauswallfahrteten, hingen die grauen Wolken schwer über dem Bois de Boulogne, nur gelegentlich von einigen Sonnenstrahlen durchbrochen, aber der Regen – von einigen Jockeys befürchtet, von anderen ersehnt – fiel nicht.

Die Rennbahn von Longchamps lag früher einmal am Rande von Paris. Wer die Champs-Elysées hinauffährt, durch den Triumphbogen weiter über die »Avenue de la Grande Armée« und dann nach links abbiegt, befindet sich bald im »Bois de Boulogne«. Dieser weitläufige Park war, um die Jahrhundertwende, mit seinen gepflegten Fahrstraßen und Wanderwegen, eine romantische Ausflugsgegend. Feine Damen und Herren in offenen Kutschen (die Habitués aus dem »Maxim«) und weniger bemittelte (aber nicht weniger fröhliche) Spaziergänger säumten die Promenadenstraße; in der Dämmerung verloren sich die Pärchen – zu Fuß und in geschlosseneren Kaleschen – auf den schattigeren Seitenwegen. Heute braust auf den asphaltierten Durchgangsstraßen der Autoverkehr zwischen den rund um den »Bois« ausgeuferten Wohnvierteln. Auch auf den Asphalttangenten, die an dem dreizehn Hektar großen Rennbahngelände vorbeiführen, röhren die Vergaser. Nur eine alte Mühle auf der Westseite von Longchamps, umrahmt von alten Bäumen, eine Idylle verwehter Zeiten, läßt ahnen, wie es einmal war.

An dieser Mühle steht die Startmaschine für den Anderthalb-Meilen-Kurs, der ungefähr wie ein an den Enden zusammengedrücktes Hufeisen verläuft.

Die »Arc-de-Triomphe«-Bahn führt, im Uhrzeigersinn, zunächst in gerader Linie hinter einem Wäldchen vorbei – genannt »Petit Bois« –, dann eine Anhöhe hinauf bis zur »Porte de Boulogne«. Hier, nach dreiviertel Meilen, ist der Gipfel der Steigung erreicht. Zu einer weitgeschwungenen Rechtskurve geht es nun bergab, fast eine halbe Meile lang. Dreiviertel Meilen vor dem Ziel beginnt die schnelle Gerade. Die letzte Viertelmeile führt vor der gewaltigen, sechsstöckigen Tribünenanlage vorbei, die sich weißleuchtend von dem hellen Grün der Bahn abhebt (aber schon von den mittleren Rängen der Tribüne sind, jenseits des »Petit Bois« die hochaufragenden Appartementhäuser einer neuen Satelitenstadt zu sehen, die sich in den letzten Jahren bis dicht an den Bois de Boulogne herangedrängt haben).

An großen Renntagen, wie an diesem 4. Oktober 1970, finden rund eine Viertelmillion Menschen auf der Rennbahn von Longchamps Platz, auf der Tribüne, in dem breiten Areal davor, und auch im Mittelfeld, wo zusätzlich noch etliche hundert Autos parken. Und wer den Eintritt scheut oder nicht genügend Zeit für einen ganzen Nachmittag auf der Bahn zu haben meint, parkt auf der Tangentenstraße an der Porte de Boulogne und stellt sich dort am Maschendraht auf, vor dem die Pferde dann bei ihrem Weg vom »Petit Bois« in wilder Jagd den Hügel hinauf vorbeigaloppieren. So werden Pferde und Jokkeys fast vom Start bis zum Ziel von einer Woge des Beifalls (oder Mißfallens) und anfeuernder Rufe begleitet – eine grelle, laute Kulisse, die schon manches Pferd mit hochgespannten, sensiblen Nerven aus dem Tritt gebracht hat . . .

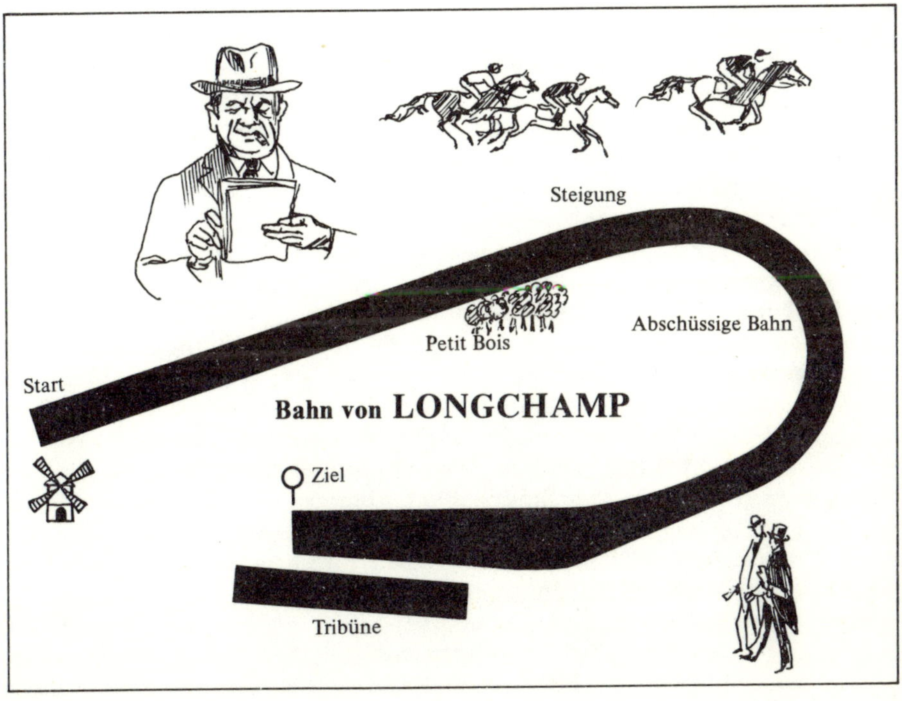

Hinter der Tribüne (von der Bahn aus gesehen) liegt der Führring, ein gepflegtes Rasenareal, vom dichten, herbstlich braun gesprenkelten Blätterdach eines Dutzends alter Kastanien überschattet. Dort drängen sich, seit drei Uhr schon, ein paar tausend Menschen auf den fünfzehn theaterartig ansteigenden Rängen: Sie alle wollen die Gladiatoren des »Arc de Triomphe« sehen – nein: eigentlich nur Nijinsky.

Mit unruhiger Geduld lassen sie die fünfzehn Pferde durch den Gang von den Stallungen hereinkommen. Doch ohrenbetäubender Applaus bricht los, als schließlich Nijinsky, der König, seinen Einzug hält. Reporter und Fotografen hechten über das hüfthohe Gitter und umringen den Hengst, ein halbes hundert Allzubegeisterte, den Wirrwarr nutzend, springt hinter ihnen her. Blitzlichter zucken, Ordner schreien, die Fotografen stoßen Trainer, Jockeys und Funktionäre zur Seite. Nijinskys Betreuer werden der Bedrängnis nicht Herr, einer schlägt wild mit seinem zusammengerollten Regenschirm um sich, Reporter schlagen zurück. Ein Empfang wie für den ersten Astronauten vor dem Mondflug.

Charles Engelhard stellt sich schützend vor sein Pferd, O'Brien neben ihn, E. P. Taylor, der vermeinte, zu einer Gala-Vorstellung geladen zu sein, sieht sich plötzlich im Handgemenge. Piggott bahnt sich nur mühsam den Weg zu seinem Pferd. Und der Jubel brandet und braust und bricht über sie herein.

Nijinsky, sonst so majestätisch erhobenen Hauptes, zwinkert nervös mit seinen Augen, die dunklen Schweißflecken auf seinem muskelbepackten Leib färben sich weiß – der Schweiß wirft Blasen. Er ist der schäumende Mittelpunkt eines Wirbelwindes.

Die anderen Pferde zählen nicht. Niemand verschwendet auch nur einen Blick auf sie. Doch auch Gyr empfindet die Unruhe, die Erregung, obwohl er am Rande steht. Nur Sassafras ist von staubtrockener Ruhe, spielt mit den Ohren, kaut auf seinem Gebiß. Yves Saint-Martin sagt: »In diesem Augenblick wird mir überhaupt erst klar, gegen was für ein Pferd ich anzukämpfen habe – kein Pferd: ein Halbgott . . .«

Nijinsky empfindet die Huldigungen als Bedrohung. Er zittert am ganzen Leib. Dankbar spürt er, wie sein Jockey sich in den Sattel schwingt und ihn aus dem Hexenkessel hinaussteuert. Er spürt die vertraute Hand Lester Piggotts, die ihm auf den Hals klopft, wo der Schweiß in breiten Bächen rinnt.

Aber noch ist das Fegefeuer nicht überstanden. Der Weg zum Geläuf führt durch eine schmale Gasse zwischen zwei Tribünen-Trakten hindurch. Auch da drängen sich Menschen, strecken ihm ihre Hände entgegen, werfen sich vor ihn, vor seine Hufe, um ihn nur einmal zu berühren – ein Stier auf dem Weg zur Arena in einer südspanischen Stadt hat es leichter. In Nijinskys Augen, die einen viel weiteren Gesichtskreis haben als Menschenaugen, die nach vorn, seitlich und rückwärts gleichzeitig schauen können, flirren und flimmern die Bilder, die Bewegungen; in seinen Ohren, die nach der Bestimmung seiner Art das entfernteste Rascheln im Gras aufnehmen sollen, brechen sich die schrillen Schreie der Begeisterung, das hundertfache Klatschen und Rufen aus allen Richtungen. Nijinsky will laufen, endlich laufen, weg von der wahnsinnigen

Menge, weg von dem Gebrüll, endlich laufen, mit Pferden laufen, mit der Herde laufen, wo sein jahrhundertealter Instinkt ihn in Sicherheit weiß.

Aber er darf nicht. Noch nicht. Erst ist noch die Parade vor der Tribüne zu absolvieren. Vor der Tribüne: das heißt, noch mehr grelle zappelnde Figuren, noch mehr schrilles Geschrei – wenn es eine Hölle für Pferde gibt, so muß sie aussehen – ein Spießrutenlaufen vor den trunkenen Teufeln, den zweibeinigen Satanstieren auf der Tribüne von Longchamps, die ihm die Nerven zerfetzen.

Nijinsky spürt die Unruhe seines Reiters, spürt die Knie, die Schenkel, die ihm das Gefühl von Sicherheit und Ruhe vermitteln wollen und doch nicht ankommen gegen das Gebrüll und das Winken, das Klatschen und das Rufen. Nijinsky spürt, wie Piggott ihm die Zügel freigibt, endlich darf er hinaus auf das freie Feld laufen, in das beruhigende Grün und Braun der herbstlichen Bäume neben der Mühle.

Sobald Nijinsky die Parade verlassen hat, ebbt der Lärm ab. Die anderen Pferde lassen das Publikum kalt. Nur schwacher Applaus begleitet Gyr, die Hoffnung der Franzosen; Blakeney, der englische Derby-Sieger vom Vorjahr, hat nur wenig Anhänger in Longchamps, die englischen Schlachtenbummler haben sich in den Ovationen für Nijinsky erschöpft. Die kleine italienische Gemeinde, die ihrem Ortis nach Paris gefolgt ist, kann gegen die Massenhysterie, die Nijinsky ausgelöst hat, nicht anlärmen. Sassafras, mit seinem schweren, metronomartig steifen Gang, erzeugt nur wenig Aufmerksamkeit.

Nijinsky versucht seine Erregung in einem scharfen Trab zur Mühle abzureagieren. Am liebsten möchte er gleich weiterlaufen, das Gras unter den Hufen tut ihm gut, der Wind, der über seine verschwitzten Flanken streicht, beruhigt ihn. Aber da ist schon die Startmaschine. Er spürt am Zug der Trense, daß er innehalten muß, sein Reiter will es so, und er gehorcht ihm – er ist es so gewohnt –, wenn auch widerwillig.

Nijinsky betritt die Startbox am äußeren Ende der Maschine. Rechts neben ihm fügen sich die anderen Pferde ein. Links neben ihm bleiben die Boxen leer.

Nijinsky weiß nicht, daß er damit die ungünstigste Startposition hat. Er weiß nichts von der Auslosung der Startnummern. Die Zahl fünfzehn sagt ihm nichts. Er spürt nur die Unruhe seines Reiters. Der kennt die schlimme Bedeutung dieser Ausgangssituation. Denn nach den Regeln der Bahn von Longchamps muß jedes Pferd hier mindestens eine Viertelmeile seine Spur halten.

Aber davon ahnt Nijinsky nichts. Er hört nur die beruhigenden Worte seines Reiters, er lauscht mit hochaufgestellten Ohren, und wenn er könnte, würde er ihm jetzt versprechen, alles zu tun, was er kann – gleich, wenn es losgeht, wenn es endlich losgeht . . .

Das Tor der Startmaschine springt auf, von einem Blitz hingezaubert liegt das Geläuf vor seinen rundblickenden Augen; ein wenig verwundert es ihn, nur in seinem rechten Auge spurtende, stampfende Pferde mit ihm davonfliegen zu sehen, in seinem linken Auge aber nichts als das unbewegliche Grün der Rasenfläche, der Sträucher, der Bäume. Einen Sekundenbruchteil lang verwirrt ihn diese ungewohnte, ungleichmäßige Wahrnehmung, aber seine Muskeln haben sich schon gespannt, ihn nach vorn katapultiert, hinter den davonstürmenden Pferden her, die sich rechts von ihm, bis zum Zaun, zu einer trappelnden, trampelnden Herde formieren.

Lar und Golden Eagle, die als Spurthilfen für ihre Stallkameraden ins Feld plazierten Pferde, haben plangemäß die Führung übernommen. Die im Spurt langsameren Anderthalbmeilen-Steher richten sich, vom rasanten Start überrascht, in ihren Feldpositionen ein.

Von den beiden Hengsten, die eigentlich im Windschatten der Vorreiter segeln sollen, hat nur Ortis, der langbeinige Kastanienbraune aus Italien mit der blonden Mähne, den Anschluß geschafft.

Gyr, der sich von Golden Eagle ziehen lassen wollte, liegt weit hinten, an zehnter Stelle. Statt seiner hat sich Sassafras, die Gunst des Augenblicks geschickt ausnutzend, an den Schweif des Bahnbrechers gehängt. Kopf an Kopf neben Ortis bildet er die zweite Phalanx der Spitze. Dahinter kämpfen Blakeney, Miss Dan und Beaugency um die mittleren Plätze. Nur Grandier, der »Arc«-Dritte des Vorjahres, ist schlecht vom Start weggekommen, er bildet mit Stintino das Schlußlicht. La Bijute, die verirrte Provinzlerin, hält sich überraschenderweise ganz gut im Mittelfeld.

Lester Piggott sieht den größten Teil des Feldes vor sich dahinfliegen. Er muß sich nun damit abfinden, aus der Nachhut heraus zu kämpfen. Er weiß aus der Erfahrung früherer Rennen, daß in Longchamps eigentlich nur ein Reiter Siegesaussichten hat, der vom Start weg in der Führungsgruppe liegt. Die Taktik seiner englischen Rennen, auf der Zielgerade aus dem Hinterhalt nach vorn zu spurten, hatte sich hier nie verwirklichen lassen. Im Vorjahr war er so von Bill Williamson auf Levmoss geschlagen worden, selbst auf dem flinken Park Top hatte er nur den zweiten Platz erreichen können. Andererseits hätte er einen vorderen Platz auf der aussichtsreichen Innenseite nur einnehmen können, wenn er gleich beim Start das gesamte Feld überflügelt hätte, um dann, ohne andere Pferde und Jockeys zu behindern, die Spuren zu wechseln. Damit aber hätte er seinem Pferd zu früh zu viele Kräfte abgefordert. So begnügt er sich damit, in der Nachhut seine gefährlichsten Gegner Gyr und Williamson unter Kontrolle zu halten. Er wird reiten müssen wie beim »St. Leger«, wo er auch allen anderen zunächst den Vortritt gelassen hatte, um ihnen dann in der Zielgerade davon zu spurten.

Damit freilich tut er genau das, worauf Yves Saint-Martin und etliche andere Jockeys ihre Hoffnung gründen: daß er sich so lange so sehr mit Gyr beschäftigt, bis sie selbst für sich die günstigsten Ausgangspositionen in der Spitzengruppe für den Angriff auf die Ziellinie erarbeitet haben. Aber bis dahin liegt noch eine harte Meile vor ihnen . . .

Mit wachsender Geschwindigkeit rast die Kavalkade nun, am »Petit Bois« vorbei, den Hügel zur Porte de Boulogne hoch.

Vorn wechseln sich die Schrittmacher Lar und Golden Eagle in der Führung ab, Ortis nistet sich fest auf dem dritten Platz ein, Sassafras hält sich dicht hinter und neben ihm auf der Innenseite. La Bijute ist wundersamerweise immer noch im Rennen und schlägt sich tapfer vor Beaugency, Blakeney, Miss Dan und Soyeux. Gyr hat leicht angezogen, aber Nijinskys Reiter beobachtet ihn, nur durch A Chara getrennt, weiterhin sorgsam. Hinter sich weiß er Quinquet und Stintino.

Im Kontrollturm verfolgen die Schiedsrichter den Rennverlauf auf den mit Zeitnehmer-Uhren gekoppelten Fernseh-Monitoren. Das Tempo, das da auf der ansteigenden Gegengerade vorgelegt wird, ist schneller als im Vorjahr, als der Bahnrekord gebrochen wurde. Nun, da fast die Hälfte der Distanz zurückgelegt ist, zeigt die elektronische Uhr eine Geschwindigkeit an, die 1,1 Sekunden unter der Vorjahreszeit liegt. Wird dies das schnellste Rennen von Longchamps? Wird der Rekord abermals unterboten werden? Und wer wird diese kräfteverschleißende Rasanz bis zum Ende durchhalten können?

Nach der Porte de Boulogne liegt Nijinsky immer noch zehn Längen hinter der Spitze. Lar und Golden Eagle führen weiter Ortis und Sassafras in die abschüssige Kurve hinein. La Bijute sieht sich nun doch, nach gut Dreiviertelmeilen, am Ende ihrer Kräfte, wütend schlägt der Jockey auf sie ein, das Mädchen aus der Provinz wird trotzig, nun will sie überhaupt nicht mehr laufen. Von den mit über sechzig Stundenkilometern Geschwindigkeit an ihr vorbeidonnernden Hufen mit Gras und Erdreich beworfen, von der Peitsche ihres Reiters geprügelt, gibt sie den Kampf auf, sie bewegt sich nur noch gekränkt und widerwillig weiter.

Gyr beginnt plötzlich zu spurten. Er schießt ins Mittelfeld hinein und bringt Unruhe unter die nun rapide ermüdenden Pferde. Unerwartet erweist er sich als Bedrohung für die Spitzenreiter.

Lar und Golden Eagle haben ihre Aufgabe erfüllt. Sie treten den ehrenvollen Rückzug an. Zuerst Lar, der auf der Innenseite zurückfällt, bis er vor dem immer noch verhalten geführten Nijinsky liegt. Dann Golden Eagle, der sich noch eine Weile in der Spitzengruppe aufhält, während Ortis an ihm vorbeischießt.

Miss Dan übernimmt jetzt die Führung und neben ihr schießt Sassafras nach vorne, der sich nun ohne seinen »geliehenen« Schrittmacher allein behaupten will – dicht hinter ihm Gyr, der zwar nie die Fühlung mit seinem Schrittmacher aufnehmen konnte, aber selbst genug Spurtkraft besitzt, um nun den Angriff einzuleiten.

Der Kampf um die Zielgerade hat begonnen. Lester Piggott hat es längst gemerkt, aber er ist in einer verzweifelten Situation. Schon in der Senke hinter der Porte de Boulogne hatte er die Verschiebungen im vorderen Feld wahrgenommen, die untrüglichen Vorzeichen dafür, daß der gewaltige lange Endspurt unmittelbar bevorstand. Aber dann hatte er sich im Mittelfeld verfranzt. Von dem langsamer werdenden Lar vor ihm blockiert, von abschlaffenden Pferden links neben sich am Ausbruch gehindert, sieht er im Augenblick keine Möglichkeit, am Zaun innen entlang vorzustoßen. So muß er Nijinsky hin und her steuern, vor und zurück, manchmal sogar bremsen, immer auf der Suche nach einer Öffnung in der ständig an Geschwindigkeit verlierenden Mauer aus schwitzenden, keuchenden, stampfenden braunen Pferdeleibern.

Mit erschreckender Klarheit sieht er plötzlich das Bild aus dem Rennen des Vorjahres vor seinen Augen. Auch da hatte er zu spät von zu weit hinten gespurtet, auch da hatte er den Wall aus zurückfallenden Pferden nur mit Mühe durchbrechen können – und hatte doch verloren. Droht ihm nun das gleiche Schicksal?

Auf den Tribünen, vor den Tribünen und im Mittelfeld regt sich Unruhe, Bestürzung, Beklemmung. Kann Nijinsky sich aus der Umzingelung befreien? Tausende erheben sich von ihren Sitzen. Jetzt muß doch der Vorstoß kommen! Jetzt muß er doch . . .

In der Engelhard-Box verfolgen verkniffene Gesichter das Rennen. Das Feld ist in die Zielgerade eingebogen, nur noch eine Viertelmeile bis zum Finish, nur noch vierhundert Meter. Miss Dan hält die Spitze, auf der günstigen Innenseite, dicht am Zaun: die Stute rennt auf dem Platz, der eigentlich Nijinsky zusteht. Zwei Längen dahinter Gyr, der erbittertste Gegner Nijinskys, der offenbar den Kampf schon gewonnen glaubt – er jedenfalls hat, wenn er überholen will oder kann, freie Bahn. Nur Sassafras liegt noch eine halbe Länge vor ihm. Der französische Champion-Jockey hat bis jetzt ein brillantes, intelligentes Rennen geritten – auf einem Pferd, das längst nicht die Lenkbarkeit und die Sensibilität eines Nijinsky besitzt; auf einem Pferd, das nur eine Geschwindigkeit hat und deshalb von Anfang an mit hoher, gleichmäßiger Pace geritten werden muß und nie in komplizierte Situationen geraten darf.

Yves Saint-Martin traut sich in der rasenden Fahrt nicht, auch nur einen kleinen Blick nach hinten zu werfen. Daß die beiden Schrittmacher im Finale keine Gefahr für ihn bedeuten würden, das weiß er. Daß Ortis auf der letzten Viertelmeile ermüden würde, das hofft er. Daß die Stute Miss Dan so weit vorne liegt, das überrascht ihn. Aber auch mit ihr hofft er noch fertig werden zu können.

Die wirkliche Gefahr lauert hinter ihm. Jeden Augenblick rechnet er damit, die beiden Köpfe von Nijinsky und Gyr links oder rechts neben seinen Sattelgurten auftauchen zu sehen.

Hinter ihm hat sich das Mittelfeld breit ausgefächert. Nebeneinander, Flanke an Flanke, versuchen die starken Steher, die jetzt noch genug Wind in den Lungen haben, fast gleichzeitig auf der Außenseite nach vorn durchzustoßen. Neben Golden Eagle, der den Zaun blockiert, kämpft Ortis, keucht Beaugency, schnauft Quinquet, trommelt Soyeux. Bis zur Bahnmitte reicht die Mauer, die um jeden Fußbreit Boden ringt und sich doch keinen Zoll voneinander lösen kann.

Lester Piggott hat keine andere Wahl. Ein Durchbruch ist unmöglich. Er muß ausscheren, er muß weit außen um diese Barrikade herumsteuern. Dann erst kann er sich daran machen, die zehn Pferde, die jetzt immer noch zwischen ihm und der Spitze liegen, hinter sich zu bringen.

Nijinsky nimmt die Signale seines Reiters, der weit vorn auf seinem Hals liegt, mit Unruhe an. Nijinsky spürt, daß Gefahr droht – eine Gefahr, die er vorher noch nie bei einem Rennen empfunden hat. Er rennt doch, was seine Hufe hergeben, warum wird er immer wieder gebremst? Er hält doch den Anschluß an die Pferde vor ihm, wie er es immer wieder exerziert hat, warum muß er seitwärts driften? Einen Augenblick lang verliert er bei dem ungewohnten, unvermuteten Manöver seinen Rhythmus, seine Balance; einen Augenblick lang treibt die Geschwindigkeit ihn, treiben nicht seine Muskeln sein Gewicht. Nijinsky hat einen Sinn nur für Geschwindigkeit, für Beschleunigung, nicht für Sekunden. Er spürt, wie er seine Balance wiedergewinnt, wie die Hufe wieder im gewohnten Takt auf den Boden hämmern – er spürt nicht, daß er wichtige Sekunden verloren hat: Sekunden, die er nun wieder einbringen muß.

Mit wenigen Sprüngen, einem halben Dutzend Herzschlägen, wenigen Atemzügen, bringt er die Mauer hinter sich, endlich bleiben die Pferde, die ihm so lange den Vorstoß versperrten, neben ihm stehen. Und weiter, weiter, getrieben, gejagt, gehetzt von dem Mann auf seinem Hals, spurtet er hinter der davonfegenden Spitze her.

Blakeney, der Derby-Sieger, ist kein Gegner mehr für ihn.

Gyr, mit seinem häßlichen, bösen Kopf, kann ihn nicht aufhalten.

Miss Dan, die Boden verloren hat, bleibt zurück.

Nur noch ein Pferd ist vor ihm, Sassafras, den er nicht kennt, Sassafras, der sich einen Augenblick lang im Vorgefühl eines Sieges sonnt, der ihm nicht gehören darf.

Nijinsky sieht Sassafras' Schweif vor seinen Augen wehen, fast waagerecht bei dem wahnsinnigen Galopp, den er vorlegt, die gestreckten Flanken, die fliegenden Hufe. Aber Nijinsky fühlt sich stärker: Seine Flanken sind muskulöser, seine Hufe schneller. Mit jedem Hufschlag verringert sich die Entfernung . . .

Das Publikum ist außer sich, Arbeiter in Baskenmützen und Jockey-Club-Herren im Zylinder schreien und gestikulieren.

Engelhard nickt anerkennend dem Züchter dieses herrlichen Pferdes zu.

Vincent O'Brien sagt: »Ich habe es Ihnen ja gesagt – wie beim St. Leger . . .«

Die anderen Männer neben Engelhard – David McCall, George Scott und Engelhards amerikanischer Trainer Mackenzie King – folgen gebannt dem Schauspiel, das sich nun fast schon vor der Tribüne entrollt.

Ja, da ist es wieder, Nijinskys fantastisches »propelling«, dieser unglaubliche, unsichtbare, weil übergangslose Antrieb aus der Hinterhand. Nijinsky hat es wieder einmal geschafft . . .

Auf seinem Sassafras weiß jetzt Yves Saint-Martin, daß der Augenblick gekommen ist, den er gefürchtet und erwartet hat: Nijinsky ist da. Links neben ihm schiebt sich der nervendurchzogene Kopf mit den bis zum Platzen gefüllten Adern, mit den schnaubenden Nüstern an ihn heran. Zoll für Zoll – und er kann nichts dagegen tun. Er steht in den Bügeln, er rammt seinem Hengst die Knie in den Hals, er schmettert ihm die Peitsche in die Seiten, hackt ihm die Fersen ins Fleisch – und Nijinsky zieht weiter an ihm vorbei.

Yves Saint-Martin sieht das berühmte Pferd neben sich, sieht den Jockey, der sein Rivale ist, neben seiner Schulter, denkt: »Jetzt wird er mich schlucken, gleich ist er vorbei, dann hat alles wieder seine Ordnung, ich werde Zweiter, das ist auch nicht schlecht – Zweiter hinter Nijinsky in diesem Rennen, das ist manchen anderen Sieg wert . . .«

Hundert Yards vor dem Ziel hat die typische Attacke à la Piggott zum Erfolg geführt – messerscharf, beinhart, pfeilschnell, bärenstark – der Magnet, der Ziellinie heißt, der auf den letzten hundert Yards immer nur auf Nijinsky wirkt, nie auf ein anderes Pferd, strahlt seine unheimliche Kraft aus.

Nijinsky spürt, daß er wieder eins ist mit seinem Reiter, seinen Bewegungen, seinem Rhythmus, endlich hat die Nervenanspannung, die ihm vor dem Rennen den Schweiß in Litern aus dem Leib trieb, ihren Angriffspunkt gefunden. Nun explodiert sie nicht mehr in eckigen Bewegungen, in unbalanciertem Aufbau hinten und vorn. Nun setzt sie sich um in Beschleunigung.

Nijinsky weiß, nun ist das Rennen gelaufen, er hat seine Nase vor das andere Pferd gereckt, er hat getan, was der Reiter auf seinem Hals von ihm erwartet hat, er hat das weite, offene Meer gewonnen, die Wellenberge überwunden, kann sich treiben lassen in den Wellentälern, nun wird er den Applaus hören, den Beifall, den Jubel, wird in seinen Kugelaugen links und rechts das Winken sehen, die Freude, die Anerkennung, so wie er es gewöhnt ist.

Das war das Rennen, nun kommt die Ruhe – oh, er könnte weiterlaufen, noch einmal spurten, wenn es sein müßte, nicht gleich, aber bald, nur ein paar Atemzüge, nur ein paar Schritte, die Erholung bringen, dann mag es weitergehen, noch einmal Anlauf, noch einmal Spurt, er spürt die Kraft in sich, die wiederkommen wird, nur jetzt noch nicht, nur nicht in diesem Augenblick – einen Augenblick später . . .

Von den Tribünen und vom Innenfeld brüllt es wie aus einem Munde, in vielen Sprachen: »Er hat ihn! Er hat ihn!«

Yves Saint-Martin will nicht aufgeben. Da sind noch vierzig, dreißig Meter zum Ziel, die will er nicht verschenken. Nicht in diesem Rennen. Seit zehn Jahren hat er die »cravache d'or«, die »goldene Peitsche«, seit zehn Jahren ist er Champion-Jockey von Frankreich, aber noch nie hat er den »Arc de Triomphe« gewonnen – das einzige Blatt, das ihm zu seinem Lorbeerkranz noch fehlt, der einzige Beweis, den er seinem Trainer François Mathet, dem Schinder, noch schuldig ist. Noch einen Versuch will er sich leisten. Einen einzigen. Obwohl Nijinskys Nase schon vor ihm liegt.

Noch einmal die Knie, noch einmal die Hacken, noch einmal die Schenkel, noch einmal die Peitsche. Und Sassafras nimmt die Herausforderung an! Er bewegt sich! Er holt noch einmal Luft! Er muskelt sich noch einmal auf!

In diesem Augenblick wird sich Lester Piggott bewußt, daß sich hier für ihn das Rennen des Vorjahrs wiederholt. Wieder sieht er neben sich seinen Gegner weit vornüber gebeugt über dem Hals seines Pferdes vorbeiziehen. Noch nie hat er einen »Arc de Triomphe« gewonnen. Das einzige Blatt, das ihm zu seinem Lorbeerkranz noch fehlt. Jetzt will er diesen Sieg haben, dieser Sieg, der ihm immer und immer wieder auf den letzten Metern aus den Händen gleitet.

Er spürt die Gefahr. Er reißt die Peitsche hoch.

In diesem Augenblick riskiert Yves Saint-Martin einen Seitenblick nach links. Was er da sieht, fährt ihm wie ein brennender Strahl in die Glieder.

»Mein Gott!« denkt er. »Die sind völlig fertig. Der wahnwitzige, zu spät gestartete Spurt, der sie zu mir heranbrachte, der hat sie alle Kräfte gekostet. Da ist ja nichts mehr! Da kommt ja nichts mehr! Das ist eine letzte Chance – die Chance meines Lebens!«

Und behutsam, damit es seine Balance nicht verliert, treibt er sein Pferd nach vorn, holt er die Nasenlänge zurück, die Nijinsky ihm voraus ist.

In diesem Augenblick spürt Nijinsky den Schmerz. Ein brennendes Sengen auf seiner Haut, das er noch nie erfahren hat. Niemals zuvor ist Nijinsky geschlagen worden, niemals zuvor hat er den Hieb einer Peitsche auf seiner schönen, glänzenden, braunen Haut gespürt. Nijinsky verliert einen Schritt. Die tausend Pfund Körpergewicht, die mit jedem Galoppsprung auf die handtellergroße Fläche eines Hufes prallen, schaukeln den Bruchteil einer Hundertstelsekunde lang ins Leere. Einer von den vier, fünf Schlägen, die sein trommelndes Herz in der Sekunde macht, setzt aus. Die Augen schließen sich, die Ohren legen sich flach.

Er schert nach links aus. Er spürt den Windhauch, als Sassafras an ihm vorbeifegt.

Über die Ziellinie.

Das weite Rund von Longchamps erlebt einen Augenblick, den es vorher nie kannte: Eine Viertelmillion Menschen schweigen. Sie halten den Atem an.

Charles Engelhard kann den Druck unter seinen Augäpfeln nicht zurückhalten. Die Pupillen des Multimillionärs schimmern wässerig. Er spürt die kühle Spur einer Träne auf seinen fleischigen Wangen.

Engelhard weint.

Vincent O'Brien schüttelt den Kopf.

Madame Plesch weint. Sie blickt auf ihren Mann. Arpad Plesch hat ein gefährdetes Herz. Er ist weiß im Gesicht. Marie Plesch erschrickt.

François Mathet nickt.

An der Anzeigentafel gegenüber der Tribüne leuchtet eine Schrift auf: »Fotografie«. Die Schiedsrichter sind sich uneins. Die Zielfotografie soll entscheiden.

Aber vier Menschen in den Luxusboxen hoch oben in der Tribüne wissen schon jetzt, was geschehen ist: Engelhard und O'Brien, Marie Plesch und François Mathet.

Yves Saint-Martin weiß es auch: mit triumphierend erhobener Peitsche reitet er hinter der Ziellinie weiter, bis sein Sassafras in Trab, dann in Schritt fällt.

Und Nijinsky, der verwirrt und verwundert, leergelaufen und ausgebrannt hinter ihm her trottet, er weiß es auch . . .

Auf dem Sattelplatz hinter der Tribüne drängen sich die »Familien« der abgekämpften Pferde, auf den fünfzehn Stufenrängen stehen die Menschen dicht bei dicht. Das Stimmengewirr hat deutlich nasale französische Akzente; Amerikaner und Engländer schweigen betroffen.

Sassafras, mit Yves Saint-Martin stolz und strahlend hoch im Sattel, schreitet in die für den Sieger vorgesehene Umzäunung. Nun schwirren die Fotografen so hektisch um Sassafras wie vorher um Nijinsky. Madame Plesch lehnt ihr glücklich verheultes Gesicht an den dampfenden Leib ihres Hengstes. Das Gedränge wird lebensgefährlich.

Um Nijinsky bauen sich die sechs Polizisten auf, die zu seinem Schutz abgeordnet sind. Sie haben nichts zu tun. Lester Piggott steht klein und schweigsam vor seinem Pferd. Vincent O'Brien ist blaß. Charles Engelhard, im schwarzen, gestreiften Anzug, mit einem schwarzen Homburg auf dem bulligen Kopf, läßt das Kinn auf die Brust sinken und reibt sich mit dem rechten Zeigefinger die Augen trocken. Begräbnisstimmung.

Als die Fotografen ihre Filme verschossen haben, springt Yves Saint-Martin aus dem Sattel. Madame Plesch umarmt den Jockey, der zwei Köpfe kleiner ist als sie, und drückt ihm einen Kuß auf den schwarzen Lockenkopf. François Mathet schenkt ihm ein kurzes Lächeln und den unverbindlichen Satz: »Voilà, es ist also gelungen . . .«

Nicht mehr. Kein Handschlag. Keine Versöhnung. Der Sieg hat keine Brücke zwischen Trainer und Jockey bauen können.

Im Sassafras-Camp gibt es keine Siegesfeier. François Mathet, jeder Zoll ein alter, trotziger, ehrpusseliger Soldat, geht einsam zu seinem Wagen.

Yves Saint-Martin fährt auch allein weg, nach Montargis bei Sologne. Dort ist er in einem Landgasthaus, in der »Auberge des Templiers«, mit Freunden zur Jagd verabredet (da er mit einem Sieg nicht zu rechnen wagte, hatte er in seinem Jaguar schon Jagdstiefel, Gewehr und seinen Hühnerhund Alph mit zur Rennbahn gebracht). Als er am Montagabend mit vier Wildenten heimkommt, sagt er: »Nun bin ich mit Mathet quitt. Ich habe ihm gegeben, was er in mich investiert hat. Allerdings, ich hatte gehofft, nach dem Rennen würde er mir, als Andenken, ein Hufeisen von Sassafras schenken. Aber vergebens . . .«

Für den gekündigten Yves Saint-Martin hat Mathet drei neue Jockeys unter Vertrag genommen. Einer von ihnen ist Bill Williamson, der im »Arc« auf Gyr nur vierter wurde – er soll künftig für den Mathet-Stall die Pferde des Ali Khan reiten.

Der Nijinsky-Clan geht mit bedrückten Gesichtern auseinander. Lester Piggott fliegt noch am Sonntagabend mit einem eigenen Privatflugzeug heim nach Newmarket.

Engelhard reist am nächsten Morgen mit seinen amerikanischen und kanadischen Freunden in seinem BAC-111-Düsenclipper nach Newark. Bis London nimmt er Lester Piggott und bis zur Zwischenlandungsstation Shannon an der Westküste Irlands Vincent O'Brien mit.

Es ist eine traurige Reise. Immer wieder versuchen die Männer die Niederlage ihres Wunderhengstes zu analysieren.

Ist Lester Piggott schuld? Hätte er sich vom Start an günstiger plazieren sollen? Hätte er früher zum Angriff übergehen sollen? Hätte er seinen Hengst nicht peitschen dürfen?

Ist Vincent O'Brien schuld? Hat er sich Versäumnisse im Training zuschulden kommen lassen? Hätte er warnen müssen, daß Nijinsky nach seiner Krankheit und dem »St. Leger«, das wohl mehr Kräfte kostete, als zu vermuten war, nicht reif für das mörderische Rennen von Longchamps war?

Szenen aus dem Leben eines Pferdemillionärs: Charles Engelhard

Engelhard und Frau Jane mit Nijinskys Stallkameraden Ribero

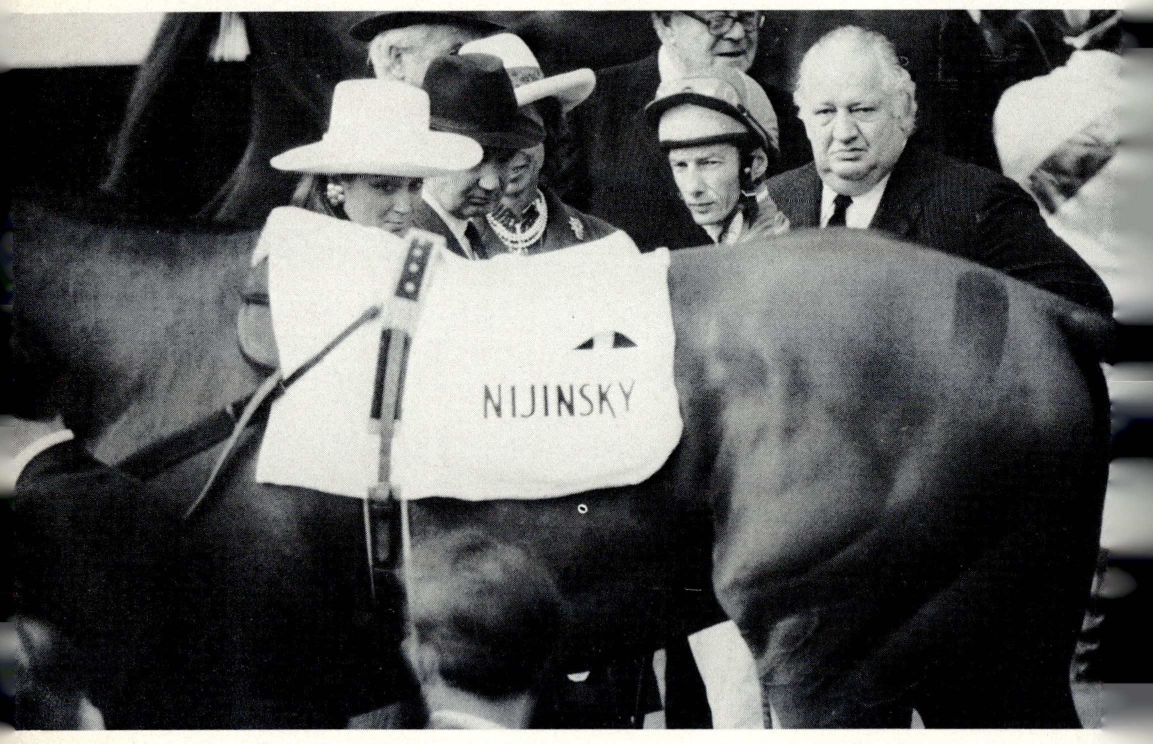

Nijinskys »Mannschaft«: Dave McCall, Piggott, Engelhard

Das Ende einer glanzvollen Karriere:
Bei den »Champion-Stakes« wird Nijinsky (Mitte)
zum zweiten Mal geschlagen

Wohlverdiente Ruhe nach dem Kämpfen:
Heute lebt Nijinsky
als Zuchthengst in Kentucky.
Er ist ein wenig dicker geworden
– und 5,4 Millionen Dollar wert

Ist Charles Engelhard schuld? Hätte er nicht darauf bestehen sollen, daß Nijinsky nach dem energieverschleißenden »Triple-Crown«-Triumph auch noch zum »Arc de Triomphe« antritt?

Als Vincent O'Brien in Shannon durch die Flugzeughafenhalle geht, fallen ihm an den Zeitungskiosken die Schlagzeilen in die Augen. Er kauft alle Montagszeitungen. Mit bitterem Gesicht liest er die Berichte von der Katastrophe in Longchamps.

Für Irland ist Nijinskys Niederlage eine nationale Tragödie. So schreibt die »Irish Times« in einer schwarzumrandeten Elegie: »Uns Iren hat der Schock wie eine Naturkatastrophe überfallen. Nijinsky trug Irlands Fahne gegen ein Feld internationaler Gegner. Was bedeutet es schon, daß sein Besitzer ein Amerikaner, der Jockey ein Engländer und der Züchter ein Kanadier ist! Er lebt in Irland, wurde in Irland trainiert und in Irland ernährt. In ihn hat Irland seine Hoffnungen gesetzt, er verteidigte sie tapfer – und er unterlag . . .«

Dann erinnert die Zeitung an den Untergang eines mythologischen Sagenhelden Irlands und schließt mit den Worten: »Seit dem Tod von Cuchulain ist das Land nie mehr wieder von einer romantischen Tragödie dieses Ausmaßes erschüttert worden . . .«

Auch in England gibt es nur eine einzige Reaktion der Verzweiflung, Ratlosigkeit und Betroffenheit. Nur die Buchmacher finden einigen Trost, wenn sie in ihre Kassenbücher blicken. Die Niederlage Nijinskys hat ihnen fast eine Million Pfund eingebracht. Aber nicht einmal sie empfinden das Geklingel in ihren Kassen als Freudenmusik. Buchmacher John Stoad faßt in Worte, was seine Kollegen denken: »Seit Nijinsky läuft, hat unsere Kasse nie mehr gestimmt. Aber auch dieses sauere Geld, das uns nun in den Händen brennt, hätten wir gern geopfert, wenn Nijinsky gesiegt hätte. Oh, wenn er wenigstens in England gegen ein gutes englisches Pferd verloren hätte! Aber daß Nijinsky ausgerechnet in Frankreich sein Waterloo finden mußte . . .«

Ein irischer Koch namens Padraig O'Cochlain im Brudenell Hotel in Aldeburgh, nahe Newmarket, errichtete seinem geliebten Nijinsky ein Denkmal auf seine eigene Art: Er kreierte ein neues Gericht, »Tournedos Nijinsky« – Steaks mit Bananen, Tomaten und Pilzen. Das kulinarische Kunstwerk hat die Form eines Pferdes mit Jockey.

Nijinsky, der König der Pferde mit der Schramme in der Krone, galoppiert über die herbstlichen Koppeln von Ballydoyle und wiehert so unbekümmert, als hätte für ihn Longchamps nie stattgefunden. Kein Zeichen der Erschöpfung, kein Zeichen der Ermüdung. Das verbissene Rennen um den – für ihn – unerreichbaren »Arc de Triomphe« hat ihn nur fünf Kilo Gewicht gekostet, und die gewinnt er schnell wieder zurück.

Ein Hengst, der den Höhepunkt seiner Karriere überschritten hat? Er macht nicht den Eindruck.

Vincent O'Brien meint manchmal ein schalkhaftes Blitzen in den großen Augen zu sehen – als wollte Nijinsky sagen: »Das tat ich alles nur, damit ihr nicht zu selbstsicher werdet . . . damit ihr einmal merkt, was ihr an mir habt . . .

damit ihr wißt, daß die Triumphe, in denen ihr euch sonnt, letzten Endes doch nur von mir abhängen . . . und vor allem – nie wieder die Peitsche . . .!«

Vielleicht will er sogar an die alte Rennpferdeweisheit erinnern: »Wie gut ein Rennpferd sonst wirklich ist, wird nur dann offenbar, wenn es einmal verliert.«

In langen Telefongesprächen zwischen Irland, England und Amerika werden sich O'Brien, McCall und Engelhard klar: die Niederlage von Longchamps ist kein würdiges Finale für das »Pferd des Jahrhunderts«.

Bevor Nijinsky als Zuchthengst nach Kentucky »in Pension« geht, muß er noch einmal rennen – und siegen.

Für Nijinsky darf es nur einen glanzvollen Abschied vom Turf geben.

Der Termin wird auf den 17. Oktober festgesetzt. In Newmarket, wo er seinen ersten Sieg auf englischem Boden errang, wo er bei den »2000 Guineas« den ersten Angriff auf die »Triple Crown« führte, soll er zum letzten Mal an den Start gehen – bei den »Champion Stakes«.

Dort, nur dreizehn Tage nach Longchamps, wird sich nun erweisen, ob Nijinskys Niederlage im »Arc de Triomphe« nur ein vorübergehendes Formtief war oder auch vielleicht nur ein Kunstfehler seines Champion-Jockeys oder . . .

Oder?

Das letzte Rennen: der König der Rennbahnen dankt ab

Dieser Herbst ist sonnig in Ballydoyle. Die steinernen Kreuze vor der Ruine von Cashel glänzen golden – keine grauen Wolken, kein trüber Nebel.

Nijinsky genießt das fröhliche, unbeschwerte Leben eines ruhmreichen Fürsten auf seinem Landsitz. Der Tagesablauf hat seinen gewohnten Rhythmus wiedergefunden: Erstes Frühstück um 6.30 Uhr, dann Waschen, Bürsten und Striegeln; leichte Gang-Arbeit um 8.30 Uhr, nach einer Ruhepause um 10.30 Uhr ein belebendes Trockenbad in Asche oder Sägespänen. Dann wird Toilette gemacht und eine zweite Mahlzeit eingenommen. Jeden Freitag wird er gewogen, zweimal in der Woche läßt er sich frische Hufeisen anpassen. Ein königliches Leben, wie es ihm gebührt – und wie er es sich leisten kann. Schließlich hat er sich bisher auf den Rennbahnen eine runde Viertelmillion Pfund erarbeitet, runde zwei Millionen Mark, und wenn er auch die 1,2 Millionen Franc Siegerprämie vom »Arc de Triomphe« nicht heimgebracht hat – auch für den zweiten Platz gab es Geld, 32 000 Pfund, immer noch eine Viertelmillion Mark; davon läßt sich leben, selbst in einem so teuren Vollblut-Etablissement wie Ballydoyle . . .

Vincent O'Brien, David McCall und Charles Engelhard haben sich inzwischen entschlossen, die »Katastrophe« von Paris nicht mehr so schwer zu nehmen. Schließlich ist, trotz allem, auch dieses Rennen in brillanter Zeit gelaufen worden: 2,29:7 zeigten die Rennuhren am Schluß. Kann Nijinsky an Form und Kampfgeist verloren haben, wenn er selbst den ersten Mißerfolg seines Lebens in nur sieben Zehntelsekunden über dem Bahnrekord bewältigte – und das, obwohl (oder gerade eben weil) er vor dem Einlauf in die Zielgerade in einer vertrackten Situation im Mittelfeld steckte? Nur den Bruchteil einer Sekunde zu spät – spricht nicht alles dafür, daß er wirklich nur Pech hatte?

Vincent O'Brien meldet nach Newark: »Der Trainingsgalopp hat die letzten Zweifel beseitigt. Nijinsky war nie besser in Form, er hat niemals lustvoller gefressen, sein Fell hat einen strahlenden Glanz und seine Laune ist fast übermütig. Es wird ein brillanter Abschied werden . . .«

Nijinskys Gegner bei den »Champion Stakes« waren kaum als gefährlich einzuschätzen. Da war Lorenzaccio, der englische Hengst, der zum »Arc de Triomphe« angemeldet, aber dann wieder zurückgezogen worden war. Da war Highest Hopes, die einmal (im »Prix Vermeille« in Longchamps, einem Stuten-Treffen) die tapfere Miss Dan geschlagen hatte – aber war nicht Miss Dan beim »Arc de Triomphe« nur auf dem dritten Platz, drei Längen hinter Nijinsky gelandet?

Gefährlicher waren allenfalls die Jockeys, die immer noch nicht die Hoffnung aufgegeben hatten, dem Champion Piggott eine, nun aber ganz unmißverständliche Lehre zu erteilen: Geoff Lewis trat auf Lorenzaccio an, Bill Williamson, der Unentwegte, versuchte es diesmal auf Sweet Mimosa, Alexander Barclay auf Faraway Son. Taillard, ein Franzose, der im »Arc« auf Miss Dan gekämpft hatte, wollte nun mit dem französischen Hengst Dictus an den Start gehen, und Deforge, ein französischer Altmeister, der beim »King George« dritter hinter Nijinsky geworden war, auf Locris. Siebter im Bunde gegen das Gespann Nijinsky–Piggott war Jockey Gorton auf dem Hengst Hotfoot. Alles in allem, so schien es, war kein Pferd dabei, das es wert gewesen wäre, einen Heukarren vor Nijinskys Stallbox zu ziehen – und auch kein Jockey, das hatte sich ja bisher erwiesen, der Piggott das allnachmittägliche Glas Wasser reichen konnte.

Die Tabellen der Buchmacher zeigten es deutlich: Nijinsky war mit 4:11 der überzeugende Favorit, Hotfoot wurde mit 8:1 gewettet, Highest Hopes mit

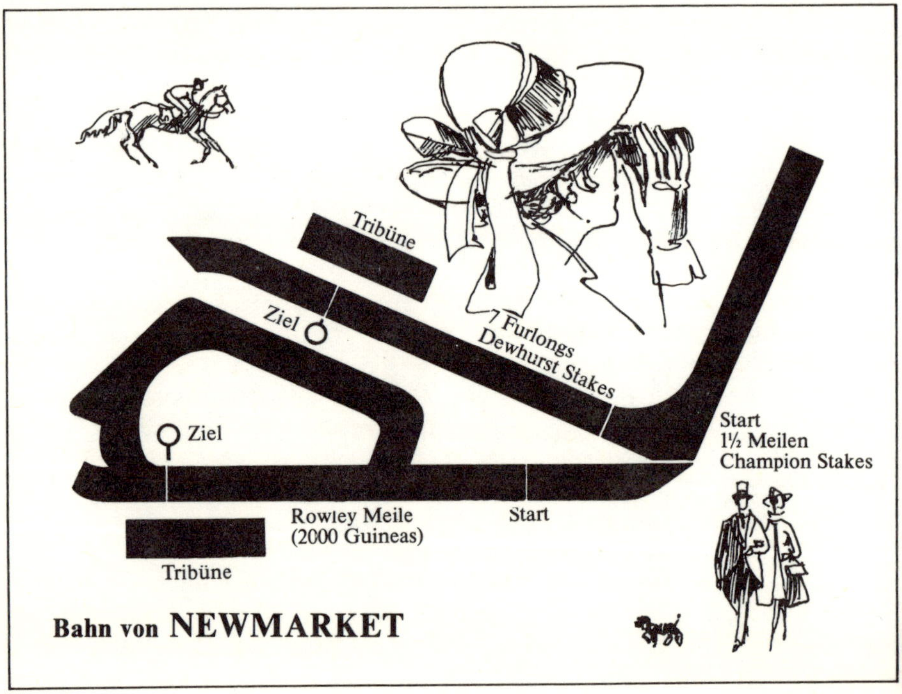

9:1. Alle anderen gingen nur mit Außenseiterchancen ins Rennen: Lorenzaccio mit 100:7, die übrigen gar nur mit 40:1.

Das Publikum von Newmarket hatte Nijinskys Fehltritt von Longchamps vergessen und verziehen. Als Nijinsky den Führring betrat, brandete ihm ein Applaus entgegen, als hätte er niemals ein Rennen verloren. Wie in alten Zeiten brachen die Fotografen reihenweise vor ihm in die Knie und hoben ihm ihre klickenden und blitzenden Apparate entgegen. Sogar an der Startmaschine hatten sich begeisterte Verehrer versammelt, um Nijinsky anzufeuern.

Wieder zeigte sich deutlich, daß Nijinsky eigentlich nur dieses verwirrende Getümmel vor dem Rennen fürchtete, nicht aber die Strapazen des Wettkampfes. Wie in Longchamps brach Nijinsky in ungewohnt starkes Schwitzen aus, er zitterte am ganzen Leib. Diesmal setzte Lester Piggott der nervenzermürbenden Quälerei ein schnelles Ende. Er brach die peinvolle Parade im Führring ab und erlöste Nijinsky mit einem schnellen Trab hinaus auf die Bahn, zur Startmaschine hin.

Trainer Noel Murless, der Lorenzaccio für dieses Rennen ausgebildet und Piggotts Rivalen Geoff Lewis in Lorenzaccios Sattel gesetzt hatte, glaubte aus Nijinskys überstarker Nerven- und Drüsenfunktion Hoffnung für seinen Renner schöpfen zu können. Laut erklärte er vor dem Publikum im Führring: »Nijinsky wird in diesem Zustand das Rennen nicht gewinnen können!«

Lester Piggott war fest entschlossen, seinem ehemaligen Chef das Gegenteil zu beweisen.

Schließlich betrug die Rennstrecke nur eineinviertel Meilen – die 25 000 Pfund, die für den Sieger ausgesetzt waren, würden leicht verdientes Geld sein, der sichere Sieg ein würdiger Abgang . . .

Lorenzaccio spurtete mit verbissenem Ehrgeiz als erster aus der geöffneten Startmaschine davon. Nach drei Achtelmeilen hatte er schon zweieinhalb Längen zwischen sich und seine nächsten Verfolger gebracht.

Der schnelle Start nützte ihm zunächst wenig. Nach der halben Distanz hatte das Feld aufgeschlossen. Highest Hopes und Hotfoot lagen fast auf gleicher Höhe mit ihm. Nijinsky legte sich mit verläßlicher Vorhersehbarkeit dicht dahinter in Position vier auf die Lauer.

Es war ein Bilderbuchrennen; im Publikum rührte sich kein Zweifel, daß Nijinsky in der Zielgeraden sein berühmtes »propelling« demonstrieren und die Gegner stehen lassen würde wie ein Düsenclipper eine Reihe Fesselballons. Es konnte sich nur noch um Sekunden handeln – Piggott beugte sich schon weit vor über den Hals seines Hengstes, das Gesicht mit der Schutzbrille fast über den Ohren, den Hintern hoch in der Luft: gleich würde er dem fliegenden Pferd durch den Fahrtwind hindurch die geheime Zauberformel zuflüstern . . .

Die Ziellinie war schon fast erreicht, Lorenzaccio lag immer noch vorn, Nijinsky streckte seinen mächtigen Leib, Piggott arbeitete mit Händen und Knien und Füßen – kein Zweifel, das würde wieder einer von diesen unaufhaltsamen Nijinsky-Siegen werden, nicht mehr Einsatz als unbedingt nötig, gerade so viel, um den Gegner spöttisch zu deklassieren: eine Nasenlänge, die ahnen ließ, daß es auch drei ganze Längen hätten werden können.

Jetzt mußten sich die Hinterflanken straffen, zum letzten Sprung über die Ziellinie, jetzt kam der zusätzliche Atemzug, der doppelte Herzschlag, jetzt kam Nijinsky . . .

Er kam nicht.

Die Zauberformel schien vergessen, das Geheimnis der plötzlichen Beschleunigung verloren. Er war ein Pferd wie jedes andere, das da lief so gut es konnte; dem, wenn der Wind nicht reichte, kein göttlicher Hauch zum schwerkraftüberwindenden Sprung verhalf. Das Phänomen war eine Legende.

Ein Pferd, das den Namen Nijinsky trug, überquerte bei den »Champion Stakes« in Newmarket am 17. Oktober 1970 die Ziellinie ganze anderthalb Längen hinter dem mäßig bekannten Hengst Lorenzaccio . . .

Abschied vom »Pferd des Jahrhunderts« – auch für Charles Engelhard

Unter dem fahlen Oktoberhimmel jagen schmutzigweiße Wolkenfelder ostwärts. Die dreihundert Menschen, die sich auf und um den Absattelplatz hinter der Rennbahn von Newmarket versammelt haben, stehen fröstelnd mit den Händen in den tiefen Taschen ihrer Trenchcoats. Sie warten auf die Pferde, die vom dramatischen Kampf um die »Champion Stakes« heimkommen – von einem wenig berühmten Rennen, das nun einen schwarzumrandeten Platz in der Turf-Geschichte einnehmen wird.

Lorenzaccio stolziert in das weißumzäunte Rund hinein, um sich neben dem für den Sieger vorgesehenen Schild »Winner's post« aufzustellen. Jockey Geoff Lewis reckt sich steif im Sattel. Der ehemalige Lehrzeit-Kollege Piggotts möchte, so scheint es manchem, größer wirken, als er sein kann. Er hat es geschafft, er hat den Champion, der seit zwanzig Jahren sein Rivale ist, endlich eingeholt. Geoff Lewis, wie Piggott nun 35 Jahre alt, streicht sich das verschwitzte Haar, in dem schon die ersten Silberfäden schimmern, unter die Mütze. Er lächelt triumphierend. Sein Trainer, früher auch einmal Lester Piggotts Chef, begrüßt ihn.

Der Beifall der Zuschauer ist dünn. Die meisten Hände bleiben in den Taschen. Dies sind nicht ihre Sieger.

Nijinsky kommt spät hinter einigen anderen Pferden, von dem zu Fuß gehenden Lester Piggott am Zügel geführt.

Nun rühren sich die Hände. »Bravo«-Rufe erschallen im Chor. Der Applaus ist spontan und überwältigend, ehrlich und trotzig.

Nijinsky reckt den nervigen, müden Kopf. Die klugen Augen, die zu wissen scheinen, daß er diese Ovation heute nicht erwarten konnte, vielleicht nie mehr erwarten konnte, blicken verwundert in die Runde.

Piggotts Ledergesicht mit den tief herabgezogenen Mundwinkeln, hellt sich auf. Er lächelt. Es ist ein bitteres Lächeln.

Er spricht ein paar Worte zu Dave McCall. Die Umstehenden können nicht hören, was er sagt.

McCall nickt. Seine Hand fährt unter seinen Regenmantel. Er reicht Piggott ein Taschentuch. Der Jockey schneuzt sich. Zweimal.

Johnny Brabston kommt mit einer Decke. Er wirft sie über Nijinskys dampfenden Leib. McCall und Piggott helfen ihm, die Decke gerade zu ziehen.

Der Beifall hält immer noch an. Die Freunde Nijinskys wissen: es ist der letzte Applaus; die letzte Huldigung, die sie ihrem Helden darbringen können. Dies ist der Abschied. Der Wind, der vom Atlantik übers Land weht, ist kalt. Es ist Herbst geworden. Der Sommer Nijinskys ist vorbei.

Aber sie klatschen weiter. Sie rufen noch seinen Namen, als er sich schon auf den Weg zu seinen Stallungen begibt . . .

Applaus für einen geschlagenen Helden?

Für Millionen Menschen, die diesen unwiederholbaren Sommer mit Nijinsky erlebt haben, die mit ihm zu den Rennplätzen von Newmarket, Epsom, Ascot und Doncaster gepilgert sind, die vor den Fernsehgeräten die Serie seiner Siege von Höhepunkt zu Höhepunkt verfolgt haben, bleibt er der sagenhafte Nijinsky. Auch in seinen Niederlagen.

Englands Turf-Journalisten wählen, am Ende der Rennsaison, Nijinsky zum »Pferd des Jahres«. Alle Pferde, die nach ihm kommen, werden sich an Nijinsky zu messen haben . . .

Der Herbst und der Winter sind warm und sonnig in Florida, keine Wolken, kein Regen, kein Nebel, kein Frost. Charles Engelhard hat sich, von den immer qualvolleren Schmerzen in seinen Hüftgelenken getrieben, aus dem regnerischen, rußigen Newark flüchten müssen. In Boca Grande, auf seiner Insel vor der Westküste Floridas, verbringt er den südlichen Winter im Rollstuhl.

Die Niederlagen seines Lieblingspferdes haben ihn tiefer getroffen, als er sich selbst eingesteht.

Auf dem Papier stehen auch die verlorenen Rennen Nijinskys noch auf der Gewinnseite. Für den zweiten Platz im »Arc de Triomphe« wurden ihm 32000 Pfund ausbezahlt, für den zweiten Platz in den »Champion Stakes« auch immerhin noch 7416 Pfund. Damit addiert sich nun die Gesamtsumme auf 282432 Pfund – runde 2,5 Millionen Mark. Mehr hat nie zuvor ein Pferd auf den Rennplätzen Europas gewinnen können.

Aber der Mann, der als Konzernführer mit Summen – mit viel höheren Summen – zu spielen, zu jonglieren und zu manipulieren gewohnt ist, für den auch Gewinne und Verluste – viel höhere Gewinne, viel stärkere Verluste – nur Figuren auf Papier bleiben, dieser Mann kann mit der Bilanzsumme unter dem Rubrum »Nijinsky« nicht froh werden.

Die letzte Erfüllung des einzigen Traumes, an dem sein Herz wirklich hing – daß sein Nijinsky nach dem schwersten Rennen der Welt als unschlagbarer Sieger heimkehrt –, die ist ihm versagt geblieben.

Nijinsky war der Sohn, den er nie hatte: der so vollkommen sein sollte, wie er selbst für seinen Vater sein mußte.

Und der Mann im Rollstuhl glaubte auch zu wissen, warum Nijinsky, sein Sohn, am Ende gescheitert war.

Der Mann im Rollstuhl beschwört in der Sonne seines Winters immer wieder die gleichen Bilder herauf: Nijinsky bei seinem fantastischen Triumph in Epsom, Nijinsky mit den traurigen Augen in den Wochen seiner Krankheit, Nijinsky nach seinem mörderischen Kampf um das »St. Leger«, zum letzten Mal als Sieger. Nijinsky dann, ermattet und erschöpft, vom starken Gewichtsverlust entkräftet, in den Wochen vor dem »Arc de Triomphe«; Nijinsky mit glanzlosem Fell und unruhigem Blick und alarmierendem Schweißausbruch vor dem Rennen von Longchamps. Nijinsky schließlich im verzweifelten Ringen um das letzte Quentchen seiner Extra-Kraft, die ihn an seinen Gegnern vorbeikatapultieren sollte – und die doch, so schien es in diesem Augenblick, unwiederbringlich verloren war . . .

Engelhard sieht es immer wieder vor sich, während die rote Sonne im Golf von Mexiko untergeht, immer deutlicher, immer zwingender, immer unausweichlicher wird die Antwort, die er sich selbst auf seine Frage geben muß: Nijinsky, der Sohn, ist am unerfüllbaren Traum Engelhards, des Vaters, gescheitert.

»Wir Menschen«, sagt Engelhard, »haben das Tier im Stich gelassen. Nijinsky war ein Lebewesen von einsamer Größe. Er hätte es verdient gehabt, seine Karriere ungeschlagen zu vollenden. Aber ich und meine Freunde, wir haben ihn zu sehr getrieben. So wurde er besiegt . . .«

Engelhard spricht langsam und leise. Jedes Wort bereitet ihm Mühsal. Nach jedem Satz muß er innehalten. Sein Atem geht stockend und rasselnd.

»Ich sehe es heute ganz klar. Nijinskys Untergang begann nach seinem Sieg im ›King George‹. Als wir begriffen, wie gut Nijinsky wirklich war, hatten wir uns darauf geeinigt, daß wir uns auf den ›Arc de Triomphe‹ konzentrieren wollten. Wir wollten uns nicht von der Aussicht auf eine ›Triple Crown‹ in Versuchung bringen lassen. Wir waren uns einig, daß ein ›St. Leger‹ ihn ungeheuer viel Kraft kosten würde.

Dann aber stellten wir fest, daß für das ›St. Leger‹ Pferde gemeldet wurden, die nicht an seine Klasse heranreichten. Und wir glaubten es auch dem Publikum schuldig zu sein, das ›St. Leger‹ nicht auslassen zu dürfen.

So dachten wir, das ›St. Leger‹ könnte auch ein geeignetes Trainingsrennen für den ›Arc‹ sein.

Heute weiß ich, daß man ein gutes Pferd unter den Strapazen einer Eindreiviertel-Meilen-Strecke nicht für ein so hartes Rennen wie den ›Arc de Triomphe‹ trainieren kann.

Das war unser Unglück.

Das war Nijinskys Verhängnis.«

Der Mann im Rollstuhl leidet unter der Qual des Sprechens – vielleicht auch der Selbsteinsicht. Auf seiner Stirn, auf seinen Wangen stehen Schweißtropfen. Er keucht. In kleinen, vorsichtigen Schlucken trinkt er ein Glas Cola halb leer.

»Ich . . . habe ihn im Stich gelassen . . . ich . . . habe ihn getrieben . . . zu weit getrieben . . .«

Nachts, wenn Engelhard vor Schmerzen keinen Schlaf finden kann, sitzt er im Bett, gegen die im Rücken aufgetürmten Kissen gelehnt, und blättert in der großen Mappe mit Zeitungsausschnitten, den Rennberichten über Nijinsky. Wenn ihn das Nachtprogramm des Fernsehens langweilt, läßt er sich den Projektor und die Leinwand in sein Schlafzimmer bringen. Zweimal, dreimal hintereinander spult dann der 50-Minuten-Film ab, den der Londoner Dokumentarfilmer Allan King für ihn drehte, aus den Mitschnitten der Rennbahnkameras; die sonore Stimme von Orson Welles, der sein Freund ist, erzählt da die Geschichte des wunderbaren Pferdes Nijinsky, vor dem Hintergrund von Smetanas Moll-Musik.

Der Nachtwächter, der stündlich seine Runden durch das schloßartige Herrenhaus auf Boca Grande geht, sieht oft um vier Uhr früh, wenn schon der Morgen über der Insel graut, noch Licht unter der Tür von Engelhards Schlafzimmer hervorscheinen.

In der Nacht zum 2. März 1971 klopfte er an und fragte, ob Engelhard noch einen Wunsch habe.

Nein, sagte Engelhard und blickte vom Fernsehapparat auf, es sei alles in Ordnung.

Eine Viertelstunde später hörte er, wie Engelhard zum Bad ging. Er hörte auch, wie Engelhard sich mit seinem schweren Schritt wieder auf den Weg zurück ins Schlafzimmer machte.

Als er dann einen dumpfen Fall hörte, lief er die Treppe zum Obergeschoß hoch.

Engelhard lag tot auf dem Flur, vor der Tür zu seinem Schlafzimmer. Der Fernsehfilm lief immer noch . . .

Die Beerdigung kam einem Staatsbegräbnis gleich. In der alten Kirche von Morristown, in der »St. Mary's Abtei«, las der Kardinal von New York, Cook, die Totenmesse.

An dem feierlichen Requiem nahm der ehemalige Vizepräsident der Vereinigten Staaten, Senator Humphrey, teil, der Senatssprecher Mike Mansfield sowie Senator Edward Kennedy. Ex-Präsident Lyndon B. Johnson, der mit seiner Frau und seinen Töchtern gekommen war, ging mit Engelhards Witwe Jane und ihren vier Töchtern hinter dem Sarg.

Die jungen Fohlen Nijinskys hat Engelhard nicht mehr zu sehen bekommen.

Nijinsky lernt die Liebe kennen – und wird auch darin Champion

Satte Mittagshitze liegt über Paris. Die einzige Hauptstraße ist menschenleer. Ein paar Hunde schleppen sich lustlos von Schatten zu Schatten.

Zwischen den beiden rostigen Geleisen der Bahnstrecke wächst das Gras. Der Fahrkartenschalter ist geschlossen. Hier hat schon lange kein Personenzug mehr gehalten. In dem kleinen Büro unter dem braunen Holzdach, das über den einzigen Bahnsteig ragt, sitzt ein einsamer Mann mit einer Zeitung. Ein Güterzug ist angemeldet. Der erste seit drei Tagen. Später wird eine Stimme am Telefon dem einsamen Mann im Bahnhofsbüro sagen, daß auch dieser Zug nicht kommt.

In den beiden Restaurants auf der Hauptstraße von Paris fragt der Fremde vergebens nach einer Flasche Beaujolais oder nach einem Glas Kognak. Diese Getränke sind hier unbekannt. Das Lokal mit dem vielversprechenden Namen »Parisian Restaurant« hat nicht einmal eine Lizenz für den Ausschank von Alkohol.

In der Parallelstraße schweigen die Herrschaftshäuser mit den griechischen Säulen in stolzer Schönheit vor sich hin. Hinter einem Fenster zeigt sich ein Gesicht, das mit verwunderten Augen dem Fremden nachsieht, der allein die leere Straße entlanggeht.

Es ist Mittag in Paris, die kleine Stadt ruht aus, sie kann sich die Siesta leisten, sie ist reich.

Dieses Paris liegt in Kentucky. Es hat knapp zehntausend Einwohner, zwei Restaurants, drei Hotels, ein Kino, zwei Dutzend Kirchen und Bethäuser.

Es ist eine friedliche Stadt. Der Sheriff von Paris hat seinen Revolver im Schreibtisch liegen. Wenn man ihn fragt, wann er seine 38er Smith-&-Wesson zum letzten Mal gebraucht hat, muß er lange nachdenken. Vor sieben Jahren, meint er. Wenn Sheriff Fred Boling sich den Stern ans Hemd heftet und durch die Stadt schreitet, hat er allenfalls einen Steuerbescheid zu überbringen.

Paris ist eine alte Stadt – so alt, wie eine Stadt im amerikanischen Westen nur sein kann.

Vor zweihundert Jahren war Kentucky ein rätselhaftes, unberührtes Waldparadies. An den vielen hundert Flüßchen und Bächen grasten die Büffelherden, in den Wipfeln der Bäume schwärmten die Truthähne. Die Indianer, Shawnees und Cherokees, Irokesen, Mengwes und Wyandots, nannten das Schlaraffenland zwischen dem Kentucky- und dem Ohio-Fluß »Kentahtee«, das »Land von Morgen«.

Um diese Zeit hackten sich Abenteurer aus England, Frankreich und Deutschland mit dem Bowie-Messer die ersten Pfade durch die Wälder von Kentucky. Was diese »Pioneers«, die »Coureur du Bois«, die Waldläufer entdeckten, beschrieben sie in schwärmerischen Bildern. »Hier kann ein Mann«, berichtete einer von ihnen, »an jedem Tag sechs bis acht Stück Wild erlegen, die Truthähne bieten sich in Schwärmen von manchmal fünftausend Stück dem Gewehr des Jägers. Auch Elche gibt es in Hülle und Fülle . . .« Eichhörnchen bevölkerten die Wälder zu Millionen. Ein Jagdtrupp zählte einmal 7941 Stück als Jagdbeute eines Tages. Tauben flogen in dichten Wolken über die Wunderlandschaft.

Und das Gras, berichteten die Pioniere, sei so satt, daß es schon nicht mehr grün sei, sondern blau. »Bluegrass Country« heißt das Land seitdem.

Daniel Boone, der legendäre Held aus vielen hundert Wildwestbüchern, war einer der ersten, die das »Land von Morgen« betraten. Die Spur, die er in diesem Garten Eden hinterließ, die alte »Buffalo-Trail«, ist heute die Landstraße Nr. 68 – und die Hauptstraße von Paris.

Daniel Boone war als »prospector« der »Transylvania Land Company« gekommen, um die unerschlossene Provinz zwischen dem Kentucky und dem Ohio zu vermessen, die den Cherokees für Flitterkram und Glitzertand im Wert von 10000 Dollar abgekauft worden war.

Ein Landvermesser aus Deutschland folgte Boone, ein Mann namens Lorenz Protzmann, der das noch ungerodete Land für die Siedler, die hier einmal leben würden, in Farm-Areale aufteilte. Eine Quelle, die er Hopewell nannte, den »Born der Hoffnung«, bestimmte er als den Sitz einer zukünftigen Stadt.

Dieser Bezirk wurde 1786 »Bourbon County« getauft – aus Dankbarkeit für die Unterstützung der Franzosen im Unabhängigkeitskrieg des jungen Amerika gegen die Kolonialherrschaft der Engländer. Und weil die damals regierenden Könige von Frankreich dem Haus Bourbon entstammten. Die Hauptstadt von Bourbon County – an der Hopewell-Quelle – bekam den Namen Paris.

Als das Weltreich der Bourbonen mit der Französischen Revolution unterging, schuf sich das Bourbon-County seinen eigenen Weltruhm: Es wurde die Heimat des Bourbon-Whiskey.

Heute, da sich in Bourbon-County keine einzige Whiskey-Destillerie mehr befindet, hat das Land längst eine neue Quelle des Reichtums entdeckt: Vollblutpferde.

Rund um Paris, in einem Umkreis von 50 Kilometern, liegen die satten Weiden der zweihundert berühmtesten, reichsten Vollblut-Gestüte Amerikas.

Das allerberühmteste, allerreichste ist – mit einem Areal von 6000 Hektar und einem Wert von 47 Millionen Dollar – die Claiborne Farm von Arthur Boyd Hancock, genannt »The Bull«.

Die Claiborne Farm ist die neue Heimat Nijinskys. Hier lebt heute der König der Rennbahnen, der Vollblut-Aristokrat mit der »Dreifachen Krone« und den goldenen Hufen, das teuerste Pferd der Welt. Hier lebt er das sorglose und genußvolle Leben eines Deckhengstes, ein potenter Pascha mit einem Harem herrlicher Stuten.

Das Leben auf der Claiborne Farm geht einen ruhigen Gang. Die Menschen von Kentucky sind wie der Fluß, an dem sie wohnen: sie zeigen niemals übertriebene Eile. Aber sie kennen ihr Ziel – und ihren Wert. Die Zeit wird in Generationen gemessen – Generationen von Menschen, Generationen von Pferden.

Die Hancocks, denen die Claiborne Farm gehört, beschäftigen sich seit drei Generationen mit Pferden.

Der erste Vollblut-Hancock war ein Mann aus Louisiana. Er zog nach Norden und gründete in Charlottesville im Staate Virginia ein Gestüt. Seine Pferde nahmen an den ersten Rennen in Amerika teil. Seine Jockeys ritten in der orangefarbenen Bluse – Orange ist bis auf den heutigen Tag die Stallfarbe der Hancocks – und er war auch selbst ein hervorragender Rennreiter: einmal gewann er die »Preakness Stakes« – das »St. Leger« Amerikas.

Während Hancock als Captain gegen die Nordstaatler zu Felde zog, plünderten die Yankees sein Haus. Sie nahmen auch die Bilder von seinen Pferden mit, schnitten die Leinwand aus den Rahmen, steckten sie sich in die Tornister.

Dann, als die Yankees wieder einmal von den Konföderierten in die Flucht geschlagen wurden, warfen sie ihre Beute in die Straßengräben. Ein Farmer fand die Pferdeporträts, erkannte den Besitzer an der orangenen Jockeybluse und brachte sie zurück nach Charlottesville. Heute hängen die Bilder im Haus des Enkels, »Bull« Hancock, und die Säbelnarben auf der Leinwand erinnern noch an ihr Abenteuer ...

Captain Hancocks Söhne wurden Professoren und Ärzte, aber der fünfte, Arthur, ein Zweimetermann, erbte das Gestüt.

Er heiratete ein Mädchen aus Kentuckys berühmtester Familie, Nancy Clay.

Der Name Clay hat in Kentucky einen unvergänglichen Klang. Der größte Sohn dieses Clans war der furchtlose Vorkämpfer der Sklavenbefreiung Cassius Marcellus Clay, der mit dem Bowie-Messer ebenso leichthändig umzugehen verstand wie mit den Frauen, ein Querkopf in seiner Jugend, ein Sonderling im hohen Alter.

Präsident Lincoln, dessen Wahlkampf er unterstützt hatte, machte ihn zum ersten amerikanischen Botschafter in Rußland. Er kaufte für Amerika den Russen das Polarland Alaska ab.

In privateren Dingen ging er freilich weniger diplomatisch vor. Wegen einer Liebesaffäre mit einer Petersburger Edeldame wurde er von einem russischen Grafen zum Duell gefordert. Der Mann aus Kentucky, der die Wahl der Waffen hatte, entschied sich für das Bowie-Messer. Der russische Graf erschien nicht zum Duell . . .

Und noch auf dem Sterbebett hatte Cassius Clay ein sicheres Auge und eine ruhige Hand. Eine Fliege, die ihn bei seinen letzten Meditationen vor dem Tod mit ihrem pietätlosen Gesumm störte, soll er mit einem Schuß aus seiner Winchester-Büchse an die Decke genagelt haben

Aus dieser Familie kam Arthur B. Hancocks Braut Nancy. Bei ihrer Hochzeit erbte sie von den riesigen Ländereien des Clay-Clans die tausend Hektar, die den Grundstock der heutigen Claiborne Farm bildeten.

Ein Jahr, bevor Europa in den Ersten Weltkrieg stürzte, zog Hancock mit allen Pferden nach Kentucky. Das Bourbon-County, die Claiborne Farm, sollte in Zukunft die Heimat der Hancocks sein.

Für seine Familie kaufte A. B. Hancock das Haus von Noah Spears, dem Sohn des ersten Whiskey-Brauers von Bourbon-County, ein palastartiges Haus mit griechischen Säulen, die das Dach trugen.

Kentucky hatte sich um diese Zeit schon einen Namen als Pferdeland gemacht. Die Zeit der Abenteurer war vorbei.

Denn nach den Abenteurern waren die Siedler gekommen, Bauern aus England, Frankreich und Deutschland. Auch ein Sachse war darunter, Joseph Bach, ein Vetter des Leipziger Thomas-Kantors, der aus religiösen Gründen ausgewandert war. Mit seiner Frau Elizabeth gründete er am North-Fork-Fluß ein neues Heim. Die Bachs haben bis heute, in dreihundert Jahren, etliche tausend Nachkommen gezeugt, Bach ist einer der häufigsten Namen in Kentucky; einer von Joseph Bachs Nachkommen wurde einer der wenigen ersten Ärzte in Kentucky, wegen seiner Meisterschaft in der Behandlung von Schußwunden ist Dr. Wilgus Bach noch heute eine der legendären Figuren Kentuckys. Deutsche Einwanderer gründeten auch die Hauptstadt von Kentucky: Frankfort.

Kentuckys einträglichster und berühmtester Erwerbszweig ist seit hundert Jahren die Vollblutzucht. 1877 wurde die »Runymede Farm« im ganzen Land berühmt: die für 5000 Dollar gekaufte Stute Woodford rannte sich im Laufe ihrer Karriere als erstes Pferd Amerikas über 100 000 Dollar zusammen. Das berühmteste Pferd des vorigen Jahrhunderts war Lexington, das auf der »Bluegrass Farm« am Elkhorn Creek zur Welt kam. Seine Blutlinie ging auf den großen englischen Vererber Herod zurück, und auf den Sieger des ersten englischen Derbys von 1780 Diomed – letzten Endes auf den Vollblutstammvater Darley Arabian.

Lexington ging meistens auf den Rennplätzen des Südens an den Start, die südlichen Staaten waren leicht zu erreichen, seit die schaufelradgetriebenen Dampfschiffe vom Kentucky-River aus, den Ohio hinunter zum Mississippi gelangen konnten. Lexington – und seine berühmten Stallgenossen – waren die Ehrengäste an Bord der stets überfüllten Fluß-Steamer, und die Schlachtenbummler tranken und tanzten in der Vorfreude auf die Wettkämpfe Tag und Nacht auf sämtlichen Decks, und auf der Rückreise feierten sie mit rauher Western-Herzlichkeit ihre Siege.

Lexingtons Söhne und Töchter gewannen für ihre Besitzer insgesamt über eine Million Dollar. Sein Nachfahre in der fünften Generation war der sagenhafte Man o'War. Von seinem Ruhm kündet heute, über seinem Grab bei Paris, ein gewaltiges Denkmal. Viele zehntausend Menschen kommen Jahr für Jahr hierher, in stiller Verehrung stehen sie vor der letzten Ruhestätte dieses Pferdes, das in der Heldengalerie von Kentucky seinen ebenbürtigen Platz neben den historischen Gestalten von Daniel Boone und Cassius M. Clay gefunden hat.

Das ganze »Bluegrass Country« lebt von den Pferden. Endlos ziehen sich die weißen und schwarzen Koppelzäune über das sanft gewellte Land. Der satte Boden, mit seinen hochgradigen Bestandteilen aus Phosphor und Kalzium, der schon dem Bourbon-Whiskey seine Qualitäten verlieh, schenkt auch den Pferden die Kraft zum Ausbau der Knochengerüste. Da der Boden porös und deshalb von federnder Festigkeit ist, gewinnen die Jährlinge hier im Spiel eine starke Beinmuskulatur. »Ein Pferd aus Kentucky« – das heißt schon für einen noch namenlosen Jährling, daß er alle Voraussetzungen mitbringt, die härtesten Rennprüfungen zu bestehen.

Die Züchter von Kentucky produzieren rund 5000 Fohlen im Jahr. Bei den Versteigerungen erlösen sie jährlich zwischen dreißig und vierzig Millionen Dollar. Der Durchschnittspreis für den Jährling liegt zwischen 7000 und 8000 Dollar. Die Zuchthengste bringen ihnen jährlich runde 15 Millionen Dollar an Deckgeldern ein.

Natürlich schicken die Gestüte eine große Zahl ihrer besten Pferde selbst in die Rennen. Sie haben ja acht der berühmtesten Rennplätze gleich neben ihren Koppeln, zum Beispiel die »Churchill-Downs«-Bahn, die »Louisville Downs« und »Keeneland«, wo alljährlich das »Kentucky Derby« stattfindet. Das Rennjahr in Kentucky zählt 460 Renntage, und über zwei Millionen Rennfans verwetten hier 125 Millionen Dollar – und holen sich 100 Millionen zurück. Die Rennstallbesitzer von Kentucky gewinnen im Jahresdurchschnitt 16 Millionen Dollar.

Das ganze Land lebt vom Pferd: allein die Renngesellschaften führen schon 17 Millionen Dollar an Steuern ab, und die Züchter pumpen 22,5 Millionen Dollar ins Land – 8 Millionen allein an Arbeitslöhnen. Wieviel Geld die 250 000 Touristen in Kentucky lassen, die jährlich die Gestüte mit den klangvollen Namen und den berühmten Pferden besuchen, das läßt sich nur schätzen.

Daneben spielen Landwirtschaft, Holzindustrie, Tabakbau, Viehzucht und Whiskey-Produktion nur untergeordnete Rollen.

Ein Blick in das Hauptbuch der Claiborne Farm macht die Relationen deutlich. Farm-Lord A. B. Hancock jr. weiß selbst nicht auf Anhieb zu sagen, wieviel sein Unternehmen wert ist. Er muß es sich erst zusammenrechnen. Aber er tut es gern – und mit selbstverständlichem Stolz.

Die 6000 Hektar Land, die sein Reich umfaßt, bewertet er mit 4,5 Millionen Dollar.

Die 28 Zuchthengste beziffert er auf 28,5 Millionen.

Die 213 Jährlinge addiert er zu 6 Millionen Dollar.

Die 325 Zuchtstuten notiert er mit 8 Millionen.

Für die 1000 Stück Vieh setzt er dagegen 180000 Dollar ein, und für seine 60 Hektar große Tabakplantage nur 60000 Dollar.

So kommt er für seine ganze Claiborne Farm auf insgesamt 47240000 Dollar.

Den jährlichen Reingewinn mag er nur unter der Rubrik »Pferde« ausrechnen: runde vier Millionen Dollar.

Die Unkosten: eine Million.

Aber Claiborne ist nur eins von 200 Gestüten im Land des Blauen Grases – freilich das größte und das erfolgreichste . . .

Als Arthur B. Hancock, der Senior, im Jahre 1913 mit seiner Frau, seinen Pferden und seinem dreijährigen Sohn Arthur junior die Claiborne Farm bezog, konnte er nicht hoffen, den schon bestehenden Gestüten in Bourbon County den Rang abzulaufen.

Die ersten Jahre waren hart.

A. B. Hancock jr. erinnert sich, daß er schon mit sechs Jahren seinem Vater auf den Koppeln und in den Stallungen helfen mußte. »Dafür bekam ich fünf Cent pro Arbeitstag.«

Mit zehn Jahren war sein Arbeitslohn auf zwei Dollar in der Woche erhöht worden. »Ich ging mit den Landarbeitern aufs Feld zum Unkraut jäten. Ich mußte Scheunen ausfegen und Ställe ausmisten. Es war schwere Arbeit. Aber ich wußte schon damals: das ist das richtige Leben für mich . . .«

Von der Schule hielt er nicht viel. Sein Lesebuch, das einzige, das er mit Fleiß studierte, war die Rennfachzeitung, die »Daily Racing Form«.

Von seinem Vater wurde er auf Amerikas damals beste Universität, nach Princeton, geschickt – dieselbe Uni, an der auch Charles Engelhard studierte. Jedoch: »Eigentlich habe ich in Princeton nur Biertrinken richtig gelernt.«

Auf der Universität erwarb Arthur jr. sich auch seinen Spitznamen »The Bull«. Sein bester Freund im College war der Universitätsmeister im Schwergewicht, John Rutherford. Eines Nachts hatte der junge Boxer Mühe, sein Bett zu finden. »Schließlich«, erzählt Hancock, »riß mir die Geduld.« Hancock, 1,84 groß, mit Pferdemuskeln, schlug ihm die Faust unters Kinn.

Der Schwergewichtler versank, wo er stand, in Tiefschlaf. »Hancock ist der einzige«, verkündete der Boxer noch in späteren Jahren, »der mich jemals aufs Kreuz gelegt hat.«

»Bull« Hancock ist ein konservativer Mann. Heute, mit 62 Jahren, die man dem sonnengebräunten Wind-und-Wetter-Mann nicht ansieht, als Vater von vier Kindern (A. B. Hancock III, 29, Seth, 23, und den Töchtern Clay, 27, und Dell, 19) sagt er zum Beispiel, wenn es ums Futter für seine Pferde geht: »Von chemischen Beimischungen zum Pferdefutter halte ich nichts. Mein Vater hat immer gesagt, ›das beste Pferd, das ich je gesehen habe, war Man o'War, und der hat nie was anderes gekriegt als gutes Heu, guten Hafer, gutes Gras und gutes Wasser‹. Diese Theorie«, sagt Hancock junior, »gilt für mich auch heute noch . . .«

Mit dieser Theorie – oder, wie man's nimmt, trotzdem – ist die Claiborne Farm groß geworden. Der alte Hancock holte sich einige der größten Rennpferde seiner Zeit als Zuchthengste auf sein Gestüt: Sir Galahad III, der ihm drei Kentucky-Derby-Sieger zeugte (Gallant Fox, 1930; Johnstown, 1939; Hoop jr., 1945), und Blenheim II, der zwei Söhne über die Kentucky-Derby-Ziellinie schickte (Whirlaway, 1941 und Jet Pilot, 1947). Zuchthengst auf Claiborne Farm wurde auch Omaha, Kentucky-Derby-Sieger von 1935 – ein Ururgroßvater mütterlicherseits von Nijinsky.

In dem Jahr, in dem der alte Hancock starb (1957), hielt er mit vier Pferden die Nummer Eins auf vier Champion-Listen: sein Hengst Nadir war der beste Zweijährige Amerikas, seine Rennstute Bayou die beste Dreijährige, Round Table der beste Renner auf den amerikanischen Grasbahnen, und Bold Ruler überhaupt das »Pferd des Jahres«.

A. B. Hancock senior hinterließ seinem Sohn ein verpflichtendes Erbe – und im Wohnzimmer seines klassizistischen Hauses einen Kaminsims, auf dem sich die Pokale und Trophäen in dichter Reihe drängten.

Schon zwei Jahre später war der Kaminsims zu schmal: allein auf der Jahresbestliste der amerikanischen Vollblut-Vererber war »Bull« Hancock mit vier Hengsten vertreten.

»Seit 25 Jahren«, stellt A. B. Hancock jr. statistisch-sachlich fest, »beherbergt die Claiborne Farm mehr Champion-Zuchthengste als jedes andere Gestüt der Welt.«

Die Claiborne Farm hat inzwischen längst so berühmte Gestüte wie die Calumet Farm (deren Hengst Citation als erstes amerikanisches Pferd über eine Million Dollar einbrachte) oder das Gestüt des Hollywood-Zaren Louis B. Meyer in der Spitzenposition abgelöst. Erfolgreiche Rennstall-Besitzer wie Harry F. Guggenheim und Mrs. Henry Carnegie-Phipps gaben ihre Pferde, wenn deren Rennkarriere beendet war, nur zu A. B. Hancock in »Pension«.

Hancocks wichtigster »Kunde« aber sollte Charles Engelhard werden.

Hancock lernte den Platin-Millionär bei einem Dinner unter Pferdefreunden kennen. Die Tatsache, daß sie beide in Princeton studiert und daß sie beide während des Krieges in der US-Luftwaffe gedient hatten (Engelhard als Captain, Hancock als Major), brachte sie schnell miteinander ins Gespräch.

Es war die Zeit, als Engelhard anfing, sich in Südafrika, England und Amerika gleichzeitig sein Vollblut-Imperium aufzubauen.

Hancock erinnert sich: »Charley hatte immer wieder sagen hören, daß man mit Pferden nur Geld verliert – und er wollte beweisen, wie bei den meisten Dingen, die er anpackte, daß er es besser machen konnte.«

Es gab – unausgesprochen – noch eine Gemeinsamkeit: wie Engelhard war auch Hancock ein Mann, der von einem bedrückend erfolgreichen Vater ein Millionenerbe übernommen hatte – und nicht daran gescheitert war.

Entscheidend war indessen für einen Mann wie Engelhard, dem das Beste immer gerade gut genug war, daß Hancock der Beste seiner Zunft war.

Hancock erinnert sich an eine charakteristische Äußerung Engelhards: »Es gab irgendwann einmal eine Meinungsverschiedenheit. Charley war zunächst anderer Ansicht als seine Ratgeber. Plötzlich gab er ihnen grünes Licht. Er war nicht überzeugt – aber er sagte: ›Ich engagiere immer nur Leute, von denen ich weiß, daß sie auf ihrem Spezialgebiet mehr wissen als ich. Dafür bezahle ich sie. Sonst brauchte ich sie ja nicht. Wenn sie mir also den Eindruck vermitteln, daß sie wissen, wovon sie reden – dann will ich mich nicht einmischen‹.«

Nur in einem einzigen Punkt war Engelhard nicht von seinem Willen abzubringen: daß Nijinsky nach dem zermürbenden »St. Leger« auch noch zum »Arc de Triomphe« antreten sollte.

Hancock war dagegen gewesen. Er hatte gesagt: »Da können wir nur Geld gewinnen, aber kein Prestige.«

Hancock sah voraus, daß einige Leute, die Anteile an Nijinsky erworben hatten, bei einer Niederlage Nijinskys von ihren Verträgen zurücktreten würden.

In der Tat waren nach Nijinskys Niederlage in Longchamps und in den Champion-Stakes die beiden europäischen Anteilszeichner aus dem Nijinsky-Syndikat zurückgetreten: der französische Millionär Guy de Rothschild und Madame Plesch, deren Sassafras das »Pferd des Jahrhunderts« geschlagen hatte.

»Aber die amerikanischen Aktionäre«, sagt Hancock nicht ohne Stolz, »haben sich nicht irre machen lassen . . .«

Hancock hatte Nijinsky schon als Jährling auf der Windfields-Farm in Toronto gesehen. »Er war mir damals aufgefallen«, erzählt er. »Dieser Motor, der in ihm tickte und nur darauf wartete, losgelassen zu werden . . . diese einzigartige Mentalität, die ihn fast menschlich wirken ließ . . .«

Freilich, daß er »so großartig« werden würde, das ahnte auch Hancock nicht. »Sonst«, sagt er, »hätte ich ihn selbst gekauft.«

»Aber«, setzt er hinzu, »ich habe in jeder Saison hundert eigene Jährlinge zu verkaufen. Wie sollte ich auf die Idee kommen, anderswo noch einen fremden Jährling dazuzukaufen.«

Hancock war auch zum »Arc de Triomphe« in Paris gewesen (es war die vierte Paris-Reise in seinem Leben). Für ihn ist, auch nach der verlorenen Nasenlänge, Nijinsky der Sieger von Longchamps. Hancock hat keinen Zweifel: »Wenn Piggott nicht zur Peitsche gegriffen hätte, wäre Nijinsky der Sieger gewesen. Ein Pferd, das einen Außenseiter, der vor seiner eigenen Courage erschrickt, aus einem Rückstand von zehn Längen zu einem Rennen treibt, das nur sieben Zehntelsekunden über dem Bahnrekord liegt, ist kein Verlierer.«

Doch das ist nun Vergangenheit, glanzvolle Gloriole von gestern. Jetzt stellt Nijinsky andere Probleme. Wie kann ein Pferd, das drei Jahre lang auf Rekordleistungen trainiert wurde, ein Pferd, das in ungewöhnlich kurzen Abständen von Rennen zu Rennen gejagt, von Sieg zu Sieg getrieben wurde, das den überschäumenden Applaus hunderttausendköpfiger Massen kennen und lieben gelernt hatte – wie kann ein solches Pferd, dem die stärkste Nervenanspannung, die höchste Energieleistung zum Normalzustand geworden ist, sich nun auf einmal an den beschaulichen Lebensrhythmus eines Luxusgeschöpfes im Ruhestand gewöhnen?

Wie kann Nijinsky – mit drei, knapp vier Jahren noch längst nicht über den Höhepunkt hinweg – vergessen, ein Held zu sein?

Auf den Tag genau vier Wochen nach seinem dramatischen Kampf in Longchamps landete Nijinsky mit einem Düsentransporter auf dem New Yorker Kennedyflughafen. Flughafen-Tierarzt Dr. William O. Reed nahm die in den Einfuhrbestimmungen für Tiere vorgesehenen Untersuchungen vor. Dr. Reed behandelte den König des Turfs mit der Großzügigkeit, die einem gekrönten Haupt, auch wenn es sich auf vier Beinen bewegt, zukommt.

Die Einwanderungsbehörden zeigten sich von ihrer freundlichsten Seite. Die Steuerbestimmungen, die bisher die Einfuhr von Rennpferden mit hohen Gebühren belasteten, waren, rechtzeitig vor der Ankunft Nijinskys – und maßgerecht für Nijinsky – in Frage gestellt worden. Nach einem neuen Gesetz brauchen amerikanische Vollblutbesitzer, die ihre Pferde im Ausland rennen ließen, für die Pferde bei der Heimholung in die Vereinigten Staaten keine hohen Einfuhrzölle mehr zu bezahlen.

Mehr noch: Üblicherweise müssen Pferde, die sich in Frankreich aufgehalten haben, bei der Einreise in die Vereinigten Staaten erst einmal, in ihrem Landungsort, sechzig Tage in Quarantäne gehen.

Nijinsky durfte nach nur zweistündigem Aufenthalt in New York gleich den Weiterflug nach Kentucky antreten.

Während Nijinsky in seiner Maschine die Bergkette der Appalachian-Mountains überflog, machte sich der beste Pferdebetreuer der Claiborne Farm, Arthur Clay, mit einem Transportwagen auf den Weg zum knapp dreißig Kilometer vom Gestüt entfernten »Bluegrass Airfields«.

Dieser Flughafen ist sicher einer der größten Kleinflughäfen in Amerika. Auf seiner einzigen Landebahn kommen täglich 23 Flüge aus Chicago, Cincinnati, Detroit und Washington an. Aber das einträglichste Fluggeschäft machen vielleicht nicht einmal die vier Regional-Fluglinien, die hier verkehren – Eastern, Delta, Piedmont und Alleghany Airlines – sondern vielmehr die Chartergesellschaften mit ihren Pferdeflugzeugen. Pferde, die zu den 460 alljährlichen Rennen im »Bluegrass-Country« kommen; Stuten, die zu ihren Rendezvous mit den potenten Deckhengsten von Kentucky reisen – und hochdekorierte Rennbahn-Veteranen, die sich zu ihren luxuriösen Alterssitzen begeben.

Es war 18.15 Uhr am 4. November 1970, als Nijinskys Flugzeug zur Landung ansetzte.

Die Dunkelheit war bereits eingebrochen, ein kühler Nieselregen fiel, aber dennoch hatten sich ein Dutzend Reporter und zweitausend Rennfreunde eingefunden, um das »Pferd des Jahrhunderts«, das sie alle bisher nur aus dem Fernsehen kannten, in seiner neuen Heimat zu begrüßen.

Arthur Clay wies seinen Fahrer, Wes Humphies, an, die Lastwagenscheinwerfer einzuschalten. Die Laderampe des Flugzeugs wurde ausgefahren und dann erschien er: der sehnige, knochige Kopf mit dem herzförmigen Stern auf der Stirn zeigte sich zuerst in der Flugzeugtür, dann setzte der Hengst seine Hufe mit den weißen »Strümpfen« vorn rechts und hinten auf die abschüssige

Rampe, ein wenig schwankend, denn die lange Reise hatte seine Gelenke versteift.

Nijinsky blinzelte unruhig, als die Blitzlichter zuckten und die Jubelrufe seiner kentuckyschen Freunde aufklangen. Seine Nerven spannten sich, seine Muskeln strafften sich, seine Nüstern schnupperten nach dem Geruch anderer Pferde, der in der Luft lag – gleich gegenüber der »Bluegrass Airfield« liegt die »Keeneland«-Rennbahn: sollte es wieder zu einem Rennen gehen?

Nijinsky spürte die feste, beruhigende Hand Arthur Clays an seinem Hals, hörte die besänftigenden Worte, die er sprach; ein wenig schneller, ein wenig kehliger als die Sprache, die er von seinen irischen Betreuern gewohnt war – doch viel entspannter.

Nein, das klang nicht so, als ob ihm wieder ein Rennen bevorstand, niemand sprach ihm Mut und Ermunterung zu, diese Worte klangen nach Ruhe und Erholung.

Nijinsky vertraute sich den fremden, freundlichen Händen an, die ihn ein paar hundert Schritte weit auf die dunkle Flughafenwiese hinaus-, dann zwei- oder dreimal rund um den Transportwagen führten, der einladend offenstand. Das tat seinen Muskeln und seinen Nerven gut . . .

Die Fahrt im Transporter dauerte nur eine halbe Stunde. Nijinskys erste Station in Kentucky war das »Training-Center«, an der Landstraße zwischen Lexington und Paris. Hier durfte Nijinsky seine Quarantänezeit abwarten, nur dreißig Tage, und in einer freundlichen Umgebung.

Auf der grünen Koppel vor den weißen Stallungen sah er nur Jährlinge, die, noch ehrgeizlos, verspielt und fröhlich tollten – eine Erinnerung an die unbeschwerte Zeit seiner Jugend auf der Windfields-Farm.

Weißgekleidete Männer kamen jeden Tag in seine Box, um ihm die Temperatur zu messen und einige Spritzen zu geben. Aber das registrierte er kaum.

Es war schön, auf den satten Wiesen zu laufen, wie es ihm gefiel, keinen Reiter mehr auf seinem Rücken tragen zu müssen, keinen Galopp mehr rennen zu müssen. Das sorglose Leben hatte begonnen.

Noch einmal mußte Nijinsky das dunkle Geviert eines Transportwagens betreten, vielleicht das letzte Mal in seinem Leben, als er nach Claiborne Farm gefahren wurde, die nun wohl für den Rest seines Lebens – zwanzig Jahre, dreißig Jahre – sein Reich sein sollte.

In den ersten Wochen ging eine seltsame Veränderung mit Nijinsky vor sich. Die Umstellung auf seine neue Lebensweise, seine neue Umgebung, kostete ihn zunächst zwanzig Kilo Gewicht. Sein sonst so glänzendes Fell wurde glanzlos und stumpf.

Sein Stoffwechselsystem, ganz auf Energieaufnahme zur Energieleistung im Wettkampf eingestellt, verlor seinen Rhythmus. Blutkreislauf und Blutdruck, ganz von den gewaltigen Adrenalin-Ausstößen der Bauchspeicheldrüse abhängig, wie sie sich in den ständig eintretenden Kampfsituationen ergeben, pegelten sich auf einen niedrigeren Stand ein. Die Durchblutung der Haut ließ nach, und mit der nachlassenden Nervenspannung auch der Appetit. Alle diese Faktoren wirkten zusammen und führten insgesamt zu der Erscheinung, die

Hancock und Clay als »let-down-syndrome«, als »Abschlaffungs-Syndrom« bezeichneten.

Nijinsky schien sich jedoch von diesen Veränderungen in seinem Körper nicht beunruhigen zu lassen. Gelassen stellte er sich auf den neuen Rhythmus ein, nach dem sein Leben nun verlaufen sollte.

Morgens um sieben wird er in seiner Box von seinem neuen Freund Arthur Clay begrüßt, der ihm, je nach Appetit, zwei bis sechs Kilo Hafer und einen Eimer Wasser zum Frühstück serviert.

Dann, nach der Morgentoilette, geht es auf die Koppel hinaus, ein fast hektargroßes Areal, das ihm allein gehört.

Mittags um zwei, wieder im Stall, ein neues Mahl, und zum Nachtisch abermals einen Spaziergang auf der Koppel. Währenddessen wird seine geräumige Box von Arthur Clay und seinen Gehilfen gesäubert, frisches Stroh aufgeschüttet für ein wohlduftendes Lager in der Nacht.

Um vier dann die letzte Mahlzeit, wieder der satte Hafer und das saftige Heu, das es nur in Kentucky gibt. Fabrikgefertigtes Preßfutter, die »Pellets«, wie Nijinsky sie auf der Windfields-Farm so sehr liebte, daß er in Irland nicht ohne sie sein mochte, stehen bei Hancock nicht auf der Speisekarte: »Ich mag das Kunstzeug nicht«, sagt Hancock, »darin ist mir zuviel Staub.«

Dann verabschiedet sich Arthur Clay von seinem Schützling für den Abend und die Nacht. Nach vier Uhr herrscht die Ruhe des Feierabends auf der Claiborne Farm, von da an ziehen nur die Wachtposten, zu Fuß und in Jeeps, in zwei Schichten ihre Runden. Claiborne ist ein Sanatorium für die alten Kämpfer des Turfs . . .

Wenn Pferde sprechen könnten, hätten Nijinskys neue Kameraden ihm vom ersten Tag an erzählen können, wie angenehm das Leben im »Bluegrass Country« ist.

Auf der benachbarten Gainesway Farm genießt Vaguely Noble, der »Arc«-Sieger von 1969, sein Frührentnerleben, das Pferd, das vor Nijinsky den Rekord als teuerstes Pferd der Welt hielt: mit einem Wert von fünf Millionen Dollar wurde er von den französischen Rennbahnen zurückgezogen. Ein weiterer europäischer Champion residiert in der Nachbarschaft: Sea Bird, »Arc«-Sieger von 1968, der mit fast zwei Millionen Mark an Siegerprämien der beste Verdiener auf den Rennbahnen war, bevor er von Nijinsky entthront wurde.

Ribot, der sagenhafte Italiener, nun fast zwanzig Jahre alt, genoß auf der nahegelegenen Derby-Dan-Farm sein Gnadenbrot (er starb kurz nach Nijinskys Ankunft, Anfang 1972).

Auch in seinem eigenen Zehn-Boxen-Stall, einem idyllischen weißen Gebäude mit einem lustigen Türmchen auf dem Dach, wie sie typisch für Kentucky sind, hat Nijinsky berühmte Stallkameraden.

Auf den blankpolierten Messingschildern an den Türen zu den geräumigen Boxen lesen sich die eingravierten Namen wie ein Gotha der Vollblut-Aristokratie.

Auf derselben Stallseite mit Nijinsky lebt der Hengst, der ihm in Ballydoyle als nacheiferungswürdiges Vorbild vorgehalten wurde: Sir Ivor, der Derby-

Sieger von 1969. Daneben Bold Lad, Lafablo, und der alte Meister Sir Galahad. In der Reihe gegenüber stehen Round Table, Bagdad, Roan, Assunto und Pronto. Und jeder von ihnen ist ein bis zwei Millionen Dollar wert.

Nijinsky hat auch einen neuen Freund gefunden: Tom Rolfe, einst der Publikumsliebling auf den amerikanischen Rennbahnen. Ihn begrüßt er jeden Morgen mit freudigem Wiehern auf der Koppel nebenan.

Über den Doppelzaun hinweg stecken sie dann die Köpfe zusammen und es ist, als erzählten sie sich von ihren Abenteuern.

Manchmal kommt auch noch einmal die Rennlust über sie. Dann rasen sie, jeder auf seiner Seite des Zauns, Distanz um Distanz von einem Ende der Koppel zur anderen.

»Nijinsky«, sagt Arthur Clay, »ist immer noch hellwach – und so bleibt er wohl auch. Man braucht ihm nur zu pfeifen, und er kommt herangerast, als hoffte er auf einen neuen ›Arc de Triomphe‹, um alles nachzuholen, was er dort versäumt hat . . .«

Es dauert ein halbes Jahr, bis Nijinsky sein altes Gewicht wieder aufgenommen, bis das kastanienbraune Fell seinen alten Glanz wiedergewonnen und die Spannung in seinem Nervensystem sich gelöst hat, bis die Erinnerungen an die harten Tage um die verzweifelten Kämpfe um Zentimeter und Nasenlängen im Dämmer der Vergangenheit verschwinden.

Arthur Clay, in seinem kleinen Haus auf der Farm nur einen Steinwurf weit von Nijinskys Stall entfernt, philosophiert bei einem Glas Johannisbeerwein: »Es ist wie bei einem Box-Champion, der den Ring für immer verläßt. Es dauert seine Zeit, bis der Körper und die Seele ihre Ruhe finden. Bis nicht mehr jeder Blick und jede unerwartete Bewegung eines möglichen Konkurrenten die Muskeln einschnappen und das Adrenalin zum Schäumen bringen. Nijinsky hat seine Ruhe gefunden, er hat sogar wieder zugenommen, fünfzig Kilo mindestens, und ich glaube, so schön wie heute hat er nie ausgesehen – die Stuten, die im Frühling zu ihm kommen, verlieben sich in ihn auf den ersten Blick.«

In Kentucky, wo der Winter kurz ist, an höchstens fünf bis zehn Tagen Schnee fällt und die Temperatur nur auf einen Durchschnitt von sieben Grad über Null absinkt, kommt der Frühling schnell und unverhalten; dann beginnt das Gras der Weiden in seinem zauberhaften Brillant-Grün zu leuchten, die Sykomoren, die Linden-, die Sassafras- und die Kirschbäume recken ihre knospenden, blühenden Äste. Das ist die Zeit, in der im »Bluegrass-Land« auch die Stuten ihren Hengsten zugeführt werden.

Hinter den Hengststallungen auf der Clairborne Farm steht ein kleiner schwarzer Schuppen, der in den meisten Monaten des Jahres kaum betreten wird. Im Frühling aber, Mitte Februar, herrscht im Deck-Schuppen Hochbetrieb. Bis zum Sommerbeginn, bis weit in den Juni hinein, finden hier über tausend mehr oder weniger verliebte, aber durchweg leidenschaftliche Rendezvous statt.

Hier wird Nijinsky am 26. Februar 1971, morgens um acht, zum ersten Mal in die Mysterien der animalischen Liebe eingeführt.

Mysterium der Liebe – das mag seltsam klingen bei einem Pferd. Aber kein geringerer als Federico Tesio, der Züchter so kraftvoller Renner und Vererber wie Ribot und Nearco, glaubt fest daran. Für ihn (und sicher nicht nur, weil er Italiener war) ist der Zeugungsakt der Pferde mehr als eine – im günstigen Fall – erfolgreiche Paarung von aussichtsreichen Vererbungslinien gewesen.

Tesio hat sich oft Gedanken darüber gemacht, ob das Züchtungsgeschäft sich nicht durch die Einführung der künstlichen Besamung rationalisieren und maximieren ließe. Aber Tesio ist, wie fast alle Vollblutzüchter auf der Welt – und wie auch A. B. Hancock jr. – fest davon überzeugt, daß ein unfaßbares Etwas, ein Energieblitz (vielleicht das, was die Franzosen in der – menschlichen – Liebe den »coup de foudre« nennen) beim Zeugungsakt des Pferdepaares ihrem gemeinsamen Geschöpf erst das Feuer verleiht, das ein Vollblutpferd von allen anderen Tieren unterscheidet.

»Künstliche Besamung mag ihre Vorteile haben«, sagt Tesio, »vorausgesetzt, diese künstlichen Produkte sind für den Schlachtgebrauch bestimmt . . .«

Tesio erläutert: »Bei gleichwertigen Pferden wird immer das Pferd siegen, das den größeren Willen zum Sieg hat. Mit anderen Worten: dessen Willenskraft die nervliche Energie so steigert, daß das Pferd zum siegreichen Endspurt ansetzen kann. Der Sieger mag physisch schwächer sein – durch seinen Siegeswillen ist er der Stärkere.«

Tesio rechnet vor: »Seit es künstliche Besamung gibt, hat noch kein Pferd, das künstlich gezeugt wurde, ein klassisches Rennen oder auch nur ein zweitklassiges Rennen gewonnen. Hätte auch nur ein einziges, durch künstliche Besamung gezeugtes Pferd einen diskutablen Erfolg errungen, so wäre das von den Propagandisten der künstlichen Besamung sicher über alle Lautsprecher verkündet worden. Stattdessen: Schweigen.«

Tesio belegt (in seinem Buch *Meine Vollblutzucht*), die These von der Wirkung des geheimnisvollen »Zaubers der Leidenschaft« mit der Geschichte der Derby-Siegerin Signorella.

»Um das Jahr 1880 verlegte ein neapolitanischer Edelmann, Cavaliere Ginistrelli, sein Vollblutgestüt von Portici bei Neapel nach Newmarket, mit der Absicht, die Engländer in ihrem eigenen Land zu schlagen.

Cavaliere Ginistrelli war ein Original mit wunderlichen Ideen. Immerhin hatte er sogleich einen aufsehenerregenden Erfolg, als er ein hübsches Stutenfohlen züchtete, das er Signorina nannte und das ein Spitzenpferd seines Jahrgangs wurde. 1892 kehrte Signorina, damals fünfjährig, als Zuchtstute ins Gestüt zurück.

Inzwischen hatte sich der geschäftige kleine Neapolitaner ein Haus in Newmarket gebaut, in dem sein Schlafzimmer neben der Box seines Lieblings lag. Ein Fenster am Kopfende seines Bettes gab ihm die Möglichkeit, sie zu jeder Tages- und Nachtzeit im Auge zu behalten. Trotz aller Sorgfalt wurde die schöne Signorina bereits ein wenig ältlich, ohne auch nur ein einziges Fohlen von wirklicher Qualität hervorgebracht zu haben. Und dabei war sie stets mit den besten Beschälern ihrer Zeit gepaart worden.

Im Frühling 1904 war es Ginistrelli gelungen, Signorina mit dem großen Isinglass zu ›verloben‹, der sehr gefragt war und dessen Taxe 300 Guineas bei der ›Verlobung‹ betrug.

Beide Pferde, der Hengst und auch seine zukünftige Braut, lebten in Newmarket an entgegengesetzten Enden jener langen, breiten Straße, die – ich brauche es fast nicht zu sagen – Highstreet heißt.

Während der Decksaison war es üblich, daß die drittklassigen Hengste – arme arbeitslose Opfer ihrer schlechten Klasse – die Hauptstraße auf- und abpromenierten, wobei sie Decken trugen, auf die mit großen Buchstaben verführerisch ihre Namen gestickt waren.

An einem herrlichen Morgen im April schritt die anmutige Signorina die Highstreet hinab, um Hochzeit mit dem berühmten Isinglass zu halten. Sie wurde geleitet von einem Stalljungen, und auf dem Fuße folgte ihr Cavaliere Ginistrelli, der sie auch bei solchen Gelegenheiten nie aus den Augen zu lassen pflegte. Da begegnete ihr einer dieser obskuren Vollbluthengste, der den Namen ›Chaleureux‹ auf seiner Decke trug.

Chaleureux (›der Heiße‹) machte seinem Namen Ehre. Er blieb stehen, um Signorinas Duft zu prüfen und plötzlich zeigte er sich leidenschaftlich verliebt. Er weigerte sich, auch nur einen Schritt weiterzugehen. Signorina blickte ihn mit ebensolchem Wohlwollen an, und auch sie weigerte sich weiterzugehen. Da half kein Zerren und kein Zureden, und bald sammelte sich eine schaulustige Menge.

Ginistrelli, nicht nur Biologe, sondern auch Psychologe, erkannte die Situation mit einem Blick.

›Sie lieben sich!‹ rief er. ›Das soll eine Liebesheirat werden.‹

Und also kassierte der stolze Isinglass die 300 Guineas und wartete vergeblich auf sein Rendezvous mit der edlen Signorina.

Elf Monate später schenkte Signorina einem Stutenfohlen das Leben, das Signorinetta genannt wurde.

Die Fachleute, überzeugt, daß Ginistrelli verrückt sei, spotteten offen über ihn. Aber Signorinetta wuchs heran und wurde eine der erfolgreichsten Rennstuten aller Zeiten; sie gewann das Derby und – zwei Tage später – das Oaks, ein Doppelerfolg, den seit 1780 erst zwei Stuten für sich buchen konnten.

Die Geschichte ist wahr, und ich war persönlich mit allen fünf Beteiligten bekannt, die darin vorkommen: Ginistrelli, Isinglass, Chaleureux, Signorina und Signorinetta . . .«

Soweit die Geschichte von Signorinetta, die – so darf man wohl im Sinne Federico Tesios sagen – ein wahres »Kind der Liebe« war. Doch zur Liebe gehört nicht nur Leidenschaft, sondern auch Technik. Und wie bei einem Jüngling in der ersten Liebesnacht, war auch bei Nijinsky nicht zu erwarten, daß er gleich beim ersten Rendezvous wissen konnte, zu welchem Zweck er an jenem frühlinghaften Februarmorgen in den Deck-Schuppen geführt wurde.

Für den ersten Versuch hatte A. B. Hancock seinem jungfräulichen Hengst eine sanfte, erfahrene, mütterliche Stute mit dem treffenden Namen »Scare Me Not« (»Erschrick mich nicht«) ausgewählt. Ihr Vater war der trophäenreiche

Renner Bagdad, ihren Namen hatte sie von der Stute »Not Afraid« (»Furchtlos«) geerbt.

Vor dem Rendezvous waren ihr von den Stallburschen die Hufeisen abgenommen worden – sie hätte ja, trotz ihres gefälligen Temperaments, durch unbeholfene Zärtlichkeiten ihres unerfahrenen Geliebten in Verwirrung gebracht werden können und dann vielleicht, wie es Stuten häufig tun, nach Nijinsky ausschlagen können.

»Scare Me Not« war hübsch gewaschen, gestriegelt und gebürstet worden, auch der Zeitpunkt stimmte: der Zyklus einer Stute dauert jeweils 18 bis 21 Tage, am neunten Tag ist sie dann immer am liebebedürftigsten.

Nijinsky schien die Stute vom ersten Augenblick an zu lieben. Zärtlich rieb er seine Nüstern an ihrem rotbraunen Fell, neugierig schnupperte er ihren aufregenden Geruch, und erwartungsvoll ließ er sich hinter das Pferdemädchen führen, dem vorsorgliche Hände bereits den Schweif hochgebunden hatten.

»Scare Me Not« hielt liebevoll still, als Nijinsky sich hinter ihr aufbäumte und seine Vorderhufe auf ihre breiten, muskulösen Flanken legte.

Wie bei seinen atemberaubenden Galoppjagden auf dem Turf, vom ersten Rennen an, erwies sich Nijinsky auch gleich bei seinem ersten Liebesrennen als ein Meister, der vom Himmel gefallen zu sein schien. »Es war«, sagt Arthur Clay, »als hätte er sein Leben lang nie irgend etwas anderes getan. Irgend jemand muß ihm gründlichen Aufklärungsunterricht gegeben haben . . .«

Am Nachmittag desselben Tages lernte Nijinsky seine zweite Stute kennen, eine hübsche junge Dame mit dem strahlenden Namen Helio Light, und am nächsten Morgen, wieder um acht, ging er, nun schon ein ausgefuchster Don Juan, zu seinem dritten Liebesritt.

»Wie bei Menschen«, erklärt Arthur Clay, »gibt es auch bei Pferden Liebe auf den ersten Blick, es gibt Freundschaften, die sich langsam entwickeln, und es gibt auch Fälle von Antipathie, dann können sich die beiden im wahrsten Sinne des Wortes nicht riechen. Aber unser Nijinsky hat da keine Probleme. Die Stuten scheinen zu spüren, daß er ein begnadeter Liebhaber ist, sie schmelzen dahin, wenn er sie nur aus seinen großen braunen Augen ansieht und sie mit einer merkwürdigen, arroganten Zärtlichkeit beschnuppert. Sie verlieben sich sofort in ihn – und er liebt sie alle, wie sie ihm vor die Hufe kommen. Er führt sich auf wie ein Pascha in seinem Harem . . .«

Pascha Nijinsky deckte in seinem ersten Frühling 37 Stuten. Insgesamt ging er 66mal in den schwarzen Schuppen. Züchter rechnen, daß im Durchschnitt eine Stute 2,5mal gedeckt werden muß, bis sie befruchtet ist. Nijinsky stellte auch hier neue Rekorde auf. Die Statistik seiner Liebeserfolge liegt, wie einst in seinen Rennen, beträchtlich über dem Durchschnitt.

Er zeigt auch nicht, wie manche anderen Zuchthengste, Ermüdungserscheinungen gegen Ende der Saison. Bei gleichbleibender Ernährung, lediglich durch täglich zwei Unzen eines Vitaminpräparats angereichert, hielt er ungebrochen seinen Rhythmus durch: zwei Stuten an einem Tag, jeweils morgens um acht und nachmittags um vier, dann eine Stute am nächsten Morgen, dann wieder zwei Stuten am darauffolgenden Tag.

»Er war so großartig in Form«, sagt »Bull« Hancock, »daß wir ihm nach Absolvierung seines Programms noch einmal fünf Stuten zusätzlich geben konnten.«

Und Arthur Clay fügt hinzu: »Wie ich Nijinsky kenne, hat er diese fünf Damen nicht als Extra-Aufgabe angenommen, sondern als willkommene Belohnung.«

Als wieder Frühling war im »Bluegrass-Land«, tummelten sich Nijinskys junge Fohlen auf den Claiborne-Koppeln, zuerst staksig unbeholfen, wie einst ihr Vater in Kanada, doch bald auch genau so übermütig und verspielt wie er damals – die kleinen, jungen Nijinskys, auf die sich Charles Engelhard so sehr gefreut hatte – und die zu sehen ihm doch nicht mehr vergönnt war . . .

In London, in seinem Büro über den Dächern der City, hat Dave McCall derweil eine traurige Aufgabe zu erfüllen. Das Vollblut-Imperium, das er für Charles Engelhard auf drei Kontinenten aufzubauen half – das muß er nun auflösen. Engelhards Witwe, die seit dem Tod ihres Mannes zurückgezogen lebt, fühlt sich nicht stark genug, die Engelhard-Gestüte weiterzuführen. McCall muß deshalb den größten Teil der fast dreihundert Pferde, die Engelhard zum Schluß besaß, verkaufen. Es soll schnell gehen. So verkauft er die meisten Pferde unter Preis. Der Rennstall in Südafrika wird zuerst veräußert. In Irland bleiben lediglich vier Pferde im Training. Auch in Amerika werden künftig nur noch einige wenige Pferde unter den grün-roten Stallfarben der »Cragwood Stables« zu einem Rennen antreten.

»Cragwood Stables«: Das war der Traum und das Werk eines einzigen Mannes, Nijinsky die Krönung – es lebte mit ihm und durch ihn und endete nach ihm.

Nur für Lester Piggott geht das Rennen weiter. Auf anderen Pferden, unter anderen Farben. Zwei Jahre nach Nijinsky gewinnt er abermals ein Derby – auf Roberto, und auch das ist ein Hengst aus O'Briens Schule. Es ist Piggotts sechster Derby-Sieg. Mehr hat kein Jockey in der Geschichte bisher je erreicht. Doch er reitet weiter, Jahr um Jahr, um wenigstens einmal im »Arc de Triomphe« zu siegen . . .

Auf der Claiborne Farm spielen die jungen Fohlen im Wind: Nijinskys erste Generation. Vierundzwanzig Jährlinge sind es in diesem Frühling, die – solange sie noch keinen eigenen haben – seinen Namen tragen: Erben seines Ruhms, Erben einer Legende. Fünf davon hätten Charles Engelhard gehört, vier Stuten und ein Hengst. Die vier Stuten will Jane Engelhard verkaufen. Allein den jungen Hengst will sie behalten. Er soll den Namen »Nijinsky II« tragen.

Ob auch er der wilde, schöne Hengst wird, von dem Nijinsky, der Tänzer, einmal träumte . . . ?

Anhang: Nijinskys Rennstatistik

1. Rennen:
»Erne Stakes«, 12. Juli 1969, auf der »Curragh«-Bahn in Irland, über 1207 Meter (6 Furlongs).
1. Nijinsky (L. Ward)
2. Everyday (K. F. Coogan)
3. Go Gay (V. Rossiter)
4. Amuigh Faoin Speir (M. Kennedy)
5. La Marne (N. Brennan)

2. Rennen:
»Railway Stakes«, 16. August 1969, auf der »Curragh«-Bahn in Irland, über 1246,58 Meter (6 Furlongs und 63 Yards).
1. Nijinsky (L. Ward)
2. Decies (R. F. Parnell)
3. Lark Rise (J. D. Coleman)
4. Northern Monarch (N. Brennan)
5. Tudor Coach (M. Kennedy)
6. Relko's Son (J. Power)
7. Sergeant Major (J. Roe)

3. Rennen:
»Anglesey Stakes«, 30. August 1969, auf der »Curragh«-Bahn in Irland, über 1246,58 Meter (6 Furlongs und 63 Yards).
1. Nijinsky (L. Ward)
2. Everyday (K. F. Coogan)
3. Walkie Talkie (J. D. Coleman)
4. Illa Laudo (J. Roe)
5. Why Linger (L. Johnson)
6. Greenloaning (T. P. Burns)

4. Rennen:
»Beresford Stakes«, 27. September 1969, auf der »Curragh«-Bahn in Irland, über 1609 Meter (1 Meile).
1. Nijinsky (L. Ward)
2. Decies (J. V. Smith)
3. Greenloaning (T. P. Burns)
4. Sacramento (W. Burke)
5. Hail Titan (G. McGrath)
6. Little Kyth (L. Johnson)
7. Muscovite (J. D. Coleman)

5. Rennen:
»Dewhurst Stakes«, 17. Oktober 1969, in Newmarket (England), über 1408,18 Meter (7 Furlongs).
1. Nijinsky (L. Piggott)
2. Recalled (W. Williamson)
3. Sandal (J. Seagrave)
4. Cumbernauld (A. Barclay)
5. Sayes (J. Mercer)
6. Thundergay (J. Gorton)

6. Rennen:
»Gladness Stakes«, 4. April 1970, auf der »Curragh«-Bahn (Irland), über 1408,18 Meter (7 Furlongs).
1. Nijinsky (L. Ward)
2. Deep Run (M. Kennedy)
3. Prince Tenderfoot (J. Miller)
4. True Rocket (G. McGrath)
5. Walkie Talkie (J. D. Coleman)
6. Pianissimo (M. Teelin)
7. Fairy Shield (T. P. Burns)
8. Keekerok (C. Roche)
9. Raven's Rock (J. Roe)
10. Croppy Boy (T. Carberry)
11. Austrian Knight (A. Simpson)
12. Saintly Blue (N. Brennan)

7. Rennen:
»2000 Guineas Stakes«, 29. April 1970, in Newmarket (England), über 1609 Meter (1 Meile).
1. Nijinsky (L. Piggott)
2. Yellow God (W. Williamson)
3. Roi Soleil (F. Head)
4. Ambarama (Y. Saint-Martin)
5. Joshua (B. Jago)

6. Huntercombe (J. Gorton)
7. Saintly Song (A. Barclay)
8. Tamil (W. Carson)
9. Double Cream (H. J. Greenaway)
10. Interceptor (J. Miller)
11. Walkie Talkie (D. Coleman)
12. Without Fear (J. Lindley)
13. Malvasia (B. Taylor)
14. Shiny Tenth (G. Lewis)

8. Rennen:
»Derby«-Stakes, 3. Juni 1970, in Epsom (England), über 2413,50 Meter (1 1/2 Meilen).
1. Nijinsky (L. Piggott)
2. Gyr (W. Williamson)
3. Stintino (G. Thibœuf)
4. Great Wall (J. Mercer)
5. Meadowville (G. Lewis)
6. The Swell (R. Hutchinson)
7. Approval (G. Starkey)
8. Long Till (D. Keith)
9. Cry Baby (A. Barclay)
10. Tambourine Man (A. Murray)
11. Mon Plaisir (J. Lindley)

9. Rennen:
»Irish Sweeps Derby«, 27. Juni 1970, auf der »Curragh«-Bahn (Irland), über 2413,50 Meter (1 1/2 Meilen).
1. Nijinsky (L. Ward)
2. Meadowville (L. Piggott)
3. Master Guy (J. Payot)
4. Nor (A. Simpson)
5. Illa Laudo (G. McGrath)
6. Dubrava (J. Miller)
7. Approval (G. Starkey)
8. Noble Life (M. Kennedy)
9. Ringsend (R. F. Parnell)
10. Honest Crook (T. P. Burns)
11. Nip and Tuck (J. D. Coleman)
12. Double Dick (J. Roe)
13. Oh Brother (L. Johnson)

10. Rennen
»King George VI. and the Queen Elizabeth Stakes«, 26. Juli 1970, in Ascot (England), über 2413,50 Meter (1 1/2 Meilen).

1. Nijinsky (L. Piggott)
2. Blakeney (G. Lewis)
3. Crepellana (J. Deforge)
4. Karabas (W. Williamson)
5. Hogarth (C. Ferrari)
6. Caliban (A. Barclay)

11. Rennen:
»St. Leger Stakes«, 12. September 1970, in Doncaster (England), über 2932,08 Meter (1 Meile, 6 Furlongs und 127 Yards).
1. Nijinsky (L. Piggott)
2. Meadowville (J. Seagrave)
3. Politico (A. Barclay)
4. Charlton (J. Mercer)
5. Rock Roi (G. Lewis)
6. Rarity (Y. Saint-Martin)
7. Melody Rock (W. Williamson)
8. Whindamus (B. Taylor)
9. King of the Castle (G. Duffield)

12. Rennen:
»Prix de l'Arc de Triomphe«, 4. Oktober 1970, Longchamps-Paris (Frankreich), über 2413,50 Meter (1$^1/_2$ Meilen).
1. Sassafras (Y. Saint-Martin)
2. Nijinsky (L. Piggott)
3. Miss Dan (J. Taillard)
4. Gyr (W. Williamson)
5. Blakenay (G. Lewis)
6. Beaugency (F. Head)
7. Soyeux (S. Leonardos)
8. Quinquet (Y. Josse)
9. Grandier (M. Philipperon)
10. A Chara (A. Lequeux)
11. Ortis (A. Di Nardo)
12. Stintino (G. Thibœuf)
13. Golden Eagle (R. Jallu)
14. Lar (C. Castalvi)

13. Rennen:
»Champion Stakes«, 17. Oktober 1970, in Newmarket (England), über 2011,22 Meter (1$^1/_4$ Meilen).
1. Lorenzaccio (G. Lewis)
2. Nijinsky (L. Piggott)
3. Hotfoot (J. Gorton)
4. Dictus (J. Taillard)

5. Sweet Mimosa (W. Williamson)
6. Locris (J. Deforge)
7. Highest Hopes (J. Mercer)
8. Faraway Son (A. Barclay)

Der Autor bittet seine Leser um Verständnis dafür, daß in diesem Buch die Zahlenangaben in fremder Währung nicht in Deutsche Mark umgerechnet wurden. Da sich die Wechselkurse im Lauf der Zeit, die das Buch umfaßt, ständig änderten, hätten sich möglicherweise irrige Relationen ergeben, wenn alle Angaben nach dem bei der Fertigstellung des Buches geltenden Tageskurs umgerechnet worden wären.

Verständnis wird auch dafür erbeten, daß die englischen Längenmaße, die bei der Beschreibung der Rennen eine Rolle spielen, nicht ins Dezimalsystem umgewandelt worden sind. Da englische Rennbahnen nun einmal nach Meilen und Bruchteilen von Meilen (Furlongs und Yards) abgesteckt sind, hätte es sicher den Fluß der Erzählung beeinträchtigt, wenn die Streckenangaben immer in Meter, Zentimeter und Millimeter umgerechnet worden wären.

Zum Nachrechnen:
1 Meile = 8 Furlongs
1 Meile = 1609 Meter
1 Furlong = 201,168 Meter
1 Yard = 0,914 Meter

Fotonachweis: Camera Press (12); Central Press Photos Ltd. (1); dpa (4); Europa Press Features (1); Fox Fotos (1); France-Soir-Scoop (7); J. Noye (1); Keystone (2); Michael Burus (1); P. Bertrand & Fils (1); Peter Wynant (2); Popperfoto (1); Radio Times (1); Sport & General (6); The Associated Press (2); The Press Association Ltd. (1).

Schutzumschlaggestaltung: Typobild Günter Becker, unter Verwendung eines Fotos von Erich Baumann

Layout, Vorsatz und Zeichnungen im Text: Johann Gaßner, Pullach bei München

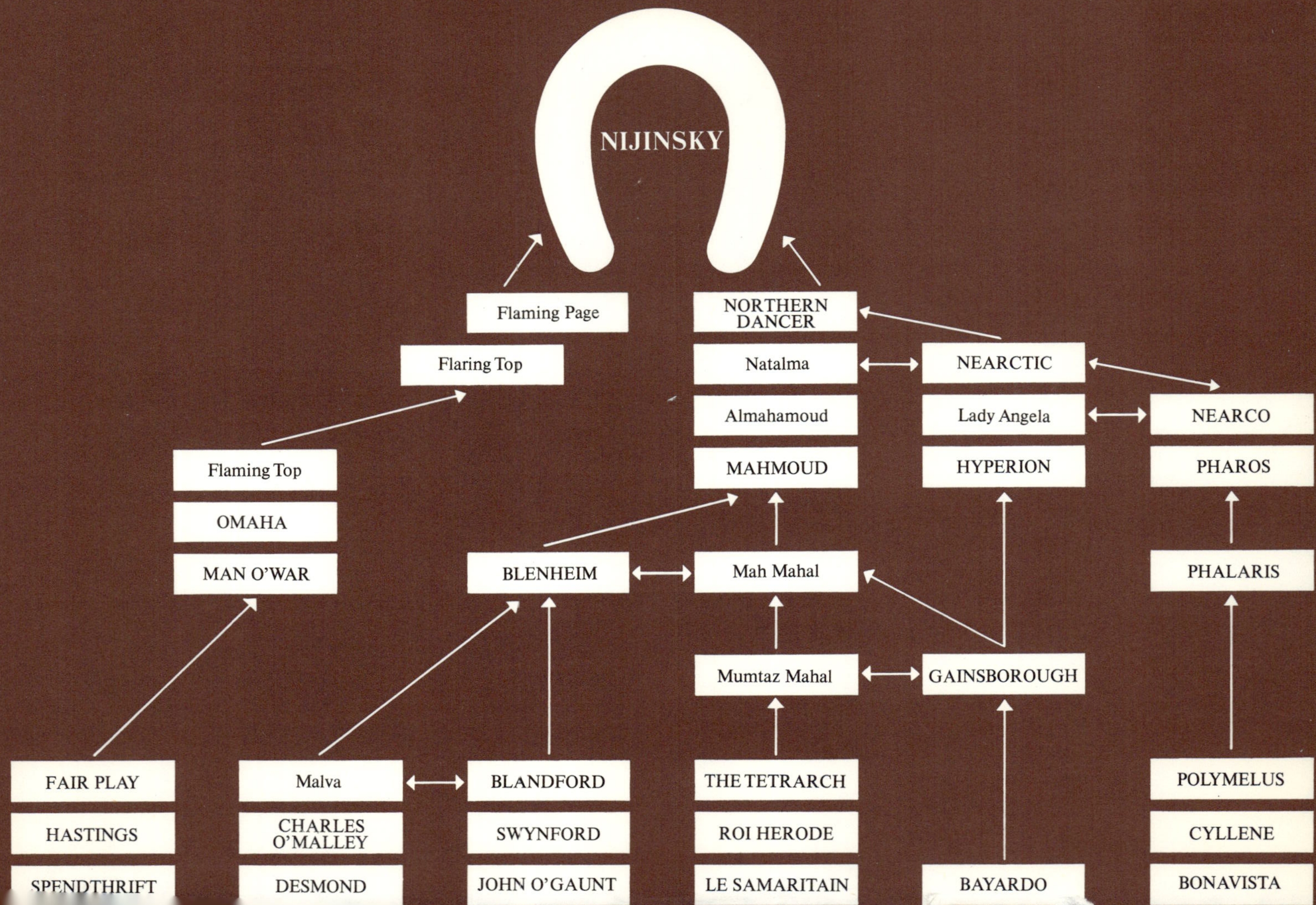
NIJINSKY
Flaming Page
NORTHERN DANCER
Flaring Top
Natalma
NEARCTIC
Almahamoud
Lady Angela
NEARCO
Flaming Top
MAHMOUD
HYPERION
PHAROS
OMAHA
MAN O'WAR
BLENHEIM
Mah Mahal
PHALARIS
Mumtaz Mahal
GAINSBOROUGH
FAIR PLAY
Malva
BLANDFORD
THE TETRARCH
POLYMELUS
HASTINGS
CHARLES O'MALLEY
SWYNFORD
ROI HERODE
CYLLENE
SPENDTHRIFT
DESMOND
JOHN O'GAUNT
LE SAMARITAIN
BAYARDO
BONAVISTA